Manuela Dannwolf

FIT FOR RUNNING

Bibliografische Information der Deutschen Nationalbibliothek
Die Deutsche Nationalbibliothek verzeichnet diese Publikation in der Deutschen Nationalbibliografie. Detaillierte bibliografische Daten sind im Internet über http://d-nb.de abrufbar.

Für Fragen und Anregungen
info@rivaverlag.de

Wichtige Hinweise
Dieses Buch ist für Lernzwecke gedacht. Es stellt keinen Ersatz für eine individuelle medizinische Beratung dar und sollte auch nicht als solcher benutzt werden. Wenn Sie medizinischen Rat einholen wollen, konsultieren Sie bitte einen qualifizierten Arzt. Der Verlag und die Autorin haften für keine nachteiligen Auswirkungen, die in einem direkten oder indirekten Zusammenhang mit den Informationen stehen, die in diesem Buch enthalten sind.

Ausschließlich zum Zweck der besseren Lesbarkeit wurde auf eine genderspezifische Schreibweise sowie eine Mehrfachbezeichnung verzichtet. Alle personenbezogenen Bezeichnungen sind somit geschlechtsneutral zu verstehen.

Originalausgabe
1. Auflage 2022

Türkenstraße 89
80799 München
Tel.: 089 651285-0
Fax: 089 652096

Redaktion: Ulrike Reinen
Umschlaggestaltung: Marc-Torben Fischer
Umschlagabbildungen: Nils Schwarz
Fotos: sämtliche Fotos im Innenteil von Nils Schwarz, nilsschwarz.com, außer: shutterstock/lzf: 13; shutterstock/BearFotos: 23; shutterstock/gui jun peng: 58; shutterstock/Dudarev Mikhail: 59l; shutterstock/Giorgio1978: 59r; shutterstock/Kjetil Kolbjornsrud: 60; shutterstock/PEPPERSMINT: 61; shutterstock/Petra Davidova: 62; shutterstock/FooTToo: 64; shutterstock/Natalia Plekhanova: 67; shutterstock/fotolehner: 68
Illustrationen: shutterstock/Michal Sanca: 14; shutterstock/Zentangle: 43 (bearbeitet); riva Verlag/Karina Braun: 46
Layout: Katja Muggli
Satz: Daniel Förster, Belgern
Druck: Firmengruppe APPL, aprinta Druck, Wemding
Printed in Germany

ISBN Print 978-3-7423-1820-6
ISBN E-Book (PDF) 978-3-7453-1526-4
ISBN E-Book (EPUB, Mobi) 978-3-7453-1527-1

Weitere Informationen zum Verlag finden Sie unter
www.rivaverlag.de
Beachten Sie auch unsere weiteren Verlage unter www.m-vg.de

Manuela Dannwolf

FIT FOR RUNNING

Effektive Programme, um deine Laufroutine abwechslungsreich zu gestalten und ganzheitlich zu trainieren

riva

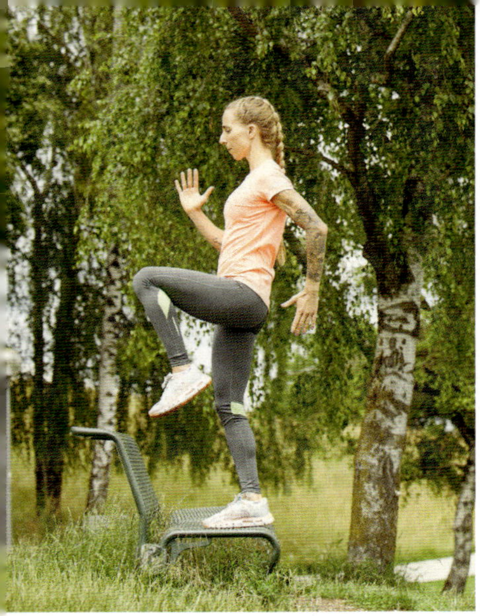
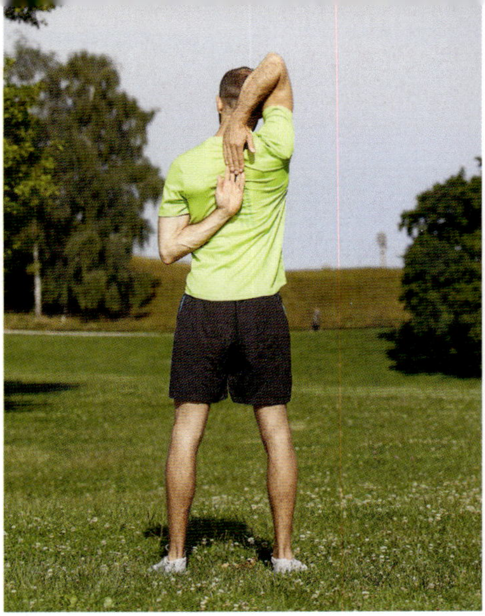
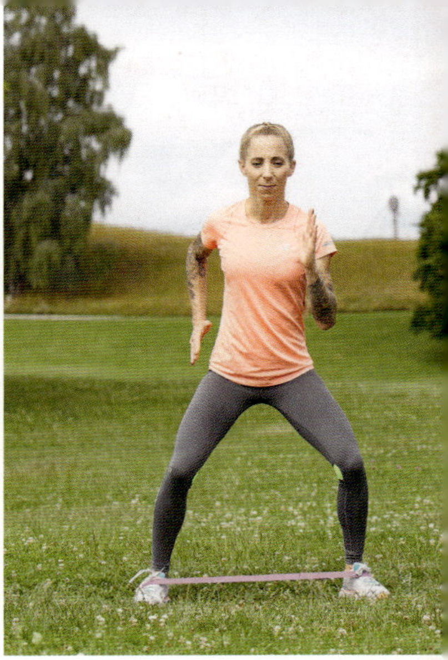
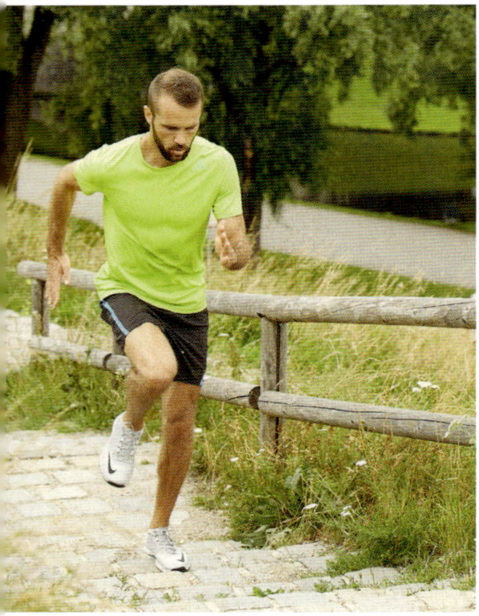
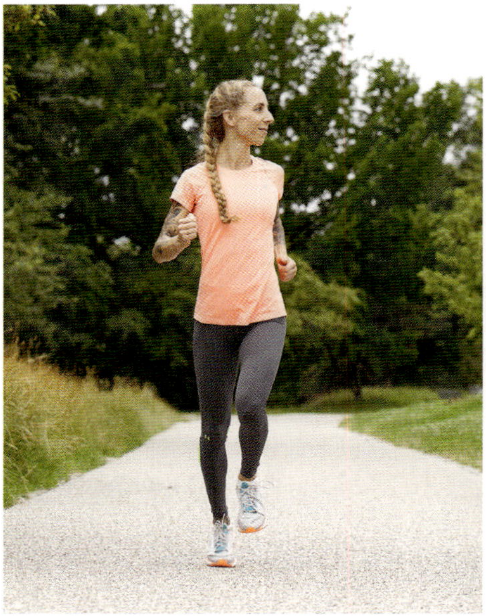
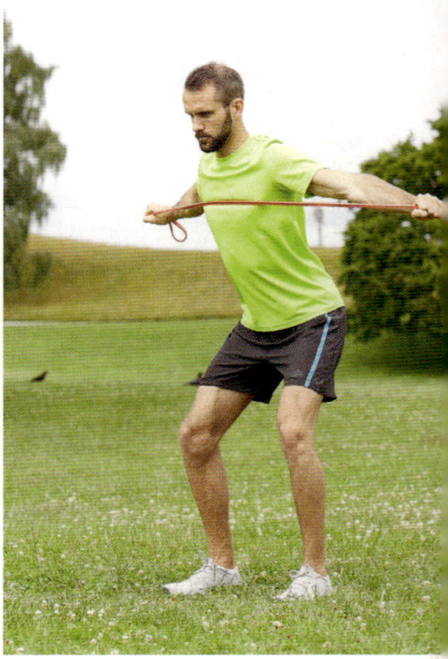
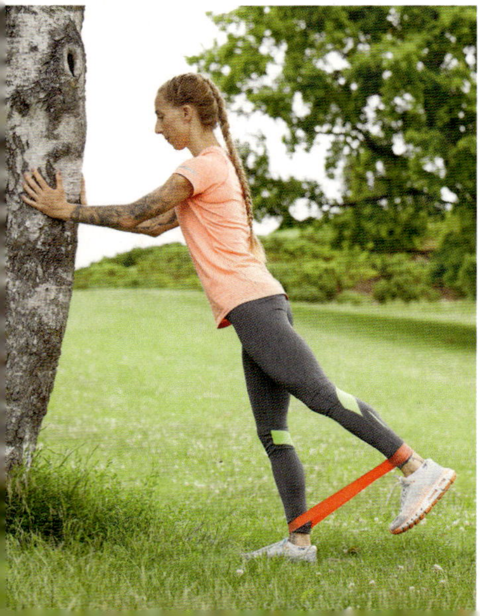
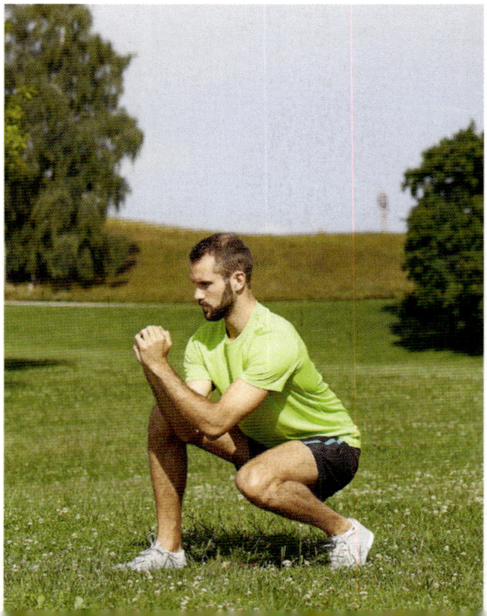
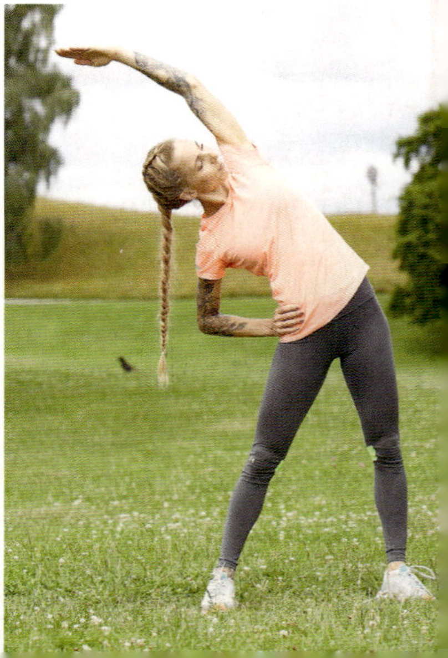

Für meinen Mann Pat – mein Fels in der Brandung, mein Rückhalt, mein Zuhause, mein Partner in Crime und meine ewige Liebe.

INHALT

4 Die Trainingsprogramme

VORWORT

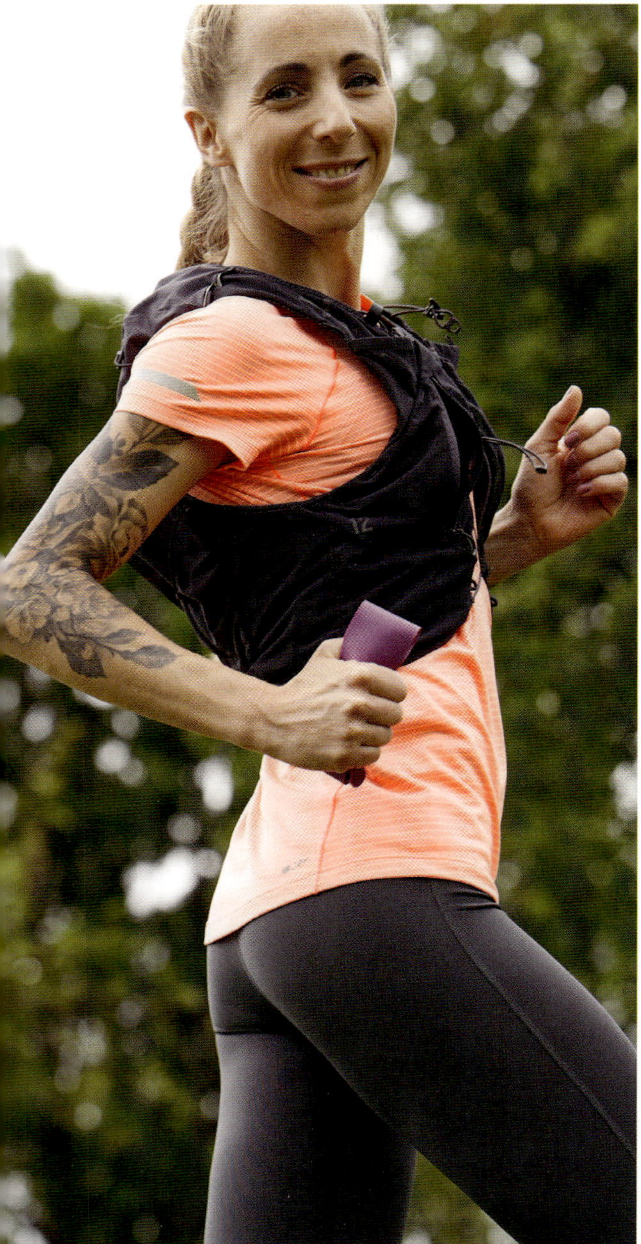

»Es gibt Menschen, die sind fürs Laufen gemacht – Sie gehören nicht dazu, Frau Dannwolf!« Diese Aussage stammt von einem Arzt, den ich vor einigen Jahren aufgrund meiner anhaltenden Knieprobleme konsultierte. Er ließ mich im Untersuchungszimmer zurück – weinend und in tiefer Angst, er könne mit seiner Einschätzung recht haben. Denn diese war nicht unbegründet: Ich hatte mit Knieproblemen zu kämpfen, seit ich mit Mitte 20 begonnen habe, regelmäßig die Laufschuhe zu schnüren. Sie wurden schlimmer, als ich mit Anfang 30 das Laufen als meine Passion entdeckte, und sie gipfelten in einem Jahr Laufpause, als ich Ende 30 – nach 15 offiziell gefinishten Marathons und einem Ultramarathon – keinen Schritt mehr schmerzfrei gehen konnte. Mir war das passiert, was viele Läufer erleben, wenn sie zu viel, zu schnell und vor allem zu einseitig trainieren, wenn sie, statt auf ihren Körper zu hören, weiterlaufen, bis irgendwann überhaupt nichts mehr läuft. Ich hatte mich von der Jagd nach schnelleren Zeiten, weiteren Strecken und größeren persönlichen Erfolgen verführen lassen und dabei nicht nur meine Gesundheit aufs Spiel gesetzt, sondern mich fast der Möglichkeit beraubt, dem schönsten Hobby der Welt nachzugehen. Ich wusste, es musste ein Umdenken stattfinden: hinsichtlich meines Trainings, meiner Einstellung zu Leistung und meinem Körper sowie der Art, wie ich das Laufen ausübte.

Auch wenn das Jahr ohne Laufen eine der schlimmsten Erfahrungen meines bisherigen Lebens war, bildete es den Grundstein für etwas Wunderbares: die Idee, Laufen und Fitnesstraining zu einem Workout zu vereinen, das den Körper ganzheitlich stärkt, Verletzungen vorbeugt und vor allem Spaß bringt! Mit diesem Initialgedanken ist mein Lauffitnesskonzept entstanden – und damit dieses Buch.

»Glücklich ist, wer die Leidenschaft vor dem Ehrgeiz erkannt hat.«

Unbekannt

Über 20 Jahre Erfahrung als Fitnesstrainerin, über zehn Jahre Erfahrung als aktive Läuferin und über ein Jahr intensive Auseinandersetzung mit der Frage, wie ich meinem Lieblingssport so lange wie möglich verletzungsfrei nachgehen kann, sind in dieses Buch geflossen. Es erfüllt mich mit großem Stolz, dass du es heute in den Händen hältst. Und noch mehr freue ich mich darauf, dir mit den sorgfältig ausgewählten Übungen und zwölf maßgeschneiderten Trainingsprogrammen zu zeigen, dass Laufen viel mehr sein kann, als einen Fuß vor den anderen zu setzen.

Wenn du …

- nach einem abwechslungsreichen Ganzkörpertraining suchst,
- neue Trainingsreize setzen möchtest,
- Verletzungen vorbeugen willst oder
- einfach mal wieder neue Motivation brauchst,

… dann ist *Fit for Running* genau das Richtige für dich!

Freue dich darauf, Neues zu lernen, Altes zu überdenken und mehr aus deinem Training herauszuholen. Bestenfalls wird dieses Buch für dich eine Reise hin zu einem völlig neuen Lauf- und Körpergefühl.

Übrigens: Der Arzt irrte sich. Anderthalb Jahre nach seiner diesbezüglichen Aussage finishte ich meinen 16. Marathon. Ich laufe – dank der richtigen Trainingsroutine – bis zum heutigen Tag schmerzfrei, mit großer Leidenschaft und der Gewissheit, dass auch Leute, die vermeintlich nicht fürs Laufen gemacht sind, sehr glückliche Läufer sein können.

Viel Spaß bei deinem ersten Schritt in eine neue Laufwelt,

deine Manuela

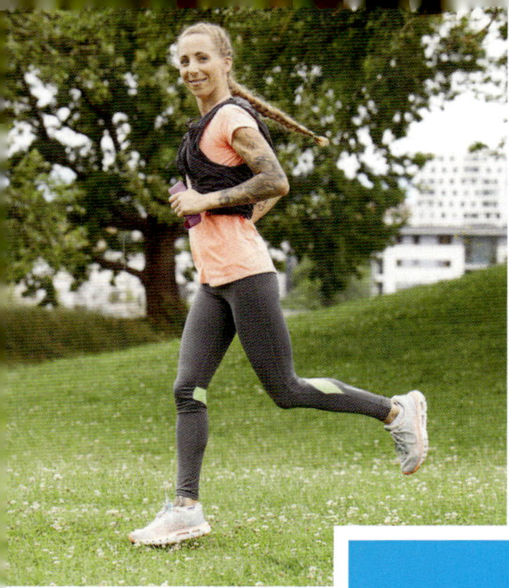
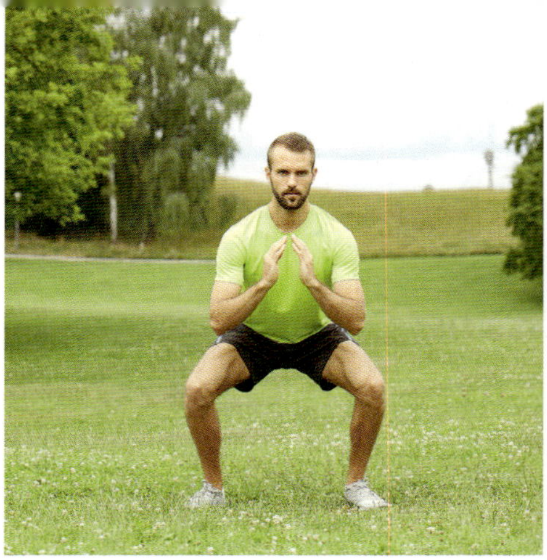
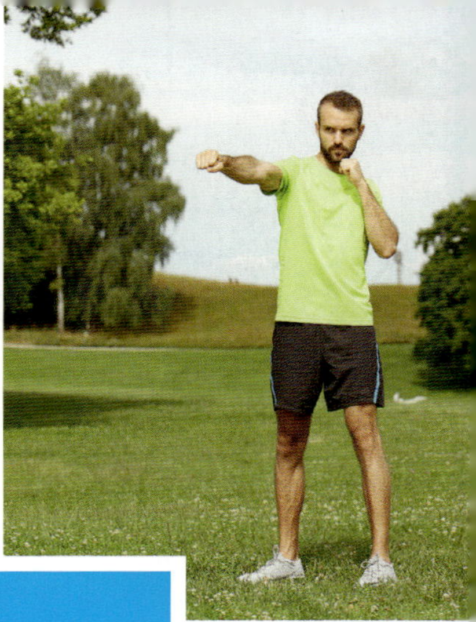
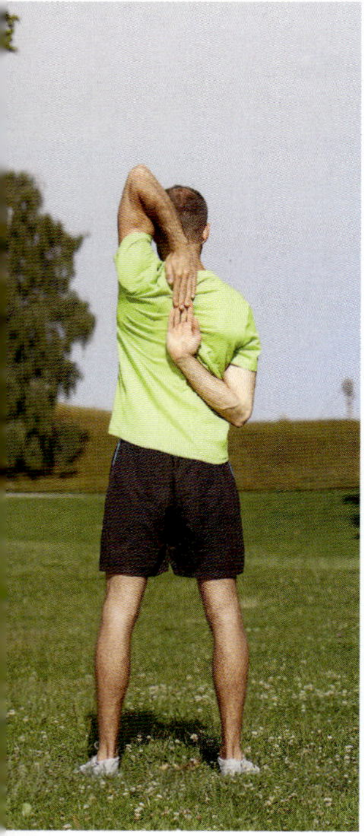

»Es ist nicht wichtig,
wie groß der erste Schritt ist,
sondern in welche Richtung er geht.«

Unbekannt

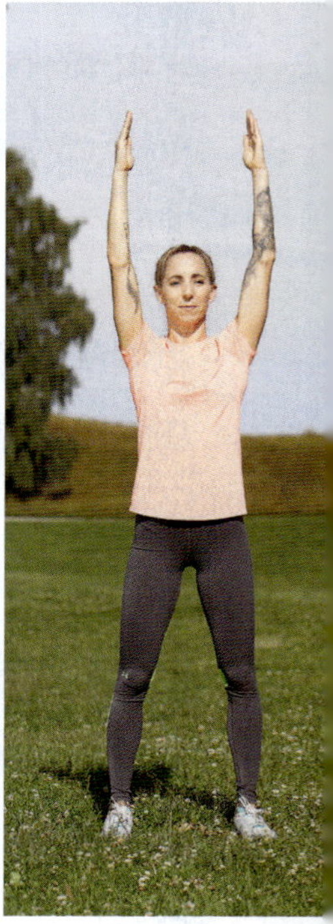
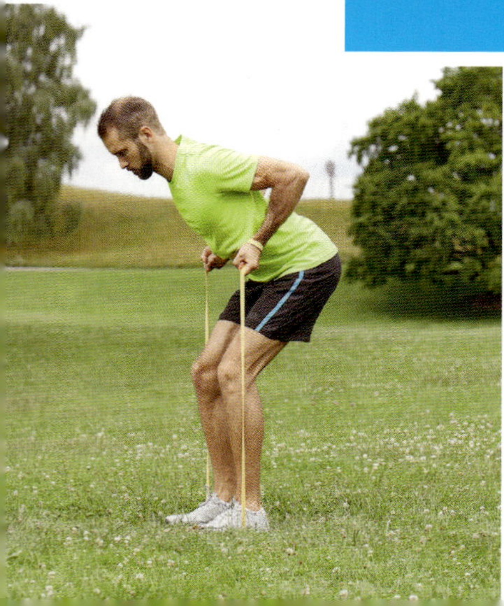
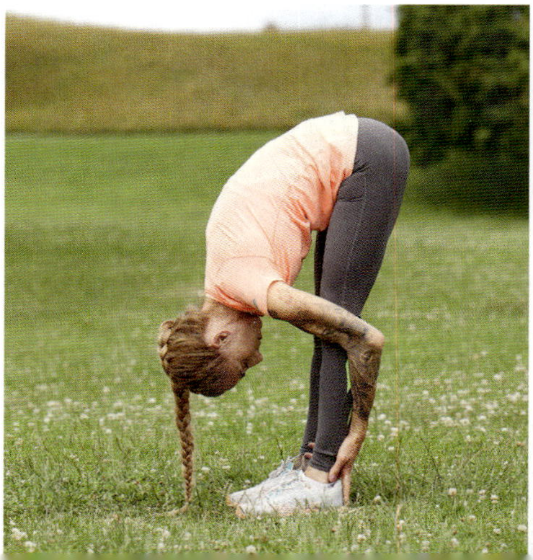
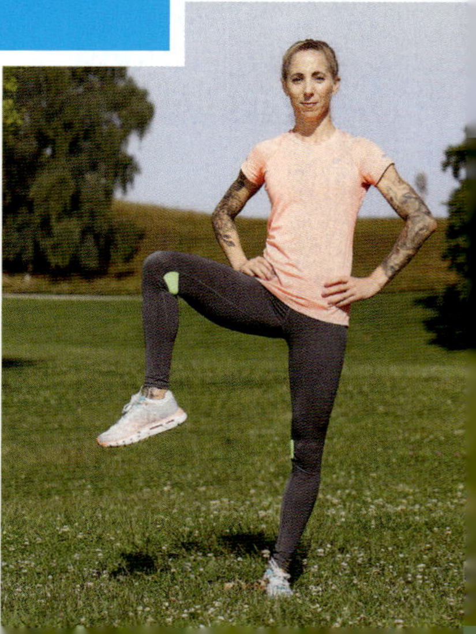

1

JUST RUN?

Warum Laufen allein dich nicht immer ans Ziel bringt

Laufen ist für mich mehr als ein Hobby – es ist Leidenschaft und Lebenseinstellung, Körperliebe und Lebenslust, Herausforderung und Entspannung. Dennoch kann Laufen allein unter Umständen zu Problemen statt der erhofften Ziele führen. In diesem Kapitel bringe ich dir die Grundlagen rund um die Themen Laufen, Fitness und Trainingssteuerung nahe und zeige dir, warum dir die richtige Kombination aus Laufen und Fitnesstraining in folgenden Bereichen einen Vorteil bringen kann:

- Gesundheit und Verletzungsanfälligkeit
- Motivation und Leistung
- Körperstraffung und Abnehmwunsch

SCHWACHSTELLEN UND VERLETZUNGSSPIRALE

71 Kilometer Ultramarathon, Läufe, die ich bereits mit unerträglichen Schmerzen begonnen hatte, nach denen ich keinen Schritt mehr gehen konnte, und Wettkämpfe, bei denen ich nicht wusste, ob ich mich übergeben, in die Hose machen oder umkippen sollte: Es ist fatal, wenn jeder Trainingslauf zum Wettkampf wird. Bei mir führte diese Einstellung dazu, dass ich jahrelang über meine Verhältnisse lief – und irgendwann mein Körper die Notbremse zog. Dabei waren die Knieschmerzen der letzte Ausweg meines Körpers, mich zur Ruhe zu zwingen. Rückblickend betrachtet, hatte ich einen körperlichen und mentalen Trainings-Burnout. Der Preis, den ich für meine persönlichen Lauferfolge zahlte, war ein Jahr, in dem ich weder laufen noch schmerzfrei gehen konnte, ein Jahr, in dem sich mein Körper anfühlte wie der einer alten Frau und in dem selbst der Gang vom Bett zur Toilette zur Qual wurde.

Das Gute an dieser Notbremse war, dass sie mich dazu zwang, mich mit meinem Körper auseinanderzusetzen. Ich fand heraus, dass ich an einem sogenannten iliotibialen Bandsyndrom (kurz: ITBS) litt. Wer diesen Schmerz kennt, der weiß, dass er sich in etwa so anfühlt, also würde einem jemand ab einer bestimmten Laufdistanz ein Messer seitlich ins Knie rammen.

»Laufen beginnt an dem Punkt, an dem du vergisst, dass du läufst.«

Unbekannt

Typische Laufverletzungen sind:

- **Achillessehnenentzündung (Achillessehnen-Tendinitis),** auch Läuferferse genannt: eine an ihrem Ansatz (Fersenbein) gereizte, verdickte und druckempfindliche Achillessehne
- **Arthrose,** insbesondere Hüft- und Kniearthrose
- **Fersensporn (Plantarfasziitis):** knöcherner Auswuchs am Fersenbein aufgrund einer Überlastung der Plantarfaszie, verbunden mit stechenden Schmerzen an der Fußsohle
- **Hallux valgus,** auch Ballenzeh genannt. Verschiebung des ersten Mittelfußkno-

chens nach außen; der Knochenanbau verursacht eine starke Deformität des Fußes.

- **Hamstring-Schmerzen:** Muskel-/Sehnenverletzungen der Oberschenkelrückseite
- **Läuferknie 1:** Schmerzen im vorderen Bereich der Kniescheibe, auch Patellaspitzensyndrom oder »Jumper's Knee« genannt
- **Läuferknie 2:** auch Tractus-Syndrom oder iliotibiales Bandsyndrom (ITBS) genannt; stechender Schmerz an der Außenseite des Knies oder auch am Becken
- **LWS-Syndrom:** Schmerzen im Bereich des unteren Rückens, die in Gesäß und Beine ausstrahlen können
- **Piriformis-Syndrom:** Einengung des Ischiasnervs durch den Piriformis-Muskel, verbunden mit Schmerzen im Gesäßbereich, die bis ins Bein ausstrahlen können
- **Schienbeinkantensyndrom (englisch: Shin Splint Syndrome):** ziehende Schmerzen an der Vorderseite des Unterschenkels durch Überlastung der Muskulatur und Überreizung der Knochenhaut
- **Spreizfuß:** Schmerzen und Taubheitsgefühle am Vorfuß beziehungsweise Fußballen
- **Stressfraktur:** Ermüdungsbruch durch Überbelastung, die nahezu in jedem Knochen vorkommen kann, bei Läufern jedoch oftmals im Unterschenkel oder Mittelfuß auftritt

Hattest du bereits eine Laufverletzung? Dann bist du damit nicht allein. Man muss nicht das World Wide Web bemühen, um herauszufinden, dass sie recht häufig unter Läufern verbreitet sind. Es genügt, unter Läuferkollegen nachzufragen, wer schon

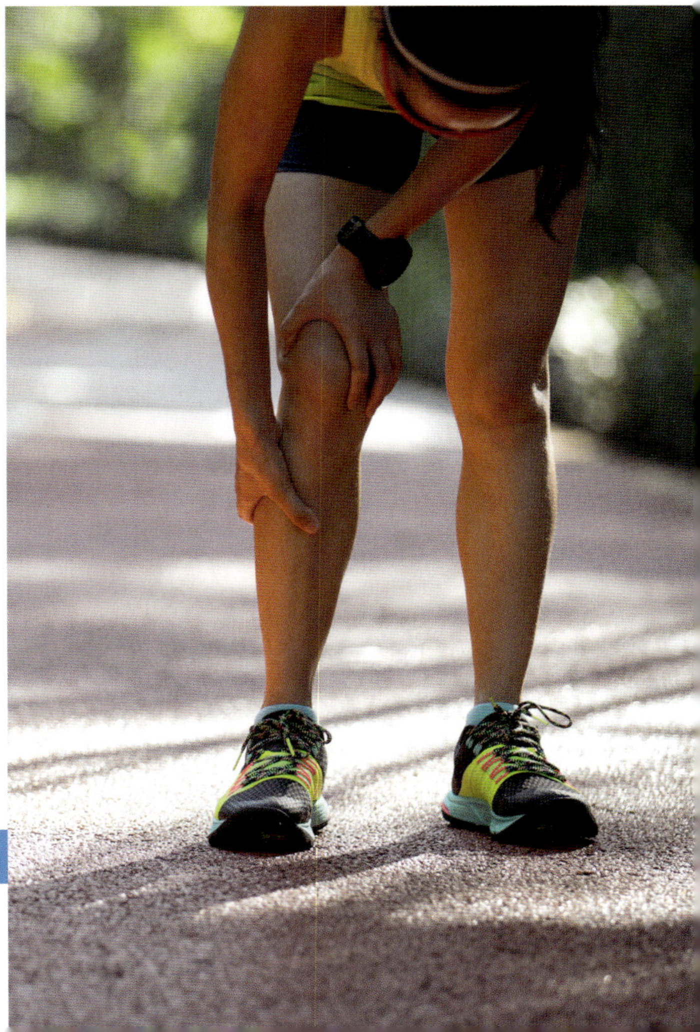

Laufverletzungen: Wenn Lauflust zu Lauffrust wird.

einmal von einer solchen Verletzung geplagt war. In der Regel wird man sich kaum vor detaillierten Beschreibungen retten können. Dabei gibt es etliche Gründe, warum Läufer besonders verletzungsanfällig sind. Einige habe ich im Folgenden zusammengefasst.

DIE RICHTIGE LAUFTECHNIK

»Die Schönheit des Laufens ist seine Einfachheit«, hört man oft. Das stimmt – in Bezug auf die einfache Möglichkeit, es zu tun: Schuhe schnüren, rausgehen, loslaufen. Laufen ist ein Sport, der in jeden Alltag und in jeden Geldbeutel passt. Auch das Läufercredo »Laufschuhe an – Kopf aus« ist wichtig, denn würdest du ständig über jeden Schritt nachdenken, würde dir vermutlich der Kopf platzen. Umso wichtiger ist, dass das, was du da tust, automatisch »richtig« abläuft. Denn wer »falsch« läuft, setzt seinen Körper mit jedem Schritt einer Fehlbelastung aus. Konkret: Bei einem 10-Kilometer-Lauf führst du in etwa 15 000-mal eine Bewegung aus, die deinen Körper unter Umständen schädigt.

Weil die meisten Hobbysportler davon ausgehen, bereits laufen zu können, machen sich die wenigsten Gedanken darüber, wie es eigentlich geht. Zwar gehört Laufen zum natürlichen Bewegungsrepertoire des Menschen, er verliert jedoch auf dem Weg ins Erwachsenenleben häufig diese Fähigkeit. Wer dann mit 30 oder 40 Jahren in den Laufsport einsteigt und sich, angetrieben vom Ehrgeiz eines in der Mitte seines Lebens stehenden Erwachsenen, in kürzester Zeit vom Couch-Potato zum Marathonläufer mausern möchte, erlebt oft ein schmerzhaftes Erwachen. Jahrzehntelanges Sitzen und das Einsperren der Füße in (den falschen)

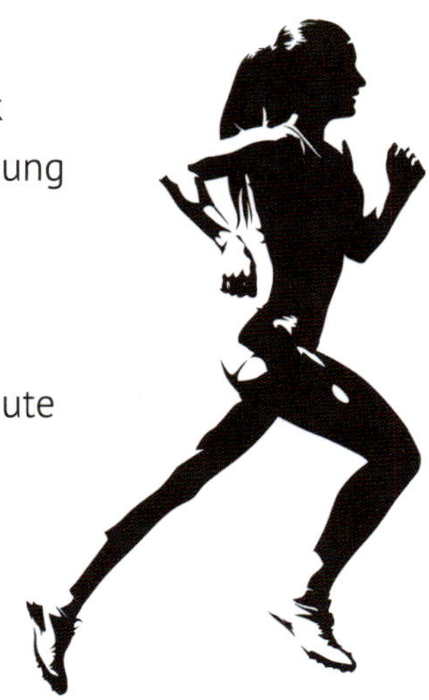

Die optimale Lauftechnik

Schuhen haben ihre Spuren hinterlassen. Was als Kind noch natürlich lief, wirkt plötzlich unrund und steif. Ich empfehle daher jedem Laufeinsteiger – und auch den »alten Hasen«, die dies bislang versäumt haben – ein Lauftechniktraining bei einem guten Trainer. Man sollte die Technik kennen, bevor man sich ans Werk macht.

Beim Optimieren der Lauftechnik geht es darum, Verletzungen zu vermeiden und so effizient wie möglich zu laufen, also so wenig Energie wie möglich aufzuwenden. »Richtig« ist dabei das, was dir guttut und langfristig keine Schmerzen verursacht. Es gibt ein paar Stellschrauben, an denen du ansetzen kannst, aber verkopfe dich dabei nicht zu sehr. Habe Spaß daran, etwas »Altes« neu zu erlernen, und freue dich über die Erfahrungen, die du dabei machst. Versuche vor allem nicht, an allen Stellschrauben gleichzeitig zu drehen. Konzentriere dich zunächst auf ein oder zwei Körperstellen, bevor du dich an die anderen machst. Auch sollten Anpassungen der Lauftechnik immer graduell erfolgen. Eine »Hauruck«-Laufumstellung ist ebenso wenig zu empfehlen wie der Versuch, untrainiert einen Marathon zu laufen.

Oberkörper

Stelle dir vor, du musst gegen starken Wind anlaufen und dich mit dem Oberkörper nach vorn gegen den Wind lehnen. Dein Hals befindet sich in Verlängerung der Wirbelsäule, dein Blick geht weit vor dir leicht nach unten, sodass dein Kopf nicht in den Nacken fällt.

ÜBUNG

Stelle dich hüftbreit auf, lehne dich mit gestrecktem Körper nach vorn und verlagere dein Gewicht auf die Fußballen, bis du nach vorn kippst und in die Laufbewegung übergehst.

Hüfte

Anstatt in eine Hocke zu fallen, schiebe deine Hüften aktiv nach vorn und strecke dein hinteres Bein, wenn du dich abdrückst. So erhältst du mit jedem Schritt mehr Vortrieb.

ÜBUNG

Wenn du einen Partner hast, kannst du ein elastisches, aber ausreichend stabiles Trainingsband um deine Hüften unterhalb des Nabels legen und gegen den Widerstand des Partners nach vorn laufen. Es funktioniert auch ohne Vorwärtsbewegung, wenn du das Band an einem Widerstand (Baum, Pfahl oder Ähnlichem) befestigst und auf der Stelle läufst. Du wirst diese Übung in in den Kapiteln 3 und 4 wiederfinden.

Fußaufsatz

Beim Mittelfußlauf kommt die ganze Fußsohle unterhalb des Körperschwerpunkts bei leicht gebeugtem Knie sanft federnd auf dem Boden auf, wobei über die Fußaußenseite abgerollt wird. So soll der gelenkbelastende Fersenaufprall (wie beim Fersenlauf) verhindert sowie Überlastungen von Achillessehne und Wadenmuskulatur (wie es oft beim Vorfußlauf passiert) vermieden werden.

Wichtiger Hinweis: Wenn du Vorfuß- oder Fersenläufer bist und keine Probleme damit hast, musst du nicht unbedingt deinen Fußaufsatz ändern. Probiere einfach aus, was dir guttut und mit welchem Stil du am effizientesten läufst.

ÜBUNG

Jogge in kleinen Schritten auf der Stelle. Ziehe die Fersen zum Po und setze den Fuß bewusst flach auf dem Boden auf. Nun lehne dich nach vorn und komme in die Laufbewegung, erst langsam, dann schneller, bis hin zu einem Steigerungslauf. Am besten führst du diese Übung barfuß auf einer Wiese aus.

Arme

Deine Arme geben den Beinen den Takt vor und sind daher essenziell für einen guten Laufstil. Sie sollten locker wie ein Pendel vor- und zurückschwingen, nicht vor dem Körper nach links und rechts. Ziel dabei ist das sogenannte Läuferdreieck, bei dem der hintere Arm mit dem Körper ein etwa rechtwinkliges Dreieck und mit dem Oberschenkel des vorderen Beins eine Linie bildet. Deine Hand macht dabei eine lockere Faust, der Daumen liegt oben auf.

ÜBUNG

Nimm einen kleinen Stift, zum Beispiel einen halben Bleistift, oder ein Holzklötzchen in die Armbeuge und mache im Stehen »Trockenübungen«, indem du nur die Arme nach vorn und hinten bewegst. Wenn du einen Partner hast, lass ihn direkt hinter dir stehen und berühre dessen offene Hände mit deinen Ellbogen. Der Partner sollte darauf achten, dass die Armschwünge eng am Körper nach hinten und nicht seitwärts verlaufen. Wenn dies gut klappt, laufe ein paar Meter mit den Stiften. Stelle dir dabei deine Arme wie ein Pendel vor, das die Bewegung vorgibt, wobei diese von den Schultern eingeleitet wird. Danach kannst du den Stift weglegen und üben, üben, üben …, bis die Bewegung ganz natürlich passiert.

Schrittfrequenz

Die optimale Schrittfrequenz liegt bei 160 bis 180 Schritten pro Minute. Du kannst sie zum Beispiel über eine Laufuhr ermitteln. Insbesondere als Laufanfänger tust du gut daran, kleine, kurze Schritte zu machen und mit dieser Frequenz das Tempo zu erhöhen, bevor du die Schrittlänge vergrößerst.

ÜBUNG

Baue unterschiedliche Schrittlängen und -frequenzen in deine Trainingsläufe ein. Das schult dein Bewusstsein für deinen Laufstil, sorgt für Abwechslung und erhöht die Chance, Überlastungen zu vermeiden.

LAUFUMFANG UND LAUFINTENSITÄT

Das Gefühl, eine neue Bestzeit zu laufen oder das erste Mal eine neue Strecke zu bewältigen und dabei über sich selbst hinauszuwachsen, ist etwas ganz Besonderes. Es schenkt die Gewissheit, Dinge erreichen zu können, die man nie für möglich gehalten hätte, und die erhebende Empfindung, den Kampf »Geist gegen Körper« gewinnen zu können. Dies halte ich für eine der wertvollsten Eigenschaften des Laufsports – und gleichzeitig für seine größte Gefahr. Dadurch, dass sich Erfolge schnell einstellen, transparent, messbar und damit auch vergleichbar sind, verliert man sich als ambitionierter Läufer leicht in einer Leistungsspirale, die sich nach unten drehen kann. Viele Läufer übernehmen sich im Bemühen, andere oder sich selbst zu übertrumpfen, scheitern auf der Suche nach »höher, schneller, weiter« und finden sich am Ende vor einem Scherbenhaufen ihrer Leistungsfähigkeit und ihrer Gesundheit wieder.

Das Phänomen, über die eigenen Verhältnisse zu laufen, ist heutzutage innerhalb der Lauf-Community sehr stark verbreitet. Vermutlich stärker als zu den Zeiten, als meine Eltern ihre Laufstrecken absolvierten, denn damals gab es noch keine Laufuhren, die minutengenau die Pace (das Lauftempo) messen konnten. Da gab es allenfalls ein paar Mitstreiter aus der Laufgruppe, die man beeindrucken wollte, oder einige Laufveranstaltungen, an denen man teilnahm – aber selbst diese noch ohne GPS-Tracking. Die Uhr ging los, wenn der Startschuss fiel, und wer von weiter hinten startete, hatte im Ziel ein paar Minuten mehr auf der Uhr.

Heute ist das anders. GPS-Uhren, die minutengenau Pace und Puls übermitteln, in Kombination mit den sozialen Medien, die direkten Applaus und Anerkennung für die erbrachte Leistung schenken, spornen immer mehr Läufer dazu an, immer häufiger den Kick einer neuen, persönlichen Bestleistung zu suchen. Sie werden süchtig nach dem süßen Geschmack des kurzen Ruhms, dem Adrenalin, das sie durch einen harten Wettkampf trägt, den Endorphinen, die den Körper nach Durchbrechen der Ziellinie durchfluten. Sprüche wie »Schmerz geht, Stolz bleibt«, »Nur die Harten kommen in den Garten« oder »Das Leben beginnt außerhalb der Komfortzone« bestätigen sie in dieser Einstellung. Doch dieses Hochgefühl hat seinen Preis. Denn viele Laufverletzungen rühren daher, dass zu viel, zu schnell und zu häufig gelaufen wird – meist in wilder Kombination und in völligem Unverstand, angespornt durch den Applaus der anderen, angestachelt durch den »quick fame« der Social-Media-Welt.

Damit du nicht in diese Verletzungsspirale gerätst, möchte ich dir vier Tipps geben:

1. Erhöhe deine Laufumfänge nicht um mehr als zehn Prozent pro Woche.
2. Steigere nicht Umfang und Intensität gleichzeitig.
3. Erhöhe zunächst die Distanz, bevor du die Intensität erhöhst.
4. Laufe grob nach der Formel 70 – 20 – 10:
   - 70 Prozent im langsamen Tempo (= 70 bis 75 Prozent der maximalen Herzfrequenz)
   - 20 Prozent im mittleren Tempo (= 75 bis 85 Prozent der maximalen Herzfrequenz)
   - 10 Prozent im intensiven Tempo (= 85 bis 95 Prozent der maximalen Herzfrequenz)

»Was ohne Ruhepausen geschieht, ist nicht von Dauer.«

Ovid

Seitdem ich mein Training nach diesem Schema aufbaue, habe ich sehr gute, individuelle Erfolge erzielen können und laufe vor allem verletzungsfrei.

EINSEITIGKEIT

Hast du eine Hausstrecke, die du regelmäßig für deine Läufe nutzt? Das hat viele Vorteile. Du kennst die Strecke, weißt, wann du Gas geben kannst und wie du deine Kraft einteilen musst. Ist diese Strecke abwechslungsreich, führt sie dich also über Waldwege, Asphalt, Trails und kleine Hügel, hast du im Sinn deiner Laufgesundheit bereits viel richtig gemacht. Leider ist dies oft nicht der Fall und Körperstrukturen werden mit dem ständig gleichen Bewegungsablauf belastet.

Zusätzlich ist Laufen an sich eine monotone Bewegung und stellt damit eine einseitige Belastung für den Körper dar. Verstehe mich nicht falsch: Laufen ist großartig und durch nichts zu ersetzen! Aber um es so lange wie möglich verletzungsfrei ausüben zu können, kann Abwechslung ein wichtiger Schlüssel sein. Vielleicht hast du in diesem Zusammenhang den Begriff »Crosstraining« schon einmal gehört. Damit ist nicht der Crosstrainer im Fitnessstudio gemeint, sondern das gleichzeitige Trainieren verschiedener Sportarten und Bewegungsmuster, um möglichst viele, unterschiedliche Muskelgruppen anzusprechen. So sollen Überlastungen verhindert und Körper und Geist im Hinblick auf eine bestimmte Zielsetzung möglichst umfassend, abwechslungsreich und ganzheitlich trainiert werden.

Im Allgemeinen werden in Bezug aufs Laufen Sportarten wie Schwimmen, Radfahren oder Krafttraining als Alternativ- beziehungsweise Ergänzungstraining eingesetzt. Du könntest also, statt die Laufschuhe zu schnüren, in die Inlineskates schlüpfen, aufs Rad steigen, schwimmen oder den Crosstrainer im Fitnessstudio nutzen. Dies kann dich nicht nur vor Überlastungen schützen, sondern dir auch im Kopf die nötige Abwechslung bieten.

Auch beim Lauftraining kann Abwechslung guttun: Teste eine neue Laufstrecke aus, laufe auf Trails, wenn du sonst ein Asphaltflitzer bist, oder ziehe auf einer Wiese deine Schuhe aus und laufe barfuß durchs Gras. Dein Körper wird es dir danken.

SCHWACHSTELLEN

Wer »nur« läuft, hat zwar die zum Laufen benötigte Muskulatur, vernachlässigt jedoch andere Körperpartien, die für Gesundheit und Schmerzfreiheit im Alltag wichtig sein können. Vielleicht denkst du dabei zunächst an den Oberkörper – das ist naheliegend. Im zweiten Schritt fällt dir vielleicht die Bauchmuskulatur ein. Auch sie ist wichtig. Aber wusstest du, dass bei den meisten Hobbyläufern auch die Gesäßmuskulatur viel zu schwach ausgeprägt ist und dass viele Knieprobleme von einer instabilen Hüfte herrühren? An dieser Stelle möchte ich dir eine kleine Alltagsgeschichte erzählen:

Der durchschnittliche Schreibtischtäter, ich nenne ihn Rudi, sitzt den ganzen Tag im Bürostuhl und joggt dreimal pro Woche als Ausgleich seine Hausrunde. Vor der Haustür setzt er zu einem kleinen Schlussssprint an – schließlich möchte er die Nachbarn beeindrucken und sich ein paar Kalorien mehr fürs Abendessen verdienen. Er macht das alles mit dem guten Gewissen, etwas für seine Gesundheit zu tun. Obwohl es Rudi in Sachen Laufen nicht übertreibt, stellen sich irgendwann Knieschmerzen ein. Zudem zwickt der Rücken und irgendwie fühlt sich sein ganzer Körper in letzter Zeit immer so steif an, nicht nur am Morgen. Er berichtet seinen Stammtischkumpels über seine neuerlichen Probleme. Diese, alles Nicht-Läufer, heben ihr

Bierglas und grölen: »Na, du weißt ja: Sport ist Mord! Und Laufen ist sowieso nichts für deine Knie.« So richtig mag Rudi das nicht glauben, aber die Schmerzen gehen nicht weg. Im Gegenteil: Sie verstärken sich. Jetzt zwickt auch noch immer häufiger die Hüfte. Also geht Rudi zum Arzt. Nach zwei Stunden Wartezeit darf er endlich ins Wartezimmer. Einer seiner Stammtischkollegen hatte ihm den Arzt empfohlen. »Der ist gut, der kennt sich mit so was aus.« Der Arzt kommt abgehetzt ins Behandlungszimmer, wirft einen kurzen Blick auf Rudis Krankenakte, dann auf Rudi. »Ah, Knieprobleme. Sie laufen, oder? Da machen wir erst mal ein MRT. Vermutlich brauchen Sie Einlagen. Schon mal überlegt, ob Sie vielleicht mit dem Schwimmen anfangen wollen?« Er kritzelt ein paar Worte in Rudis Akte. »Wir sehen uns in vier Wochen.« Dann ist er auch schon wieder aus dem Zimmer gerauscht. Und da sitzt er nun, der Rudi. Einlagen? Schwimmen? Aber er ist doch erst Anfang 40! Nun ja, vermutlich hatten seine Stammtischkollegen recht. Vielleicht war Joggen doch keine so gute Idee. Rudi geht heim und setzt sich aufs Sofa. Am Abend trinkt er am Stammtisch zwei Bier statt eins. Die Laufschuhe lässt er ab sofort im Schrank liegen.

Was ist da nur passiert mit Rudi? Auf den ersten Blick hat Rudi für seine Gesundheit doch alles richtig gemacht! Er war dreimal die Woche aktiv, hat sein Herz-Kreislauf-System aktiviert und sich dabei nicht überlastet. Doch leider können sich Probleme auch in diesem Fall einstellen. Denn vermutlich hat der Schreibtischheld Rudi noch nie ein Lauftechniktraining absolviert, beim Wort »Core-Stabilität« denkt er an den hiesigen Kirchenchor und das Dehnen nach dem Laufen ließ er regelmäßig zugunsten des wohlverdienten Feierabendbiers mit den Stammtischkollegen aus. Ein Mann und dehnen? Das ging dann wirklich zu weit!

Lieber Rudi, ich muss dich enttäuschen: Ein gutes Mobilitätsprogramm gehört auch für einen Hobbyläufer zum Training dazu. Denn meist führt der über den Tag durchs viele Sitzen verkürzte Hüftbeugermuskel zu einer fehlenden Hüftmobilität. Diese ist jedoch für eine gute Lauftechnik entscheidend. Wenn sie fehlt, kann die Hüfte beim Laufen nicht nach vorn geschoben werden und es wird »in der Hocke« gelaufen. Von der Seite sieht das dann so aus, als würde der Läufer weiterhin auf seinem Stuhl sitzen. Die fehlende Hüftmobilität führt also zu einer suboptimalen Lauftechnik und damit zu einer erhöhten Verletzungsanfälligkeit.

Aber auch eine fehlende Körperstabilität oder die Fähigkeit, die richtigen Muskeln beim Laufen anzusteuern, kann zum Problem werden. Wer den ganzen Tag auf seinem Allerwertesten sitzt und ihn nicht aktiviert, wird auch beim Laufen Probleme haben, die Gesäßmuskulatur gezielt einzusetzen. Wer die Hüfte nicht gegen eine Seitwärtsbewegung stabilisieren kann, erhöht die Stoßbelastung auf das Gelenk darunter. Kurz: Probleme der Hüfte werden zu Problemen im Knie. Ich glaube, dass viele Läufer schlichtweg nicht spüren, welche Muskeln wie und wo arbeiten. Die Laufbewegung scheint ihnen so natürlich, dass sie nicht bewusst steuern (können), was ihr Körper da eigentlich gerade tut. Und dann wundern sie sich wie Rudi, wenn irgendwann das Knie schmerzt, der Rücken zwickt oder sie sich morgens so steif fühlen, dass der erste Gang zur Toilette zur Herausforderung wird. Daher mein dringender Appell an dich: Sei nicht wie Rudi! Werde lieber *Fit for Running*.

> »Wer glaubt, keine Zeit für körperliche Fitness zu haben, wird früher oder später Zeit zum Kranksein haben müssen.«
>
> Chinesisches Sprichwort

DAS RICHTIGE SCHUHWERK

Laufschuhe gibt es heutzutage in allen Formen und Farben, von den unterschiedlichsten Herstellern und für die verschiedensten Zwecke. Trailschuhe oder Straßenschuhe, Minimalschuhe oder Dämpfungsschuhe, Neutralschuhe oder Stabilitätsschuhe – die Auswahl ist riesig und fällt oft schwer, gerade als Laufneuling.

Ich möchte das Thema Laufschuhe nicht ausführlich behandeln – dies würde ein eigenes Buch füllen. Dennoch möchte ich es anschneiden, denn Schuhe können sich auf den Laufstil auswirken und damit auch in Sachen Verletzungsanfälligkeit eine Rolle spielen. Ein guter Schuh gehört zum Laufen dazu! Aber was ist ein »guter« Schuh?

Wer erwartet hat, dass ich nun den perfekten Laufschuh empfehle, den muss ich leider enttäuschen, denn diesen gibt es nicht. Die Laufschuhwahl ist eine individuelle Angelegenheit. Welche Marke, welches Modell, ob minimal, gedämpft, »the newest shit« oder Altbewährtes – das musst du für dich selbst herausfinden. Ein Schuh, mit dem ich gut zurechtkomme, ist für dich oder Rudi vielleicht genau das Falsche. Es kommt auf Körperbau, Fußstruktur, Gewicht, Laufumfänge, Terrain, Lauftechnik, Tempo und noch einige Faktoren mehr an. Zudem setzt die Laufschuhindustrie alle paar Jahre auf einen neuen Trend. Musste es vor ein paar Jahren noch so minimal wie möglich sein, strotzen die heutigen Schuhe wieder vor Foam, Dämpfung und seit Neuestem Carbon, um in ein paar Jahren vielleicht wieder in die Barfuß-Richtung zu gehen.

Ich möchte mich daher nicht für einen bestimmten Schuh oder ein bestimmtes Konzept aussprechen, sondern dir lediglich vier Tipps für deine persönliche Laufschuhauswahl an die Hand – oder besser: an den Fuß – geben:

1. Mache eine Laufanalyse in einem guten Laufschuhfachgeschäft.
2. Wähle den Schuh, mit dem du dich am wohlsten fühlst.
3. Wechsle zwischen unterschiedlichen Schuhen ab – für kurze Tempoläufe eher harte Schuhe, für langsame Longruns eher gedämpfte.
4. Verwende deine Schuhe nicht so lange, bis sie auseinanderfallen.

Wie viele Laufschuhe du dir zulegen möchtest, bleibt dir überlassen. Ich kenne Läufer, die seit Jahren, wenn nicht Jahrzehnten, mit dem gleichen Paar Schuhe laufen und keinerlei Probleme haben. Aber es gibt ja immer irgendwen, der mit dem Minimalaufwand das Maximale erreicht. Ob es deshalb sinnvoll ist, ist fraglich.

Genauso wenig braucht es einen ganzen Schrank voller Laufschuhe, um verletzungsfrei laufen zu können. Der Weg liegt, wie bei vielem, in der Mitte: Ich empfehle dir als Minimalausstattung ein gut gedämpftes Paar Laufschuhe für die langsamen, langen Läufe und ein etwas härteres, weniger gedämpftes Paar für die schnelleren Läufe. Als ambitionierter Läufer kannst du dir noch einen schnellen Wettkampfschuh zulegen. Das hat auch etwas mit dem Kopf zu tun, denn ein Wettkampfschuh macht einen am Tag des Wettkampfs schon allein durch das Gefühl, den schnellsten Schuh aus dem Schrank zu tragen, ein paar Sekunden schneller. Im Sinne der Laufgesundheit macht es durchaus Sinn, zwischen verschiedenen Schuhen abzuwechseln, weshalb ein oder zwei zusätzliche Paare im Schrank nicht schaden. So viel zum Thema Gesundheit – nun zum Thema Design und Style und zu mir selbst.

> »Für müde Füße ist jeder Weg zu lang.«
> Georg Büchner

Als bekennender »Laufschuh-Addict« habe ich deutlich mehr als die nötigen zwei bis vier Laufschuhe im Schrank. Es kommen bei mir noch etliche Paare fürs gute Gefühl hinzu – das Auge läuft ja schließlich mit. In diesem Punkt bin ich wohl ein Opfer der Laufschuh-Marketing-Industrie – dies jedoch in vollem Bewusstsein und in voller Inbrunst. Ich liebe meinen großen Stall an Laufschuh-Babys und es kommen alle paar Monate ein paar neue hinzu. Dies mache ich nicht, um meine Laufgesundheit zu verbessern, sondern einzig und allein zur Befriedigung meines Fashion-Bewusstseins. Ob du die Fashion- oder die Gesundheitsvariante für dich wählst, darfst du ganz für dich allein entscheiden. Hauptsache, du fühlst dich wohl damit.

MINDSET

»Ich werde Sie nicht mit meinen Nadeln heilen, Frau Dannwolf. Aber wir werden zusammen herausfinden, warum Sie so viel laufen müssen.« Dies ist ein Zitat des Arztes, der mir den Weg zur Heilung meines Knies geebnet hat. Dieser auf Schmerztherapie spezialisierte Hausarzt, der mich mit Akupunkturnadeln behandelte, hatte verstanden: Der Kopf ist der Schlüssel zu allem, insbesondere zur Gesundheit. Ich möchte damit nicht sagen, dass ich mich mit meinen Gedanken geheilt habe. Aber die Beschäftigung mit der Frage, warum ich meinte, so viel laufen zu müssen, hat mich auf den richtigen Weg gebracht: hin zu einer veränderten Einstellung zu mir, meiner Leistungsfähigkeit, meinem Training, dem Laufen und vermutlich sogar zum Leben. Diese Frage – und die Antwort darauf – war mein Schlüssel zu einem Weg, der mir Heilung ermöglicht hat.

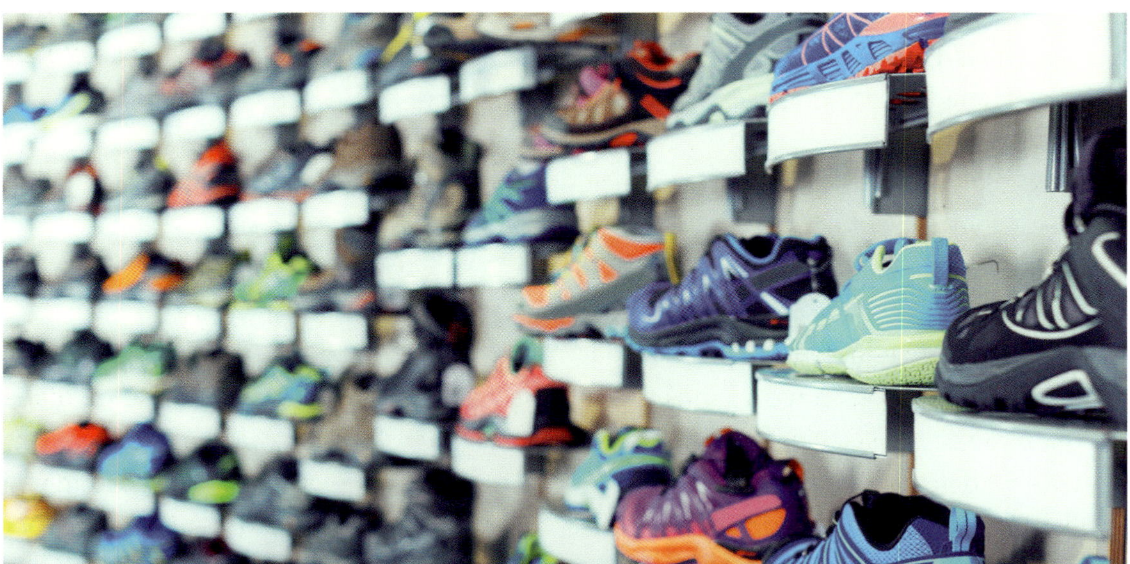

Die Laufschuhwahl ist eine individuelle Angelegenheit.

> »Es sind nicht unsere Füße, die uns bewegen, es ist unser Denken.«
> Chinesisches Sprichwort

Dies hat nicht unbedingt etwas mit Spiritualität zu tun, sondern setzt auf einer sehr körperlichen Ebene an. Das Gehirn ist die Schaltzentrale des Körpers. Es nimmt Außenreize auf, verarbeitet sie und löst Prozesse im Körper aus, um darauf bestmöglich zu reagieren. Wenn man sich durch übersteigerten Ehrgeiz immer wieder über seine Grenzen treibt, sich ständig bis zur völligen Erschöpfung verausgabt, jeden Trainingslauf als Wettkampf versteht, dann reagiert der Körper darauf. Er befindet sich dauerhaft im Überlebensmodus, schüttet Adrenalin aus, übersäuert und verbraucht alle Reserven. Die Muskeln werden hart – und irgendwann spröde. Das Fight-or-Flight-Prinzip (kämpfen oder fliehen) hat Hunderttausende von Jahren das Überleben der Menschen gesichert – es funktioniert perfekt für eine gewisse Dauer. Aber irgendwann sind die Reserven erschöpft. »Mind over Body« (Geist über Körper) ist in der Theorie ein toller Motivationsspruch. In der Realität gilt er jedoch nur eine gewisse Zeit lang – bis der Körper ausgebrannt ist und sich einfach »abschaltet«. Willkommen im Läufer-Burn-out.

Bitte denke also – bei allem Ehrgeiz – daran: Das Laufen ist kein Wettkampf! Es ist ein wundervolles Abenteuer, bei dem du, mit kindlicher Neugier, immer wieder Neues lernen darfst. Es ist ein wertvolles Geschenk, das du genießen und auskosten kannst. Es ist eine Spielwiese, die zum Austoben da ist, die dich aber auch manchmal dazu einlädt, innezuhalten und den Wolken beim Vorbeiziehen zuzuschauen.

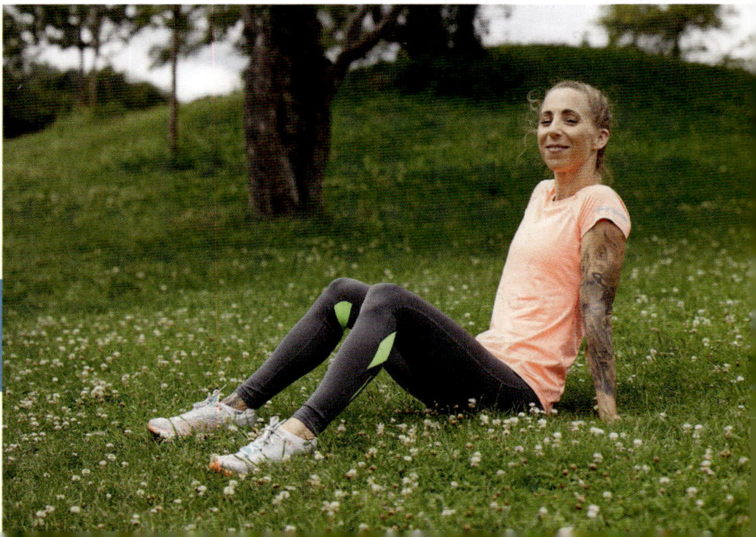

Die richtige Balance zwischen Belastung und Erholung – ein Schlüssel zu mehr Laufgesundheit

LEISTUNGSPLATEAU UND MOTIVATIONSLOCH

Wenn es nicht mehr läuft, kann dies mehrere Gründe haben. Auf zwei davon möchte ich im Folgenden eingehen. Im ersten Fall, dem Leistungsplateau, läuft es noch, aber eben nicht mehr schneller. Dies kann für leistungsorientierte Athleten zu einem schwerwiegenden Problem werden. Aber auch für jeden Hobbyathleten, der die Zeiten, Leistungssteigerungen und Erfolge von anderen Läufern betrachtet und sich irgendwann fragt, warum es bei ihm selbst nicht schneller läuft, kann dies demotivierend sein.

Was zum zweiten Fall führt: dem Motivationsloch. Irgendwann ist man so frustriert angesichts der eigenen vermeintlichen Talentfreiheit in Sachen Laufen, dass man die Laufschuhe an den Nagel hängt. Schade eigentlich, denn meist hätte man nur an ein paar Stellschrauben drehen müssen, um weiterhin mit Spaß und vielleicht sogar dem einen oder anderen persönlichen Lauferfolg weiterlaufen zu können. Erster Schritt auf diesem Weg ist übrigens, sich nicht und unter keinen Umständen mit anderen zu vergleichen.

Aber auch ohne Leistungsanspruch kann man ins Motivationsloch fallen, nämlich dann, wenn sich ein recht unbeliebter Geselle breitmacht: der innere Schweinehund. Wie du ihn zähmst und wie du wieder mehr Schwung in dein Training bekommst, verrate ich dir auf den nächsten Seiten.

LEISTUNGSPLATEAU – WENN DER KÖRPER NICHT MEHR KANN

»Der Grund, warum viele Hobbyläufer nicht schneller werden, liegt darin begründet, dass die langsamen Läufe zu schnell und die schnellen Läufe zu langsam gelaufen werden.« Ich weiß nicht mehr, von welchem Athleten diese Aussage stammt, aber ich muss bei meinem Training immer wieder daran denken. Um dich im Training zu verbessern – egal, ob du mehr Muskeln aufbauen oder schneller laufen möchtest –, ist es entscheidend, Trainingsreize richtig zu setzen. Nach einer Trainingsbelastung, die eine Störung der Homöostase darstellt (also des Gleichgewichts der physiologischen Körperfunktionen), kommt es zunächst zu einem Abfall der Leistungsfähigkeit. Während der Erholungspause regeneriert der Körper und passt sich an die Belastung an, um einen über dem Ausgangsniveau liegenden

Leistungszustand zu erreichen. Wird der nächste Belastungsreiz zum richtigen Zeitpunkt und in der richtigen Intensität gesetzt, kann die Trainingsleistung Stück für Stück nach oben versetzt werden. Man spricht von der sogenannten Superkompensation. Dies ist ein vereinfachtes, aber weitverbreitetes Modell zur Trainingssteuerung.

Werden die Reize zu früh gesetzt, kommt es zu Überlastungssymptomen: Die Leistungsspirale dreht sich nach unten, du befindest dich im sogenannten Übertraining. Werden die Trainingsreize zu selten gesetzt, kommt es zu einer Leistungsstagnation oder einem Leistungsabfall. Beides ist in der Läuferwelt häufig anzutreffen.

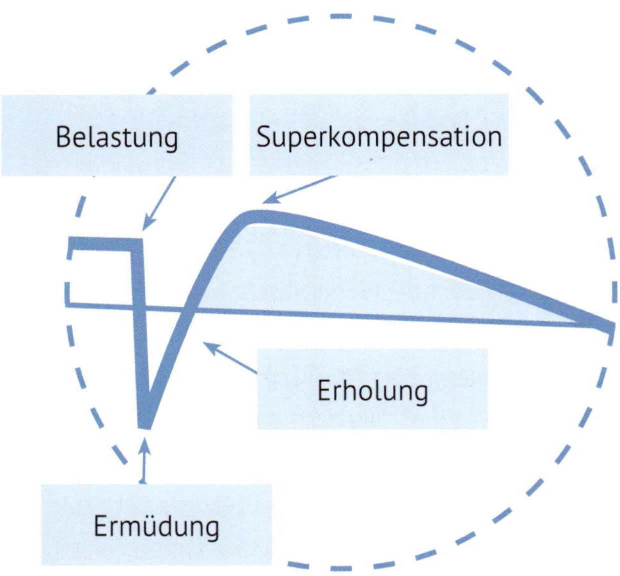

Schematische Darstellung des Modells der Superkompensation

Die Übermotivierten kämpfen mit Laufverletzungen oder befinden sich im Übertraining und erreichen damit ebenso wenig Trainingsfortschritte wie die Gelegenheitsläufer, die schlichtweg zu selten laufen, um Leistungsverbesserungen zu erzielen.

Aber nicht nur der Zeitpunkt des Trainings ist wichtig, sondern auch die Intensität des Reizes. Hast du schon einmal die Aussage von einem Läuferkollegen gehört, dass er trotz regelmäßigen Laufens nicht schneller wird? Geht es dir vielleicht sogar selbst so? Dies passiert häufig dann, wenn immer die gleiche Strecke im gleichen (Wohlfühl-) Tempo gelaufen wird. Dreimal pro Woche 30 Minuten immer die gleiche Strecke zu laufen, ist für Kopf und Körper eine großartige Sache und perfekt für dein Herz-Kreislauf-System. Schneller wirst du dadurch in der Regel nicht. Dein Körper passt sich an deinen Trainingsalltag an. Wenn der absolvierte Lauf keinen außergewöhnlichen Trainingsreiz für dich darstellt, kann auch keine Superkompensation stattfinden. Es werden also keine Prozesse in deinem Körper angestoßen, die dich auf ein höheres Leistungsniveau heben.

Gute Trainingspläne enthalten daher immer einen ausgewogenen Mix aus Läufen in verschiedenen Trainingsbereichen, abgestimmt auf das jeweilige Trainingsziel. Innerhalb der Woche wechseln sich lang-

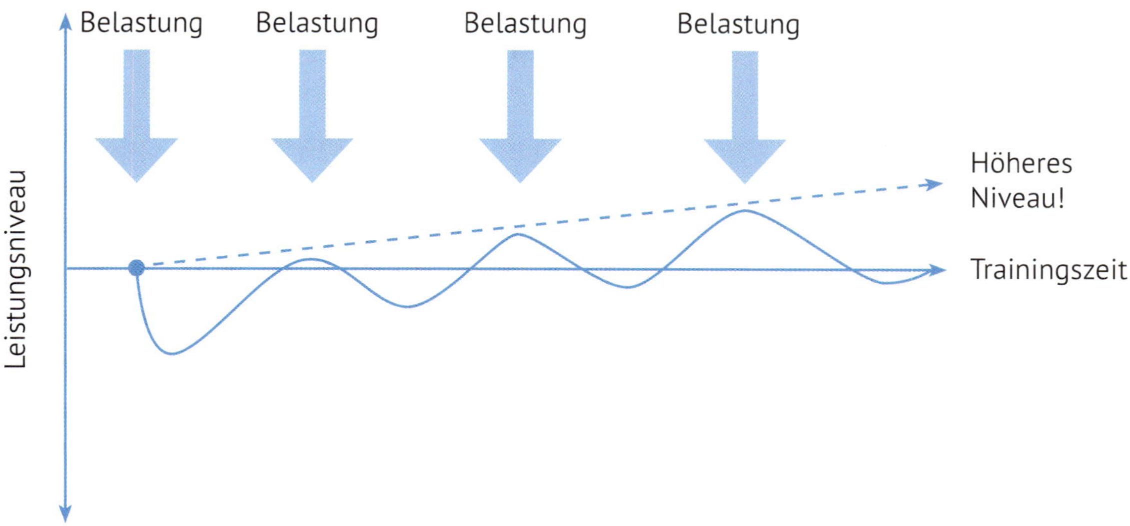

Leistungssteigerung durch das Setzen richtiger Trainingsreize

same Fettstoffwechselläufe, schnellere Ausdauerläufe und harte Tempoläufe oder Intervalltraining ab, um dann im Verlauf der Trainingswochen Intensität und Pensum Stück für Stück nach oben zu schrauben. Oft findet dies in einem 4-Wochen-Rhythmus statt: Drei Wochen lang wird die Intensität gesteigert, in Woche 4 etwas Belastung herausgenommen, um dann in Woche 5 auf einem leicht erhöhten Trainingsniveau in einen neuen Trainingszyklus zu starten.

Wenn du für einen Wettbewerb oder ein bestimmtes Ziel trainierst, tust du gut daran, dir einen Trainingsplan zurechtzulegen. Dies gibt deinem Training Struktur und ein gewisses Maß an Sicherheit, dieses Ziel auch zu erreichen – vorausgesetzt, dass du es dir nicht zu hoch gesteckt hast.

Die Bezeichnungen und die genaue Einteilung der unterschiedlichen Trainingsbereiche variieren, werden jedoch alle von verschiedenen Pulsbereichen definiert, die in Abhängigkeit vom Maximalpuls in Prozentzahlen angegeben werden. Um das Training sinnvoll nach diesen Bereichen gestalten zu können, muss man seinen Maximalpuls kennen. Dieser kann zum Beispiel durch einen Maximalbelastungstest ermittelt werden. Aber Achtung: Eine maximale Ausbelastung ist nicht für alle Trainierenden geeignet! Insbesondere bei Herz-Kreislauf-Erkrankungen ist davon dringend abzuraten und das Training sollte generell unter Aufsicht von Fachpersonal durchgeführt werden.

Eine Alternative ist die Laktatleistungsdiagnostik – die Bestimmung der Ausdauerleistungsfähigkeit. Diese ist nicht nur genauer, sondern kann auch ohne komplette Ausbelastung brauchbare Werte zur Trainingssteuerung liefern. An dieser Stelle möchte ich vorausgreifen: Für die von mir erstellten Trainingsprogramme wirst du weder das eine noch das andere benötigen, denn du wirst den aus meiner Sicht wichtigsten Gradmesser im Training verwenden: dein eigenes Körpergefühl.

MOTIVATIONSLOCH – WENN DER KOPF NICHT MEHR WILL

Vielleicht hast du schon einmal erlebt, dass dir die Motivation zum Laufen fehlt? Ab und zu ist dies völlig in Ordnung und vielleicht ein Zeichen dafür, dass dein Körper Ruhe benötigt. Hält dieses Gefühl jedoch mehrere Tage oder Wochen an, bist du vermutlich in ein Motivationsloch gerutscht. Um da wieder herauszukommen oder um gar nicht erst hineinzufallen, möchte ich dir zwei Anregungen mitgeben, die beide mit dem Wichtigsten zu tun haben, was es in Sachen Sport gibt: Spaß!

Fehlende Abwechslung – der Spaßkiller

Auch wenn du kein bestimmtes Leistungsziel verfolgst, kann Abwechslung im Training einen entscheidenden Vorteil haben: Sie verhindert Langeweile. Ein abwechslungsreich gestaltetes Training kann eine sehr gute Hilfe sein, wieder neuen Schwung in dein Training zu bekommen. Probiere einfach mal etwas Neues aus und beobachte, wie sich das auf dich und deine Motivation auswirkt. Dabei sind deiner Fantasie keine Grenzen gesetzt.

Du kannst innerhalb deiner Sportart variieren, also wie gerade geschrieben in unterschiedlichen Tempi verschieden lange Strecken laufen, oder du trainierst außerhalb deiner Sportart, machst also das weiter oben beschriebene Crosstraining. Auch Einheiten im Kraft- und Kraftausdauerbereich lassen sich problemlos in deine Laufroutine integrieren, was ich dir bei den zwölf Trainingsprogrammen in Kapitel 4 zeigen werde. In Kapitel 3 gebe ich dir vorbereitend einen großen Pool an Übungen und Trainingsanregungen an die Hand, um dein Workout abwechslungsreich und wirkungsvoll zu gestalten.

Schränke dich dabei nicht ein und mache dir auch keine Vorgaben. Trainiere das, auf was du am heutigen Tag Lust hast, so lange (oder so kurz), so intensiv (oder so locker), wie du möchtest und es sich für dich gut anfühlt. Befreie dich vom inneren Druck, dies oder das erreichen zu müssen oder irgendwen beeindrucken zu wollen. Höre in dich hinein – dein Körper wird dir sagen, was das Richtige für dich ist. Und du wirst sehen: Mit dieser Leichtigkeit und Unbeschwertheit wird auch der Spaß am Training zurückkehren.

Der innere Schweinehund – und wie du ihn bespaßt

Jeder kennt ihn und niemand mag ihn: den inneren Schweinehund. Im Gegensatz zu einem vierbeinigen Begleiter, der motiviert, tröstet und aufmuntert, macht der innere Schweinehund nur eins: runterziehen. Anstatt Stöckchen zu holen, wirft er Steine in den Weg. Und die sind manchmal so groß, dass das Aufraffen zum Sport zur unüberwindbaren Hürde wird. Aber damit ist jetzt Schluss! Im Folgenden erhältst du ein paar mit Humor verfasste Tipps und Tricks, wie du ihn bespaßen, zähmen und bestenfalls sogar in eine Wettkampfsau verwandeln kannst.

Zeig ihm, wer das Herrchen oder Frauchen im Haus ist!

Die wichtigste Regel im Umgang mit deinem Schweinehund: Mache dich zum Rudelführer! Solange er seine Pfoten unter deinem Tisch hat, gibst du den Ton an. Also lege ihn an die kurze Leine. Du hältst die Zügel in der Hand. Wenn du ihn richtig lenkst, stehen dir alle Wege offen.

Gib ihm klare Regeln!

Ein Schweinehund muss wissen, wo der Hase langläuft. Also bringe ihm Routinen bei. Ein bestimmter Tag, eine bestimmte Uhrzeit, kein »Wenn und Aber«. Bleibe konsequent und lass keine Ausreden zu. Auch wenn es am Anfang schwerfällt – es wird sich lohnen! Auf einmal steht dein Schweinehund bettelnd vor der Tür und möchte raus, ohne dass du ihn hinter dir herzerren musst. Dann wirst du verwundert auf den Wochenplan schauen und denken: »Was? Eigentlich ist heute Ruhetag!«

Belohne ihn!

Ein wichtiges Mittel zur Konditionierung deines Schweinehundes ist die Belohnung. Da er ein verfressenes Ding ist, funktionieren Leckerli besonders gut. Aber auch die Aussicht auf ein paar entspannte Stunden im Körbchen oder eine lange Streicheleinheit können Wunder bewirken. Male dir die Belohnung so detailliert wie möglich aus und halte ihm das Bild beim Laufen vor die Nase wie dem Esel die Karotte. Dann wirst du sehen, wie er läuft: weiter und immer weiter.

Spiele mit ihm!

Schweinehunde hassen nichts mehr als Langeweile. Also locke ihn mit Abwechslung und Spaß aus dem Hinterhalt. Laufe seine

Lieblingsrunde, baue Spielpausen ein, lass ihn rennen und dann wieder entspannt rumtrödeln. Lass ihn die Natur entdecken und räume ihm genügend Zeit ein, um herumzuschnüffeln und sich umzuschauen. Du wirst sehen: Je weniger Druck du aufbaust und je spielerischer du dein Training gestaltest, desto weniger wird er sich wehren.

Vergiss nicht die Erholung!

An alle Ehrgeizigen unter euch, vergesst bitte nicht: Auch ein Schweinehund braucht mal eine Pause! Das darfst du ihm nicht übel nehmen. Wenn die Pfoten wund sind und er hechelt wie ein alter Ackergaul, dann gönne ihm ein wenig Entspannung. Dann kann er sich die Wunden lecken und wird beim nächsten Mal wieder umso schneller mit dir herumtollen.

Verbünde dich mit ihm!

Wenn du deinen Schweinehund gezähmt hast, mache ihn dir zum Freund. Wenn ihr an einem Strang zieht, seid ihr unschlagbar! Gemeinsam läuft es sich einfach leichter als allein. Und eines Tages wird er vielleicht sogar vor dir herlaufen und dich hinter sich herziehen.

Mache ihn zur Wettkampfsau!

Nun folgt der letzte Schritt: das Abrichten – kein Muss, aber wenn du ehrgeizig bist, eine logische Folge. Melde dich und deinen Schweinehund zu einem Wettkampf an. Lass ihn die Medaillenfährte aufnehmen und sich voll auf das eine Ziel konzentrieren. Und wenn ihr zusammen am Start steht, lass die Leine los! Lass ihn Wettkampfblut lecken. Danach musst du nur noch eins tun: zuschauen, wie er sich langsam verwandelt – in die Wettkampfsau, die er immer sein wollte. Und du wirst lächelnd ins Ziel laufen und voller Stolz denken: »Wahnsinn! Das hätte ich nie für möglich gehalten.«

GEWICHTSFALLE UND KÖRPERSTRAFFUNG

Wer meiner Gruppe »Team Lauf-Liebe« auf Facebook beitreten möchte, muss eine Frage beantworten: »Warum liebst du das Laufen?« Der größte Teil der Antworten lautet: »Ich mache das für meinen Kopf.« Viele nennen das Erlebnis in der Natur als Grund. Auch die Antwort »Laufen bedeutet für mich Freiheit« ist sehr beliebt. Alles hat mit dem Kopf, der Psyche, dem geistigen Wohlbefinden zu tun. Laufen als Therapie, als Auszeit vom Alltag, als Waschmaschine für den Kopf. Nur sehr wenige der Befragten geben an, Laufen als Gewichtskontrolle oder zum Abnehmen zu betreiben. Ich persönlich glaube, dass die Anzahl derer, die es (auch) tun, um nicht zuzunehmen oder mehr essen zu können, sehr viel höher ist. Vermutlich ist es in vielen Fällen eine Mischung aus beidem.

Der Gedanke, durchs Laufen abzunehmen oder das Gewicht zu halten, ist durchaus berechtigt. Von allen Ausdauersportarten rangiert das Laufen ganz oben, wenn es um die Anzahl der verbrannten Kalorien pro Stunde geht. Abhängig von Körpergewicht, Alter, Geschlecht, Trainingszustand, Trainingsintensität und von weiteren Faktoren kann man beim Laufen in etwa zwischen 500 und 800 Kilokalorien pro Stunde verbrennen. Moderne Pulsuhren ermitteln, unter Angabe der persönlichen Körperdaten und in Abhängigkeit von der gemessenen Pulsfrequenz, den Kalorienverbrauch automatisch.

Zum Kalorienverbrauch während des Trainings kommt der sogenannte Nachbrenneffekt. Dieser sorgt dafür, dass du auch nach dem Training, insbesondere nach intensiven Einheiten wie Tempodauerläufen, Intervallen oder High-Intensity-Training, Kalorien verbrennst, da der Körper weiterhin auf erhöhter Betriebstemperatur läuft.

Laufen verbrennt also Kalorien – während du es tust und auch danach. Es ermöglicht dir, das eine oder andere Stück Schokolade mehr zu naschen. Und dennoch hört man immer wieder die Aussage: »Ich laufe und nehme trotzdem nicht ab.« Was sind die möglichen Gründe?

ÜBERSCHÄTZUNG DES KALORIENBEDARFS

Mit dem Abnehmen ist es ziemlich einfach – zumindest in der Theorie: Nimmt man mehr Kalorien zu sich, als man verbraucht, nimmt man zu, sind es weniger Kalorien, nimmt man ab. Entscheidend fürs Abnehmen ist also, dass ein Kaloriendefizit erzielt wird. Dies gelingt entweder, indem man weniger isst (geringere Kalorienaufnahme) oder indem man sich mehr bewegt (höherer Kalorienverbrauch). Doch wer sich, beschwingt durchs gute Gewissen eines absolvierten Laufes, zu viel oder das Falsche auf den Teller lädt, wird keine Veränderung auf der Waage bemerken. Im Gegenteil: Er wird vielleicht sogar zunehmen. Laufen ist also kein Freifahrtschein, um beim Essen doppelt zuzuschlagen. Wer die Menge dessen, was er sich durchs Laufen zusätzlich an Essen leisten kann, überschätzt, wird keinen Abnehmerfolg erzielen.

»You can't outrun a bad diet.«

Unbekannt

Wenn du abnehmen möchtest, solltest du eine Kombination aus mehr Bewegung und leichtem Kaloriendefizit bei ausgewogener, gesunder Ernährung anstreben. Radikalkuren oder Diäten sind ein No-Go, ebenso der Ansatz, gegessene Kalorien zwanghaft abtrainieren zu wollen. Ernährung und Bewegung sollten immer Hand in Hand gehen, und zwar in liebevoller Einstellung zu dir selbst und deinem Körper.

An dieser Stelle ein Hinweis: Der Wunsch, man könne an bestimmten »Problemzonen« wie Bauch, Beinen oder Po abnehmen, bleibt genau das: ein Wunsch. Das gezielte Abnehmen an bestimmten Körperstellen ist nicht möglich, denn die Stellen, an denen sich Fettdepots einlagern, sind genetisch festgelegt. Zwar lässt sich mit einer Kombination aus Kaloriendefizit und entsprechender Ernährung der Körperfettanteil reduzieren und man kann mittels gezieltem Kraft- oder Kraftausdauertraining den Körper in gewissem Rahmen formen. Bei gleichem Training und gleicher Ernährung kann dies bei unterschiedlichen Menschen jedoch zu ganz unterschiedlichen Resultaten führen. Orientiere dich nicht an irgendwelchen Fitnessvorbildern, sondern bewerte, welche Ziele im Hinblick auf deinen eigenen Körper realistisch sind. Deine Gesundheit und dein Wohlbefinden sollten dabei immer im Vordergrund stehen.

MUSKELABBAU

Wer einen Abnehmwunsch hat und neu mit dem Laufen beginnt, kann in Kombination mit der richtigen Ernährung und dem oben erwähnten Kaloriendefizit dieses Ziel gut erreichen. Dabei sind jedoch zwei Dinge zu beachten:

1. Wer nur Ausdauertraining betreibt und sich im Kaloriendefizit befindet, kann verstärkt Muskelmasse abbauen. Dann zeigt sich vielleicht die gewünschte Verände-

rung bei der Zahl auf der Waage, aber die Körperzusammensetzung, also der Anteil von fettfreier Masse zu Fettmasse, verschiebt sich in eine ungünstige Richtung. Der Körper ist zwar dünn, aber unter Umständen nicht so straff, wie man sich das wünscht.

2. Der geringere Anteil an Muskelmasse wirkt sich negativ auf den Grundumsatz aus. Je weniger Muskeln der Körper besitzt, desto weniger Kalorien verbraucht er in der Alltagsbewegung. Muskeln sind die Kraftwerke des Körpers: Wer viele davon hat, verbrennt auch in der Ruhe mehr Kalorien.

Deshalb ist es beim Wunsch nach Gewichtsabnahme oder Körperstraffung ratsam, neben dem Laufen auch Kraft- oder Kraftausdauertraining in das Training einzubauen. In Sachen Ernährung sollte auf eine ausreichende Proteinzufuhr geachtet werden, um dem Muskelabbau entgegenzuwirken.

GEWÖHNUNGSEFFEKT

Das Schöne am Laufen im Hinblick auf die Leistungssteigerung ist, dass man bei entsprechendem Training besser wird. Man kann also bei gleicher Geschwindigkeit in einem niedrigeren Pulsbereich laufen oder umgekehrt bei gleichem Puls schneller laufen. Im Hinblick auf den Kalorienverbrauch bringt dies einen Nachteil mit sich: Man verbraucht bei gleicher Intensität in der gleichen Zeit weniger Energie. Das bedeutet konkret: Wenn du deine Hausstrecke über längere Zeit im gleichen Tempo läufst, kann es sein, dass du im Laufe der Zeit immer weniger Kalorien dabei verbrennst. Wie beim Leistungsplateau hat sich der Körper an die Belastung gewöhnt. Es kommt zu keiner außergewöhnlichen Störung der Homöostase mehr und damit auch zu keiner verstärkten Ankurbelung des Stoffwechsels. Daher ist es auch im Hinblick auf den Kalorienverbrauch ratsam, immer wieder neue Reize im Training zu setzen.

»Wer immer tut, was er schon kann, bleibt immer das, was er schon ist.«

Henry Ford

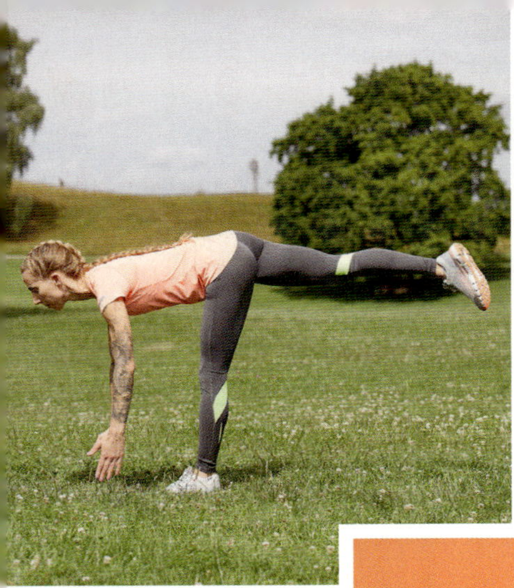
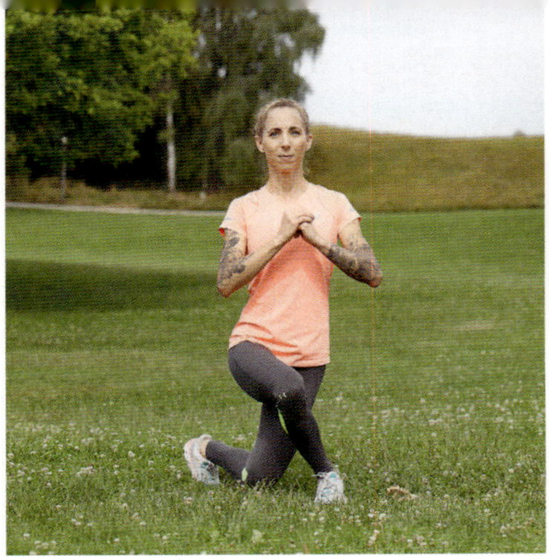
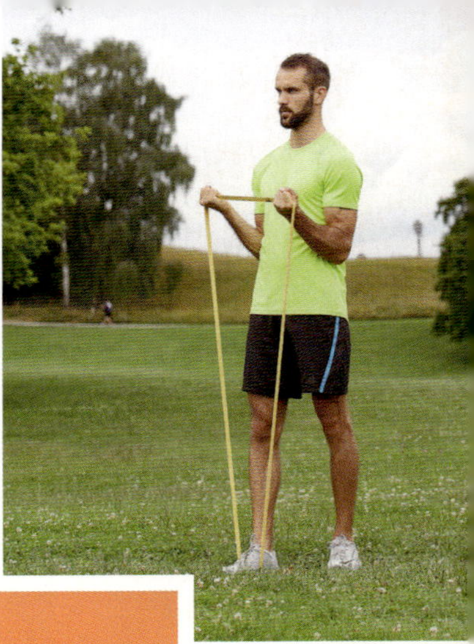
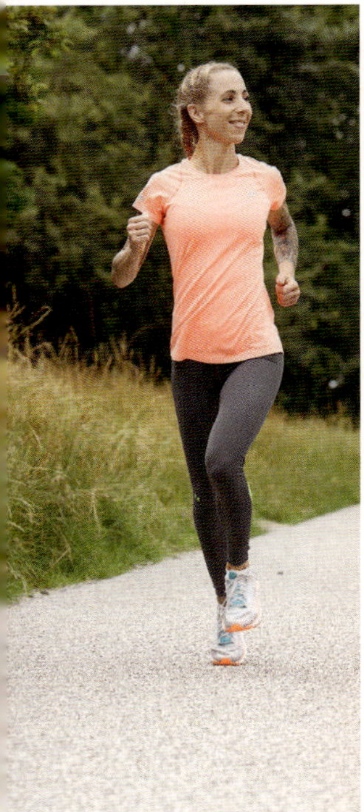

»Ein Ziel ohne Plan ist nur ein Wunsch.«

Antoine de Saint-Exupéry

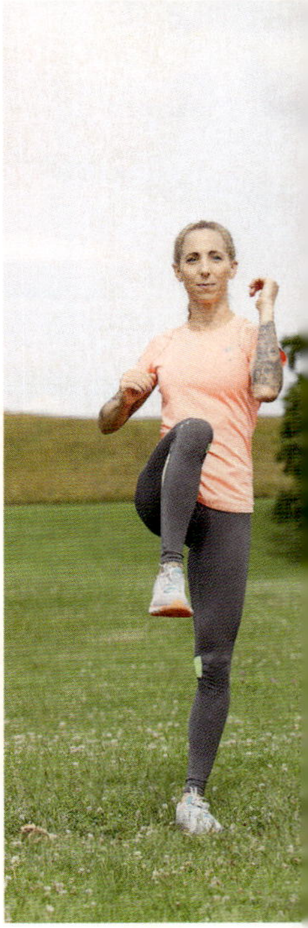
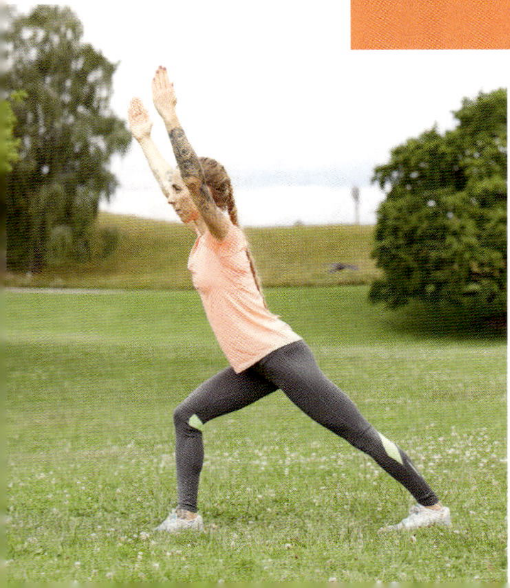
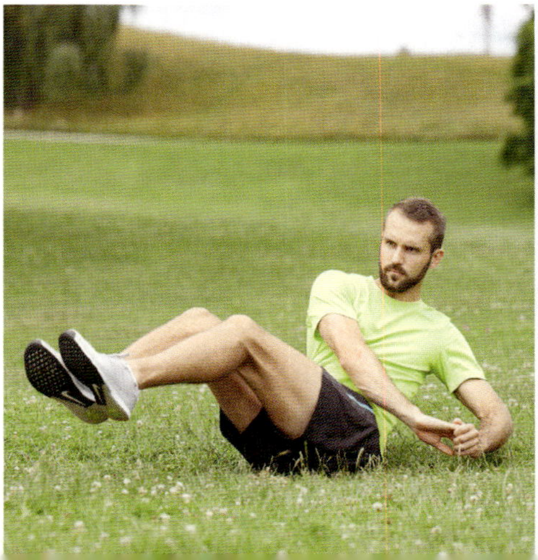
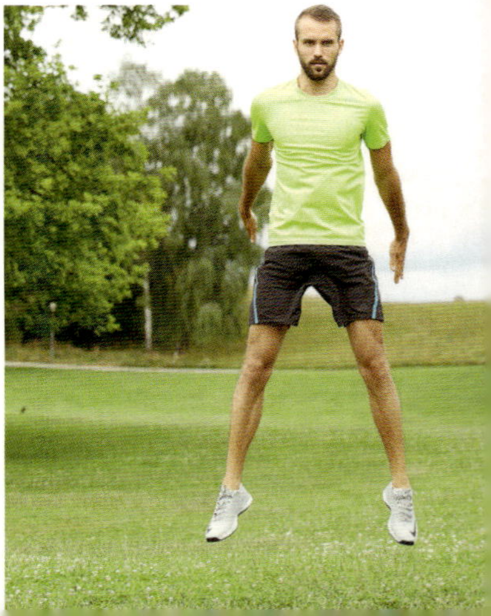

2

TRAINIERE SMARTER!

So erreichst du deine Trainingsziele

Wie im vorangegangenen Kapitel dargestellt, bin ich überzeugt davon, dass »höher, schneller, weiter« nicht immer der beste Weg zum Ziel ist – vor allem langfristig gesehen. Der Leitgedanke, nach dem ich die Trainingsprogramme in diesem Buch konzipiert habe, ist daher: »Train smarter, not harder.« Ich möchte dich dazu einladen, künftig SMARTER zu trainieren, und dir in diesem Kapitel erläutern, was genau das bedeutet.

Smart heißt übersetzt »schlau«, »clever« oder »klug«. Ein smartes Training bedeutet also, dass du dir einen Plan machst, wie du es – in Bezug auf Ressourcen, Durchführung und Zielsetzung – intelligent gestalten kannst. Ich habe mir diesen Begriff zunutze gemacht, um dir die wichtigsten Bausteine näherzubringen, auf denen mein Trainingskonzept aufgebaut ist.

In der Mitte des Konzepts steht das Laufen – Running. Es ist Kernelement und Verbindungsstück zwischen allen anderen Bausteinen: Stabilität, Mobilität und Ausdauer – die klassischen konditionellen Fähigkeiten – sowie Terrain, Equipment und Regeneration. So wird ein ganzheitliches Konzept geschaffen, das dich SMARTER zu deinem Trainingserfolg führt.

DAS SMARTER-PRINZIP

S – Stabilität
M – Mobilität
A – Ausdauer
R – Running
T – Terrain
E – Equipment
R – Regeneration

S – STABILITÄT

Hand aufs Herz: Wie oft baust du Stabilitätsübungen in dein Training ein? Meiner Erfahrung nach wird dieser Teil des Trainings von den meisten Läufern eher stiefmütterlich behandelt. Wenn Kraft und Stabilität trainiert werden, dann meist nicht regelmäßig. Darüber hinaus werden oft nicht die richtigen Übungen gewählt, also solche, die für Läufer Sinn machen und die im Hinblick auf die jeweilige Zielsetzung funktionell sind. Da Körperstabilität für Läufer bezüglich der langfristigen Körpergesundheit sowie im Sinne eines ganzheitlichen Ansatzes jedoch unverzichtbar ist, ist das Stabilitätstraining ein wichtiger Baustein aller Trainingsprogramme.

Hierbei soll es in erster Linie darum gehen, Kraft in all jenen Körperpartien aufzubauen, die für einen gesunden Laufstil nötig sind. Es werden aber auch bewusst jene Körperpartien einbezogen, die beim Laufen ansonsten vernachlässigt werden. Je nach Trainingsprogramm gibt es verschiedene Schwerpunkte. Unterschieden wird grundsätzlich bei allen Programmen zwischen …

- aktivierenden Übungen als Teil des Warm-ups und
- kräftigenden Übungen als Teil des Work-outs.

Dabei ist das Ziel nicht, möglichst viel Muskelmasse aufzubauen – hierfür wären andere Trainingskonzepte notwendig. Die Zielsetzung liegt vielmehr darin, eine gute Haltemuskulatur zu entwickeln, die dem Körper Stabilität in allen Bewegungsebenen verleiht und es ermöglicht, die (Lauf-)Bewegung bewusst zu kontrollieren. Dabei kann das Ziel entweder die Körperstraffung und -formung (ästhetischer Aspekt) oder die Körpergesundheit (gesundheitlicher Aspekt) sein.

GRUNDÜBUNGEN

Bei der Auswahl der Übungen habe ich mich grob an den fundamentalen Bewegungsmustern des funktionellen Trainingsansatzes orientiert, ihn aus Gründen der Praktikabilität und Abwechslung jedoch an einigen Stellen aufgebrochen. Es ist wichtig zu verstehen, dass keine Übung oder Bewegung per se funktionell oder nicht funktionell ist. Es kommt immer auf die Zielsetzung an. »Funktionell« bedeutet im Kern, dass das Training einen bestimmten Zweck erfüllt beziehungsweise einem bestimmten Ziel dient. Funktionelles Training für einen Kraftsportler sieht anders aus als das Training für einen Läufer. Für einen verletzten Athleten können andere Übungen funktionell sein als für einen gesunden.

Da die meisten Sportarten im Stehen und nicht im Sitzen ausgeübt werden und sowohl im Alltag als auch im Sport häufiger mehrgelenkige als eingelenkige Bewegungen zu finden sind, wird unter funktionellem Training im engeren Sinn meist ein Training verstanden, das komplexe Bewegungsabläufe umfasst, bei denen mehrere Gelenke, Muskeln, Muskelgruppen oder -ketten gleichzeitig beansprucht werden. Der Fokus geht weg vom Training des einzelnen Muskels hin zum Trainieren von Bewegungsabläufen. Michael Boyle, einer der führenden Experten im funktionellen Training, spricht von der Fähigkeit, das Körpergewicht auf allen Bewegungsebenen zu stabilisieren.

Die Übungen in den folgenden Trainingsprogrammen werden mit dem eigenen Körpergewicht, mit dem Super- oder Miniband oder durch den Einsatz von Hilfsmitteln wie Bänken, Bäumen oder Mauern durchgeführt. Sie werden ausführlich in Kapitel 3 vorgestellt. Im Folgenden findest du die wichtigsten grundlegenden Bewegungsmuster beziehungsweise Grundübungen.

Squat (Kniebeuge)

Der Squat (siehe ab Seite 104), auch bekannt als Kniebeuge, ist das in der Fitnesswelt wohl bekannteste Bewegungsmuster. »Gesquatet« wird im Kraftraum und in Fitnesskursen, mit Gewicht und ohne, auf beiden Beinen oder einbeinig sowie in unzähligen Varianten. Meist ist das Ziel ein durchtrainierter »Booty«, also eine wohlgeformte Gesäßmuskulatur, oder starke Beine. Das macht Sinn, denn beim Kniebeugen werden der Quadrizeps (obere Vorderschenkelmuskulatur), die ischiocrurale Gruppe (hintere Oberschenkelmuskulatur oder Hamstrings) und der *Glutaeus maximus* (großer Gesäßmuskel) trainiert. Daneben kommen als Hilfsmuskeln noch der Rückenstrecker, die Wadenmuskulatur sowie die Bauchmuskeln zum Einsatz.

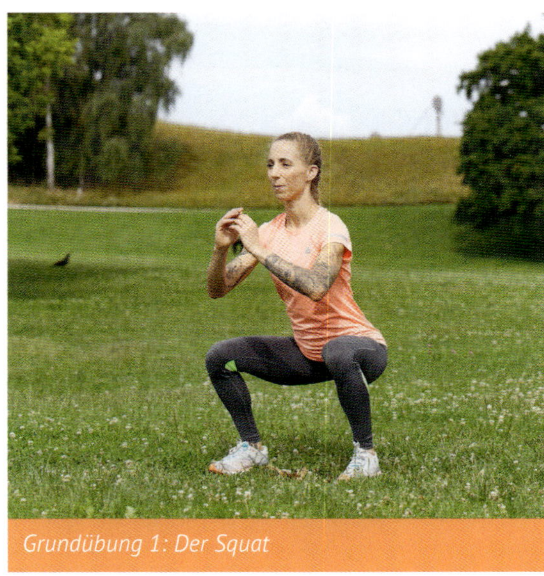

Grundübung 1: Der Squat

In der Theorie klingt die Ausführung denkbar einfach: Aus dem schulterbreiten Stand senkt sich die Hüfte bis etwa unter Kniehöhe ab, wobei der Rücken gerade bleibt und die Knie in die gleiche Richtung wie die Zehen zeigen. In der Praxis sieht man aber, dass diese Bewegung für viele Menschen alles andere als ein Kinderspiel ist. Oft fallen die Knie nach innen, der Rücken wird rund oder die Fersen können nicht am Boden gehalten werden. Im Functional Training wird der Squat daher auch als Test für die Bewegungsfähigkeit eingesetzt. Denn es bedarf einer guten Mobilität (der Hüfte und der Fußgelenke) sowie einer guten Stabilität (von Knien und Lendenwirbelsäule) und insgesamt eines sehr guten Körpergefühls, um die Bewegung zu koordinieren und den Squat korrekt auszuführen.

Neben dem Squat als Kraftübung kennt man ihn als Rastposition. In vielen Kulturen ist es selbstverständlich, entspannt in der tiefen Hocke zu sitzen. Im westlichen Kulturkreis ist das weniger üblich, sodass viele große Probleme haben, diese Position einzunehmen, ohne umzufallen. Teste dich selbst: Stelle dich schulterbreit auf und lass dein Gesäß bei geradem Rücken ganz bis zum Boden ab, wobei du deine Knie leicht nach außen schiebst. Kommst du in die Position, ohne dass sich deine Fersen vom Boden lösen? Falls nicht, solltest du an deiner Beweglichkeit in Hüfte und Fußgelenken arbeiten und die tiefe Hocke wieder in deinen Alltag integrieren. Bei den Trainingsprogrammen wird dir der Squat in unterschiedlichen Varianten sowohl als Kraft- als auch als Mobilitätsübung immer wieder begegnen.

Lunge (Ausfallschritt)

Eine weitere wichtige Grundübung ist der Ausfallschritt (siehe ab Seite 108) – der englische Name *Lunge* hat sich inzwischen auch hierzulande durchgesetzt. Er ist sowohl als Kräftigungsübung für Beine und Gesäß sinnvoll (Hauptmuskeln sind der Beinstrecker, der Beinbeuger und der große Gesäßmuskel, Waden- und Rumpfmuskulatur sind ebenfalls beteiligt) sowie als Möglichkeit zur Mobilisation der Hüftmuskulatur. Daher sollte er in keinem Trainingsrepertoire fehlen. Als einbeinige Übung ist der Lunge besonders

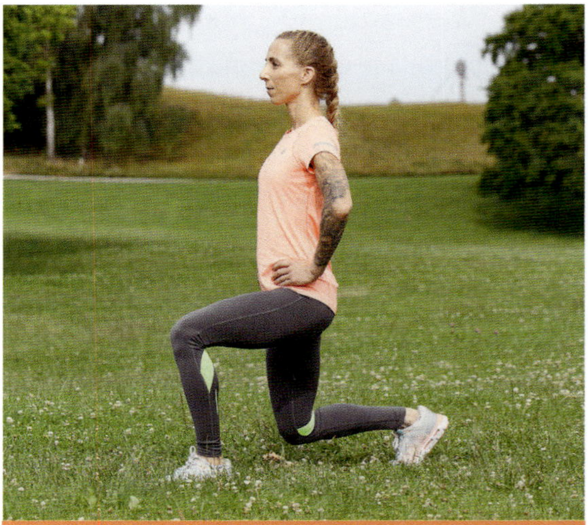

Grundübung 2: Der Lunge

für Läufer relevant, denn auch beim Laufen steht man nicht mit beiden Füßen auf dem Boden, sondern führt eine einbeinige Sprungbewegung nach der anderen aus.

In der Grundvariante wird aus dem hüftbreiten Stand ein Bein nach vorn gesetzt, wobei das Knie des hinteren Beins zum Boden geführt wird. Dabei wird sowohl mit dem hinteren als auch mit dem vorderen Bein ein rechter Winkel erzeugt. Durch Abdruck aus dem vorderen Fuß nach hinten kehrt man wieder in die Ausgangsposition zurück. Geht der Abdruck nach vorn, wird eine Vorwärtsbewegung eingeleitet und man kommt in den sogenannten Lunge Walk (siehe Seite 113). Durch das unterschiedliche Aufsetzen des Spielbeins (zum Beispiel seitlich nach hinten) können verschiedene Muskelpartien stärker angesprochen werden, wodurch ein unterschiedlicher Trainingseffekt erzielt wird. Auch den Lunge werde ich dir in etlichen Varianten vorstellen.

Hüftheben (Hip Hinge)

Ein weiteres grundlegendes Bewegungsmuster beim Functional Training ist der Hip Hinge – etwas sperrig mit »Hüftscharnier« ins Deutsche übersetzt. Dies ist eine kleine, aber wichtige Unterkörperübung, insbesondere für Läufer, denn dabei wird das aktive Nach-vorn-Bringen der Hüfte trainiert, was für einen gesunden Laufstil essenziell ist.

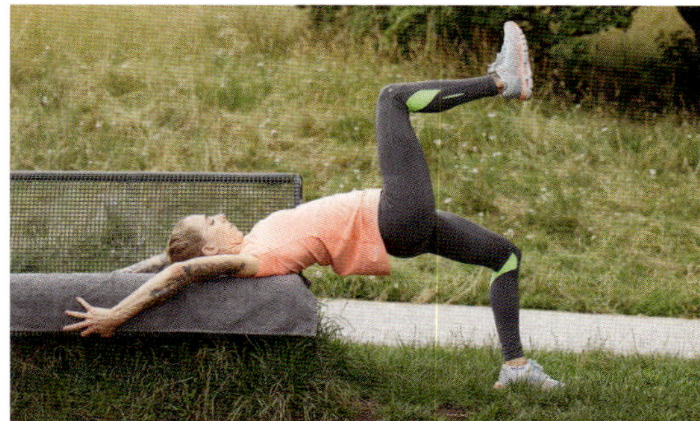

Grundübung 3: Hüftheben – am Beispiel Single Leg Hip Thrust

Ich habe dieses Bewegungsmuster mit dem Begriff »Hüftheben« betitelt, um den Fokus auf die ausgeführte Bewegung zu legen. Die Übung schult einerseits den Bewegungsumfang in der Hüfte und aktiviert gleichzeitig die Gesäßmuskulatur. Ein Beispiel für eine Hüfthebeübung ist der Deadlift (Kreuzheben) (siehe Seite 120) oder der Single Leg Hip Thrust (siehe Seite 121).

Core-Training

Mit »Core« ist die Rumpfmuskulatur gemeint, also jene Muskeln, die die Körpermitte stabilisieren. Konkret sind dies die Bauchmuskulatur, ein Teil der Rückenmuskulatur (Rückenstrecker, tiefer Rückenmuskel und viereckiger Lendenmuskel), Teile der Gesäß- und der hinteren Oberschenkelmuskulatur sowie die Hüftrotatoren. Im Hinblick auf ein verletzungsfreies Training und eine gute Körpergesundheit halte ich die Core-Muskeln für die wichtigste Muskulatur überhaupt.

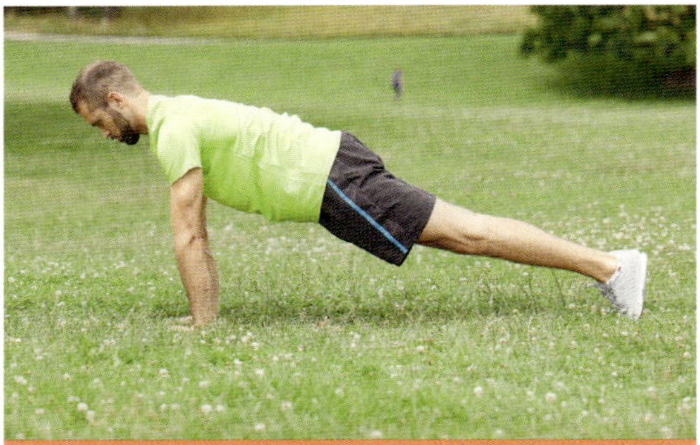

Grundübung 4: Core – am Beispiel Plank

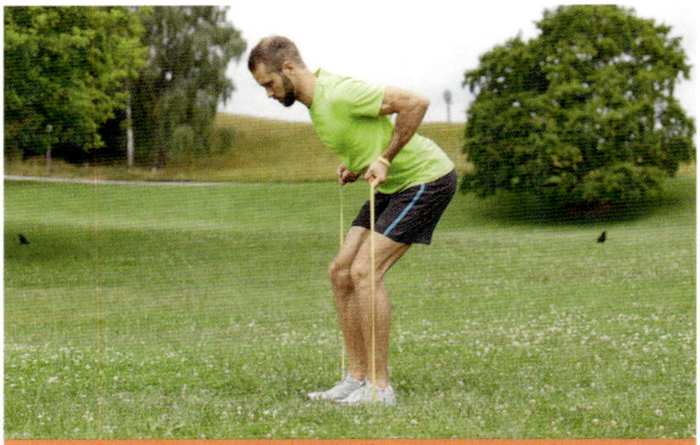

Grundübung 5: Zug – am Beispiel Rudern

Beim Core-Training im Rahmen meiner Trainingsprogramme soll es vor allem um isometrische Stabilisationsübungen und den Kraftausbau durch das Ausführen oder Verhindern einer Rotationsbewegung gehen. Eine typische und allseits bekannte Übung ist die Plank-Position in all ihren Varianten (siehe ab Seite 144). Aber auch Übungen wie das stehende Rumpfdrehen mit dem Superband (siehe ab Seite 150) oder der Dead Bug (siehe ab Seite 142) wirst du kennenlernen. Darüber hinaus werden ein paar Bauchmuskelklassiker unter den Übungen zu finden sein.

Zugübungen (Pull)

In diesen Bereich fallen alle ziehenden Bewegungen des Oberkörpers, auf Englisch *pull*. Ganz klassisch gehört dazu das Rudern – eine horizontale Zugübung. Der Klimmzug (siehe ab Seite 132), englisch Pull-up, ist eine Zugübung, die in der Vertikalen ausgeführt wird. Eine etwas leichtere Übung ist das Latziehen mit dem Superband (siehe Seite 136).

Drückübungen (Push)

Mit Druckübungen sind alle Bewegungsmuster des Oberkörpers gemeint, bei denen, wie der Name sagt, eine Druckbewegung ausgeführt wird. Im Englischen spricht man von *push* oder *press*. Man unterscheidet zwischen Druckübungen in der Vertikalen, ein Beispiel ist der Shoulder Press mit dem Superband (siehe Seite 140), und in der Horizontalen – die bekannteste Übung ist der Push-up beziehungsweise Liegestütz (siehe ab Seite 134).

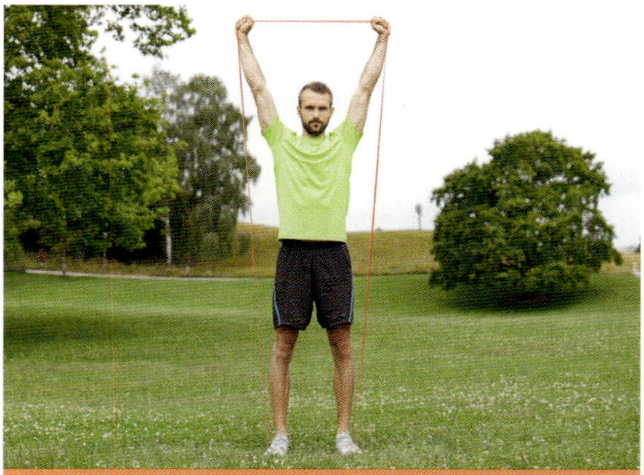

Grundübung 6: Druck – am Beispiel Shoulder Press

SPEZIFISCHE ÜBUNGEN

Neben den vorgestellten Grundübungen wird es im Rahmen der Trainingsprogramme spezifische Übungen geben, die nicht für die allgemeine Körperstabilität, aber in Bezug auf bestimmte Ziele sinnvoll sind. Zudem dienen sie der abwechslungsreichen Trainingsgestaltung. Beispielsweise werden beim Programm »Gesundheit« spezielle Übungen rund um die Fußgesundheit integriert oder beim Programm »Starke Arme« klassische Armübungen wie der Bizeps-Curl.

MUSCLE-MIND-CONNECTION

Beim Laufen ist dir wahrscheinlich bewusst, dass der Kopf der Schlüssel zum Abrufen von Leistungen ist, die du nie für möglich gehalten hättest. Aber auch beim Thema Kraft spielt der Kopf eine Schlüsselrolle, denn er koordiniert die Bewegung und entscheidet über die Kraftentfaltung. Wenn du mit dem Kopf »bei der Sache« bist, bewusst in dich hineinspürst, dich auf das, was dein Körper macht, konzentrierst, wirst du sehr viel bessere Ergebnisse erzielen.

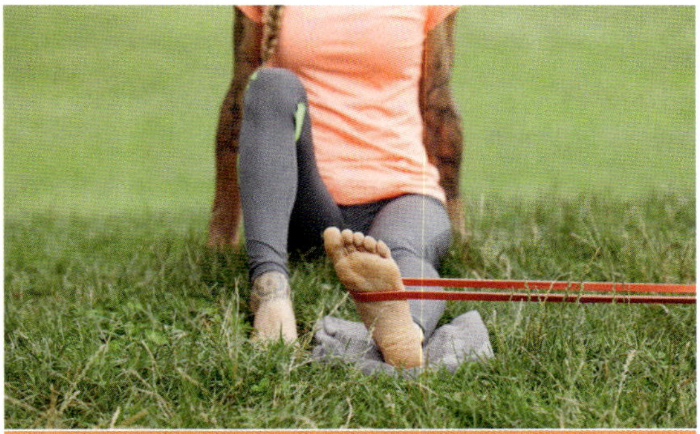

Spezifische Übungen – am Beispiel Fußinnendrehen

Während du also beim Laufen deine Gedanken schweifen lassen kannst, solltest du bei den Kräftigungsübungen mit den Gedanken bei dir beziehungsweise der Muskulatur sein, die du mit der jeweiligen Übung ansprechen möchtest.

Dabei sollte eine saubere Technik immer vor der Geschwindigkeit stehen, in der du die Übung absolvierst. Erst, wenn die Übung »sitzt«, du sie zu jeder Zeit mit dem Kopf unter Kontrolle hast, kannst du daran arbeiten, sie schneller auszuführen. Im Übrigen verhält es sich beim Laufen ganz ähnlich: Erst dann, wenn du die Technik verinnerlicht hast, der Körper also ganz von allein das Richtige tut, kannst du im Kopf in den Flow-Zustand kommen, den alle so lieben.

TECHNIK → MUSCLE-MIND-CONNECTION → FLOW

Eine saubere Technik steht am Beginn des Trainings. Die Verbindung von Muskeln und Geist ist der Schlüssel zu mehr Leistung. Der Flow ist der angestrebte Zustand des Trainings.

M – MOBILITÄT

Kennst du Läufer, die am Ende ihrer Laufrunde vor der Haustür ein paar Sekunden lang die Oberschenkelvorderseite dehnen und meinen, damit hätten sie ihr Mobilitätsprogramm absolviert? Vielleicht haben sie damit ihr Gewissen beruhigt, aber für ihre Beweglichkeit haben sie damit noch nichts erreicht. Es sei vorausgeschickt: Es mag Läufer geben, die mit dieser Technik jahrelang völlig verletzungs- und schmerzfrei laufen und sogar passable Zeiten erzielen. Meiner Erfahrung nach trifft dies auf den Großteil der Hobbyläufer, insbesondere ab einem gewissen Alter, jedoch nicht zu, und viele Laufverletzungen könnten verhindert werden, würde mehr und vor allem regelmäßig an der Beweglichkeit gearbeitet.

An dieser Stelle ein wenig Begriffskunde (wobei die Begrifflichkeiten in der Literatur variieren und teils unterschiedlich verwendet werden). Beweglichkeit zählt, neben Ausdauer, Kraft und Schnelligkeit, zu den konditionellen Fähigkeiten des Menschen. Sie definiert sich über die Gelenkigkeit – diese wird durch die Gelenkstruktur vorgegeben und kann nicht trainiert werden – sowie die Dehnfähigkeit, die durch Muskeln, Sehnen, Bänder und Gelenkkapseln, aber auch Faszien und Haut bestimmt wird. Des Weiteren wird zwischen passiver Beweglichkeit und aktiver Beweglichkeit unterschieden.

Bei der passiven Beweglichkeit kommt der Widerstand von außen. Ein klassisches Beispiel ist die Brustdehnung an der Wand, bei der der Dehnreiz nicht aktiv eingenommen, sondern durch die Wand erzeugt wird. Ein passiver Dehnreiz kann auch durch die Schwerkraft oder einen Trainingspartner erzielt werden. Anders verhält es sich, wenn du die Dehnposition durch deine eigene Muskelkraft (aktiv) einnimmst, also zum Beispiel bei geöffneten Armen die Arme nach hinten führst, um den Dehnreiz in der Brustmuskulatur auszulösen.

Letztlich kann zwischen statischem und dynamischem Dehnen unterschieden werden. Wird statisch gedehnt, findet die Dehnung ohne Bewegung statt. Beim dynamischen Dehnen werden fließende oder federnde Bewegungen ausgeführt.

Der Baustein »Mobilität« hat ihm Rahmen des SMARTER-Konzepts zum Ziel, Bewegungen in möglichst vollem Bewegungsumfang (»Range of Motion«) ausführen zu können. Dabei werden drei unterschiedliche Übungs- beziehungsweise Trainingsformen genutzt, die sich innerhalb meiner Trainingsroutine am besten bewährt haben:

- **Mobility-Übungen:** aktivierende Bewegungen (Flows) als Teil des Warm-ups oder Cool-downs
- **Stretching:** Statisch gehaltene Positionen zur Reduzierung der Muskelspannung am Ende des Trainings
- **Faszientraining:** als separates Workout, um Verklebungen zu lösen und das Gewebe gleitfähiger zu machen

Ich halte Beweglichkeit – richtig ausgeführt und an den richtigen Körperstellen – für entscheidend für die Körpergesundheit und zur Reduzierung der Verletzungsanfälligkeit. Daher wird der Baustein »Mobilität« nicht nur innerhalb der Trainings Anwendung finden, sondern im Rahmen des »Mobility-Tags« (siehe ab Seite 186) einen gesonderten Fokus erhalten.

ZUSAMMENHANG ZWISCHEN MOBILITÄT UND STABILITÄT

Es ist wichtig zu verstehen, dass nicht jede Körperstelle gleich viel Beweglichkeit benötigt – im Gegenteil: In einigen Gelenken kann Hypermobilität beziehungsweise -flexibilität sogar schaden. Gerade im Training, aber auch im Alltag ist es wichtig, an den richtigen Körperstellen beweglich zu sein und an anderen die nötige Stabilität aufzuweisen. Läufer müssen keinen Spagat ausführen können – sie sollten aber die nötige Hüftmobilität besitzen, um eine gute Lauftechnik umsetzen zu können.

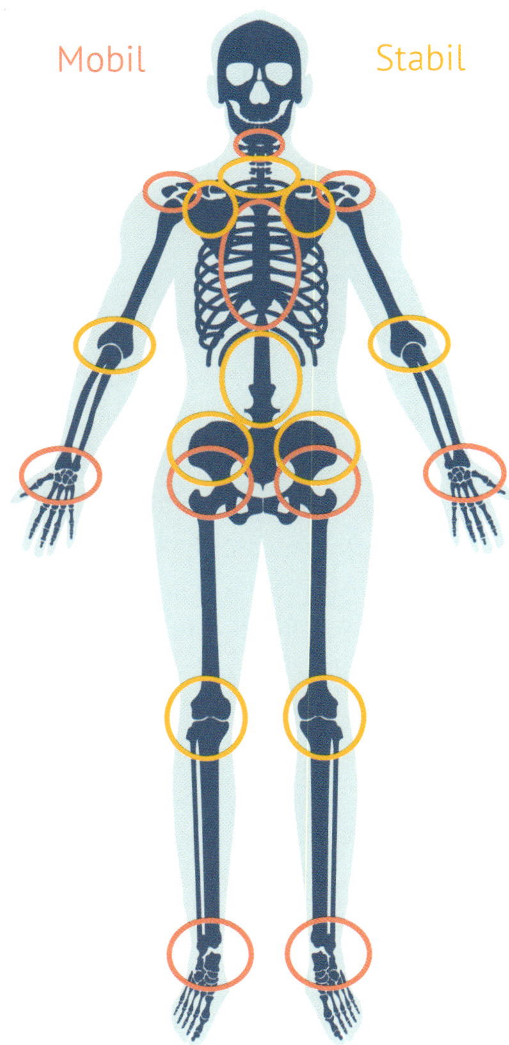

Der Joint-by-Joint-Ansatz nach Michael Boyle und Gray Cook

Nach dem Joint-by-Joint-Ansatz von Michael Boyle und Gray Cook wird zwischen grundsätzlich mobilen und grundsätzlich stabilen (immobilen) Gelenken unterschieden. Verletzungen können dann entstehen, wenn ein Gelenk, das eigentlich mobil sein sollte, immobil wird, oder wenn ein Gelenk, das grundsätzlich stabil sein sollte, zu viel Mobilität aufweist. Eine Sonderstellung nimmt die Hüfte ein. Diese kann sowohl unbeweglich als auch instabil sein – je nachdem, welche Bewegungsebene man betrachtet.

Diese Dysfunktionen machen sich oft ober- oder unterhalb des entsprechenden Gelenks bemerkbar. Hat die Brustwirbelsäule zu wenig Beweglichkeit, muss die Lendenwirbelsäule »einspringen«, um eine bestimmte Bewegung ausführen zu können. Dies kann zu Problemen der Lendenwirbelsäule führen. Knieprobleme rühren oftmals von einer mangelnden Mobilität der Hüfte her. Bei Problemen in einem Gelenk (zum Beispiel Knie) sollte also immer das darüberliegende Gelenk (Hüfte) und das darunterliegende Gelenk (Fußgelenk) in die Betrachtung einbezogen werden. Gute Physiotherapeuten und Ärzte berücksichtigen dies.

Für Läufer bedeutet das konkret: Bei den mobilen Gelenken sollte der Fokus auf dem Beweglichkeitstraining liegen, bei den stabilen auf dem Krafttraining.

MOBILITY-ÜBUNGEN

Bei jedem Trainingsprogramm stehen mobilisierende Übungen am Beginn des Trainings. Das soll sicherstellen, dass der fürs Laufen und die Übungen benötigte Bewegungsradius besser erreicht werden kann. Hier geht es nicht um ein langes Halten der jeweiligen Position, sondern um eine fließende Bewegung, die den Körper auf das Workout vorbereiten soll. Die Übungen

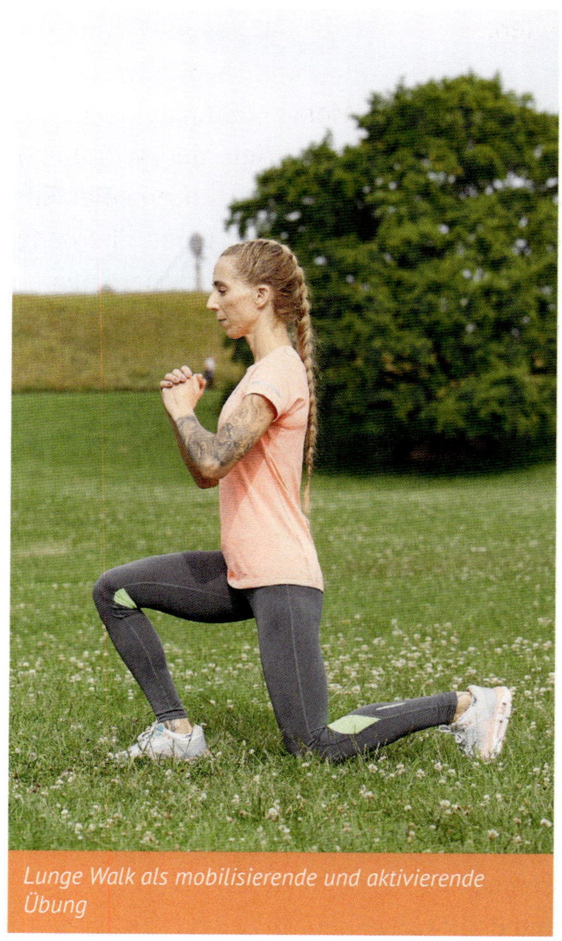

Lunge Walk als mobilisierende und aktivierende Übung

können auch eine aktivierende Komponente besitzen – zum Beispiel kann der schon beschriebene Lunge Walk sowohl als Mobilitäts- als auch als Aktivierungsübung eingesetzt werden. Die Übungen sind so ausgewählt, dass sie …

- die notwendige Mobilität für die Laufbewegung (allgemeine Mobilität) und
- die für das jeweilige Programm benötigte Mobilität in den zu trainierenden Körperpartien (spezifische Mobilität) sicherstellen.

Weiter sind die Mobility-Übungen Teil des Cool-downs mit dem Ziel, die im Training aufgebaute Spannung zu lösen, die Regeneration einzuleiten und einen Übergang zu den statisch gehaltenen Dehnübungen zu bilden.

STRETCHING

Nach jeder Trainingseinheit gebe ich dir drei Stretching-Übungen vor, mit denen du die durchs Training verkürzten Strukturen sanft in die Länge ziehen und dir auf Dauer einen guten Bewegungsradius sichern kannst. Diese Übungen sind Vorschläge – du kannst auch andere Übungen wählen und beliebig viele Dehnübungen anschließen.

Genieße das Stretching, führe es im Einklang mit deiner Atmung und ohne Leistungsanspruch durch und halte jede Übung mindestens 60 bis 90 Sekunden lang. Nimm dir also ganz bewusst Zeit, um deine Muskulatur sanft in die Länge zu ziehen und Spannungen abzubauen. Arbeite dich langsam und im Einklang mit deinem Körper in die Positionen hinein. Ruckartige Bewegungen und ein Hineinzwingen in die Position sind ebenso tabu wie ein übersteigerter Ehrgeiz.

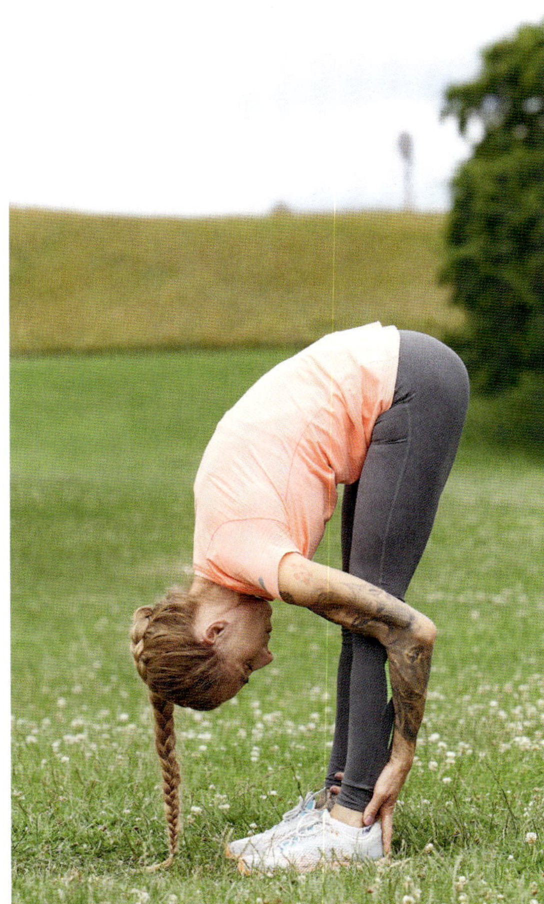

Dehnen – ein wichtiger Teil des Trainings

Verdeutliche dir immer wieder:

- Gewisse Strukturen deines Körpers sind vorgegeben (Gelenkigkeit).
- Du musst als Läufer nicht hypermobil sein, im Gegenteil: Es geht darum, an der richtigen Körperstelle mobil genug für die auszuführende (Lauf-)Bewegung zu sein. An anderen Körperstellen steht Stabilität im Vordergrund.
- Dein Körper braucht Zeit, um sich anzupassen – also gib sie ihm!

FASZIENTRAINING

Der Begriff »Faszien« (das sind die Bindegewebsschichten, die den Körper netzwerkartig durchziehen) ist in den letzten Jahren fast schon zu einer Art Modewort in der Fitnesswelt geworden. Auf einmal gab es in jedem Studio Hartschaumrollen, wurden Füße auf Tennisbällen gerollt und Yogaeinheiten mit federnden Bewegungen zum »Faszien-Yoga« erhoben. Der Trend hat einen guten Grund, denn mittels Faszientraining können Verklebungen und Verhärtungen gelöst, verfilzte Faszienstrukturen geglättet und damit der Körper geschmeidig gehalten werden. Bestenfalls können Schmerzen – beispiels-

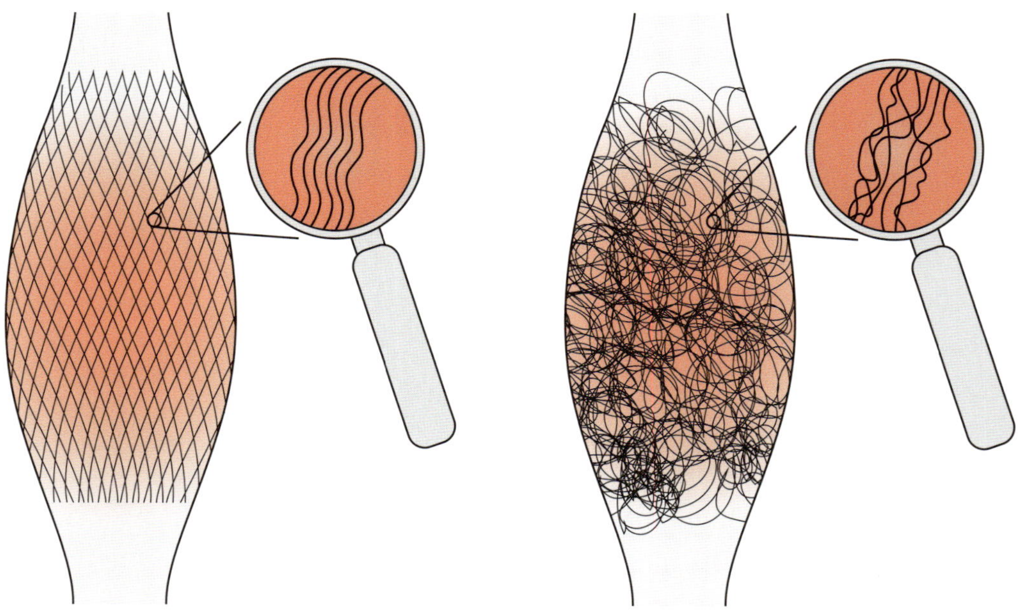

Trainierte Faszien (links) versus verklebte Faszien (rechts)

weise in Rücken oder Knie – vermindert oder gar verhindert werden. Eine wichtige Voraussetzung ist, dass Faszientraining richtig und regelmäßig ausgeführt wird. Halbherziges Herumrollen auf dem Gerät bringt ebenso wenig wie nur alle paar Wochen »auf die Rolle« zu gehen.

Tipps für die Trainingspraxis

Faszienstrukturen sind veränderbar. Allerdings benötigt dies Zeit (mehrere Monate bis zu einem Jahr). Durch regelmäßiges, richtig ausgeführtes Training lässt sich fasziales Gewebe also umbauen – und damit viele durch fasziale Verklebungen ausgelöste Schmerzen in den Griff bekommen. Voraussetzung sind zwei Dinge:

- **Regelmäßigkeit:** Deshalb ist die Arbeit mit Faszienrolle und -ball integraler Bestandteil der Trainingsprogramme.
- **Richtige Ausführung:** Statt oberflächlich auf den Geräten herumzurollen, solltest du langsam und tief in die Faszien hineinarbeiten.

Da Faszientraining einige Zeit beansprucht und nicht »on the go« ausgeführt werden kann, habe ich es aus den Workouts herausgelöst und im Rahmen des Mobility-Tags zu einem eigenständigen Training zusammengestellt. Mehr dazu findest du ab Seite 186.

Vorab ein paar Tipps, die ich dir aus meiner Trainingspraxis mitgeben kann:

- Nutze das Rollen als »Screening« deines Körpers. Identifiziere, wo du Verklebungen, Verspannungen, »Hubbel« spüren kannst, welche Stellen mehr wehtun als andere und wie sich dein Körper insgesamt anfühlt.
- Rolle langsam, gleichmäßig und bewusst – stelle dir vor, du würdest einen zähen Teig ausrollen.
- Solltest du noch nie mit der Hartschaumrolle oder dem Ball gearbeitet haben, kann das Faszientraining am Anfang ziemlich schmerzhaft sein. Aber keine Sorge: Es wird mit der Zeit besser werden. Wähle den Druck so, dass du ihn deutlich spüren kannst – die Tränen sollten dir dabei aber nicht in die Augen schießen. Lerne also zu unterscheiden zwischen angenehmem, lösendem und grenzwertigem Schmerz.
- Dort, wo du Verklebungen spürst, hältst du an und verstärkst den Druck. Über die Atmung kannst du dich tiefer ins Gewebe hineinarbeiten. Stelle dir vor, wie dein Gewebe die Rolle oder den Ball umfließt, bis du merkst, dass sich die Spannung löst.
- Übertreibe es nicht! Versuche nicht, mit einem Training alle Verklebungen auf einmal zu lösen. Lass deinem Körper Zeit, sich anzupassen; besonders zu Beginn solltest du dich langsam an das Training mit dem Fasziengerät herantasten.

Der Körper als Einheit

Seit man die Bedeutung der Faszien erkannt hat, wird der Körper nicht mehr als stabiles »Knochenhaus« verstanden, das vom Skelett gehalten und getragen wird, sondern als dreidimensionales Spannungsnetzwerk, das aus stabilen Elementen (Knochen) sowie beweglichen Elementen (Muskeln-Faszien-Stränge) zusammengesetzt ist. Wenn sich an einem Punkt im Körper etwas ändert, verändert sich das ganze System. Das erklärt, warum Schmerzen oft an ganz anderen Stellen auftreten als dort, wo ihr Ursprung liegt. Zu dieser Einheit zählt im Übrigen auch der Kopf, denn Faszien können nicht nur auf Fehlbelastungen und Fehlhaltungen, sondern auch auf Stress und emotionale Belastungen reagieren. Der Körper sollte also als eine große Einheit verstanden – und trainiert – werden.

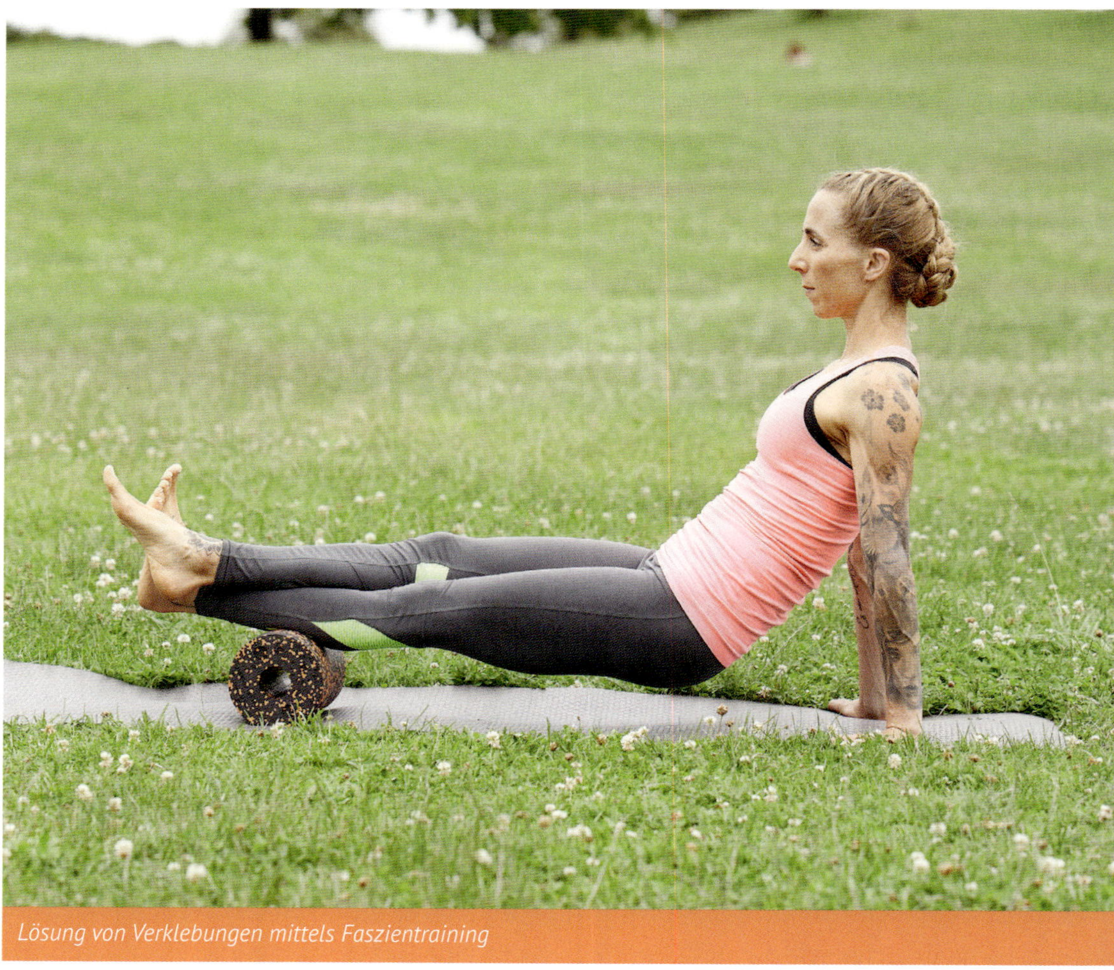

Lösung von Verklebungen mittels Faszientraining

A - AUSDAUER

Ausdauer ist eine klassische konditionelle Fähigkeit, die beim Laufen geschult wird. Sie beschreibt die Fähigkeit des Körpers, eine Bewegung möglichst lange ausführen zu können, ohne dabei zu ermüden, sowie sich nach der Belastung möglichst schnell wieder zu erholen.

Bei den Trainingsprogrammen wird das Laufen ergänzt durch Ausdauerübungen, die grob unterteilt werden in …

- **Kardioübungen** zum Erzielen eines bestimmten Pulsbereiches,
- **plyometrische Übungen,** die die Sprungkraft schulen, und
- **Koordinationsübungen,** die vor allem Übungen aus dem klassischen Lauf-ABC umfassen.

Einige Übungen können sowohl der einen als auch der anderen Kategorie zugeordnet werden. Ich habe sie nach ihrem jeweiligen Trainingsschwerpunkt gruppiert, um dir eine einfache Orientierungsmöglichkeit zu geben.

KARDIOÜBUNGEN

Hierunter fallen reine Ausdauerübungen wie der Jumping Jack (siehe Seite 79) oder die High Knees (siehe Seite 80), bei denen es um das Erhöhen beziehungsweise Aufrechterhalten deines Pulses geht. Aber auch Übungen, die zusätzlich deine Kraftausdauer trainieren, wie der Burpee (siehe ab Seite 82), oder die deine Stabilität verbessern, zum Beispiel der Mountain Climber (siehe ab Seite 84), habe ich in diese Kategorie eingeordnet. Bei diesen Übungen sind zwar eine gute Koordinationsfähigkeit und teils eine gewisse Sprungkraft nötig, ihr Fokus liegt jedoch auf dem Training deines kardiovaskulären Systems.

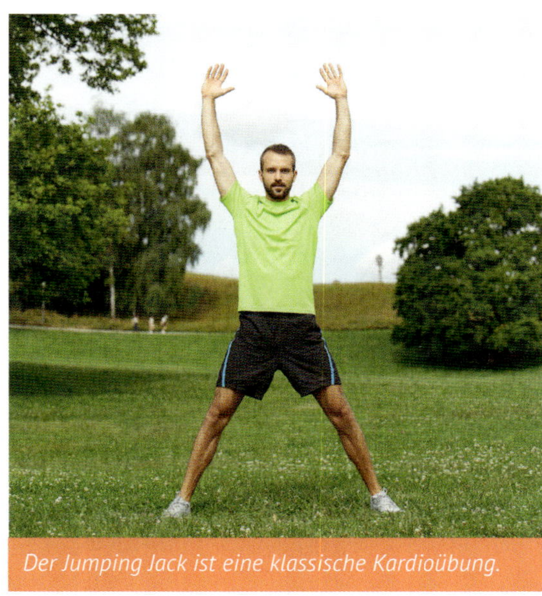

Der Jumping Jack ist eine klassische Kardioübung.

Die Übungen werden über eine gewisse Zeit, zum Beispiel eine Minute lang, durchgeführt. Je nach Ausführungsgeschwindigkeit, Schwierigkeitsgrad und Anteil der beteiligten Muskulatur kann die Intensität variieren – du kannst dich also eher im mittleren oder im oberen Pulsbereich befinden. Ausdauerübungen bieten eine gute Möglichkeit, den Laufrhythmus aufzubrechen. Du wirst sie bei den Programmen im Rahmen von Zirkel- oder Intervalleinheiten kennenlernen.

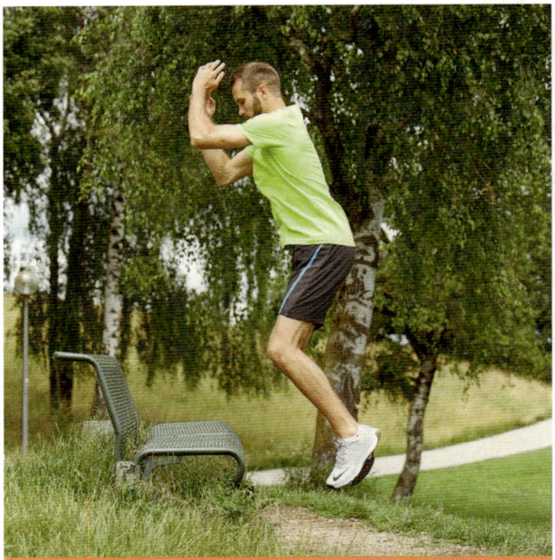

Der Box Jump ist eine typische plyometrische Übung.

PLYOMETRISCHE ÜBUNGEN

Laufen ist, vereinfacht gesagt, eine Aneinanderreihung von Sprüngen auf einem Bein. Bei jedem Schritt vollzieht man eine Abdruck- und eine Landebewegung. Damit der Abdruck möglichst kraftvoll erfolgen kann und die Muskeln den Körper wie eine Sprungfeder nach vorn katapultieren können, ist es hilfreich, Sprungkraftübungen ins Training einzubauen. Diese Art des Schnellkrafttrainings, das aus explosiven Sprüngen wie dem Lunge Jump (siehe Seite 91), dem Single Leg Squat Jump (siehe Seite 93) oder dem klassischen Strecksprung (siehe Seite 95) besteht, basiert auf der Nutzung des sogenannten Dehnungs-Verkürzungs-Zyklus. Es wird eine verlängernde (exzentrische) Kontraktion des Muskels erzeugt, auf die eine verkürzende (konzentrische) Muskelkontraktion folgt. Diese wird dadurch stärker als ohne entladende Vorspannung.

KOORDINATIONS-ÜBUNGEN

Das sogenannte Lauf-ABC wird Läufern schon lange empfohlen, um Verbesserungen ihres Laufstils zu erzielen. Daneben gilt es als Mittel zur Verletzungsprophylaxe. Die darunter gruppierten Übungen zerlegen die Laufbewegung in Einzelteile, mittels derer die Lauftechnik gezielt trainiert werden soll. Hopserlauf (siehe Seite 99), Überkreuzlaufen (siehe Seite 102), Anfersen (siehe Seite 98) und Co. sollen die Beweglichkeit der Hüfte verbessern, den Fußabdruck trainieren oder ganz allgemein die Koordination der Bewegungen schulen.

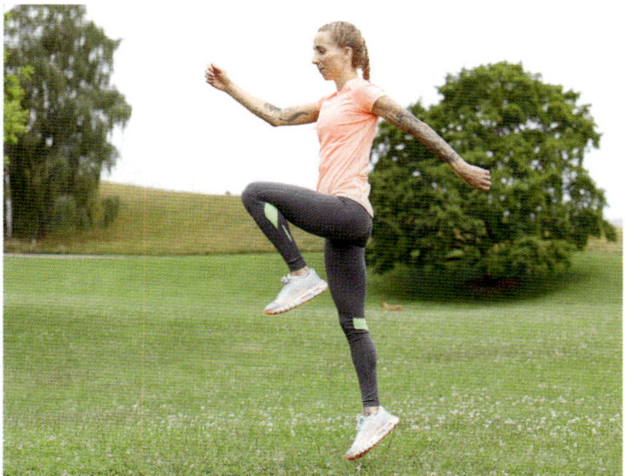

Der Hopserlauf ist eine typische Koordinationsübung.

Während diese Basiselemente bei Spitzensportlern regelmäßig auf dem Trainingsplan stehen, werden sie von Hobbyläufern oft nur sporadisch eingesetzt. Da ich finde, dass sie zum grundlegenden Repertoire eines jeden Läufers gehören sollten, sind sie ein wichtiger Teil meiner Trainingsprogramme. Du solltest dich dabei – mehr noch als bei den anderen Übungen – auf eine saubere Technik konzentrieren. Der Fokus liegt auf der Bewegungskoordination. Daher sollte der Anstrengungsgrad nur so hoch sein, dass du die Bewegungen sauber und kontrolliert ausführen kannst.

GESCHWINDIGKEIT UND ANSTRENGUNGSGRAD

Bei allen Übungen hat die Ausführung Vorrang vor der Geschwindigkeit. Schule also zunächst deine Technik, bevor du das Tempo erhöhst. Bei Übungen, bei denen dies möglich ist, biete ich dir eine Low-Impact-Variante an, also eine Ausführung ohne Sprung. So kannst du selbst entscheiden, was für dich und deinen Körper durchführbar ist. Du solltest dich bei den Übungen sicher fühlen und sie kontrolliert umsetzen können. Mit einer ungenauen Ausführung erzielst du schlechtere Trainingserfolge und riskierst Verletzungen. Sei also dein eigener Trainer und versuche zu vermeiden, dass der »Ego-Gaul« mit dir durchgeht.

Die Kardio- und plyometrischen Übungen sollten, eine gute Technik vorausgesetzt, in einem mittleren bis hohen Pulsbereich durchgeführt werden, und immer so, dass du das vorgegebene Zeitziel erreichst. Behalte dabei auch das ganze Workout im Blick. Es bringt dir nichts, wenn du dich eine Minute lang voll verausgabst und dann nach der Hälfte des Workouts abbrechen musst, weil die Luft raus ist. Die Übungen bieten dir eine gute Möglichkeit, um deinen Körper kennenzulernen. Mit ihnen kannst du lernen, deine Kräfte im Training einzuteilen. Du kannst dich dabei grob an der ab Seite 52 beschriebenen Gefühlsskala orientieren. Die Koordinationsübungen sind hiervon ausgenommen, da es bei ihnen um das Erlernen einer sauberen Technik gehen soll – Geschwindigkeit und Anstrengungsgrad treten dabei in den Hintergrund.

R – RUNNING

Laufen ist Anker und Freiheit, Herausforderung und Energiequelle, Loslassen und Halt. Es schenkt dir wundervolle Erlebnisse in der Natur, lässt dich deinen Körper spüren und dich selbst besser kennenlernen. Es hält dich fit und – bei korrekter Ausführung und im richtigen Ausmaß betrieben – auch gesund. Laufen ist die Leidenschaft, die hinter diesem Buch steht, und das Herzstück der Trainingsprogramme. Wenn du dich zum Lesen dieses Buches entschieden hast, wirst du die Liebe für den schönsten Sport der Welt vermutlich selbst empfinden und zu schätzen wissen, welchen Mehrwert das Laufen deinem Leben schenken kann.

Je nach Zielsetzung können beim Laufen durch verschiedene Tempi unterschiedliche Trainingsreize gesetzt werden. Das Lauftraining kann beispielsweise im Grundlagenausdauerbereich stattfinden, für ein Tempotraining genutzt oder als Intervalltraining gestaltet werden. Gute Trainingspläne stimmen die unterschiedlichen Trainingsbereiche so aufeinander ab, dass eine größtmögliche Leistungssteigerung erzielt wird. Auch bei den von mir erstellten Trainingsprogrammen werden unterschiedliche Trainingstempi eingesetzt, allerdings in vereinfachter Form und anhand einer Gefühlsskala anstatt von Pulsbereichen.

TRAINIEREN NACH GEFÜHL

Der Vorzug von Laufuhren – das sekundengenaue Übermitteln von Puls und Pace – ist zugleich ihr Nachteil. Der ständige Blick auf die Uhr verführt dazu, nicht mehr in sich hineinzuspüren und auf den Körper zu hören. Stattdessen wird im Bestreben, eine bestimmte Laufgeschwindigkeit aufrechtzuerhalten, oftmals über die eigenen Verhältnisse gelaufen. Dies kann nicht nur das Lauferlebnis mindern, sondern auch zu Überbelastung, Leistungseinbruch und Verletzungsanfälligkeit führen.

Das Laufen nach Puls ist für die Trainingssteuerung der bessere Ansatz. Aber auch hier sollte berücksichtigt werden, dass der gemessene Puls immer nur ein Anhaltspunkt ist. Dein Puls hängt von vielen verschiedenen Faktoren wie Temperatur, Stress, Hormonen, Koffeingenuss, Krankheit, Ernährung und der Tageszeit ab. Der gleiche Puls kann sich an einem Tag angenehm und am nächsten hart anfühlen. Kommt dann noch eine Laufuhr hinzu, die den Puls nicht ganz korrekt misst, schaffst du dir ein System, das dich weit weg führt von dem, was das Wichtigste beim Training ist: dein eigenes Körpergefühl.

Gefühlswert	Trainingsgefühl	Laufbereich(e)
1 bis 3 (blau)	Keine bis leichte Anstrengung	Ein- und Auslaufen, Traben
4 bis 5 (grün)	Angenehme Anstrengung	Langsames Laufen
6 bis 7 (gelb)	Herausfordernde Anstrengung	Schnelles Laufen
8 bis 10 (rot)	Schwere bis maximale Anstrengung	Intervall, Wettkampf

Trainieren nach Gefühl mit der Gefühlsskala

Bei den folgenden Trainingsprogrammen möchte ich dich dazu einladen, dich und deinen Körper in den Mittelpunkt des Trainings zu stellen. Wie fühlt sich das Tempo an? Könntest du ewig so weiterlaufen oder überfordert es dich? Würdest du am liebsten schneller laufen oder bist du am Limit? Verwende deine Laufuhr zum Tracken von Zeit und Strecke – nicht zur Kontrolle deiner Geschwindigkeit. Ein kurzer Blick auf den Puls kann nicht schaden, aber viel wichtiger ist dein Trainingsgefühl. Du kannst im Nachhinein deine Daten bis ins Detail auswerten. Aber während der Workouts sollte nicht deine Uhr, sondern dein Körper der Gradmesser für dein Training sein. Solltest du zu denjenigen Läufern gehören, die bei diesem Gedanken Schnappatmung bekommen: Keine Sorge, es kann nicht viel passieren, außer das Erleben eines völlig neuen Körper- und Laufgefühls.

Bei deinen Läufen kannst du dich grob an der obigen Gefühlsskala orientieren und anhand der Werte 1 bis 10 bestimmen, wie sich das Training für dich anfühlt.

- **Gefühlswerte 1 bis 3 (blauer Trainingsbereich):** Hier fühlst du keine bis eine sehr leichte Anstrengung. Das Empfinden reicht vom völligen Ruhegefühl bis zu einer lockeren Anstrengung, die sich jedoch noch gar nicht wie eine solche anfühlt.
- **Gefühlswerte 4 bis 5 (grüner Trainingsbereich):** Du empfindest eine angenehme Anstrengung und hast das Gefühl, ewig weiterlaufen zu können. Du kannst dich unterhalten, ohne Atemprobleme zu bekommen. Deine Gedanken schweifen ab, weil du gar nicht merkst, dass du läufst. Du nimmst deine Umgebung wahr, die Gerüche, die dir in die Nase steigen, spürst die Sonne, die deine Haut wärmt, und den Wind, der dir um die Nase weht. Sprich: Du befindest

dich im absoluten Wohlfühlbereich, hast dabei vielleicht sogar das Gefühl, dass du gern etwas schneller laufen würdest.

- **Gefühlswerte 6 bis 7 (gelber Trainingsbereich):** Hier spürst du eine herausfordernde Anstrengung und merkst deutlich, dass dein Körper etwas leistet. Das Training fühlt sich nach Training an. Trotzdem hast du dabei noch alles im Griff und überforderst dich nicht. Dir ist bewusst, dass du sportlich flott unterwegs bist, du spürst die Anstrengung in deinen Beinen und dein Herz schlagen. Die Umgebung tritt etwas in den Hintergrund, denn du bist sehr bewusst bei dir und deinem Training. Du kannst noch sprechen, aber eigentlich möchtest du dir den Atem lieber sparen.
- **Gefühlswerte 8 bis 10 (roter Trainingsbereich):** Hier darfst du deine Wettkampfsau rauslassen, denn in diesem Bereich geht es ans Eingemachte. Du bewegst dich in Richtung deiner Leistungsgrenze und merkst, dass du das Tempo nicht sehr lange aufrechterhalten kannst. Du spürst deutlich deinen Puls und, je länger die Belastung anhält, auch eine deutliche Ermüdungserscheinung in den Beinen. An Sprechen ist nicht mehr zu denken und auch deine Umgebung ist dir inzwischen egal. Es geht nur noch darum, durchzuhalten und deinen Kopf davon zu überzeugen, nicht aufzugeben.

Die unterschiedlichen Gefühlswerte können auch auf die Ausdauer- und Kraftübungen sowie das Workout insgesamt angewendet werden. Die Gefühlsskala soll dir helfen, die unterschiedlichen Trainingsreize sowohl innerhalb des Workouts als auch innerhalb der Trainingswochen richtig zu setzen und damit dein Training optimal zu steuern.

LAUFBEREICHE

Wie bereits eingangs erwähnt, werden bei den Trainingsprogrammen unterschiedliche Laufbereiche zum Einsatz kommen, die ich dir im Folgenden vorstellen möchte. Viele Laufverletzungen sowie Stagnation im Training rühren daher, dass die schnellen Läufe zu langsam und die langsamen zu schnell gelaufen werden. Versuche daher, dich bei den Laufbereichen an den Gefühlswerten zu orientieren und dein Workout über diese zu steuern, um bestmögliche Trainingserfolge zu erzielen. Ich habe dazu jeden Laufbereich einem Bereich auf der Gefühlsskala zugeordnet.

Einlaufen (Warm-up)

Trainingsbereich: blau (Gefühlswerte 1 bis 3)
Beim Einlaufen geht es darum, deinen Körper schrittweise auf die nachfolgende Belastung vorzubereiten, ihn also auf »Betriebstemperatur« zu bringen. Du kannst mit Gehen oder langsamem Traben starten und dann ganz allmählich das Tempo erhöhen, bis du am Ende der Einlaufphase einen Gefühlswert von 3 erreicht hast und langsam in den

grünen Trainingsbereich übergehst. Ein gutes Aufwärmen ist das A und O jedes Trainings. Nimm dir also Zeit dafür! Wer zu schnell startet, muss dies am Ende meist büßen. Bei den Trainingsprogrammen sind bis zu zehn Minuten für diesen Teil eingeplant. Du kannst das Einlaufen aber jederzeit verlängern.

Langsames Laufen (Slow Run)

Trainingsbereich: grün (Gefühlswerte 4 bis 5)
Beim langsamen Laufen befindest du dich zwischen Fettstoffwechsel- und unterem aeroben Ausdauertraining und damit im absoluten Wohlfühltempo. Zu Beginn der Programme ist dies der häufigste Trainingsbereich. Er stellt das Bindeglied zwischen den Übungen dar und wird als Gegenpol zu den leistungsmäßig etwas anspruchsvolleren Kardioübungen eingesetzt.

Zügiges Laufen (Fast Run)

Trainingsbereich: gelb (Gefühlswerte 6 bis 7)
Im Verlauf der Programme werden langsame Laufeinheiten durch schnellere ersetzt. Das schnelle Laufen wird wichtige Trainingsreize setzen und dich in einem kontrollierten Maß herausfordern. Insbesondere die etwas anspruchsvolleren Trainingsprogramme 8 bis 12 setzen verstärkt auf schnelles Laufen. Aber Achtung: Bewege dich dabei immer noch im aeroben Ausdauerbereich! Der Fast Run sollte also nur so schnell sein, dass du die vorgegebene Strecke souverän meistern kannst.

Steigerungslauf

Trainingsbereiche: gelb (Gefühlswerte 6 bis 7), kurzzeitig bis hin zu rot (Gefühlswerte 8 bis 10)
Steigerungsläufe haben zum Ziel, die Laufökonomie zu verbessern und dem Körper ein Gefühl für das schnelle Laufen zu geben. So können am Ende des Einlaufens Steigerungsläufe eingesetzt werden, um das eigentliche Workout einzuleiten. Das bedeutet, dass du auf etwa 100 bis 200 Meter dein Tempo vom Traben bis hin zur Maximalgeschwindigkeit sukzessive erhöhst. Die Finesse dabei ist, das Tempo nicht direkt von null auf hundert zu steigern – das wäre ein Sprint. Es geht darum, kontinuierlich die Geschwindigkeit zu erhöhen, sodass du erst gegen Ende deine Maximalgeschwindigkeit erreichst. Sollten mehrere Steigerungsläufe im Plan vorgegeben sein, achte auf eine Pause von mindestens 30 Sekunden zwischen ihnen.

Intervall

Trainingsbereiche: vorgegebener Wechsel zwischen blau (Gefühlswerte 2 bis 3) und rot (Gefühlswerte 8 bis 9)
Intervalleinheiten sind die Würze in der Laufsuppe. Durch den Wechsel zwischen herausfordernden Tempoeinheiten und entspannendem Traben werden neue Trainingsreize

gesetzt. Zwar trainierst du hier zeitweise im roten Bereich (anaerobes Ausdauertraining), solltest es aber dennoch nicht übertreiben. Ein Intervalltraining darf dich herausfordern, keine Frage. Aber eine Ausbelastung bis an die absolute Leistungsgrenze ist auch hier nicht das Ziel – eine 10 auf der Gefühlsskala solltest du eher vermeiden. Trainiere besser bei einem Gefühlswert von 8 bis 9 und achte darauf, dass du auch noch die letzte Intervalleinheit souverän und kontrolliert ausführen kannst.

Fartlek

Trainingsbereiche: intuitiver Wechsel zwischen allen Bereichen

Das Fartlek-Training, auch bekannt als Fahrtspiel, ist die spielerische Variante des Intervalltrainings. Die Intervalleinheiten sind also nicht starr vorgegeben (zum Beispiel zehnmal 400 Meter), sondern variabel. Im Rahmen meiner Trainingsprogramme kannst du sie nach Lust und Laune gestalten. Suche dir dafür Fixpunkte in deiner Umgebung wie Bäume, Laternenpfähle oder Mülleimer und laufe bis zu diesen Punkten in einer bestimmten Geschwindigkeit. Dabei kannst du Distanz, Tempo, Untergrund und Steigung variieren, was das Fartlek-Training zu einem sehr abwechslungsreichen und motivierenden Training macht.

Auslaufen (Cool-down)

Trainingsbereich: blau (Gefühlswerte 3 bis 1)

Gehörst du zu den Läufern, die kurz vor der Haustür gern einen Schlusssprint einbauen? Das mag für das Ego nützlich sein, ist jedoch im Sinn einer durchdachten Trainingsgestaltung völlig kontraproduktiv. Am Ende des Trainings hast du bereits einiges an Energie auf der Strecke gelassen, Konzentration und Kraft lassen nach – damit steigt auch das Verletzungsrisiko. Dieses solltest du nicht durch unbedachtes Ego-Laufen am Schluss erhöhen. Zudem macht es wenig Sinn, am Ende des Trainings noch einmal »ins Laktat« zu laufen.

Das Auslaufen sollte stattdessen die erste Phase der Erholung sein und dem Körper die Möglichkeit geben, die im Training aufgebaute Sauerstoffschuld abzubauen sowie erste Regenerationsprozesse in Gang zu setzen. Ziel des Auslaufens ist also, dass du deinen Körper sukzessive in den Normalzustand zurückfährst und dich am Ende des Trainings ausgeglichen, frisch und bereits ein wenig erholt fühlst. Bei den Trainingsprogrammen ist dieser Bereich meist mit bis zu zehn Minuten angegeben – du kannst ihn aber jederzeit verlängern, wenn du dich danach fühlst.

T - TERRAIN

Die Möglichkeit, direkt von der Haustür aus loszulaufen, ist eine gute Sache. Es ist alltagstauglich und senkt die Hürde, sich aufzuraffen. Immer die gleiche Hausstrecke zu laufen, ist jedoch für viele Zielsetzungen nicht optimal. Abwechslung im Training ist wichtig – dazu gehört auch die Auswahl des Terrains. Wähle daher möglichst abwechslungsreiche Untergründe für deine Läufe. Mal auf Asphalt, mal auf Waldboden, barfuß über eine Wiese oder auf einem Trail zu laufen, sorgt nicht nur für Spaß und Motivation, sondern dient auch der Laufgesundheit.

Mit Terrain ist aber nicht nur der Untergrund, auf dem du läufst, gemeint, sondern auch die Laufumgebung im Allgemeinen. Für einige Übungen benötigst du Hilfsmittel wie Baumstämme, Bänke oder Mauern. Betrachte deine Umgebung daher wie ein Fitnessstudio, das dich bei deinem Training unterstützt und dir alles bietet, was du benötigst – oder besser noch: als Spielwiese, auf der du herumtollen und dich austoben darfst.

Bevor du mit den Programmen beginnst, besteht also deine erste Aufgabe darin, deine Gegend zu erkunden. Schnappe dir am besten dein Fahrrad und schaue dir an, welche Strecken es rund um dein Zuhause gibt. Vermutlich wirst du erstaunt sein, was für neue Möglichkeiten sich auftun. Findet sich ein kleiner Hügel in deiner Nähe oder eine große Wiese? Windet sich ein Trail neben dem Weg? Findest du einen Weg, der zwischen Asphalt und Waldboden wechselt? Perfekt! Dann freue dich darauf, diese Strecken schon bald in dein Trainingsrepertoire aufzunehmen!

UNTERGRUND

Der Untergrund beeinflusst maßgeblich dein Laufgefühl, ebenso wie das Lauftempo. Bereits wenn der Weg von hartem Asphalt in weichen Waldboden übergeht, kann man die Auswirkung auf Laufstil und Körper fühlen. Beim Wechsel auf Trail oder Wiese werden diese Unterschiede noch deutlicher. Wenn dann noch ein Hügel dazukommt, wird klar: Laufen ist nicht gleich Laufen. Unterschiedliche Untergründe erfordern unterschied-

LAUFBAHN

Der Königsuntergrund fürs schnelle Laufen ist und bleibt die Laufbahn. Aber da der Zugang nicht für jeden problemlos möglich ist, wird sie nicht Teil der Trainingsprogramme sein.

liche Techniken, Fähigkeiten und Muskeln. Damit wird der Untergrund zu einem maßgeblichen Faktor, mit dem verschiedene Trainingsreize gesetzt werden können.

Asphalt

Asphalt – der Klassiker der Laufuntergründe: schwarz, hart und eben. Damit eignet er sich perfekt für kurze Tempoläufe oder fürs Aufstellen neuer Bestzeiten, da er guten Abdruck gibt und meist keine Überraschungen wie Wurzeln oder Äste bereithält. Wenn du also schnell und hart laufen willst oder dich bei einer Intervalleinheit ans Limit bringen möchtest, kannst du dir deine Wettkampfschuhe schnappen und dem Motto »Kick ASSphalt« alle Ehre machen. Mit dem Kilometerschrubben auf Asphalt solltest du jedoch vorsichtig sein, denn seine Härte ist auch seine Schwäche: Er gibt nicht nach, er verzeiht nichts und kann auf Dauer ganz schön auf die Gelenke gehen. Du kannst dich also gern auf diesem Terrain austoben, dich für die längeren »Kanten« aber auch mal ins »Outback« wagen.

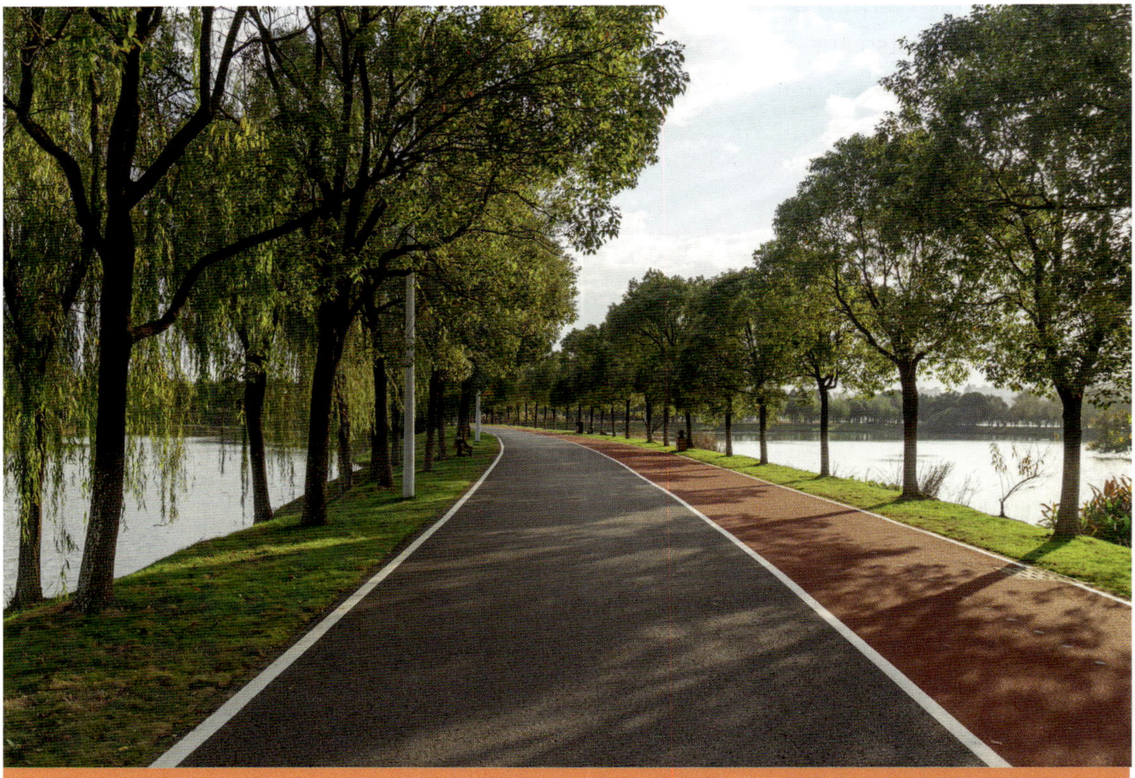

Asphalt ist perfekt für schnelle, kurze Läufe.

Waldboden

Der Wald ist für die meisten vermutlich die gängigste und vielleicht auch schönste Laufumgebung – der Duft der Blätter, das Zwitschern der Vögel, die Sonne, die die Bäume in ein glitzerndes Gemälde verwandelt. Es gibt so viel zu entdecken – so wirklich schnell laufen möchte man hier eigentlich gar nicht. Lieber wahrnehmen, spüren, durchatmen. Und das ist genau richtig: Denn der etwas weichere Waldboden lädt zu längeren Läufen ein, bei denen man die Gedanken schweifen und die Beine »ihr Ding« machen lassen kann. Wähle den Waldboden also für deine langsamen Läufe, einen Großteil deiner Workouts und deine Longruns. Schalte den Alltag aus und komme in den Flow.

Trail

Es müssen nicht gleich Bergtrails sein. Vielleicht findest du in deiner Umgebung ein paar kleine Wege abseits der normalen Strecken, auf denen du dich ans Laufen über Wurzeln, Steine und Äste heranwagen kannst. Dies fordert nicht nur deine Konzentration, sondern trainiert auch deine Sprunggelenke und deine Fußmuskulatur. Daneben ist es abwechslungsreich und spannend: Ein Richtungswechsel jagt den nächsten, hier ein großer Stein, dort ein Ast, über den du springen musst – der perfekte Untergrund für ein ganzheitliches Training.

Aber Achtung: Gerade am Anfang solltest du die Strecken nicht zu lang wählen. Dein Körper muss sich an die neue Belastung

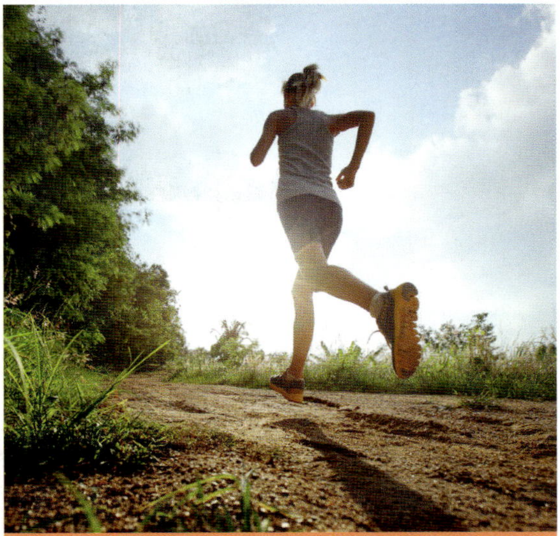

Waldboden ist perfekt für Genussläufe.

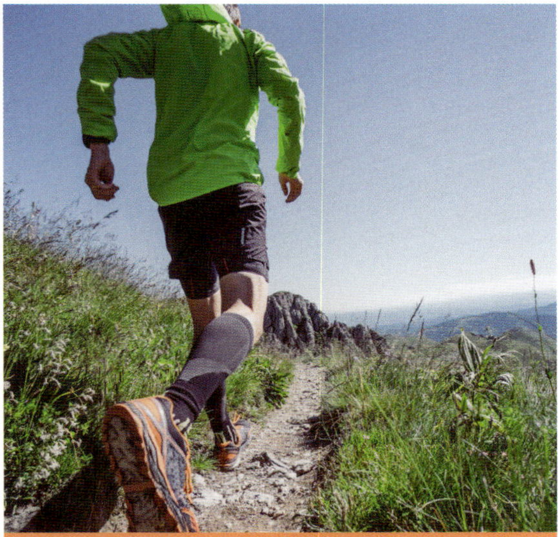

Trails sorgen für mehr Abwechslung.

gewöhnen, sonst riskierst du Überlastungssymptome und Verletzungen. Für versierte Trailläufer mögen sich die anspruchsvollen Wanderwege fürs Kilometerfressen eignen, als Trailneuling solltest du dich auf kleinere Ausflüge in dieses neue Terrain beschränken.

Hügel oder Berg

Eine sehr erfahrene Marathonläuferin sagte einmal zu mir: »Wenn du schnell werden willst, musst du Bergsprints in dein Training einbauen.« Ehrlich gesagt habe ich mich nie wirklich daran gehalten. Schade eigentlich, denn dieser Tipp beinhaltet sehr viel Wahres.

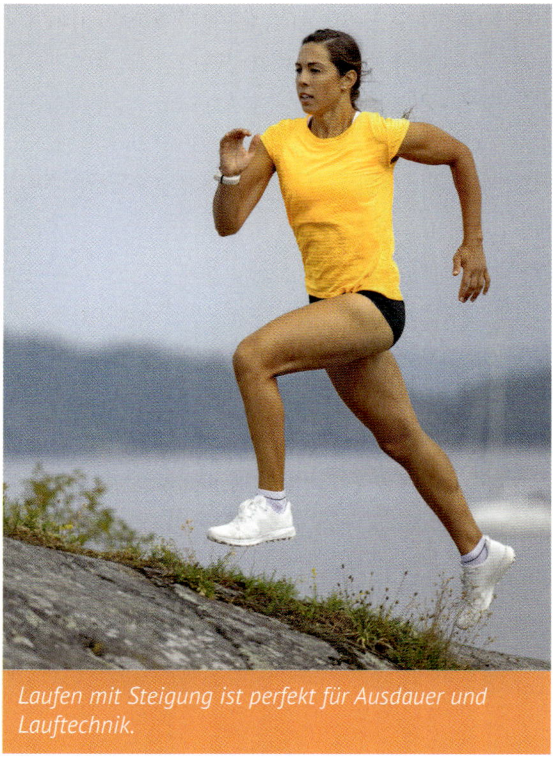

Laufen mit Steigung ist perfekt für Ausdauer und Lauftechnik.

Am Berg wirst du gezwungen, deinen Oberkörper nach vorn zu lehnen, kleine Schritte auf dem Vor- oder Mittelfuß zu machen und dich mit der Kraft deiner Gesäßmuskulatur nach oben zu schieben. Genau diese Punkte sind auch für eine optimale Lauftechnik in der Ebene wichtig. Daneben bringt das Laufen am Berg deinen Puls in kürzester Zeit nach oben – das perfekte Terrain für ein Intervalltraining.

Aber auch das Bergablaufen kannst du zur Verbesserung deiner Lauftechnik nutzen. Du wirst – je nach Steigungsgrad – den Oberkörper eher nach hinten lehnen und auf den Fersen landen, um die Geschwindigkeit besser kontrollieren zu können. Wenn du lernst, dabei deine Hüfte zu öffnen, deine Schrittgröße zu erweitern und das Gefälle zu nutzen, um deinem Körper das Gefühl des schnellen Laufens zu vermitteln, hast du gute Chancen, dass dir das auch bei deinen schnelleren Einheiten in der Ebene hilft.

Es gibt also gute Gründe, das Bergauf- und Bergablaufen öfter in deinen Trainingsplan einzubauen. Dabei musst du nicht gleich in die Alpen oder das Mittelgebirge fahren. Für die Trainingseinheiten genügen kleinere Hügel und Steigungen. Falls du die Chance hast, wähle fürs Bergauflaufen eine steilere Steigung als fürs Bergablaufen. So kannst du die angesprochenen Trainingseffekte optimal ausnutzen.

Wiese

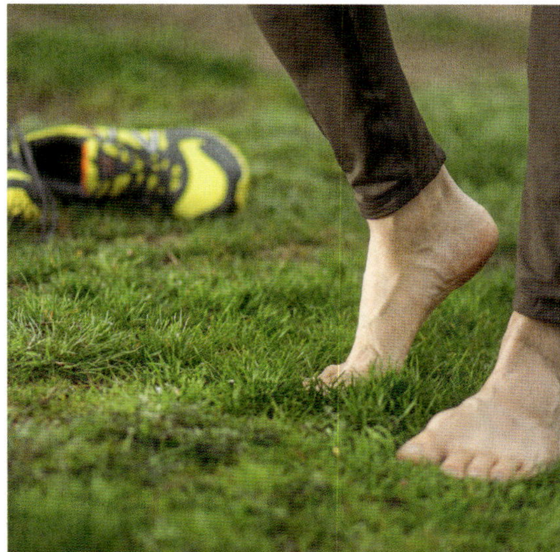

Barfußlaufen im Gras ist eine Wohltat für die Füße.

Was gibt es Schöneres für die Füße, als barfuß über eine Wiese zu laufen? Vermutlich nur, dies am Strand zu tun. Die Füße aus den Schuhen zu befreien, ist nicht nur eine Wohltat für die Sinne, sondern kann dich auch in Sachen Lauftechnik weiterbringen. Aber Achtung: Das Laufen ohne Schuhe will gelernt sein! Es werden Teile deines Fußes aufgeweckt, die du vermutlich längst vergessen hast. Kein Laufschuh stützt das Fußgelenk, keine Schaumsohle federt den Aufprall ab. Du wirst merken, dass dein Fußaufsatz automatisch von der Ferse in Richtung Mittelfuß oder Ballen wandert. Das ist eine oft erleuchtende Erfahrung, vor allem für Fersenläufer, und wird dir helfen, ein Gespür für die unterschiedlichen Varianten des Fußaufsatzes zu erlangen. Bei den Trainingsprogrammen wird das Barfußlaufen gezielt zur Technikschulung angewendet und um neue Trainingsreize zu setzen.

BARFUSSLAUFEN

Barfußlaufen war vor einigen Jahren *der* Trend in der Läuferszene. Wer etwas auf sich hielt, nutzte die minimalsten Schuhe, die der Markt hergab, oder wechselte gleich ganz auf Zehenschuhe oder Laufsandalen. Die schnellen Läufer aus Kenia und Äthiopien hatten das Laufen schließlich auch barfuß gelernt. Und spätestens, wer *Born to Run* gelesen hatte, wollte seinen Fuß nie wieder in einen Laufschuh zwängen. Ich gehörte auch zu diesen Läuferinnen, die etwas auf sich hielten, und machte den Trend mit voller Inbrunst mit. Mein Denkfehler: Ich bin weder eine Kenianerin noch gehöre ich zum Stamm der Tarahumara, dem geheimnisvollen Volk, das Christopher McDougall in seinem Buch als die besten Weitstreckenläufer der Welt bezeichnet. Ich bin Manuela Dannwolf, die mit Anfang 30 das Laufen für sich entdeckt hat, die, seit sie Laufen kann, dies in Schuhen tut, und die weit weg ist von der Agilität und der körperlichen Statur einer äthiopischen Gazelle. Bei mir führte der Barfußtrend zu einer enormen Verstärkung meiner Knieprobleme. Hinzu gesellten sich Wehwehchen in den Sprunggelenken und der Achillessehne.

Ich werde nie vergessen, wie ich bei einem Training auf der Bahn zehn 400-Meter-Sprints in Laufsandalen durchgeführt habe und danach eine Woche nicht laufen konnte – gehen übrigens auch nicht. Wie so oft war ich in die »Zu viel, zu schnell, zu wenig durchdacht«-Falle getappt. Das war nicht nur im Hinblick auf meine Gesundheit unvernünftig, sondern auch für mein Training kontraproduktiv.

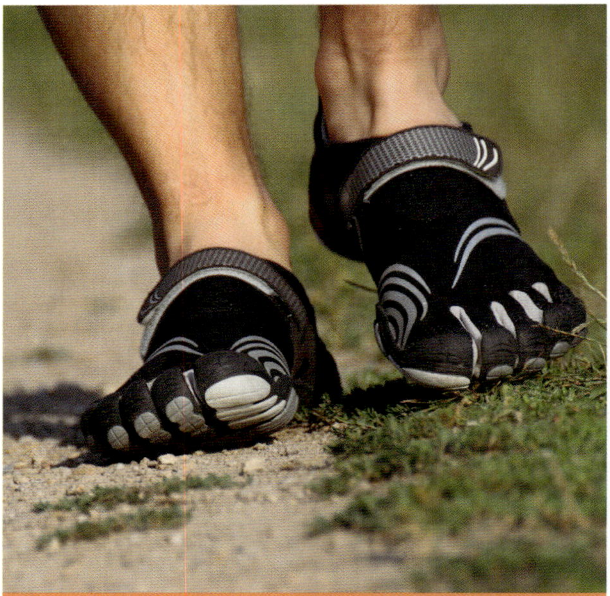

Laufen in Zehenschuhen setzt kurze Trainingsreize.

Halte ich Barfußlaufen für falsch? Keineswegs! Wenn du schon immer barfuß gelaufen bist und keine Probleme damit hast, mache weiter so! Ich erinnere mich mit Staunen und etwas Scham zurück an einen Läufer, der beim New-York-Marathon als Jesus Christus verkleidet mit Kreuz auf dem Rücken an mir vorbeigejoggt ist – nur in einem Lendenschurz und barfuß! Ich zolle ihm bis heute meinen größten Respekt und beruhige mein Gewissen mit der Hoffnung, dass er vielleicht zum Stamm der Tarahumara gehörte.

Für einen Großteil der Hobbyläufer halte ich das Barfußlaufen jedoch nicht für das adäquate Standardinstrument, vor allem nicht im Rahmen einer »Hauruck«-Umstellung. Die Füße aus den Schuhen zu befreien, ist sinnvoll. Man sollte nur darauf achten, in welchem Rahmen man es tut, damit der Schuss nicht nach hinten losgeht. Barfußlaufen sollte gezielt und in kleinem Umfang zum Erspüren von Untergründen, zum Schulen der richtigen Lauftechnik und zum Wiederentdecken vergessener Strukturen, Muskeln und Bewegungsabläufe eingesetzt werden. Zum Abspulen von Kilometern, die man zuvor in Laufschuhen bewältigt hat, halte ich es für ungeeignet.

Im Alltag gebe ich meinen Zehen, wo ich kann, die Freiheit, die sie brauchen, und kann dir nur empfehlen, dies ebenfalls zu tun. Ich absolviere fast alle meiner Workouts ohne Schuhe oder in Zehenschuhen, laufe zu Hause meist barfuß, achte in Schuhen auf genügend Platz im Zehenraum und High Heels sowie Flip-Flops sind für mich ein No-Go. Beim Laufen setze ich dagegen, insbesondere für die langen Läufe, auf gut gedämpfte Laufschuhe. Meine Barfußschuhe nutze ich nur noch, um damit kurze Trainingsreize zu setzen.

HILFSMITTEL

Deine Umgebung steckt voller Möglichkeiten, um dein Training abwechslungsreich und interessant zu gestalten. Sowohl die Natur als auch urbanes Gelände bieten nahezu alles, was du für ein ganzheitliches Workout benötigst. Ganz nach dem Motto »Nature is my Gym« kannst du Bäume, Bänke oder Mauern als Unterlage oder als Erhöhung nutzen. Stangen, Baumstämme oder Äste können als Befestigung, zum Hochziehen oder zum Anlehnen dienen. Du kannst diese Hilfsmittel verwenden, um Übungen aufzupeppen oder sie nach Bedarf zu skalieren, sie also leichter oder schwerer zu machen. Im Folgenden findest du eine Übersicht der Hilfsmittel, die für einige Übungen benötigt werden. Ich hoffe, du findest sie in deiner Umgebung – falls nicht, lade ich dich ein, kreativ zu sein und dir deine eigenen »Trainingshelfer« zusammenzustellen.

Mauern und Bänke

Mauern und Bänke eignen sich für Übungen im Sitzen oder Liegen, als Erhöhung oder zum Springen. Auch große Baumstümpfe können eine Alternative sein. Achte für die Sprungübungen darauf, dass sie die richtige Höhe für dich haben, und bei Bänken und Baumstümpfen auf eine plane Fläche ohne abstehende Splitter, Schrauben oder Ähnliches. Da auf Bänken gewöhnlich gesessen wird und sie meist etwas abschüssig sind sowie Zwischenräume aufweisen, eignen sich Mauern für Sprungübungen etwas besser, dafür sind Bänke vermutlich häufiger zu finden. Schaue einfach, welche Möglichkeiten du in deiner Umgebung hast und was sich am besten für dich eignet. Die Workouts sind so aufgebaut, dass beim Einsatz von Bänken oder Mauern die Übungen hintereinander erfolgen, sodass du nur einmal nach einer Trainingsstätte suchen musst. Nach einer gewissen Zeit wirst du deine Workout-Spots kennen, ebenso wie die Streckenlänge, die du bis dorthin zurücklegen musst.

Bäume und Pfosten

Alle vertikalen Hilfsmittel wie Bäume, Pfosten oder Laternenpfähle kannst du für Übungen nutzen, bei denen du Halt brauchst und dich anlehnen möchtest. Sie dienen auch zur Befestigung deines Trainingsbands, das du für einige Übungen benötigst (siehe ab Seite 65). Bäume sollten schmal genug sein, um das Band um sie herumwickeln zu können, aber auch stabil genug, damit sie deiner Zugbewegung standhalten. Selbstverständlich kann dir auch alles andere, an dem du dein Band befestigen oder dich festhalten kannst, als Hilfsmittel dienen. Hier mache ich mir keine Sorgen – du wirst genügend Möglichkeiten in deiner Umgebung finden.

Treppen und Bordsteine

Eine Treppe ist ein perfektes Trainingsgerät. Sie kann für ein intensives Ausdauertraining genutzt werden, als Erhöhung oder zum Springen dienen sowie für Dehnübungen eingesetzt werden. Übungen wie der Stair Run (siehe Seite 87) oder der Box Jump (siehe Seite 90) lassen sich hier ebenso perfekt durchführen wie der Waden-Stretch (siehe Seite 184). Auch für Übungen, die durch eine Erhöhung einfacher beziehungsweise schwerer gemacht werden können, wie beispielsweise der Lunge (siehe Seite 108) oder der Liegestütz (siehe Seite 134), eignen sich Treppenstufen perfekt. Eine Treppe ist also fast so etwas wie ein kleines Outdoor-Fitnessstudio. Mache diesen Alleskönner möglichst schnell in deiner Umgebung aus – du kannst dort intensiv und häufig trainieren. Dabei sollte die Treppe so viele Treppenstufen aufweisen, dass du die vorgegebene Übungszeit (zum Beispiel 30 Sekunden) nach oben sprinten kannst. Nach Möglichkeit sollten es mindestens 20 bis 30 Stufen sein. Falls du nur eine kürzere Treppe in deiner Umgebung ausfindig machst, solltest du das Abwärtslaufen so gestalten, dass es Teil des Workouts wird und dein Puls nicht zu stark nach unten abfällt.

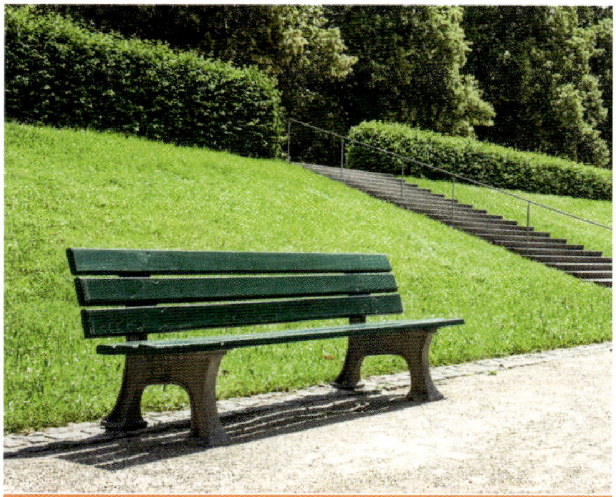

Deine Umgebung ist das beste Fitnessstudio.

Der Bordstein ist nicht ganz so variantenreich wie seine »große Schwester«, kann jedoch ebenfalls gut fürs Stretching, zum Beispiel für den Waden-Stretch, oder als Erhöhung, beispielsweise für den Toe Tap (siehe Seite 96), genutzt werden. Bordsteine gibt es sicherlich reichlich bei dir in der Nähe – beachte bei der Auswahl allerdings den gegebenenfalls vorbeifahrenden Verkehr.

Stangen und Fußballtore

Beim letzten Hilfsmittel wird es etwas kniffliger – du wirst es aber auch lediglich bei zwei Trainingsprogrammen (Programme 8 und 12) sowie einer Übung benötigen: dem Klimmzug. Für diesen brauchst du eine horizontale Stange oder zumindest etwas, das du umgreifen und an dem du dich vertikal nach oben ziehen kannst. Vielleicht findest du ein Fußballtor oder ein Gerüst in deiner Nähe, an dem du die Übung ausführen kannst. Auch ein stabiler Ast kann als »Klimmzugstange« dienen.

E – EQUIPMENT

Auch wenn die meisten Übungen mit dem eigenen Körpergewicht und den zur Verfügung stehenden Hilfsmitteln auf dem Weg umgesetzt werden können, sind für manche Übungen und Muskelgruppen kleine Hilfsgeräte sinnvoll. Da du beim Laufen keine schweren Hanteln oder Geräte mitführen kannst, bieten sich nur kleine, leichte Hilfsmittel an, die in einem Laufrucksack, einer Bauchtasche oder Ähnlichem Platz finden oder die in der Hand mitgetragen werden können. Daher werden die einzigen Tools, die du für die Trainingsprogramme zusätzlich benötigen wirst, Fitness- beziehungsweise Widerstandsbänder sein. Diese sind meist aus Naturlatex gefertigt und daher sehr leicht, platzsparend und vielseitig einsetzbar. Dennoch können sie in entsprechender Stärke einen ausreichenden Trainingsreiz bieten. Damit eignen sie sich perfekt für das Training unterwegs. Unter Umständen sind Widerstandsbänder ohnehin bereits Teil deines Trainingsequipments, ansonsten kannst du sie recht kostengünstig erwerben. Ihre Anschaffung ist es in jedem Fall wert, da sich damit ein großes Repertoire an Übungen durchführen lässt und du sie auch über die Trainingsprogramme hinaus wirksam für dein Training einsetzen kannst.

Optionale Tools sind ein Handtuch als Unterlage für Gesäß und Rücken sowie Handschuhe für Übungen, die mit den Händen auf dem Boden ausgeführt werden. Hier darfst du selbst entscheiden, ob du sie für dein Training benötigst beziehungsweise ob die Wetterbedingungen ihre Mitnahme sinnvoll machen. Ob du Handtuch und Handschuhe für die Workouts brauchst, richtet sich also nach Witterung und deiner »Hartgesottenheit«.

Beim Mobility-Tag zu Hause kommen unterschiedliche Fasziengeräte zum Einsatz. Meiner Ansicht nach sollten Fasziengeräte in keinem Läuferhaushalt fehlen und dich auch über die Programme hinaus in deinem Trainingsalltag begleiten. Eine Investition kann ich also nur empfehlen. Da Hartschaumrollen teils nicht ganz günstig sind, kannst du auch zu jedem anderen Gerät greifen, mit dem du die entsprechenden Übungen durchführen kannst. Als klassische Alternative für den Faszienball bietet sich ein Golf- oder Tennisball an.

TRAININGSGERÄTE FÜR UNTERWEGS

Bei jedem Workout, bei dem ein Trainingsband benötigt wird, ist dies explizit vermerkt. So weißt du ganz genau, an welchen Tagen du das Trainingsgerät mitnehmen musst und an welchen nicht. Ich habe die Workouts so gestaltet, dass mehrere Übungen mit dem Band durchgeführt werden, damit sich das Mitnehmen lohnt.

Am einfachsten ist es, wenn du dein Equipment in einem kleinen Laufrucksack oder einer Laufweste mitführst. Ich persönlich laufe immer mit einer Laufweste, da ich in ihr bequem Handy, Taschentücher, Schlüssel und alles für meinen Hund mitführen kann. Mich persönlich stört das beim Laufen nicht. Falls du dir nicht extra einen Laufrucksack oder eine Laufweste anschaffen möchtest, kannst du das Equipment auch in der Hand tragen oder es anderweitig am Körper verstauen.

Essenziell: Widerstandsbänder

Fitnessband, Theraband, Tube, Expander – die Bezeichnungen für Widerstandsbänder, die im Training eingesetzt werden, sind zahlreich, ebenso wie die Anzahl ihrer Anbieter. Für alle in Kapitel 3 vorgestellten Übungen eignen sich drei Arten von Bändern:

- **Klassische Gymnastikbänder,** die, vereinfacht gesagt, nur ein langes Stück Gummi- beziehungsweise Latexband sind
- **Tube-Bänder,** die jeweils einen Griff an beiden Enden haben
- **Superbands,** die einen Ring bilden

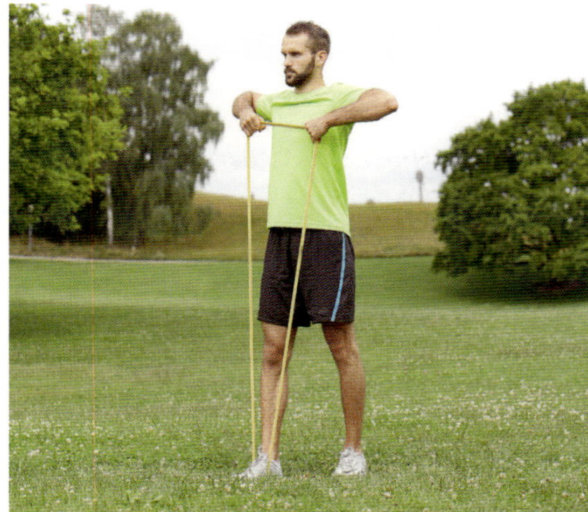

Widerstandsbänder wie das Superband bieten zahlreiche Trainingsmöglichkeiten.

Meine persönlichen Favoriten sind die Superbands. Ich finde sie deshalb praktisch, weil sie beim Hineingreifen mit der Hand eine gute Griffposition bieten, ohne dass man Griffe benötigt. Griffe aus Hartplastik, wie viele Tube-Bänder sie besitzen, erhöhen das Gewicht und die sperrige Form macht sie fürs Mitführen beim Laufen unhandlich. Gymnastikbänder sind zwar leicht, zum Greifen sind sie jedoch nicht optimal und zudem nicht so robust. Superbands dagegen sind klein, leicht, sehr widerstandsfähig und vielseitig einsetzbar – zum Beispiel kann man sie für Klimmzüge als Zughilfe oder zur Erschwerung von Squats verwenden. Auch lassen sie sich durch ihre geschlossene Ringform gut befestigen, ohne dass man sie verknoten muss. Wenn du bereits ein anderes Band besitzt, musst du dir jedoch nicht extra ein Superband zulegen. Du kannst alle Übungen auch mit den anderen Bandvarianten durchführen, indem du sie zu einem Kreis verknotest. Einzig bei der Übung »Sprints« (siehe Seite 86) ist das Superband die bessere und sicherere Variante.

Die Minibänder sind eine kleinere Variante in der Form eines geschlossenen Kreises. Du kannst auch dein Gymnastik- oder Tubeband zu einem entsprechenden Ring formen, aber da Minibänder nicht sonderlich viel kosten, nur minimalen Platz wegnehmen und für einige der vorgestellten Übungen sehr gut geeignet sind, ist eine Investition nicht verkehrt. Es gibt sie in unterschiedlichen Stärken und meist als Set, sodass du gleich mehrere Stärken zur Verfügung hast.

Hinsichtlich der Stärke der Bänder solltest du dich ein wenig ausprobieren. Es gibt Übungen, bei denen du ein stärkeres Band

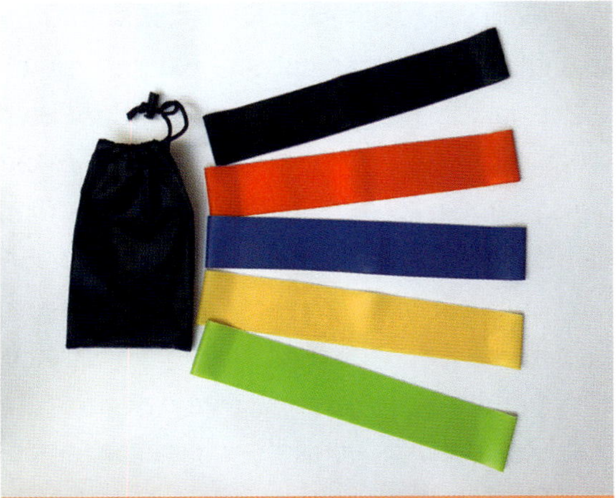

Minibänder gibt es in unterschiedlichen Stärken.

benötigen wirst, und solche, bei denen du besser eine leichtere Variante einsetzt. Bevor du dir ein ganzes Arsenal an Bändern besorgst, bedenke, dass du sie beim Laufen mitführen musst. Teste die Übungen am besten einmal vorher zu Hause aus, damit du später voll von deinem Training profitieren kannst.

Optional: Handtuch und Handschuhe

Ob du für Übungen, die sitzend oder liegend ausgeführt werden, ein Handtuch als Unterlage verwenden möchtest, überlasse ich dir. Falls du dich dafür entscheidest, empfehle ich dir zur Einsparung von Umfang und Gewicht ein Reisehandtuch statt eines klassischen Frotteehandtuchs. Diese Variante lässt sich sehr klein zusammenfalten, wiegt wenig und erfüllt ihren Zweck: dich vor Nässe, Schmutz oder Kälte an Gesäß und Rücken zu schützen. Bei heißen Temperaturen hat das Mitführen eines Handtuchs einen weiteren Vorteil: Du kannst dir damit ein paar Schweißperlen abtupfen.

Es gibt Übungen, bei denen du mit den Händen den Boden berührst, beispielsweise beim Push-up (siehe ab Seite 134) oder bei der Plank-Position (siehe ab Seite 144). Je nach Bodenbeschaffenheit und Wetter kann es daher Sinn machen, ein Paar Handschuhe einzupacken. Wenn du hart im Nehmen bist und dir ein wenig Schmutz an den Händen nichts ausmacht, kannst du sie auch weglassen. Falls du Handschuhe verwenden möchtest, empfehle ich dir im Winter etwas festere Fingerhandschuhe aus robustem Material. Für den Sommer kannst du Trainingshandschuhe verwenden, bei denen deine Handballen geschützt sind und die deinen Handgelenken zusätzlich Stabilität verleihen.

FASZIENGERÄTE FÜR ZU HAUSE

Fasziengeräte benötigst du zwar nicht für die regulären Workouts, aber für das Faszientraining zu Hause im Rahmen des Mobility-Tags. Für den nötigen Halt empfiehlt es sich, die Übungen auf einer Trainingsmatte zu absolvieren. Hierfür kannst du jede Art von Matte oder rutschfester Unterlage verwenden. Sie sollte nur nicht zu dick oder zu weich sein sowie keine Falten werfen, wenn du Rollbewegungen darauf durchführst.

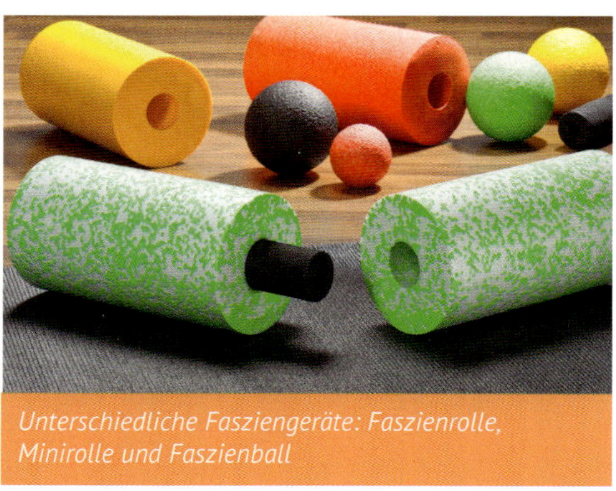

Unterschiedliche Fasziengeräte: Faszienrolle, Minirolle und Faszienball

Ich persönlich verwende am liebsten eine dünne Yogamatte.

Faszienrolle

Die Faszien- oder Hartschaumrolle ist das klassische Gerät unter den Faszienmassagegeräten und wird zum Ausrollen größerer Körperpartien wie Oberschenkel oder Rücken eingesetzt. Sie hat eine Länge von etwa 45 Zentimetern und misst etwa 15 Zentimeter im Durchmesser – je nach Anbieter und Ausführung können diese Abmessungen variieren. Dadurch bietet sie eine breite Auflagefläche und kann, wie eine Art Wellholz, zum großflächigen Ausstreichen des Fasziengewebes verwendet werden. Du kannst zwischen unterschiedlichen Härtegraden wählen und entscheiden, ob du eine glatte oder eine geriffelte Oberfläche verwenden möchtest. Als Anfänger empfehle ich dir eine etwas weichere Rolle ohne Struktur. Wenn du das Faszientraining schon eine Weile betreibst, kannst du auch zu stärkeren Härtegraden und Riffelstruktur greifen.

Speziell für den Rücken: Die Faszien-Doppelrolle

Für den Rücken verwende ich gern eine Doppelrolle, die aus zwei großen Kugeln mit einem Zwischenstück besteht, in dem die Wirbelsäule Platz findet. Durch die kugelartige Struktur kann man noch etwas tiefer ins Gewebe eindringen, was ich am Rücken als sehr angenehm empfinde. Auch verhindert die Form, dass man direkt auf der Wirbelsäule rollt, sodass man mehr Druck auf die Rolle geben kann.

Minifaszienrolle

Die Minifaszienrolle ist die kleine Ausgabe der großen Faszienrolle und misst etwa 15 Zentimeter in der Länge und etwa sechs Zentimeter im Durchmesser. Sie wird vor allem für kleinere Körperpartien wie die Fußsohlen oder den Nacken eingesetzt. Ich verwende sie auch für die Waden, da ich mit ihr deutlich besser ins Gewebe vordringen kann als mit der großen Rolle. Sie ist das perfekte Tool für unterwegs oder unter dem Schreibtisch, wenn du deinen Füßen einmal eine entspannende Auszeit gönnen möchtest. Ich persönlich ziehe sie für das Ausrollen der Füße dem Faszienball vor, da ich mit ihr besser die Fußkanten, an denen sich bei mir besonders viele Schmerzpunkte befinden, ausrollen kann – der Ball rutscht dabei sehr leicht weg. Am Ende ist dies aber mein persönliches Empfinden. Entscheide selbst, welche Fasziengeräte sich für deine Bedürfnisse optimal eignen.

Faszienball

Mit dem Faszienball kannst du besonders tief ins Gewebe vordringen. Er eignet sich daher besonders gut für Druckübungen, bei denen du den Ball auf einem Schmerzpunkt hältst und ihn mittels deiner Atmung tief ins Gewebe eindringen lässt, bis sich der Schmerz allmählich löst. Aber auch fürs Rollen von Gesäß, Füßen oder Nacken kannst du ihn verwenden. Es gibt den Ball in unterschiedlichen Größen, wobei sich kleinere Bälle für kleinere Körperpartien (Füße oder Schultern) und größere Bälle für Körperstellen mit mehr Auflagefläche (zum Beispiel das Gesäß) eignen. Falls du dir den Ball nicht in mehreren Größen anschaffen möchtest, wähle am besten eine mittlere Variante in der Größe etwa eines Tennisballs – damit wirst du bei den vorgestellten Übungen gut zurechtkommen. Solltest du einen Tennisball oder auch einen Golfball bereits vorrätig haben, kannst du auch diese fürs Faszientraining einsetzen. Der Tennisball ist etwas weicher und daher besonders für sehr druckempfindliche Stellen oder Einsteiger geeignet, der Golfball eher für Fortgeschrittene oder die Hartgesottenen unter euch.

R – REGENERATION

Der von vielen Hobbyläufern am meisten vernachlässigte Teil des Trainings ist die Regeneration. Die Notwendigkeit des bewussten Einhaltens von Ruhepausen, des Heilens verletzter Strukturen und des Herunterkommens im Kopf wird häufig im Trainingsplan ausgeklammert und nicht als Teil des Trainings verstanden – dabei ist er vielleicht sogar der wichtigste. Denn in den Ruhepausen finden die Anpassungsprozesse statt, die den Körper auf ein neues Leistungslevel heben. Die zuvor erläuterte Superkompensation, also die Leistungssteigerung durch den richtigen Wechsel aus Trainingsreizen und Pause, kann nur dann geschehen, wenn die Ruhephasen eingehalten werden. Das bedeutet nicht, dass man sich tagelang faul auf die Haut legen und darauf hoffen sollte, dass sich Trainingserfolge von allein einstellen. Aber es bedeutet auch nicht, dass man sich täglich bis ans Limit ausbelastet und die Pausen aus dem Trainingsplan streicht. Wer seinem Körper keine Zeit zur Erholung lässt und ihn zu häufig neuen Trainingsreizen aussetzt, wird auf Dauer keinen Trainingserfolg haben, sich überlasten und unter Umständen verletzen.

Du solltest Regeneration also keineswegs als Faulenzerei verstehen, sondern als wichtigen, wenn nicht sogar entscheidenden Teil deines Trainings. Wie lange die Ruhephase zwischen den Trainingsreizen sein sollte, ist von Person zu Person unterschiedlich und hängt vor allem von deinem Trainingszustand ab. Ein gutes Zeichen für das Setzen eines neuen Trainingsimpulses ist, wenn du das vorangegangene Training noch spüren kannst, du aber merkst, dass dein Körper bereit für die nächste Einheit ist. Es bedarf eines guten Körpergefühls und etwas Übung, um den richtigen Zeitpunkt zu finden – der Wechsel zwischen Ruhephase und Training ist oft ein Tanz auf dem Drahtseil. Aber irgendwann wirst du einen Rhythmus finden, der dir langfristig guttut, Spaß macht und dir Trainingserfolge beschert.

Bei den Trainingsprogrammen werden vier Arten der Regeneration unterschieden:

- **Ruhepause:** Entspannungsphase innerhalb des Workouts
- **Cool-down:** Einleiten der Regenerationsphase
- **Final Rest:** Entspannungsphase am Ende des Cool-downs
- **Ruhetag:** Regenerationsphase bis zur nächsten Trainingseinheit

RUHEPAUSE

Innerhalb der Workouts gibt es Wechsel zwischen aktiven Trainingsphasen und kurzen Ruhepausen. Die Dauer der Pausen ist entweder vorgegeben, wie bei den nach dem Intervallprinzip aufgebauten Workouts, oder du kannst sie frei wählen, wie beispielsweise zwischen den Kräftigungseinheiten beim Zirkeltraining. Auch die Trabpause beim Laufen, die zwischen den Intervallen erfolgt, kann als Ruhepause verstanden werden.

Die Ruhepausen dienen zum Krafttanken und »Luftholen«. Du solltest sie bewusst nutzen, um Energie für die nächste Einheit zu schöpfen. Tiefes Ein- und Ausatmen kann dir dabei helfen, deinen Puls unter Kontrolle zu bekommen. Ein Ausschütteln der Muskulatur kann dir die Lockerheit bringen, um sie bei der nächsten Übung wieder voll anspannen zu können. Bei den Laufeinheiten solltest du die Ruhepausen nicht stehend, sondern im lockeren Trabschritt oder gehend verbringen.

Achte darauf, dass du den Anstrengungsgrad der aktiven Trainingsphasen so wählst, dass die anschließende Pause zur Regeneration ausreicht. Hierbei geht es nicht um eine vollständige Regeneration. Das Prinzip des Intervalltrainings, aber auch des Zirkeltrainings besteht darin, in jeden neuen Zyklus mit einer gewissen Vorermüdung zu starten, sodass das Training mit der Zeit immer anstrengender wird – es wird also eine ansteigende Belastungskurve angestrebt. Dennoch solltest du so erholt sein, dass du die nächste Belastung korrekt und kontrolliert ausführen kannst. Behalte dabei immer die Gesamtlänge des Workouts im Hinterkopf und belaste dich nur so stark, dass du das gesamte Workout bis zum Ende schaffst.

COOL-DOWN

Regeneration beginnt mit dem Cool-down. Hier kannst du bereits dafür sorgen, dass die im Training angesammelten Stoffwechselendprodukte, wie beispielsweise Laktat, abtransportiert und abgebaut werden. Ziel ist, dass du dich am Ende deines Workouts bereits erholt und frisch fühlst. Bei den Trainingsprogrammen sorgen zwei Stufen dafür, dass du deinen Körper anschließend in die perfekte Ausgangslage bringst, um bei der nächsten Trainingssession wieder voll durchstarten zu können:

1. **Auslaufen:** Das Auslaufen hilft, das Herz-Kreislauf-System schrittweise in den Normalzustand herunterzufahren.
2. **Mobility-Übungen:** Du erhältst am Ende jedes Workouts eine Mobility-Übung von mir, mit der du deinen Körper lockern und durchbewegen kannst. Sie bildet gleichzeitig den Übergang zum Stretching-Teil.

Das Cool-down ist elementarer Bestandteil des Trainings und sollte nicht »hingeschludert«, sondern bewusst durchgeführt werden. Genieße das lockere Lauftempo, nutze die Mobility-Übung, um an deiner Beweglichkeit zu arbeiten, und koste diesen angenehmen Teil deines Workouts voll aus.

FINAL REST

Auf den Stretching-Teil, der bereits wichtiger Teil der Regeneration ist, folgt die absolute Entspannung. Dies sind einige Augenblicke, die du dir Zeit nimmst, um komplett zur Ruhe zu kommen und in dich hineinzuspüren. Hierbei geht es darum, mögliche Verspannungen in deinem Körper zu erfühlen und durch gezieltes Hineinatmen in die jeweilige Körperpartie die Spannung loszulassen. Schließe hierbei gern für einen Moment deine Augen, lass das Training noch einmal Revue passieren, spüre, wie sich dein Körper anfühlt, und atme bewusst Entspannung ein und Anspannung aus. Wenn du draußen bist, kannst du diesen Teil im Stehen oder bei Gelegenheit sitzend ausführen. Solltest du bereits zu Hause sein, kannst du auch die liegende Position wählen. Ein kleines »Dankeschön« an deinen Körper oder eine kurze Meditation sind schöne Rituale, um dein Training geerdet und in Ruhe zu beenden. Du wirst spüren, wie viel Energie dir dieser bewusste Abschluss deines Trainings geben wird.

RUHETAGE

Ähnlich wie mit den Ruhepausen innerhalb der Workouts verhält es sich mit den Ruhetagen zwischen den Trainings. Sie dienen der bewussten Regeneration und der Vorbereitung auf die nächste Trainingseinheit.

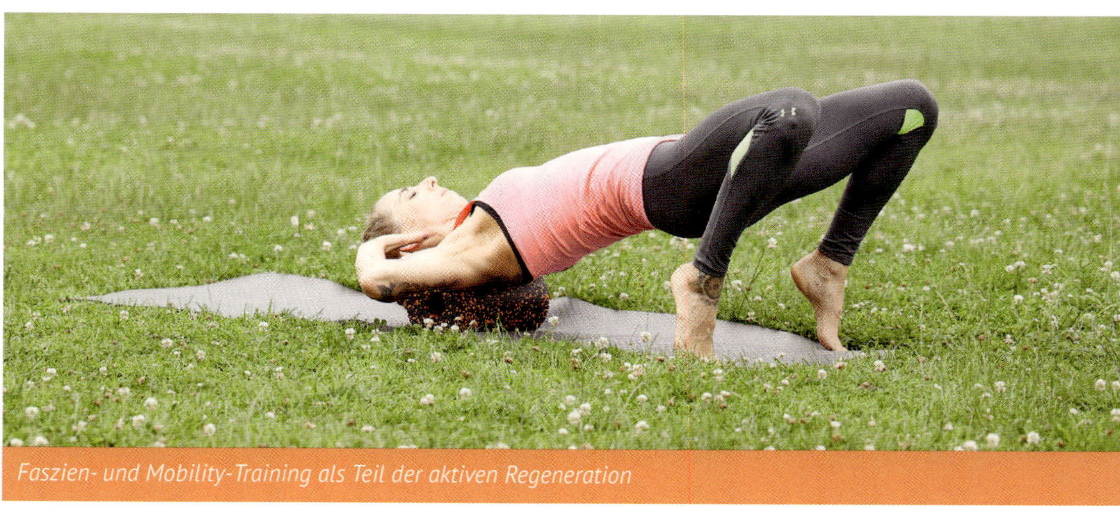

Faszien- und Mobility-Training als Teil der aktiven Regeneration

KÖRPERHALTUNG OPTIMIEREN

An dieser Stelle möchte ich dir ein von Kelly Starrett entwickeltes Konzept vorstellen, das ich in seinem Buch *Werde ein geschmeidiger Leopard* kennengelernt habe. Es hat zum Ziel, eine optimale Körperhaltung zu erreichen, die deine Bewegungseffizienz optimiert und Verletzungen vorbeugt. Ich bin überzeugt, dass dieses Konzept zu großen Teilen daran beteiligt war, dass ich wieder schmerzfrei laufen und trainieren kann. Du solltest es nicht nur im Entspannungsteil, sondern vor allem während der aktiven Phasen des Trainings, aber auch im Alltag immer wieder anwenden.

Die Übung kann im Stehen oder im Liegen ausgeführt werden. Zu Beginn solltest du die Übung im Liegen üben, bevor du dich an die stehende Position machst:

1. Lege dich auf den Boden. Deine Füße sind etwa hüftbreit geöffnet. Deine Arme liegen locker gestreckt neben dir, deine Handflächen zeigen nach oben. Dein Kopf liegt mit leicht herangezogenem Kinn am Boden, deine Schultern sind locker nach unten (weg von den Ohren) geschoben.

2. Spanne deine Gesäßmuskulatur leicht an, um dein Becken nach oben in Richtung Brustkorb zu kippen und es in die neutrale Position zu bringen. Du schiebst also deine überstreckte Lendenwirbelsäule (»Hohlkreuz«) zurück ins Lot. Die Gesäßmuskulatur schafft die richtige Stellung.

3. Im nächsten Schritt geht es um die Verankerung dieser Position über die Bauchmuskulatur. Dazu nimmst du einen tiefen Atemzug in den Bauch hinein (Zwerchfellatmung) und verspannst mit der Ausatmung deine Wirbelsäule, drückst den Bauch also in Richtung Wirbelsäule nach unten. Das Ausatmen ist dabei ein aktiver Vorgang. Hierbei solltest du den Bauch nicht einziehen! Es geht nicht um ein Einsaugen oder Hohlmachen des Bauchs, sondern darum, Druck und Stabilität im Bauchraum zu schaffen, damit deine Wirbelsäule verankert wird. Hierzu benötigst du etwa 20 Prozent deiner maximalen Muskelspannung. Die Bauchmuskulatur hält die richtige Stellung.

Im Stehen sind zwei weitere Schritte nötig:

1. Stelle dich hüftbreit auf, deine Füße zeigen parallel nach vorn. Schraube nun deine Füße aus der Hüfte heraus in den Boden, den rechten im Uhrzeigersinn, den linken gegen den Uhrzeigersinn. Dabei drehst du die Füße nicht mit, sondern übst lediglich eine Kraft nach außen aus. Führe dann die Schritte 2 und 3 wie oben erläutert durch.

2. Zentriere deinen Kopf in der Mitte über den Schultern – dazu kannst du das Kinn leicht nach hinten in Richtung Halswirbelsäule führen und deine Kopfkrone lang nach oben ziehen. Deine Schultern fallen locker nach unten und sind nach außen gedreht. Deine Daumen zeigen nach vorn und dein Blick geht geradeaus.

Ziel dieser Position ist, dass sich Ohren, Schultern, Brustkorb, Hüfte, Knie und Knöchel in einer geraden Linie befinden. Mit dem regelmäßigen Trainieren dieser Position schaffst du die perfekte Voraussetzung, um deine Verletzungsanfälligkeit sowohl im Sport als auch im Alltag zu minimieren.

Es gelten hier die gleichen Regeln wie bei den Pausen:

- Nutze deine Ruhetage gezielt zur Regeneration.
- Wähle sie so, dass du einigermaßen, aber nicht vollständig erholt ins nächste Training startest.

Grundsätzlich kannst du zwischen aktiver und passiver Regeneration wählen. Spüre in dich hinein und entscheide, was sich für dich am jeweiligen Tag besser anfühlt.

An manchen Tagen wird dein Körper nach völliger Entspannung rufen, an anderen Tagen fühlt sich lockere Bewegung besser an. Wenn du dich für die aktive Erholung entscheidest, achte darauf, dass dein Ego deine aktive Pause nicht in einen Trainingstag verwandelt. Bei den Trainingsprogrammen wird zwischen absoluten Ruhetagen (= passive Regeneration) und aktiver Erholung im Rahmen eines Mobility-Tags unterschieden. Beim Mobility-Tag werden Übungen mit den Fasziengeräten, Mobility-Flows und Stretching-Elementen zu einem eigenständigen Erholungstraining zusammengestellt, das deine Regeneration fördern und deine allgemeine Beweglichkeit verbessern soll. Die Übungen des Mobility-Tags werden ausführlich im Übungsteil in Kapitel 3 (siehe ab Seite 186) beschrieben. In Kapitel 4 erhältst du eine Übersicht zum Aufbau deiner Trainingswoche – also wie du Trainingstage, aktive und passive Ruhetage optimal aufeinander abstimmen kannst (siehe ab Seite 204).

AKTIVE UND PASSIVE REGENERATION

Bei der aktiven Regeneration geht es darum, den Körper durch leichte Bewegung bei der Erholung zu unterstützen, ohne ihn zu belasten. Lockeres Radfahren, entspanntes Wandern, sanftes Mobility-Training oder Faszientraining sollen die Durchblutung anregen, den Flüssigkeitstransport im Gewebe beschleunigen und dabei helfen, Stoffwechselabfallprodukte abzubauen. Zudem kann die Spannung im Muskelgewebe gelöst und so der Bewegungsumfang wiederhergestellt werden.

Die passive Regeneration umfasst alle Regenerationsmaßnahmen, bei denen du dich nicht aktiv bewegst. Hierzu zählen Ernährung, Flüssigkeitszufuhr, Kälteanwendungen, Saunagänge, Schlaf, Massagen oder Entspannungstechniken wie die progressive Muskelentspannung. Es geht hierbei darum, dem Körper alle zum Wiederaufbau der belasteten Strukturen notwendigen Nährstoffe zur Verfügung zu stellen, die Muskulatur zu lockern und dich auch geistig wieder in die Lage zu versetzen, das nächste Training mit Freude und Energie in Angriff nehmen zu können.

DIE RICHTIGE ATMUNG

Ich erinnere mich an meinen Flötenunterricht in der Grundschule. Mein Musiklehrer wies mich immer wieder auf eine tiefe Bauchatmung hin und hielt mich an, nicht in Brust und Schultern zu atmen. Heute verstehe ich, warum: Die Bauch- oder Zwerchfellatmung beruhigt den Körper und aktiviert das parasympathische Nervensystem. Atmen in den Hals- und Brustraum simuliert dagegen Angst- und Stresssituationen. Zudem durchlüftet es nur den oberen bis mittleren Teil der Lunge. Standardmäßige falsche Atmung wirkt sich nicht nur negativ auf Regeneration und Schlaf aus, sondern macht sich auch in Sachen Leistung bemerkbar – das kann ich aus eigener Erfahrung bestätigen. Ich möchte das Thema Atmung nicht zu weit ausführen, empfehle dir jedoch, dich einmal bewusst mit deiner Atmung auseinanderzusetzen.

Insbesondere in Entspannungssituationen und im Alltag solltest du dir eine tiefe Bauch- beziehungsweise Zwerchfellatmung angewöhnen. Du kannst diese trainieren, indem du auf dem Boden liegend deine Hände auf den Bauch legst. Spürst du, wie sich die Bauchdecke hebt und senkt? Prima! Dann machst du schon sehr viel richtig. Wenn du dir nun noch bei der Ausatmung die Verankerung der Wirbelsäule aneignest, bist du auf einem sehr guten Weg.

Im Liegen und beim Entspannen fällt dies natürlich sehr viel leichter als im alltäglichen Tun oder gar beim Training. Aber mit ein wenig Konzentration kannst du auch hierbei die Zwerchfellatmung üben. Versuche bei deinem nächsten, langsamen Lauf, in deinen Bauchraum zu atmen. Vielleicht bemerkst du, wie dein Puls sinkt und du beim Laufen ruhiger und entspannter wirst. Mit einer bewussten Bauchatmung signalisierst du deinem Körper, dass alles in Ordnung ist und es keinen Grund für Stress gibt. Das wird er dir, mit etwas Übung, mit einem entspannteren Training und einer besseren Regeneration danken.

Aber wie atmest du überhaupt ein und aus? Durch den Mund oder durch die Nase? Ich persönlich bin ein großer Fan der Nasenatmung, auch wenn sie mir sehr schwerfällt. Durch die Form meiner Nase und die langen Jahre der Vernachlässigung des Nasenatmens neige ich in fast jeder Situation dazu, durch den Mund zu atmen. Nachdem mir das Buch *Erfolgsfaktor Sauerstoff* von Patrick McKeown empfohlen wurde, hat sich dies geändert. Ich versuche seitdem, im Alltag ausschließlich und während des Trainings im niedrigen Pulsbereich so oft wie möglich das Nasenatmen zu trainieren. Ob es für dich das Richtige ist, entscheide selbst. Aber ich empfehle dir, es einmal auszuprobieren und zu beobachten, wie es sich auf dein Training und dein Gesamtgefühl auswirkt.

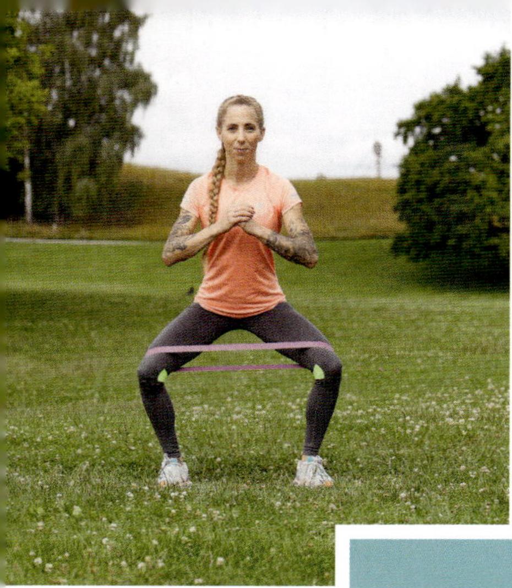

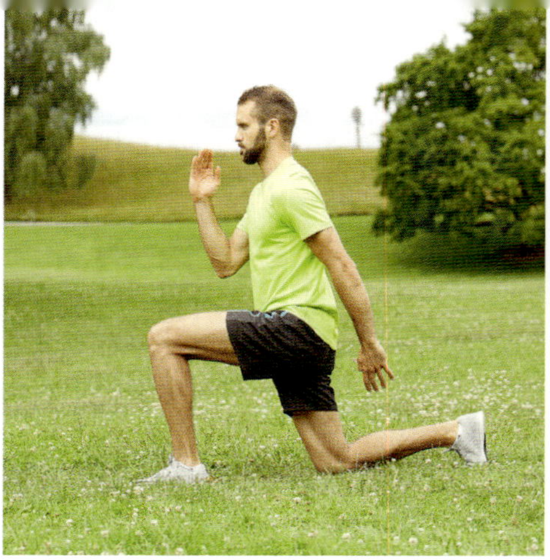

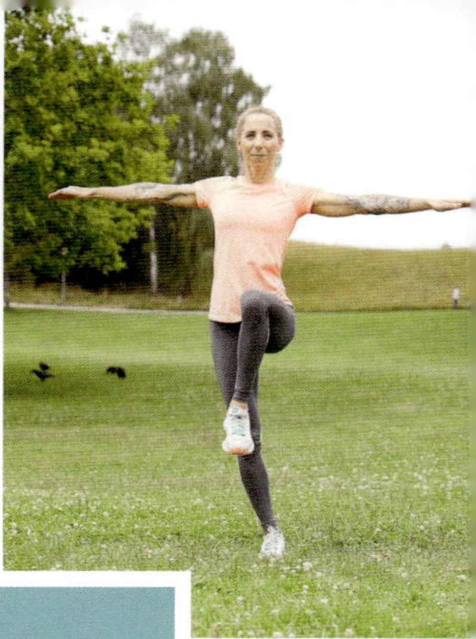

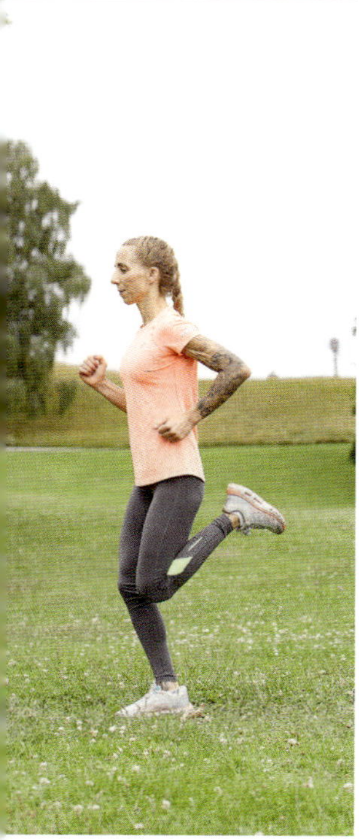

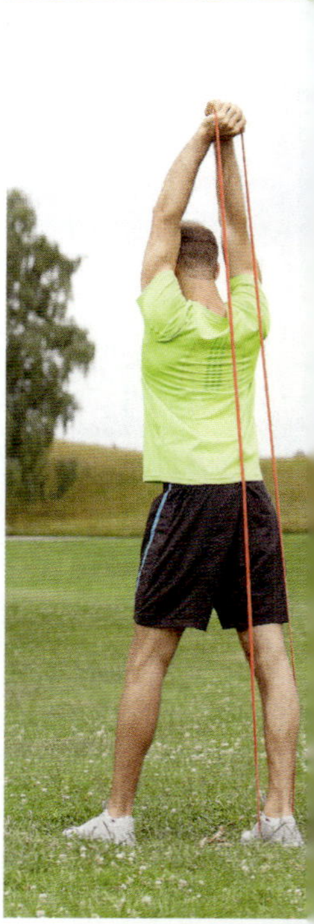

»Sage es mir, und ich werde es vergessen. Zeige es mir, und ich werde es vielleicht behalten. Lass es mich tun, und ich werde es können.«

Konfuzius

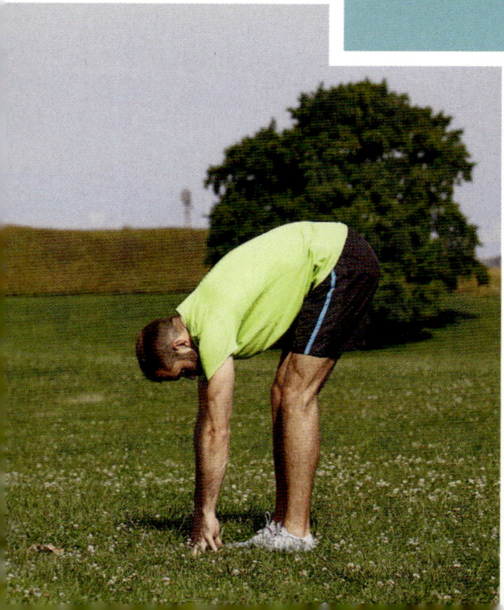

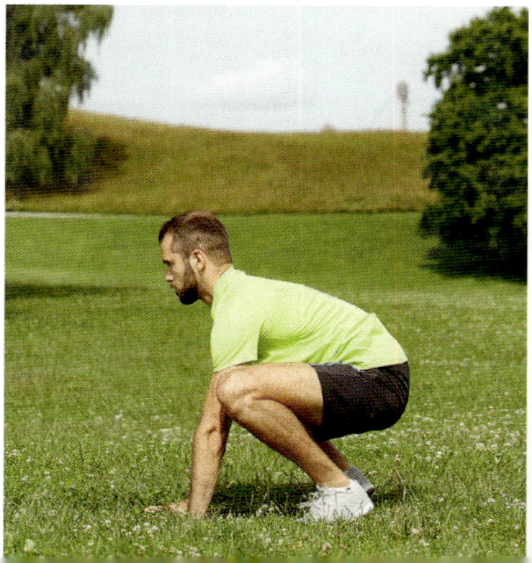

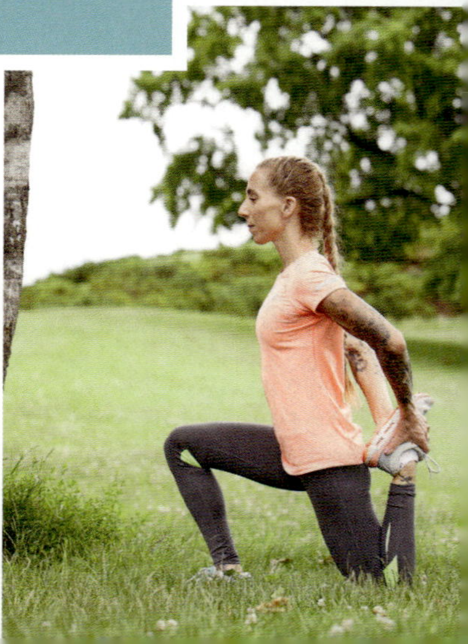

3

DIE ÜBUNGEN

Über 100 Trainingsideen für deine Lauffitness

In diesem Kapitel bekommst du ein Repertoire an Übungen an die Hand, mit denen du deine Lauffitness steigern kannst. Sie lassen sich nicht nur im Rahmen der Trainingsprogramme anwenden, sondern auch in deinen Trainingsalltag integrieren. Alle Übungen sind detailliert beschrieben und bebildert. So kannst du sie sicher und korrekt ausführen und weißt, worauf zu achten ist. Sofern möglich und sinnvoll, zeige ich dir Alternativen auf, die die Übungen erleichtern (Regression) oder sie erschweren (Progression). So kannst du dein Training perfekt an dich und deine Bedürfnisse anpassen. Die zusätzlichen Variationsmöglichkeiten machen dein Training interessant und abwechslungsreich. Am besten, du probierst die Übungen zu Hause einmal aus, bevor du dich auf die Laufstrecke machst. Bitte beachte auch, dass du für einige davon ein Trainingsband benötigst.

AUSDAUER

Hierunter fallen alle Übungen, die dir dabei helfen, dein Herz-Kreislauf-System zu stärken, sprich: deine Ausdauer zu trainieren. Konkret wird zwischen ...

- reinen Kardioübungen zur Verbesserung deiner Ausdauerfähigkeit,
- Übungen, die deine Sprungkraft schulen, und
- Koordinationsübungen für eine bessere Bewegungskoordination unterschieden.

Die Übergänge zwischen den Kategorien sind fließend, die Einteilung erfolgt daher nach dem Schwerpunkt der Übung.

KARDIO

Auch wenn Laufen bereits eine perfekte Ausdauerübung darstellt, werden im Rahmen der Trainingsprogramme einige Kardioübungen in die Workouts eingebaut. Dabei geht es vor allem darum, neue Muskelgruppen anzusprechen und den einseitigen Bewegungsablauf des Laufens sinnvoll zu ergänzen. Je nach Anstrengungsgrad werden die Übungen im Rahmen von High-Intensity-Workouts verwendet oder sie werden als »Steady State«-Übung mit gleichbleibender Belastung im mittleren Pulsbereich ins Training integriert.

EQUIPMENT: keins

TRAININGSPROGRAMME: 6, 10

Jumping Jack

Der Jumping Jack, zu Deutsch: Hampelmann, ist eine klassische Ausdauerübung und eignet sich perfekt, um deinen Puls konstant und über einen längeren Zeitraum in einem mittleren Bereich zu halten. Die Hüpfbewegung fordert insbesondere deine Fuß- und Wadenmuskulatur heraus. Die Bewegung zur Seite setzt neue Trainingsreize und trainiert deine seitliche Gesäßmuskulatur.

1. Starte in stehender Position mit geschlossenen Beinen. Deine Arme hängen locker neben deinem Körper.
2. Springe mit deinen Füßen etwas weiter als schulterbreit nach außen, wobei deine Fußspitzen und Knie leicht nach außen zeigen. Führe deine Arme dabei kraftvoll nach oben über den Kopf. Springe dann wieder zurück in die Ausgangsposition. Dabei kannst du mit den Händen auf die Oberschenkel klatschen.

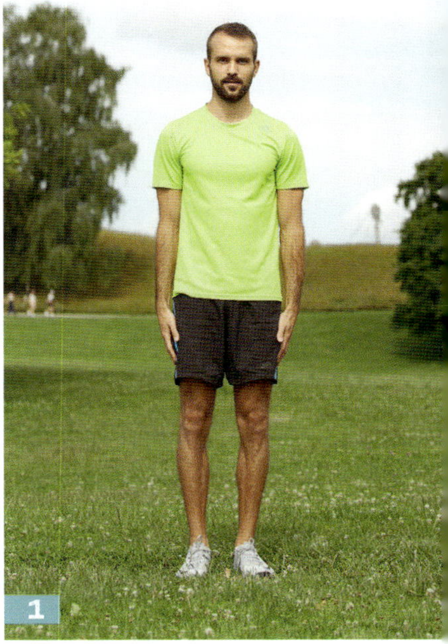

1

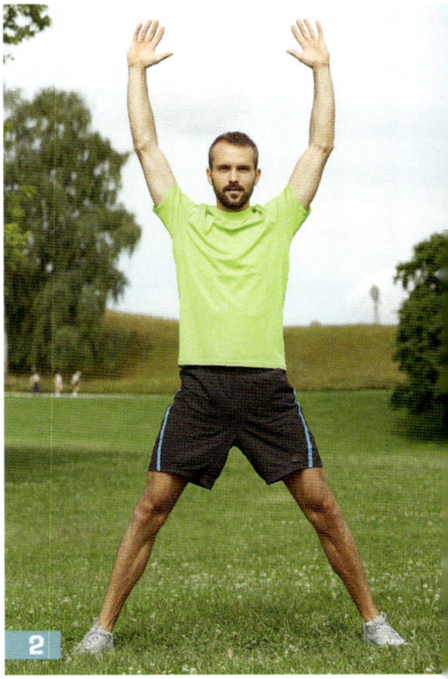

2

Tipp: Achte darauf, dass du die Sprünge sanft federnd ausführst und deine Knie beim Aufkommen leicht gebeugt hältst. Deine Bauch- und Rumpfmuskulatur sollte während der ganzen Übung angespannt sein. Deine Schultern sind nicht zu den Ohren gezogen und deine Arme haben Spannung bis in die Fingerspitzen.

Regression: Öffne und schließe deine Beine ohne Sprung. Wechsle nach der Hälfte der Übungszeit den Fuß, der sich als Erstes nach außen bewegt.

Progression: Durch Überkreuzen der Füße beim Zusammenführen der Beine (bei jedem Sprung wird der vordere Fuß gewechselt) forderst du zusätzlich deine Koordination heraus.

Variante: Statt die Arme nach oben zu führen, kannst du die Arme auf Schulterhöhe vor der Brust öffnen und schließen. Dies ist vor allem dann sinnvoll, wenn du aufgrund von Schulterproblemen deine Arme nicht über dem Kopf zusammenführen kannst.

EQUIPMENT: keins

TRAININGSPROGRAMME: 5, 6, 10, 11, 12

High Knees

Bei dieser Übung läufst du auf der Stelle, wobei der Fokus auf dem Kniehub liegt. Besonders wichtig sind die Arme, da sie der Schwunggeber der Übung sind, sowie die Core-Muskulatur, die während der ganzen Übung unter Spannung steht.

1. Starte im hüftbreiten Stand. Halte deine Arme dabei im rechten Winkel neben dir am Körper – analog deiner Armhaltung beim Laufen. Du kannst die Hände, wie ein Sprinter, bis in die Fingerspitzen strecken, um eine bestmögliche Spannung auch in den Händen zu erzielen.
2. Führe deine Knie im Wechsel bis mindestens auf Hüfthöhe nach oben, wobei deine Arme diagonal kraftvoll mitschwingen – sie geben die Bewegung vor und bewegen sich wie ein Pendel im Gleichklang mit deinen Beinen. Starte langsam und mit tieferen Knien und steigere dann Bewegungsumfang und Tempo.

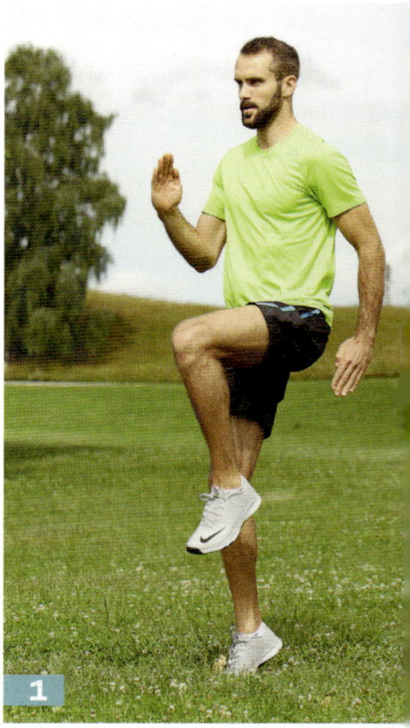

1

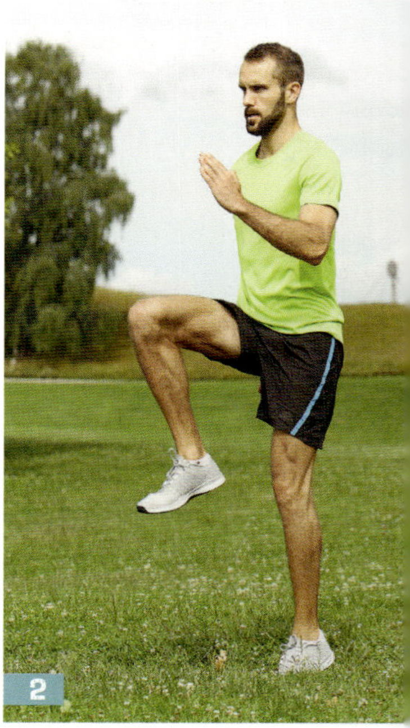

2

Tipp: Achte auf eine aufrechte Körperhaltung. Bleibe in den Schultern – trotz aller Intensität und Körperspannung – locker und entspannt. Die Fußspitze deines angehobenen Beins zeigt leicht nach unten zum Boden. Lande sanft federnd am Boden.

Regression: Als Low-Intensity-Variante kannst du deine Knie, ohne zu springen, im Wechsel nach oben ziehen. Die Übung ähnelt dem Marschieren beziehungsweise Stechschritt. Um einen Trainingseffekt zu erzielen, solltest du dich vor allem auf deine Körperspannung, insbesondere die Anspannung deiner Bauchmuskeln, konzentrieren.

EQUIPMENT: gegebenenfalls Erhöhung (Mauer, Bank oder Baumstumpf)

TRAININGSPROGRAMME: 4, 5, 6, 9

Knee-up

Durch das Heranziehen eines Knies bei fixiertem Standbein ist der Knee-up nicht nur eine gute Ausdauerübung, sondern auch eine exzellente Kräftigungsübung für deine Bein- und Gesäßmuskulatur. Zudem aktiviert er deine Bauchmuskulatur. Du kannst den Knee-up mit oder ohne Erhöhung durchführen – in der Standardversion wird er erhöht ausgeführt.

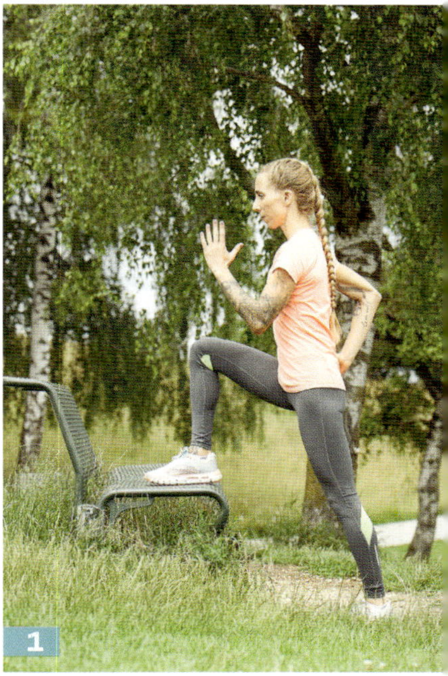
1

1. Stelle dich schulterbreit vor die gewählte Erhöhung und platziere einen Fuß darauf (= Standbein). Das andere Bein ist gestreckt und bleibt mit dem Fuß am Boden (= Spielbein). Deine Arme befinden sich in »Läuferposition«, sprich: Sie sind angewinkelt und gegengleich zu den Beinen nach vorn und hinten geführt.
2. Ziehe das Knie deines Spielbeins kraftvoll nach oben, wobei du den Gegenarm mit nach vorn bringst und deine Bauchmuskulatur anspannst. Setze den Fuß des Spielbeins dann wieder kontrolliert am Boden ab. Führe die Übung zunächst mit einem Bein aus, bevor du das Standbein wechselst.

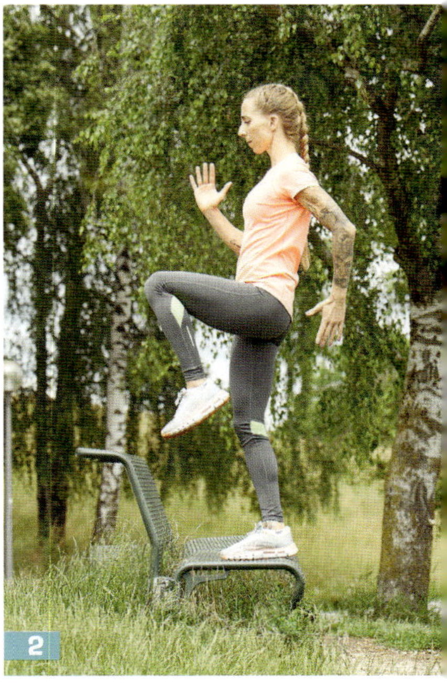
2

Tipp: Achte darauf, dass du mit dem ganzen Fuß fest auf der Erhöhung stehst. Deine Hüfte bleibt stabil und kippt nicht zur Seite. Fokussiere dich auf ein kraftvolles und kontrolliertes Abdrücken unter Anspannung deiner Gesäß- und Bauchmuskulatur, bevor du die Geschwindigkeit erhöhst.

Regression: Führe die Übung ohne oder mit niedriger Erhöhung (zum Beispiel einer Treppenstufe) aus.

Variante: Ziehe die Knie abwechselnd nach oben, wobei du mittels eines Zwischenschritts auf die andere Seite wechselst. Falls du die Übung ohne Erhöhung durchführst, benötigst du diesen Zwischenschritt nicht. Man spricht dann vom sogenannten Knee Lift, der dir vielleicht aus dem Aerobic bekannt ist.

EQUIPMENT: Handschuhe bei Bedarf

TRAININGSPROGRAMME: 6, 8, 10, 12

Burpee

Der Burpee ist wohl eine der anspruchsvollsten Ganzkörperübungen und ein Klassiker des hochintensiven Intervalltrainings. Wer schon einmal CrossFit, Freeletics oder ein ähnliches Bodyweight-Trainingsformat ausprobiert hat, sollte diese Kombination aus Squat, Push-up und Strecksprung bereits gut kennen. Im Rahmen der Trainingsprogramme wirst du nur die halbe Variante durchführen, um ein vollständiges Ablegen auf dem Boden zu umgehen. Wenn du nicht so zimperlich und zudem gut trainiert bist, kannst du auch die klassische Variante ausführen – diese findest du unter »Progression«.

1. Starte im schulterbreiten Stand.
2. Platziere deine Hände vor dir auf dem Boden und bringe mit einem kontrollierten Sprung deine Füße nach hinten, sodass du dich in der Plank-Position befindest.
3. Springe von hier aus mit den Füßen wieder nach vorn zu deinen Händen – deine Füße sollten sich leicht außerhalb deiner Hände befinden.
4. Führe zum Abschluss einen geraden Strecksprung nach oben aus, wobei du deine Hände über dem Kopf zusammenbringst.

Tipp: Versuche, bei allen Sprüngen sanft federnd zu landen, und achte auf deine Bauchspannung – du solltest in der Plank-Position nicht ins Hohlkreuz fallen. Auch deine Schulterblätter sollten nicht durchhängen, sondern aktiv nach oben gedrückt werden. Bitte lies dir hierzu die Beschreibung unter »Plank« (siehe Seite 144) durch.

Regression: Als Low-Intensity-Variante kannst du, statt zu springen, deine Beine einzeln nach hinten und wieder nach vorn führen. Auch den Strecksprung nach oben kannst du weglassen und dich stattdessen aus der Hocke ohne Sprung in die stehende Position aufrichten.

Progression: Aus der Plank-Position führst du einen Push-up aus, legst den Körper also mit eng am Körper anliegenden Armen auf dem Boden ab und drückst dich wieder sauber nach oben, ohne ins Hohlkreuz zu fallen.

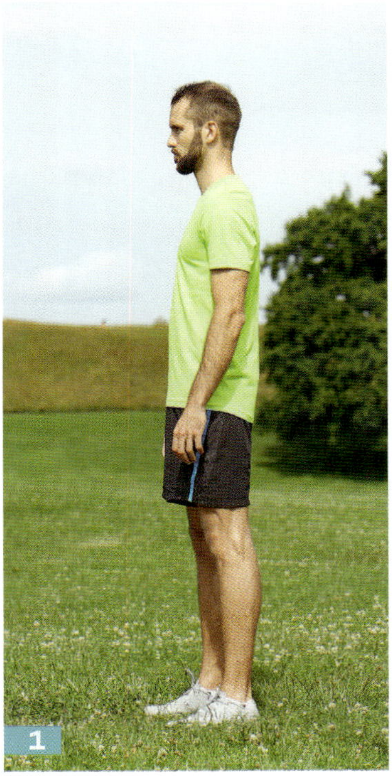
1

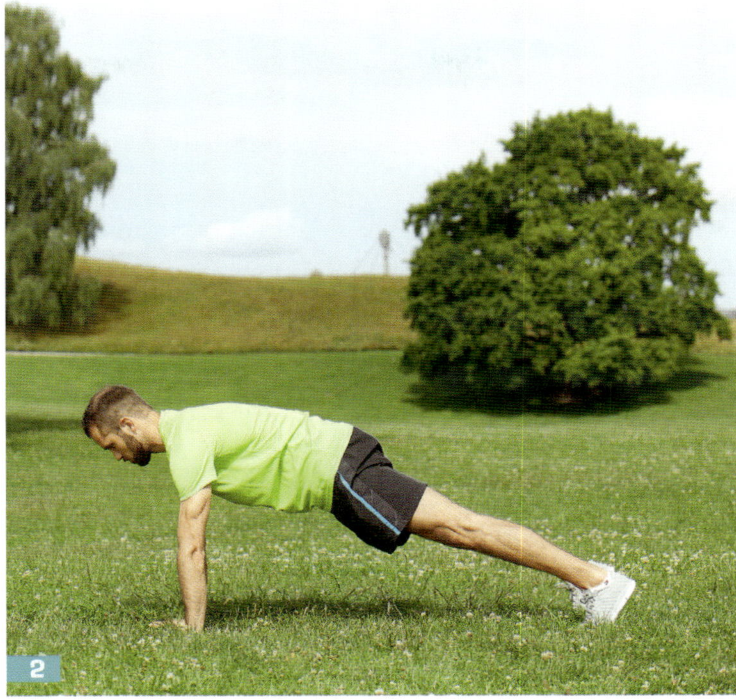
2

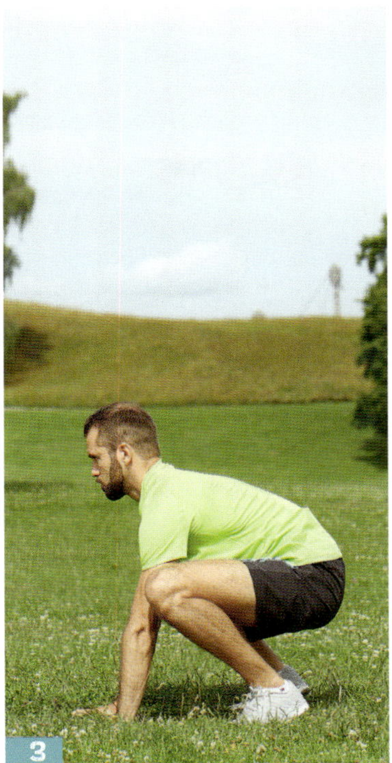
3

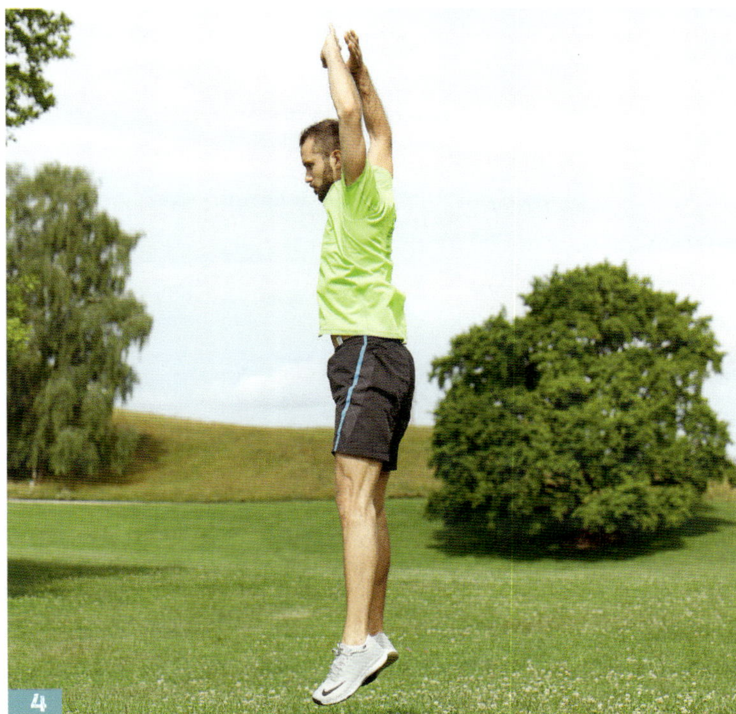
4

EQUIPMENT: Handschuhe bei Bedarf

TRAININGSPROGRAMME: 4, 5, 6, 10, 1

Mountain Climber

Mit dem Mountain Climber erklimmst du nicht nur neue Höhen deines Ausdauertrainings, sondern kräftigst auch deine Bauch-, Arm und Schultermuskulatur. Damit ist er eine sehr effektive Ganzkörperübung, die in keinem Trainingsrepertoire fehlen sollte. Da du dich mit den Händen auf dem Boden abstützt, kann es, je nach Untergrund, Witterung und Empfinden, sinnvoll sein, ihn mit Handschuhen auszuführen.

1. Starte in der Plank-Position auf den Händen. Deine Hände platzierst du unterhalb deiner Schultern und dein Bizeps ist nach vorn gedreht. Deine Füße sind etwa hüftbreit geöffnet und dein Kopf befindet sich in Verlängerung der Wirbelsäule.
2. Ziehe abwechselnd deine Knie unter dem Körper nach vorn in Richtung Brust.
3. Komme in eine Hüpfbewegung, bei der immer nur ein Fuß den Boden berührt.

Tipp: Lass deine Schulterblätter nicht durchhängen, sondern drücke dich aktiv vom Boden weg. Mehr Tipps findest du bei der Übungsbeschreibung »Plank« (siehe Seite 144).
Regression: Anstatt zu springen, ziehst du deine Knie im Wechsel nach vorn – in der Plank-Position befinden sich also immer beide Füße am Boden.
Progression: Während du nach vorn springst, platziere die Füße neben deinen Händen, tippe also kurz mit dem ganzen Fuß auf den Boden. Dabei solltest du darauf achten, dass dein Gesäß auf derselben Höhe bleibt. Diese Übung setzt eine gute Hüftmobilität voraus und ist sowohl koordinativ als auch vom Anstrengungsgrad her deutlich schwerer als die Basisvariante.
Variante 1: Ziehe deine Knie unter dem Körper jeweils diagonal zum gegenüberliegenden Ellbogen.
Variante 2: Ziehe deine Knie neben dem Körper in Richtung Trizeps.

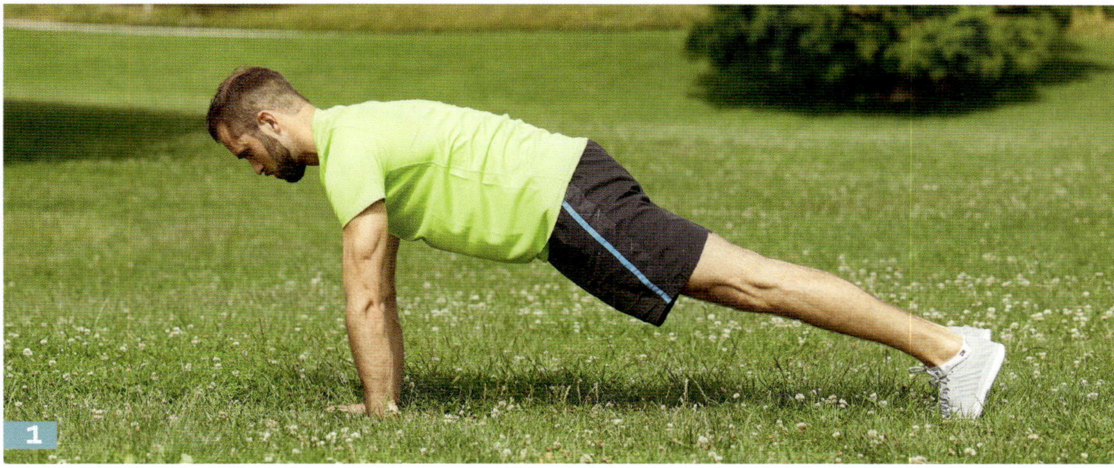
1

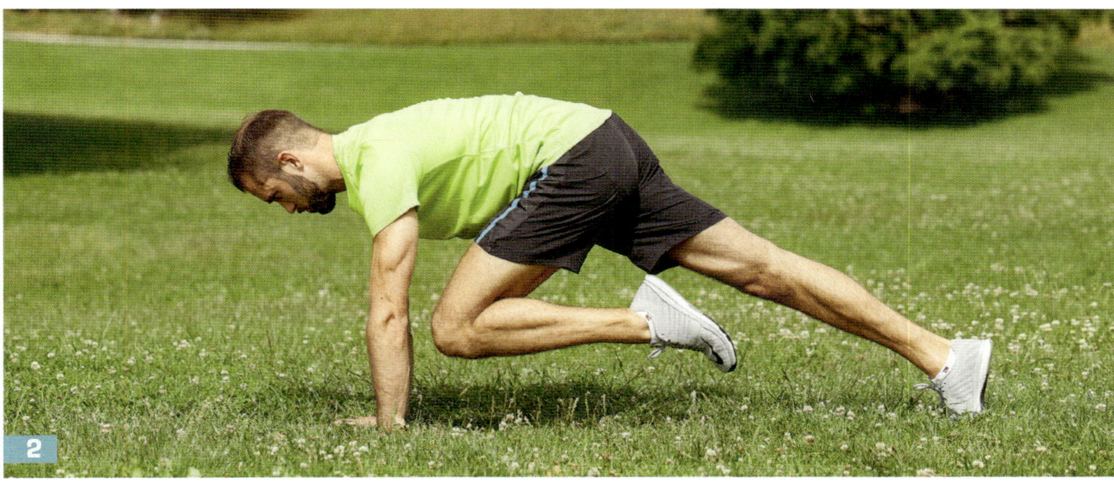
2

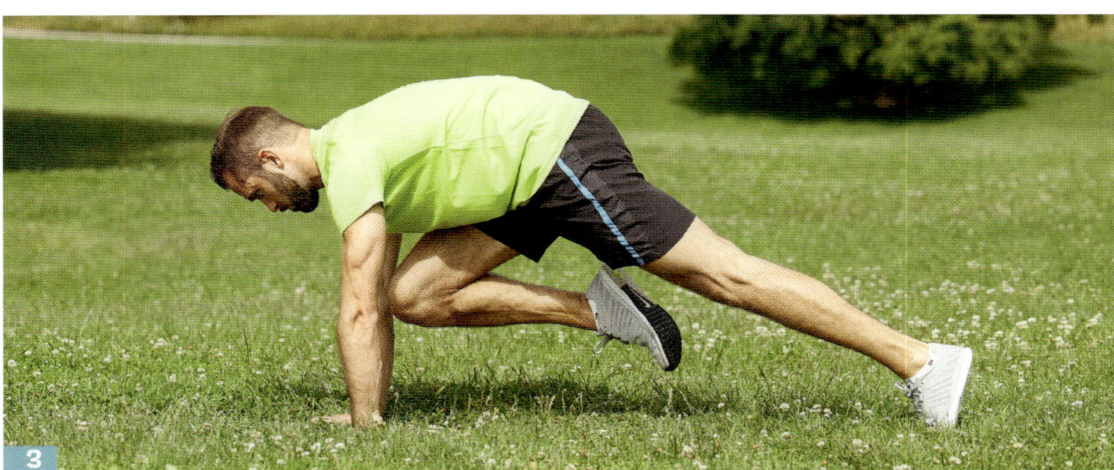
3

EQUIPMENT: Superband, Befestigungsmöglichkeit

TRAININGSPROGRAMME: 11, 12

Sprints

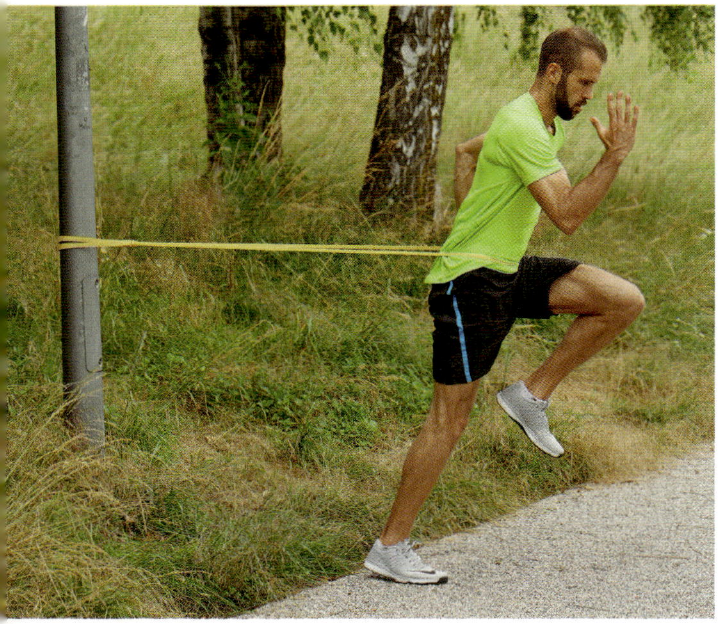

Es handelt sich hierbei um eine High-Intensity-Übung mit dem Trainingsband. Mit ihr wirst du nicht nur deinen Puls nach oben bringen, sondern auch lernen, deine Hüfte beim Laufen aktiv nach vorn zu schieben sowie die richtige Oberkörperhaltung einzunehmen. Ich empfehle dir für diese Übung ein starkes Superband. Solltest du kein Superband besitzen, verknote dein Trainingsband gut, um einen stabilen Ring zu erhalten. Daneben benötigst du eine stabile, aber möglichst schmale Befestigungsmöglichkeit, zum Beispiel eine Stange, einen Laternenpfahl oder die Querverstrebungen einer Bank.

- Befestige das Superband an einem stabilen Gegenstand, indem du das eine Ende durch die Schlaufe der anderen Seite führst und das Band festziehst. Steige in den entstandenen Ring und platziere das Band leicht oberhalb deiner Hüftknochen. Lehne deinen Körper gegen den Widerstand des Bands nach vorn und führe Sprints auf der Stelle durch, indem du deine Knie und Arme im Wechsel kraftvoll nach vorn bringst. Arme und Beine werden dabei gegengleich nach vorn gezogen.

Tipp: Je weiter weg du dich von der Befestigung aufstellst, je mehr das Band also unter Spannung steht, desto anstrengender wird die Übung.

Variante: Als Partnerübung hält der Partner das Superband mit beiden Händen nah am Körper fest und lehnt sich mit dem Gewicht nach hinten, während du mit aller Kraft nach vorn sprintest. Ziel des Partners ist es, dich davon abzuhalten, in die Vorwärtsbewegung zu kommen. Achtung: Diese Übung kann für den Partner ebenso anstrengend sein wie für dich!

EQUIPMENT: Treppe

TRAININGSPROGRAMME: 4, 6, 11

Stair Run

Der Treppenlauf ist eine hocheffektive Ausdauerübung. Die kleinen Schritte schulen deine Fußarbeit sowie deine Arm-Bein-Koordination. Auch Schnelligkeit und Konzentrationsfähigkeit werden verbessert. Durch den Abdruck nach oben wird besonders deine Waden-, Oberschenkel- und Gesäßmuskulatur angesprochen sowie deine Körpermitte aktiviert. Das Hinablaufen kannst du nutzen, um deinen Puls zu beruhigen – aber auch hier sind Konzentration und Koordination gefragt. Suche dir im Vorfeld eine geeignete Treppe, die du laufend erreichen kannst und die genügend Treppenstufen besitzt.

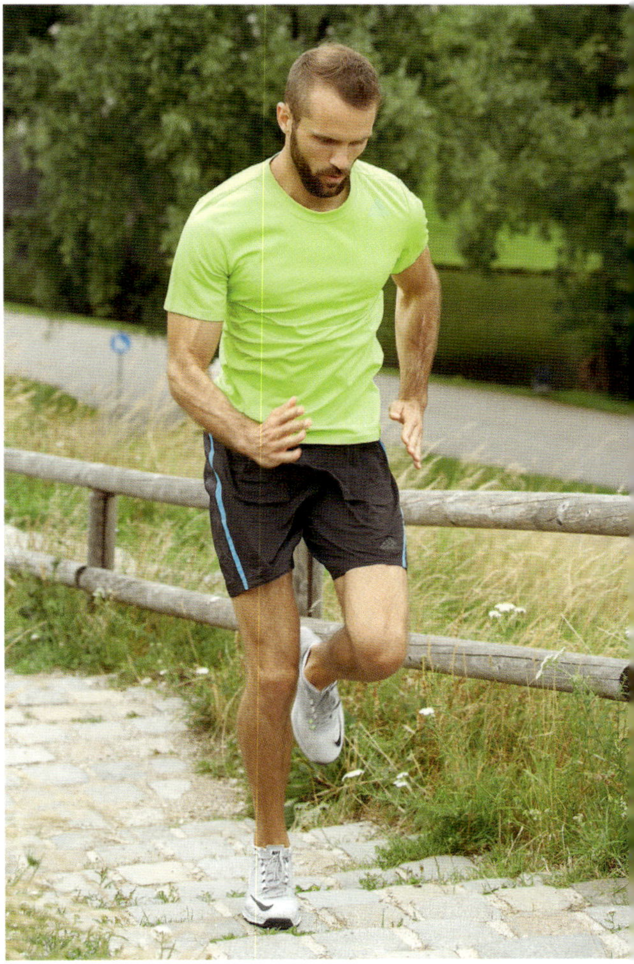

- Starte am unteren Ende der Treppe und spanne deine Bauchmuskulatur an. Drücke dich kraftvoll aus den Fußballen ab und bewege dich im Wechselschritt nach oben, wobei du mit dem Fuß auf jeder einzelnen Stufe aufsetzt. Nutze deine Arme als Schwunggeber und führe sie gegengleich zu den Beinen mit. Den Weg nach unten kannst du gehend oder locker trabend bewältigen.

Tipp: Während du nach unten läufst, achte auf federnde Knie, um die Stoßbelastung in der Abwärtsbewegung zu minimieren.

Regression: Sollte dir das Treppenlaufen zu schwierig sein, versuche zunächst, die Treppenstufen gehend zu bewältigen. Im nächsten Schritt kannst du Gehen und Laufen abwechseln.

Progression: Durch das Auslassen von ein oder zwei Stufen kannst du den Schwierigkeitsgrad erhöhen und deine Muskulatur stärker herausfordern.

EQUIPMENT: keins

TRAININGSPROGRAMME: 4, 6, 8, 10

Schattenboxen

Nicht nur die Beine eignen sich für anspruchsvolle Ausdauereinheiten – auch mittels Armbewegung kannst du den Puls nach oben treiben und dabei gleichzeitig etwas für deine Oberkörpermuskulatur tun. Auch wenn die Übung »Schattenboxen« heißt, ist sie in der hier durchgeführten Variante nicht mit Übungen aus dem Kampfsport zu verwechseln. Es handelt sich um eine reine Fitnessübung, bei der die Kraftausdauer deiner Armmuskulatur im Vordergrund steht.

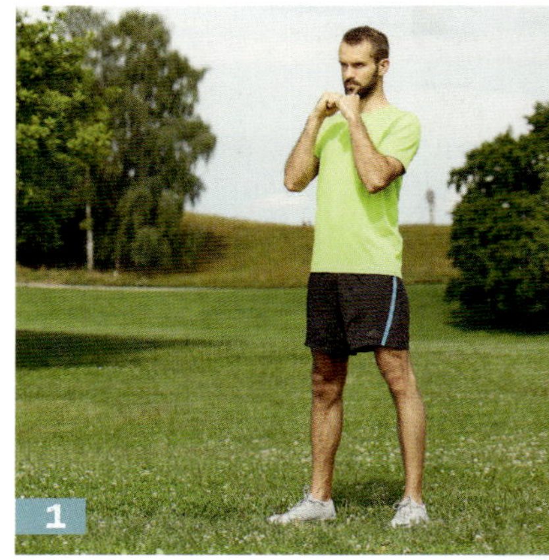
1

1. Stelle dich in einen festen, schulterbreiten Stand. Schließe deine Hände zu einer lockeren Faust, wobei deine Daumen die Finger umschließen. Bringe deine Fäuste auf Kinnhöhe nach oben und spanne deine Bauch- und Gesäßmuskulatur fest an.
2. Führe im Wechsel schnelle, explosionsartige Schläge nach vorn aus, wobei deine Arme zwar in die Streckung kommen, deine Ellbogen aber nie ganz durchgedrückt werden – kurz vor der Streckung ziehst du die Arme wieder kraftvoll zurück. Die Hüfte auf der Seite des Schlagarms dreht sich unter Anspannung von Bauch- und Gesäßmuskulatur leicht mit nach vorn.

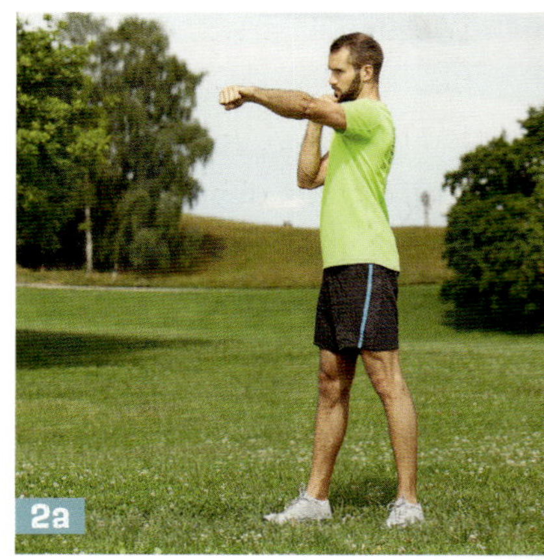
2a

Tipp: Beim Nach-vorn-Kommen drehst du deine Fäuste leicht nach innen unten ein (würdest du auf einen Gegenstand schlagen, würdest du diesen nicht mit den Knöcheln treffen, sondern mit der breiten Fläche deiner Fingergelenke). Achte darauf, dass deine Handgelenke dabei gerade bleiben.

Variante: Du kannst deine Schläge variieren und zum Beispiel einen Uppercut (Aufwärtshaken) ausführen, bei dem du mit angewinkeltem Ellbogen von unten nach oben schlägst.

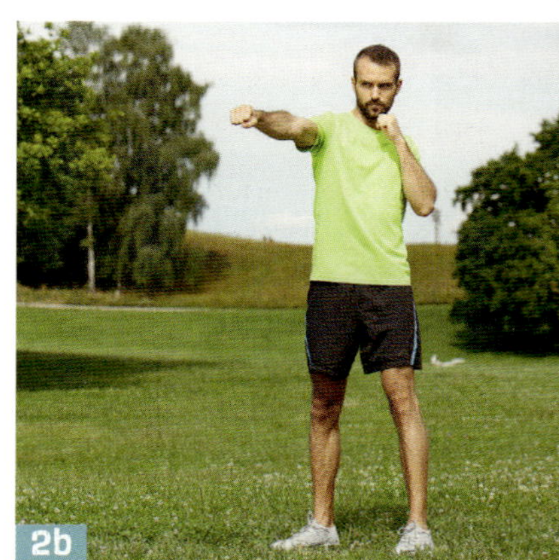
2b

SPRUNGKRAFT

Auch wenn die folgenden Übungen ebenfalls dein kardiovaskuläres System trainieren, liegt bei ihnen der Fokus auf der Sprungkraft. Denke daran: Beim Laufen führst du eine einbeinige Sprungbewegung nach der anderen aus. Plyometrisches Training, also Übungen, die sich den Dehnungsreflex von Muskeln und Sehnen zunutze machen und deine Explosivkraft erhöhen, stellen eine sinnvolle Ergänzung zum Lauftraining dar. Du wirst im Folgenden acht meiner Lieblingsübungen aus diesem Bereich kennenlernen.

Einbeinhüpfen

EQUIPMENT: keins

TRAININGSPROGRAMME: 4, 11

Wie bereits erwähnt, ist das Laufen eine Aneinanderreihung von Sprungbewegungen auf einem Bein. Selbstverständlich also, dass das Einbeinhüpfen Teil der Übungen ist. Dafür benötigst du ein wenig Koordination sowie die Lust, dich an altbekannte Bewegungsmuster aus Kindertagen zu erinnern.

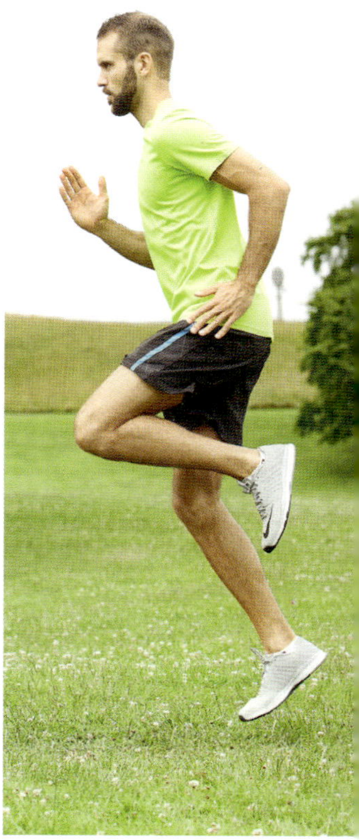

- Starte stehend auf einem Bein und halte die Arme in einem lockeren Winkel, ähnlich wie beim Laufen. Nun beginne mit dem Fuß nach vorn zu hüpfen, wobei das andere Bein sowie deine Arme als Schwunggeber dienen. Starte mit kleinen Hüpfern und versuche allmählich, deine Sprünge zu vergrößern.

Tipp: Führe die Sprünge weich federnd aus und lande stets mit leicht gebeugtem Knie. Bei größeren Sprüngen kannst du versuchen, deinen Körper stärker nach vorn zu lehnen. Da diese Übung deine Achillessehne sowie deine Fußgelenke fordert, verwende diese Übung zu Beginn dosiert und steigere erst allmählich die Übungsdauer.

Regression: Sollte dir die vorgegebene Übungszeit zu lang sein, wechsle das Bein jeweils nach ein paar Hüpfern. Auch einige Schritte zwischen den Hüpfern zu gehen, ist keine Schande!

Progression: Führe das Einbeinhüpfen ohne Schuhe oder in Zehenschuhen auf Gras aus.

EQUIPMENT: Erhöhung wie Bank oder Mauer

TRAININGSPROGRAMME: 9, 10, 11, 12

Box Jump

Beim Box Jump wird aus dem Stand auf eine Box oder eine andere Erhöhung gesprungen. Er stellt eine Grundübung des plyometrischen Trainings dar. Du kannst den Sprung zunächst mit einer kleinen Erhöhung wie einem Bordstein trainieren. Wenn du schon etwas geübter bist, kannst du den Sprung auf eine Bank oder eine Mauer durchführen. Suche dir hierfür eine plane, rutschfeste Fläche und wähle die Höhe so, dass du die Übung kontrolliert ausführen kannst und problemlos mit dem ganzen Fuß weich auf der Oberfläche landest.

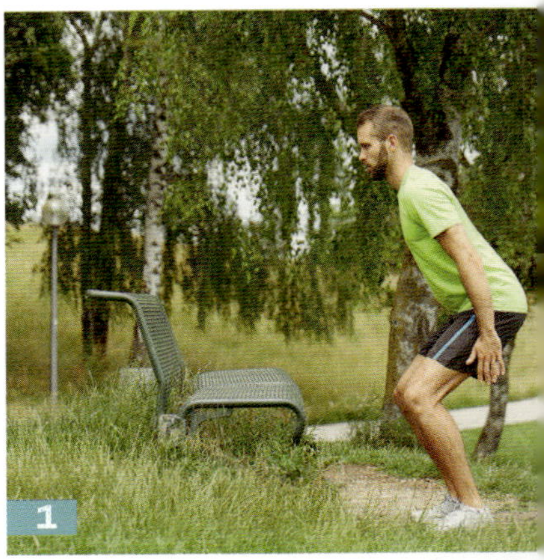
1

1. Starte mit genügend Abstand zur Erhöhung in einem etwa schulterbreiten Stand und gehe in eine leichte Hocke.
2. Drücke dich kraftvoll vom Boden ab und springe aus dem Stand ...
3. ... auf die Erhöhung, wobei du mit beiden Füßen gleichzeitig landest. Deine Arme kannst du dabei als Schwunggeber mit nach vorn führen. Nach unten kannst du ebenfalls springen (achte auf eine weiche Landung!) oder mit einem Bein nach dem anderen von der Erhöhung heruntersteigen.

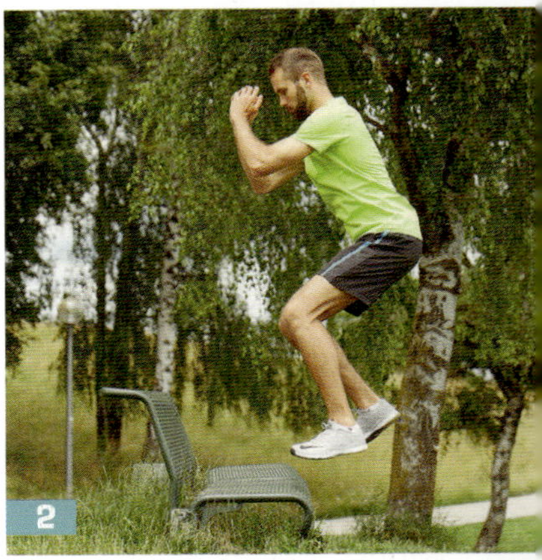
2

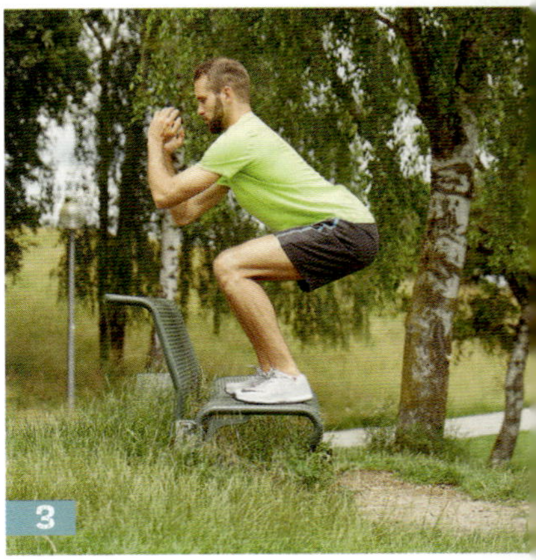
3

Tipp: Um Verletzungen zu vermeiden, solltest du die Übung ohne Hast ausführen. Achte auf ausreichend Abstand zu deiner Erhöhung, damit du beim Hochspringen nicht mit dem Schienbein daran hängen bleibst.
Regression: Steige im Wechsel und ohne Sprung auf die Erhöhung hoch und wieder herunter.
Regression/Progression: Durch die Wahl der Erhöhung kannst du den Schwierigkeitsgrad dieser Übung variieren.

EQUIPMENT: keins

TRAININGSPROGRAMME: 9, 10, 12

Lunge Jump

Der Lunge, auch Ausfallschritt genannt, ist den meisten wohl ein Begriff. Seine gesprungene Variante, der Lunge Jump (auch: Jumping Lunge), ist dagegen nicht so geläufig. Zu Unrecht, denn er stellt eine großartige Übung dar, die die Sprungkraft in den Beinen trainiert, den Puls nach oben bringt und dein Gleichgewicht schult.

1. Starte im Ausfallschritt, wobei das vordere und das hintere Bein jeweils einen rechten Winkel bilden und dein hinteres Knie fast den Boden berührt.
2. Drücke dich kraftvoll ab und wechsle beim Sprung nach oben am höchsten Punkt die Beine, sodass dein hinteres Bein vorn und dein vorderes Bein hinten landet.
3. Nun sinkst du wieder kontrolliert in den Ausfallschritt zurück. Komme in eine fließende Bewegung und erhöhe langsam das Tempo.

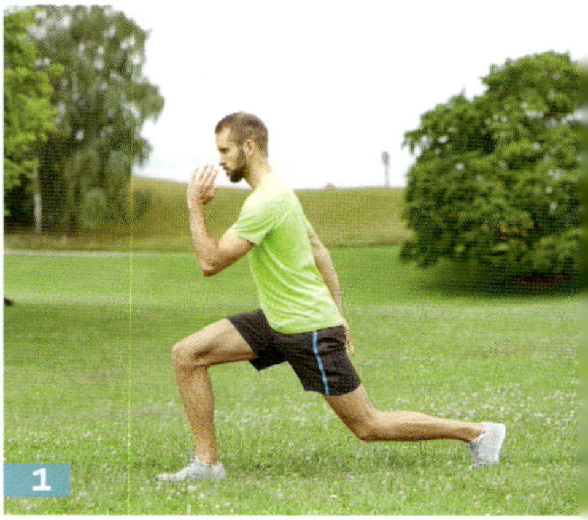

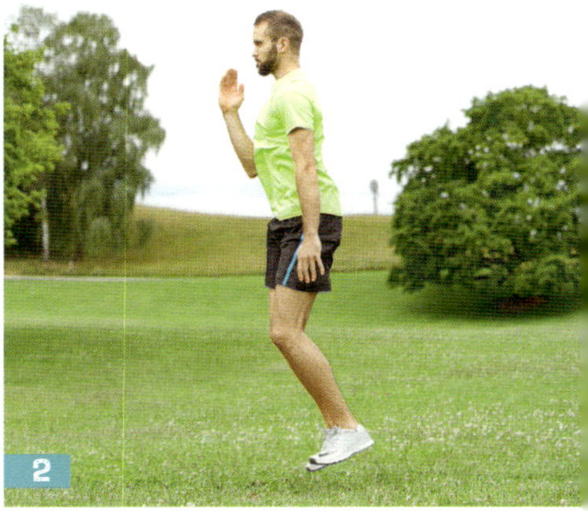

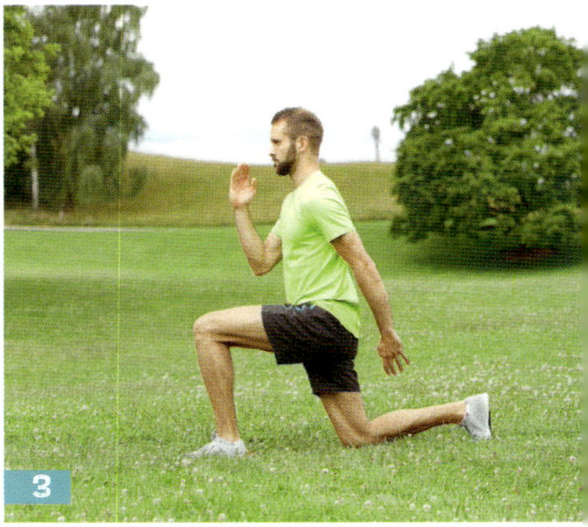

Tipp: Achte auf einen aufrechten Oberkörper, einen vertikalen Sprung nach oben und eine weiche Landung. Erhöhe das Tempo erst, wenn du die Übung sicher und stabil ausführen kannst. Deine Arme kannst du gegengleich locker schwingen lassen (Arme in Laufposition) oder sie vor dem Körper geschlossen halten (deine Hände bilden eine stabile Einheit auf Brusthöhe). Auch andere Armpositionen, die dir Stabilität geben, sind denkbar.

Regression: Wenn du die gesprungene Variante nicht durchführen kannst, wähle stattdessen den Lunge ohne Sprung (siehe ab Seite 108). Auch der Squat Jump (siehe Seite 94) ist eine mögliche Alternative.

EQUIPMENT: keins
TRAININGSPROGRAMME: 4, 11

Side-to-Side Hop

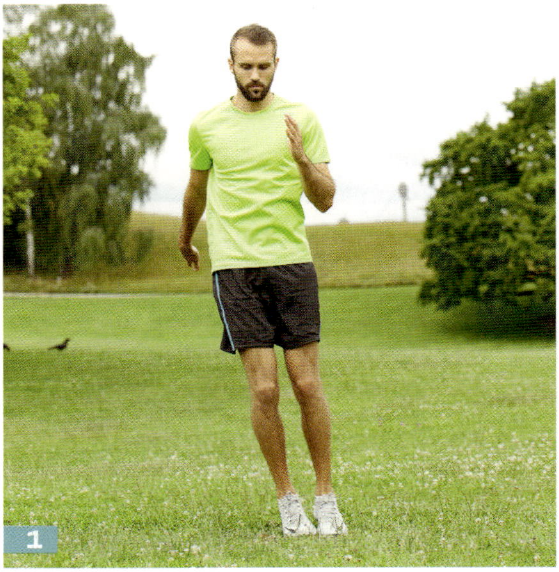

1

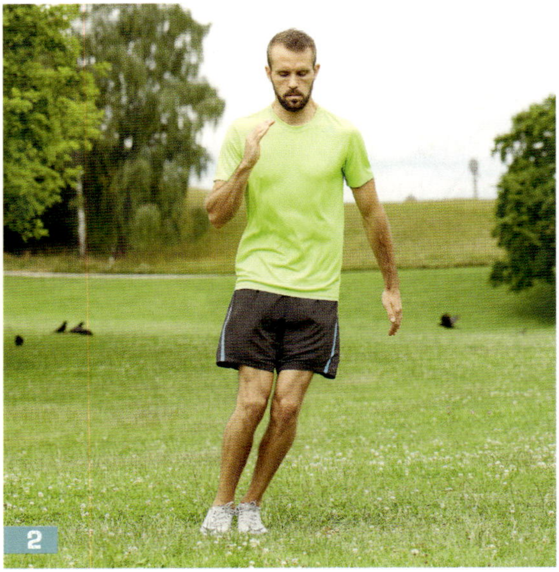

2

Das Springen von einer Seite zur anderen mit beiden Beinen stellt eine gute Möglichkeit dar, die Vorwärtsbewegung des Laufens aufzubrechen und Muskeln zu trainieren, die beim Laufen vernachlässigt werden. Auch für Kopf und Koordination ist es wichtig, nicht immer in denselben Strukturen zu trainieren, sondern dem Körper neue Reize durch ungewohnte Bewegungsmuster zu geben.

1. Starte in einem aufrechten Stand mit fast geschlossenen Beinen.
2. Springe mit beiden Beinen von einer Seite zur anderen, wobei du die Arme angewinkelt wie beim Laufen hältst und sie im Wechsel mit nach vorn und hinten bewegst.

Tipp: Achte auf eine weiche Landung bei leicht gebeugten Knien und darauf, dass deine Hüfte nicht mitdreht, sondern gerade nach vorn ausgerichtet bleibt. Du kannst dir eine gedachte Linie auf dem Boden vorstellen, über die du springst.

Regression 1: Steige ohne Sprung von einer Seite zur anderen.

Regression 2: Springe nicht mit beiden Füßen nach rechts und links, sondern jeweils seitwärts gerichtet von einem Fuß zum anderen.

EQUIPMENT: keins

TRAININGSPROGRAMME: 9, 11, 12

Single Leg Squat Jump

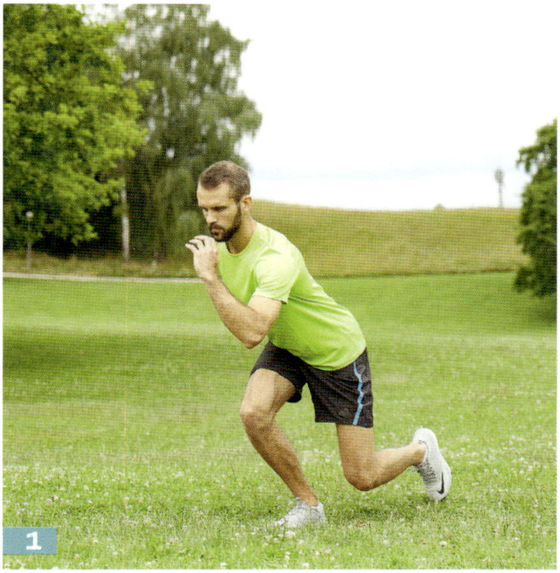

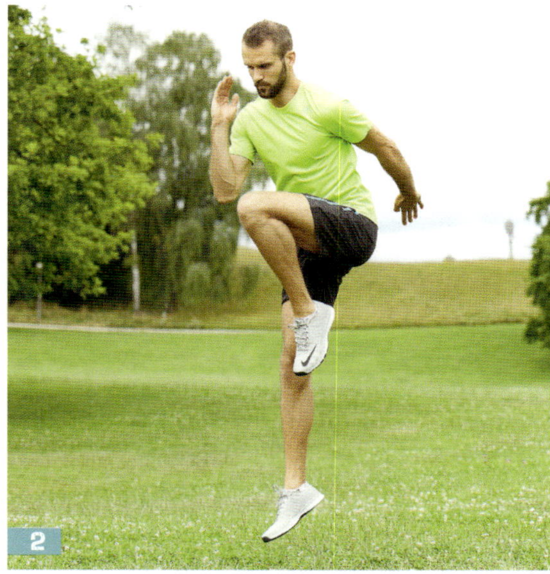

Der gesprungene, einbeinige Squat ist eine Übung für Fortgeschrittene. Nicht nur koordinativ ist er herausfordernd, sondern es bedarf für diese Bewegung auch eines guten Gleichgewichtsgefühls sowie einer gehörigen Portion Kraft in den Beinen. Im Gegensatz zu den Pistol Squats, bei denen das Bein nach vorn gestreckt wird, ist das Spielbein hier nach hinten angewinkelt und dient als Schwunggeber für den Sprung.

1. Starte auf einem Bein stehend, wobei das Spielbein locker nach hinten angehoben und leicht angewinkelt ist. Beuge dein Standbein und bringe deinen gegenüberliegenden Arm nach vorn – die Armhaltung ähnelt der beim Laufen.
2. Springe nun kraftvoll senkrecht nach oben, indem du dein Spielbein nach vorn in Richtung Brust schiebst und deinen hinteren Arm als Schwunggeber nutzt. Lande sanft wieder auf deinem Standbein und komme kontrolliert zurück in die nächste einbeinige Kniebeuge.

Tipp: Das Knie deines Standbeins bleibt stabil und zeigt in dieselbe Richtung wie deine Fußspitze. Die Kraft kommt von deiner Ferse in den Fußballen und entlädt sich nach oben.
Regression: Als Alternative kannst du das Einbeinhüpfen (siehe Seite 89) oder den Squat Jump (siehe Seite 94) wählen.

EQUIPMENT: keins

TRAININGSPROGRAMME: 6, 9, 10, 11, 1

Squat Jump

Der auf beiden Beinen ausgeführte Sprung aus der tiefen Hocke ist ein gängiger Vertreter in vielen Trainingsprogrammen und darf daher auch in deinem Übungsrepertoire nicht fehlen. Füge ihn erst dann in dein Training ein, wenn du eine saubere Squat-Position einnehmen sowie die Kniebeuge ohne Sprung sicher und stabil durchführen kannst.

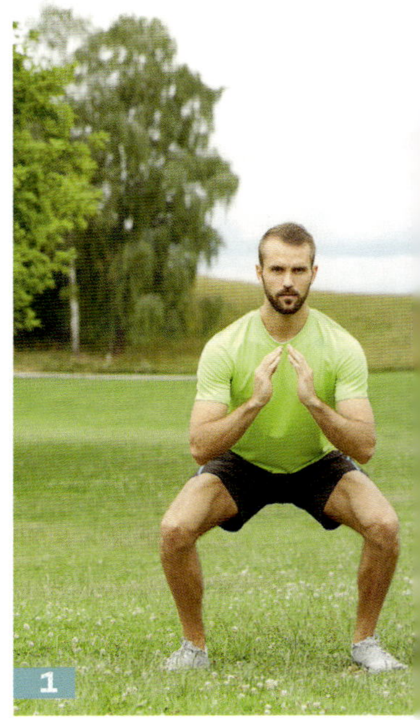
1

1. Starte in einem schulterbreiten Stand oder etwas breiter. Deine Knie und deine Fußspitzen sind leicht nach außen gedreht. Komme in eine tiefe Squat-Position – dein Po sollte sich unterhalb deiner Knie befinden – und nimm die Arme dabei gebeugt vor deinen Körper.
2. Springe kraftvoll senkrecht nach oben, wobei du deine Arme nach hinten ziehst. Lande dann sanft und mit gebeugten Knien wieder auf den Füßen und komme kontrolliert zurück in die tiefe Kniebeuge.

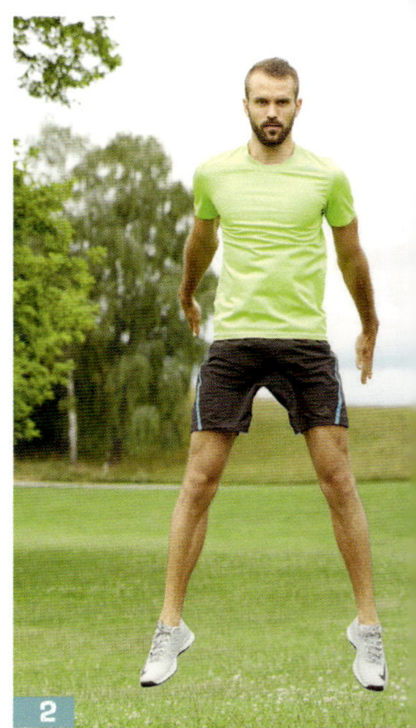
2

Tipp: Wie beim regulären Squat solltest du darauf achten, dass dein Rücken gerade bleibt, wenn du nach unten kommst, dein Körper also aufrecht ist (keine Verbeugung nach vorn!).

Regression: Squat (siehe ab Seite 104)

Variante: Den Squat Jump gibt es in etlichen Armvarianten. Du kannst beispielsweise die Arme beim Springen gestreckt nach oben schieben (in diesem Fall startest du die Squat-Position mit den Armen neben deinem Körper). Der Squat Jump ähnelt in dieser Variante dem Strecksprung und ist zugleich eine Alternative für diesen. Auch eine Variante ohne Ausholbewegung der Arme ist möglich. Die Hände sind dabei an der Hüfte angelegt und nicht an der Sprungbewegung beteiligt.

EQUIPMENT: keins

TRAININGSPROGRAMME: 9, 10

Strecksprung

Der Strecksprung ist ein Klassiker unter den Sprungkraft-Übungen. Vermutlich kennst du ihn noch aus deiner Schulzeit. Anders als beim Squat Jump berührst du mit den Fingerspitzen den Boden neben deinen Füßen und springst dann kerzengerade mit weit gestreckten Armen nach oben. Er lässt sich gut aus der Laufbewegung heraus ausführen und daher bestens in dein Lauftraining integrieren.

1. Gehe aus dem hüftbreiten Stand in eine tiefe Kniebeuge, wobei dein Rücken möglichst gerade bleibt. Berühre mit den Händen kurz den Boden außerhalb deiner Füße.
2. Stoße dich dann kraftvoll senkrecht nach oben ab. Dabei führst du deine Arme mit nach oben, sodass du in der obersten Position von den Füßen bis zu den Fingerspitzen gestreckt bist. Lande dann weich auf deinen Fußballen und kehre zurück in die tiefe Hocke.

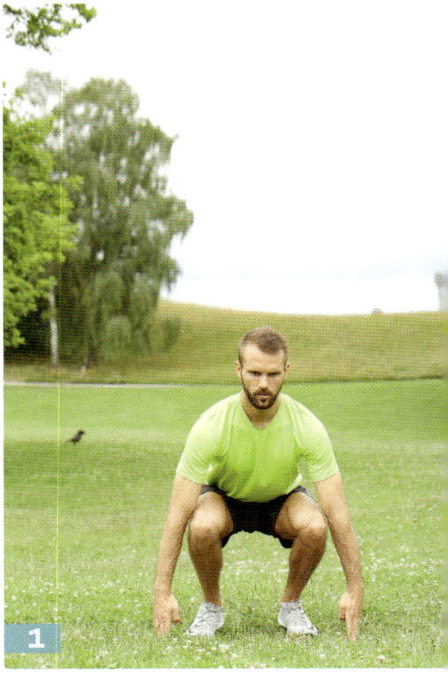
1

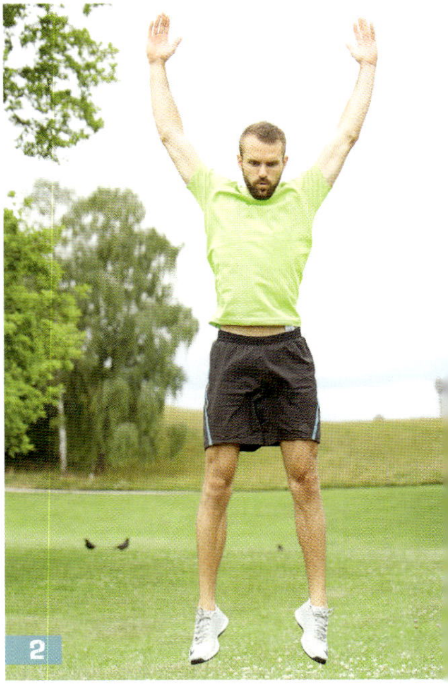
2

Tipp: Versuche, so hoch wie möglich zu springen und auf dem Absprungpunkt zu landen. Achte während der ganzen Übung auf deine Körperspannung.

Regression: Wenn dir die Übung zu anstrengend ist, führe sie ohne Sprung aus. Gehe also in die tiefe Hocke, berühre mit den Fingerspitzen den Boden und drücke dich nach oben, bis du auf die Fußspitzen kommst. Solltest du nicht so tief in die Hocke gehen können, kannst du alternativ den Squat Jump mit der gestreckten Armvariante durchführen.

EQUIPMENT: Kleine Erhöhung wie Bordstein oder Treppe

TRAININGSPROGRAMME: 11

Toe Tap

Den Fuß wie eine Sprungfeder zu nutzen, die dich leichtfüßig nach vorn schießt, sollte das Ziel jedes Lauftrainings sein. Einen kleinen Schritt auf dem Weg zu mehr »Fuß-Feder-Funktion« ist der Toe Tap, bei dem abwechselnd mit den Fußspitzen auf eine kleine Erhöhung, zum Beispiel einen Bordstein oder eine Treppenstufe, getippt wird. Dies kräftigt nicht nur deine Fußmuskulatur und verbessert deine Sprungkraft, sondern trainiert auch deine Koordinationsfähigkeit.

1. Stelle dich hüftbreit vor deiner gewählten Erhöhung, zum Beispiel einer Treppenstufe, auf. Tippe nun mit einer Fußspitze auf die Stufe und nimm deinen entgegengesetzten, angewinkelten Arm mit nach vorn.
2. Komm in eine hüpfende Bewegung, indem du im Wechsel mit den Fußspitzen die Stufe berührst. Deine Arme dienen dabei als Pendel und Schwunggeber.

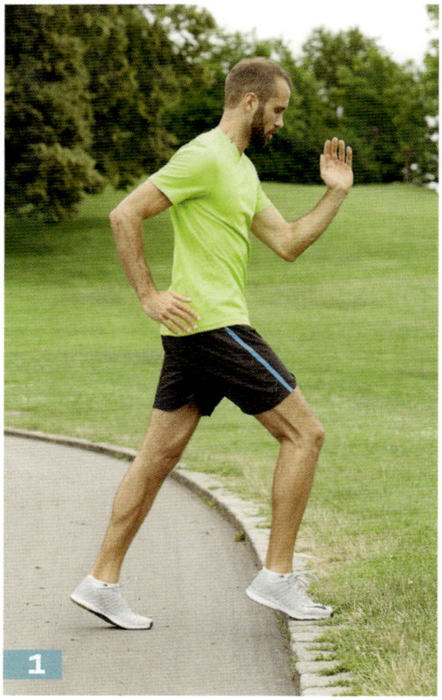
1

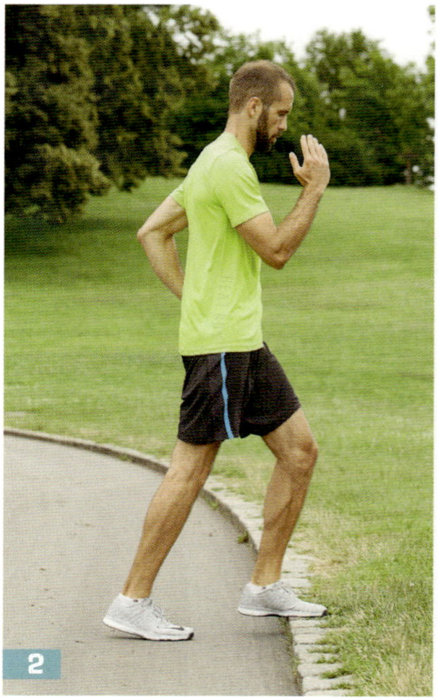
2

Tipp: Achte bei dieser Übung besonders auf deine Rumpfspannung. Dein Oberkörper darf sich leicht nach vorn neigen, sollte dabei aber gestreckt bleiben. Versuche, während der ganzen Übung locker aus deinen Fußballen zu springen und die Treppenstufe von oben mit dem Ballen zu berühren.

Regression: Führe die Übung ohne Sprung aus, tippe also im Wechsel mit der Fußspitze auf die Erhöhung und bewege die Arme dabei kraftvoll gegengleich mit.

Regression/Progression: Über die Wahl der Erhöhung kannst du den Schwierigkeitsgrad der Übung bestimmen. Du kannst die Übung auch ohne Erhöhung durchführen.

KOORDINATION

Koordination bedeutet, Bewegung kontrolliert ausführen und Einzelbewegungen aufeinander abgestimmt zu Bewegungsabläufen zusammenführen zu können. Es arbeiten hierbei Sinnesorgane, Nervensystem und Muskulatur eng zusammen. So einfach und natürlich das Laufen erscheint – die Laufbewegung stellt einen komplexen Ablauf mehrerer Teilbewegungen dar, bei denen verschiedene Körperpartien miteinander koordiniert werden müssen. Die Beinbewegung allein ist bereits ein komplexer Vorgang. Hinzu kommt die Koordination der Arme, die sich im Einklang mit den Beinen bewegen müssen. Das sogenannte Lauf-ABC trägt dieser Tatsache Rechnung und unterteilt die Laufbewegung in Einzelbewegungen, die separat trainiert werden, um sie dann beim Laufen möglichst harmonisch zusammenführen zu können.

Die folgenden fünf Übungen kommen aus der klassischen Laufschule und sollen dir dabei helfen, eine optimale Lauftechnik sowie einen effizienten Laufstil zu entwickeln. Du kannst sie gern in deine Trainingsroutine einfließen lassen. Je regelmäßiger du die Übungen praktizierst, desto leichter wird es dir fallen, einen guten Laufstil auch dann beizubehalten, wenn es anstrengend wird.

EQUIPMENT: keins

TRAININGSPROGRAMME: 11

Anfersen

Wer schon einmal professionellen Athleten beim Laufen zugeschaut hat, wird festgestellt haben, dass sie die Fersen weit nach hinten oben in Richtung Gesäß bringen. Die Beine fliegen förmlich durch die Luft, die Hacken schlagen fast am Po an, bevor die Beine wieder geschmeidig nach vorn gezogen werden und der Fuß sanft unterhalb des Körperschwerpunkts landet. Der Boden wird buchstäblich unter den Füßen nach hinten weggeschoben. Da dieser Teil der Laufbewegung bei Hobbyläufern meist stark verkümmert ist – es bedarf einer gewissen Grundgeschwindigkeit sowie ausreichend Kraft in Gesäß- und hinterer Oberschenkelmuskulatur –, ist das Üben dieser Teilbewegung ein wichtiger Bestandteil jedes koordinativen Trainings.

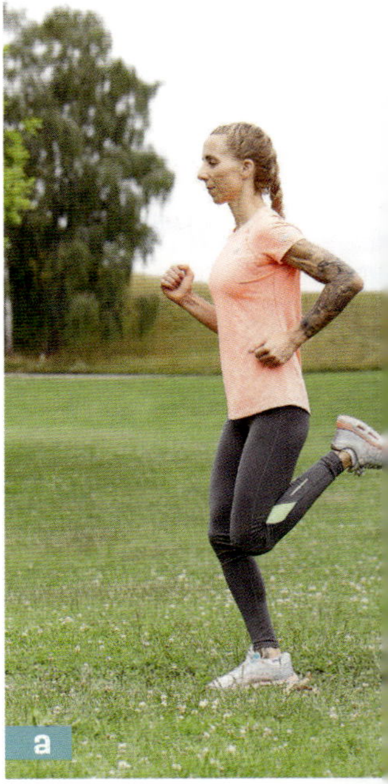

a

- Aus der Laufbewegung heraus lehnst du deinen Oberkörper leicht nach vorn, öffnest deine Hüfte und ziehst deine Ferse aktiv und dynamisch Richtung Gesäß. Das Knie zeigt dabei senkrecht nach unten und dein Fußaufsatz erfolgt möglichst flach auf dem ganzen Fuß oder auf dem Fußballen. Deine Arme arbeiten kraftvoll als Schwunggeber mit.

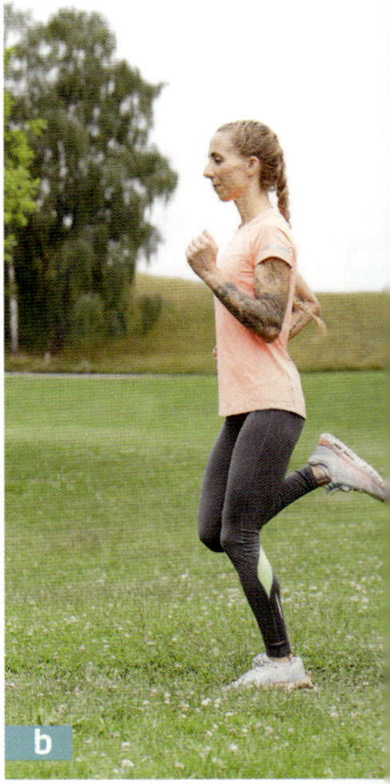

b

Tipp: Führe die Übung in möglichst hoher Frequenz, aber kontrolliert, aus. Achte auf eine kurze Schrittlänge und eine hohe Schrittfrequenz.
Regression: Als Vorübung kannst du auf der Stelle starten, also zunächst ohne Vorwärtsbewegung bei möglichst flachem Fußaufsatz deine Fersen im Wechsel Richtung Gesäß ziehen. Erst, wenn diese Bewegung richtig sitzt, kannst du beginnen, den Oberkörper nach vorn zu lehnen und – zunächst langsam, dann schneller – in die Laufbewegung zu kommen.
Variante: Du kannst die Taktung des Fersenanziehens variieren, also zum Beispiel drei Schläge mit einem Bein hintereinander ausführen, in die normale Laufbewegung zurückkommen, dann wieder drei Schläge mit dem anderen Bein durchführen, und so weiter.

EQUIPMENT: keins

TRAININGSPROGRAMME: 4, 11

Hopserlauf

Eine Bewegungsart, die du vermutlich aus deiner Kindheit kennst, ist der Hopserlauf. Als Koordinationsübung ausgeführt, geht es hierbei vor allem darum, deine Sprungkraft zu trainieren und deine Fußgelenke an die Abdruck- und Landesituation beim Laufen zu gewöhnen. Daneben schulst du deine Körperspannung bei gleichzeitiger Lockerheit in Armen und Schultern.

1. Starte aus einer lockeren Laufbewegung. Drücke dich kraftvoll von einem Fußballen nach oben ab, wobei du dein anderes Knie bis in die Waagrechte ziehst. Deine Arme sind gestreckt und schwingen locker gegengleich zu den Beinen mit.
2. Lande weich und bei gebeugtem Knie auf dem Boden. Nach einem kurzen Zwischenschritt wechselst du dein Sprungbein und ziehst das andere Knie nach oben.

Tipp: Konzentriere dich auf die Höhe und nicht die Weite deines Sprungs. Behalte während der ganzen Übung deine Rumpfspannung bei. Deine Schultern sind entspannt und locker.

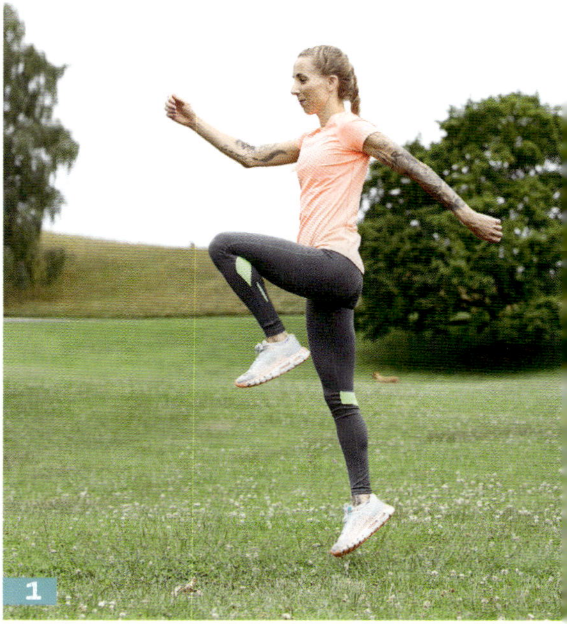

1

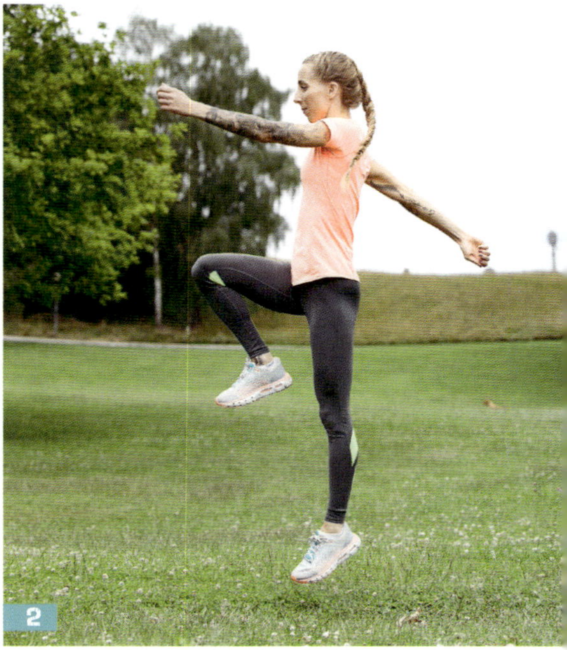

2

EQUIPMENT: Weg ohne Unebenheite

TRAININGSPROGRAMME: 4, 11

Rückwärtslaufen

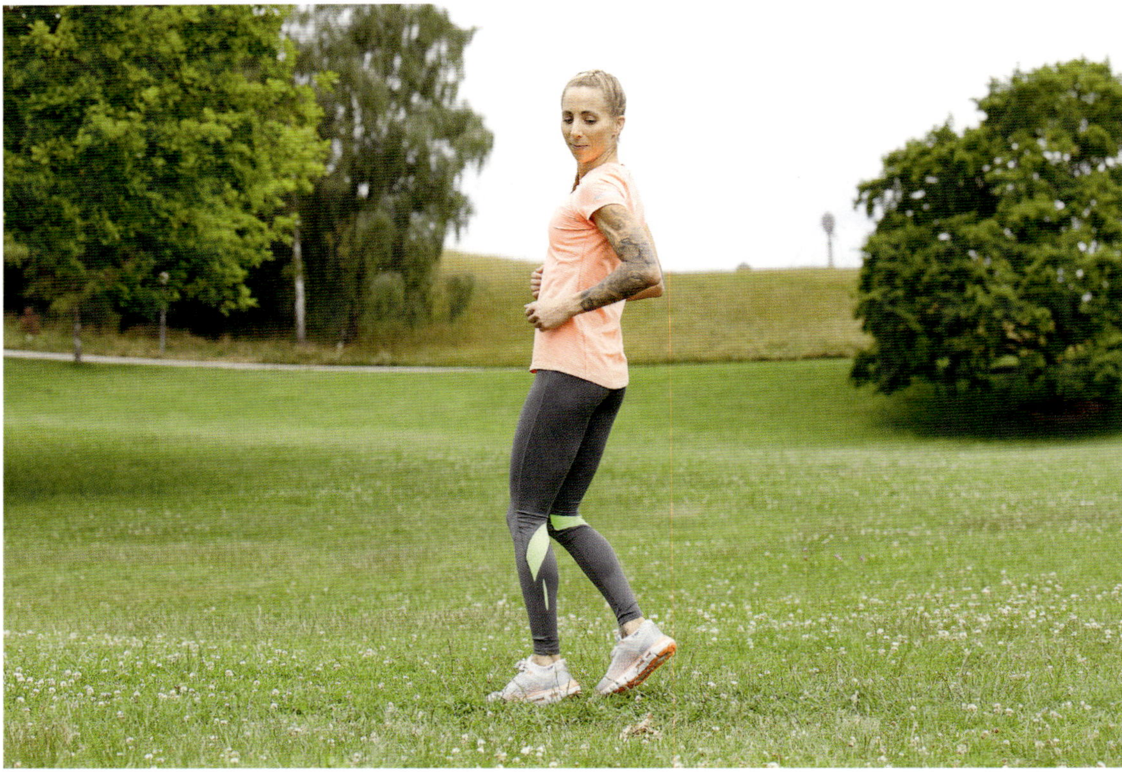

Die Laufrichtung umzukehren, schult deine Bewegungskoordination, dein Körpergefühl sowie deine Konzentration. Suche dir dafür ein flaches Stück Weg ohne Wurzeln, Äste oder Unebenheiten. Planer Asphalt eignet sich hierfür am besten.

- Stelle dich hüftbreit 180 Grad entgegen der Laufrichtung auf und wende den Blick über eine deiner Schultern nach hinten. Komme in die rückwärtige Laufbewegung. Halte dabei deine Arme in lockerer Laufposition und unterstütze mit ihnen aktiv die Bewegung.

Tipp: Ändere deine Schrittfrequenz, variiere also zwischen kurzen und langen Schritten. Wechsle zwischendurch die Kopfrichtung, also die Schulter, über die du nach hinten schaust. **Variante:** Du kannst aus der Vorwärtslaufbewegung starten und zwischen den Bewegungsrichtungen hin- und herwechseln.

EQUIPMENT: keins

TRAININGSPROGRAMME: 4, 11

Seitlicher Hopserlauf

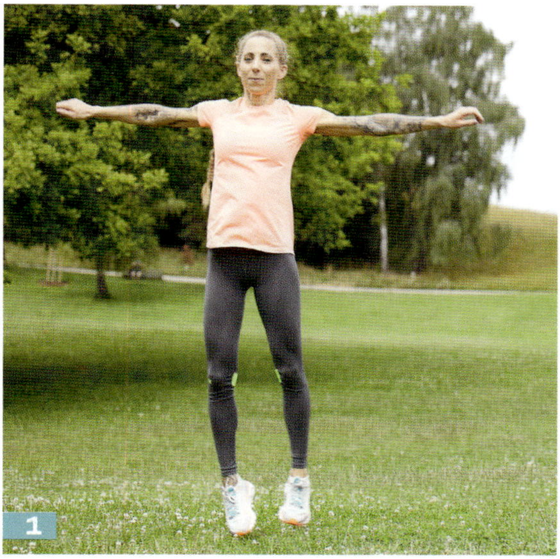

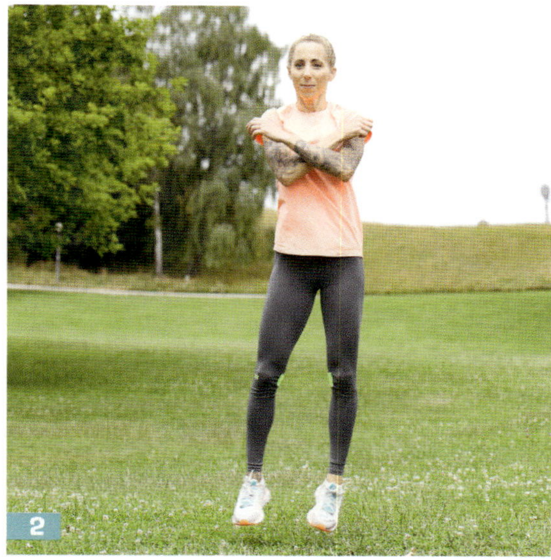

Ähnlich wie beim Hopserlauf kannst du mit dem seitlichen Hopserlauf deine Sprungkraft trainieren sowie deine Fußmuskulatur stärken. Durch die Seitwärtsbewegung verlagerst du den Übungsschwerpunkt auf die Beininnenseite und die Gesäßaußenseite, was einen sehr guten Ausgleich zur Laufbewegung darstellt.

1. Stelle dich 90 Grad seitlich zur Laufrichtung auf. Öffne ein Bein zur Seite und ziehe das andere Bein mit einem kleinen Sprung nach. In der Mitte, in der höchsten Sprungbewegung, sind beide Füße in der Luft und geschlossen. Schwinge dein Bein, das die Bewegung eingeleitet hat, wieder zur Seite und lande sanft, um in die nächste Hüpfbewegung zu kommen. Schwinge deine Arme locker zur Seite mit. Bei einem Sprung hast du sie bis auf etwa Schulterhöhe nach oben gezogen und ...
2. ... beim nächsten vor dem Körper geschlossen. Drehe dich nach der Hälfte der Übungszeit um 180 Grad und führe die Übung auf der anderen Seite durch.

Tipp: Achte auf eine sanfte Landung auf dem ganzen Fuß bei leicht gebeugten Knien.
Regression: Statt die Arme mitzuschwingen, was koordinativ schwieriger ist, kannst du sie an der Hüfte ablegen, um dich voll auf die Beinarbeit konzentrieren zu können.

EQUIPMENT: keins

TRAININGSPROGRAMME: 4, 11

Überkreuzlaufen

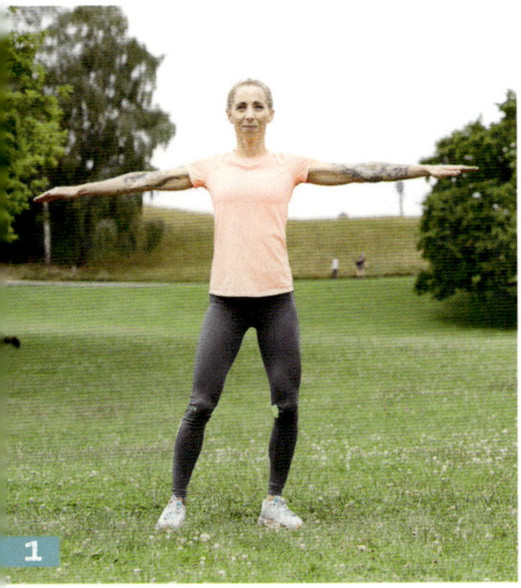

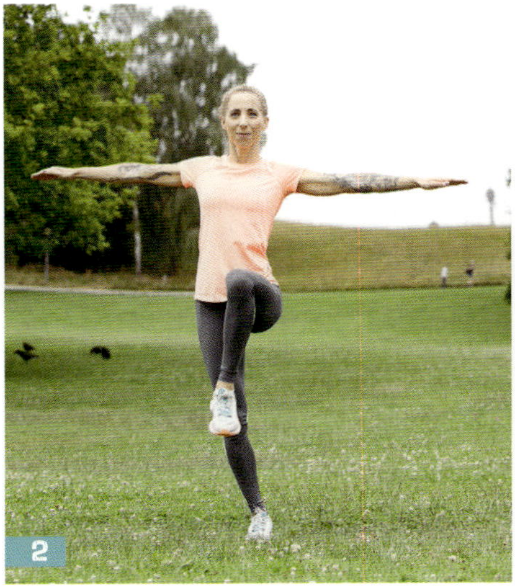

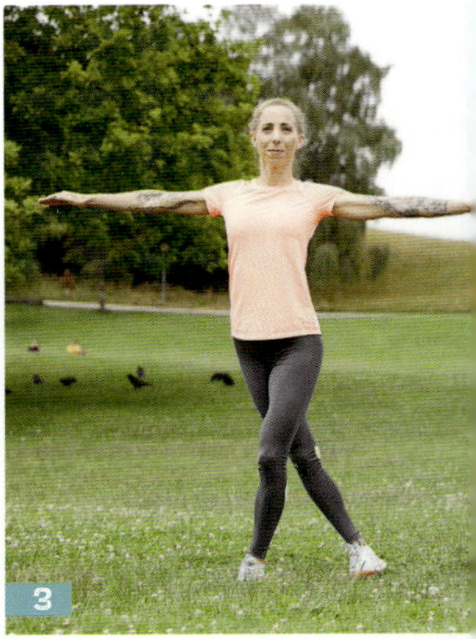

Beim Überkreuzlaufen liegt der Fokus auf einem hohen Kniehub. Dabei werden Bewegungskoordination und Fußarbeit geschult sowie die Beweglichkeit der Hüfte trainiert.

1. Stelle dich 90 Grad seitlich zur Laufrichtung auf und hebe deine Arme gestreckt zur Seite auf Schulterhöhe an.
2. Komme in eine seitliche Laufbewegung, wobei du das von der Laufrichtung entfernte Bein im Wechsel vorn und hinten überkreuzt. Beim Kreuzen vorn ziehst du dein Knie aktiv bis über Hüfthöhe nach oben.
3. Drehe dich nach der Hälfte der Übungszeit um 180 Grad und führe die Übung auf der anderen Seite durch.

Tipp: Dein Oberkörper bleibt möglichst ruhig und rotiert während der Übung nicht mit.
Regression: Du kannst das seitliche Überkreuzen zunächst ohne aktiven Kniehub üben.

KRAFT UND STABILITÄT

Körperstabilität ist ein wichtiger Aspekt der Körpergesundheit und sollte daher ein integraler Bestandteil jeder Läufertrainingsroutine sein. Auf den folgenden Seiten erwarten dich 44 Kräftigungsübungen für Unterkörper, Oberkörper und den Core-Bereich, also die Körpermitte. Mit ihnen soll ein möglichst ganzheitliches Training gewährleistet werden, das deinen Körper stabilisiert, kräftigt und ihn an den richtigen Stellen formt. Alle Übungen kannst du entweder ohne Equipment oder mit den zuvor vorgestellten Tools durchführen, sie lassen sich also problemlos in dein Lauftraining integrieren.

UNTERKÖRPER

Laufen kann kein Stabilitätstraining ersetzen. Für Beine, Gesäß, Hüfte und Füße solltest du daher regelmäßig passende Kräftigungsübungen in dein Training integrieren. Dies kann dich dabei unterstützen, einen besseren Laufstil zu entwickeln. Zudem gibt es Körperstellen, beispielsweise die äußere Gesäß- oder die Fußmuskulatur, die häufig zu wenig trainiert werden, für eine gute Lauftechnik und zur Verletzungsprävention jedoch essenziell sind. Auch in Sachen Körperformung und -straffung können dir die vorgestellten Übungen helfen, deine Ziele besser zu erreichen.

Beine

Bei den folgenden Übungen geht es nicht darum, Muskelberge aufzubauen, sondern eine ausreichende Kräftigung der Beinmuskulatur zu erzielen, um möglichst effektiv, geschmeidig und verletzungsfrei laufen beziehungsweise sich bewegen zu können. Daneben hat die Kräftigung der richtigen Körperstellen einen ästhetischen Aspekt, über den sich vermutlich die meisten als Nebeneffekt des Trainings freuen oder der für einige sogar der Hauptgrund ihres Trainings darstellt. Abgeleitet von den beiden Grundübungen »Squat« und »Lunge« lernst du auch Varianten dieser beiden Bewegungsmuster kennen, sodass du künftig ein Repertoire von insgesamt acht Beinübungen in deine Trainingsroutine integrieren kannst.

EQUIPMENT: keins

TRAININGSPROGRAMME: 6, 7, 9, 11, 12

Squat

Der Squat, zu Deutsch: Kniebeuge, ist der Klassiker unter den Beinübungen und sollte in keinem Trainingsplan fehlen. So einfach die Übung auf den ersten Blick erscheinen mag, so komplex ist sie, wenn man sich genauer mit ihr beschäftigt. Sie ist, neben ihrer Eigenschaft als Kräftigungsübung und Kniestabilisator, auch Gradmesser für Beweglichkeit und Bewegungskoordination.

1. Starte mit etwas weiter als schulterbreit geöffneten Beinen. Deine Fußspitzen sind leicht nach außen gedreht, deine Arme hängen locker neben dir.
2. Schiebe deinen Po nach unten Richtung Boden, bis er sich unterhalb der Knielinie befindet. Deine Arme kannst du dabei vor dem Körper locker zusammenführen oder überkreuzen. Deine Knie schieben in Richtung deiner Fußspitzen leicht nach außen. Drücke dich dann kraftvoll und unter Anspannung deiner Gesäßmuskulatur wieder nach oben in die Ausgangsposition zurück.

Tipp: Achte insbesondere beim Tiefgehen darauf, dass deine Knie nicht nach innen kollabieren, sondern weiterhin nach außen schieben. Halte das Becken aufgerichtet, indem du den Bauchnabel zur Wirbelsäule ziehst, und deine Brust geöffnet, sodass dein Oberkörper während der ganzen Übung gerade bleibt. Gehe nur so weit nach unten, dass du auch in der Lendenwirbelsäule gerade bleiben kannst (vermeide einen Rundrücken). Halte dein Gewicht gleichmäßig auf den Füßen verteilt, wobei der Fokus auf den Fersen liegt. Dein Blick ist leicht nach vorn unten gerichtet (den Kopf nicht in den Nacken nehmen).
Regression/Progression: Mit der Tiefe der Kniebeuge kannst du den Schwierigkeitsgrad variieren. Achte bei der tiefen Kniebeuge (Deep Squat) darauf, die Spannung auch am untersten Punkt aufrechtzuerhalten, und gehe nicht so tief, dass du in eine Entspannungsposition kommst.
Regression: Solltest du die Fersen beim Tiefgehen nicht am Boden halten können, kannst du ein Handtuch unter deine Fersen legen.
Progression 1: Halte die Arme über deinem Kopf gestreckt, wobei sie sich hinter deinen Ohren befinden sollten und die Handflächen nach vorn zeigen.
Progression 2: Lege ein Miniband oberhalb deiner Knie um deine Oberschenkel und drücke die Knie während der ganzen Übung aktiv nach außen.

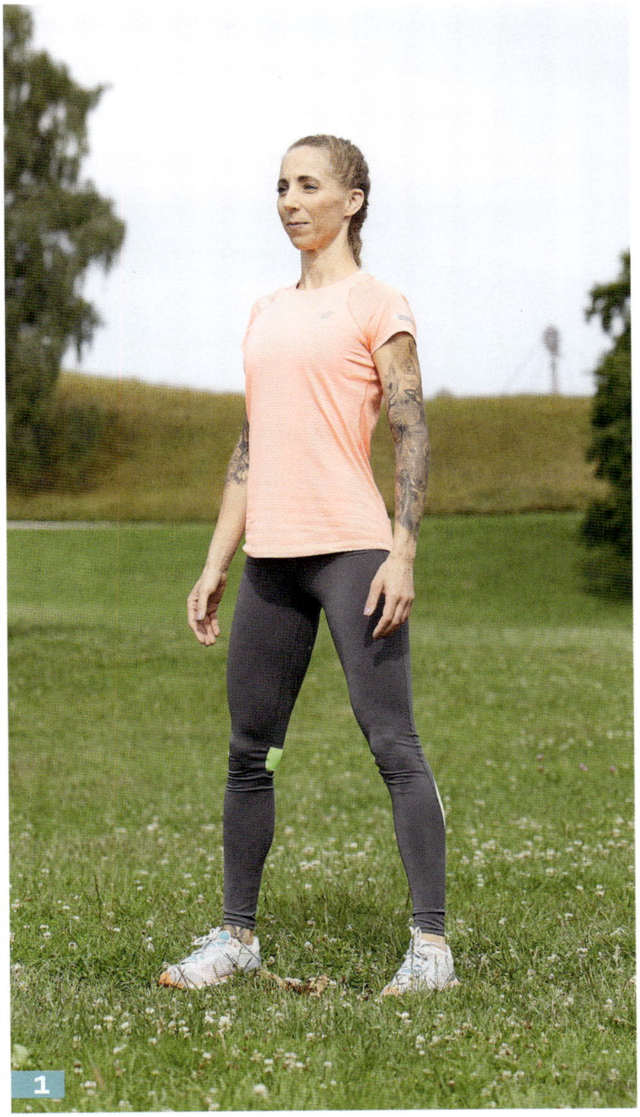

1

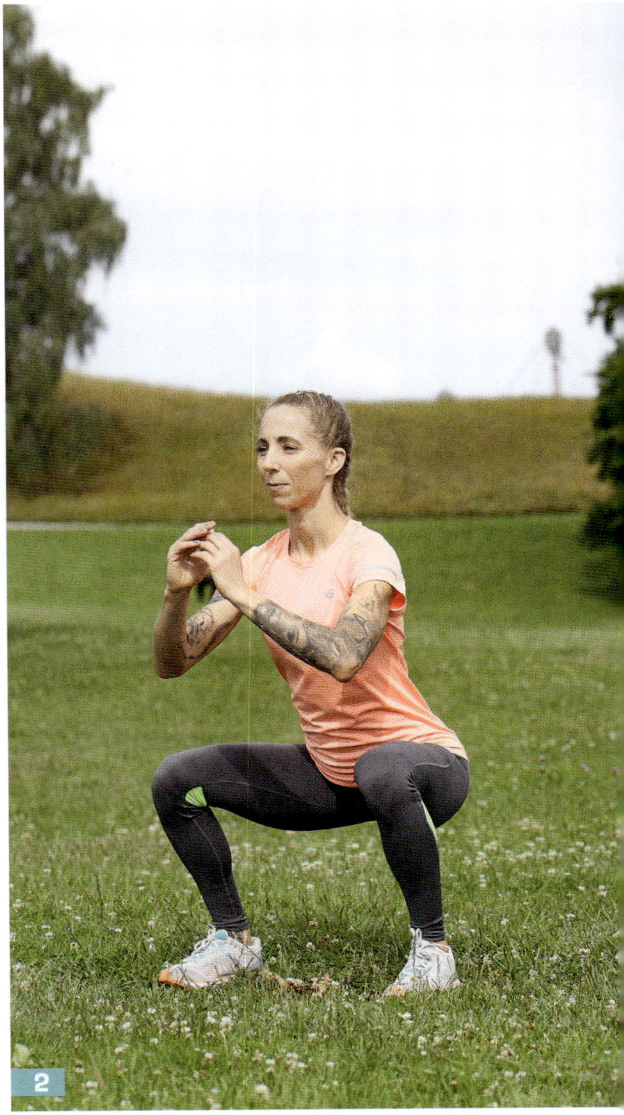

2

Squat Side Leg Lift

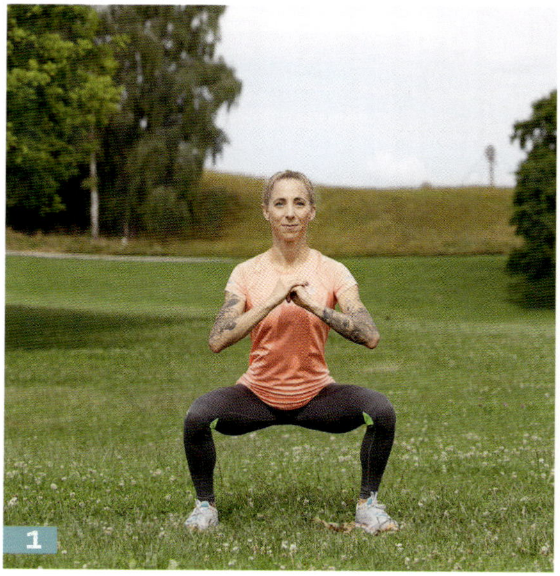

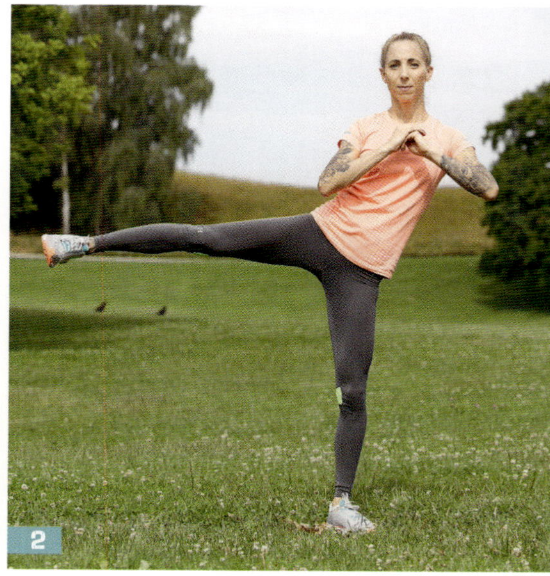

Bei dieser Übung wird der Squat mit dem wechselseitigen Anheben eines Beins nach außen kombiniert, um zusätzlich die seitliche Gesäßmuskulatur zu aktivieren.

1. Starte mit etwas weiter als schulterbreit geöffneten Beinen und komme in die Squat-Position. Deine Fußspitzen sind leicht nach außen gerichtet, deine Hände vor der Brust zusammengeführt oder an der Hüfte abgelegt.
2. Drücke dich kraftvoll und unter Anspannung deiner Gesäßmuskulatur nach oben und hebe dabei ein Bein gestreckt zur Seite an. Dein Oberkörper schiebt sich dabei leicht zur gegenüberliegenden Seite. Platziere den Fuß dann wieder auf dem Boden und komme zurück in die Kniebeuge-Position. Wechsle dann zum anderen Bein und führe beide Seiten im fließenden Wechsel durch.

Tipp: Deine Hüfte zeigt während der ganzen Übung nach vorn und deine Fußspitze beim Anheben des Beins leicht nach unten.

Progression: Führe die Übung mit einem Miniband durch, das du oberhalb deiner Knie um deine Oberschenkel legst. Noch schwerer wird es, wenn das Band um deine Knöchel gelegt ist.

EQUIPMENT: keins

TRAININGSPROGRAMME: 6, 7, 9, 11

Squat Walk

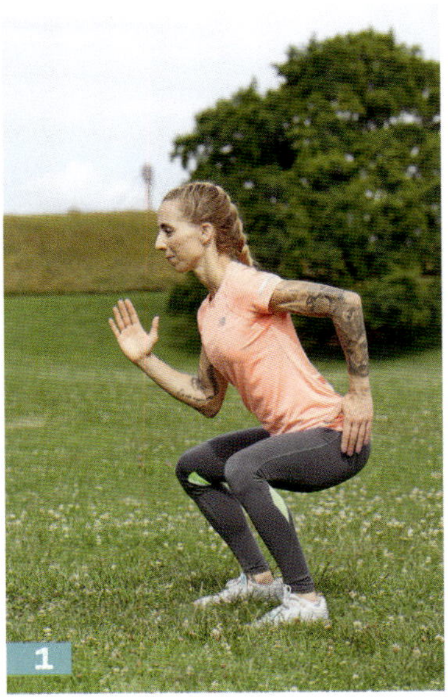

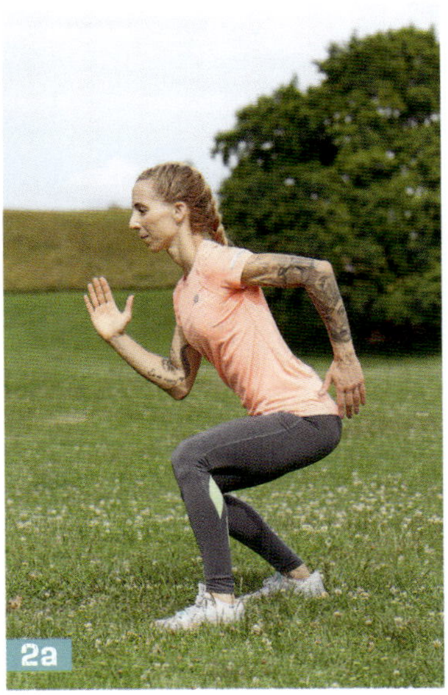

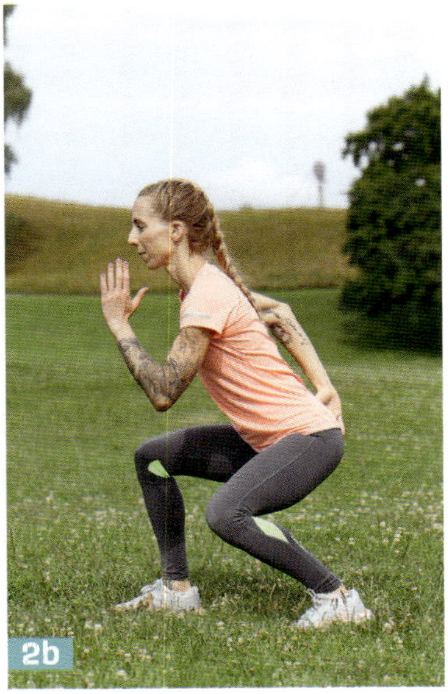

Beim Squat Walk wird in der Kniebeugeposition eine Vorwärtsbewegung ausgeführt. Da während der ganzen Übung die Muskelspannung aufrechterhalten wird, wird die Übung deine Oberschenkel ordentlich zum Brennen bringen.

1. Starte in der Squat-Position, wobei sich dein Gesäß leicht unterhalb der Knielinie befindet. Deine Knie zeigen leicht nach außen und deine Arme sind locker angewinkelt (»Läuferarme«).
2. Ohne die Tiefe der Position und die Breite deiner Fußstellung zu verändern, setzt du nun einen Fuß vor den anderen und kommst so in eine Vorwärtsbewegung, wobei sich deine Arme gegengleich mitbewegen.

Tipp: Halte den Rücken während der Bewegung gerade, der Brustkorb ist geöffnet. Deine Fußspitzen und Knie zeigen während der ganzen Übung leicht nach außen.

Progression 1: Führe die Übung mit einem Miniband durch, das du oberhalb deiner Knie um deine Oberschenkel oder um deine Fußknöchel legst.

Progression 2: Führe die Bewegung nach hinten aus, laufe also rückwärts. Dadurch wird deine Koordination noch mehr herausgefordert.

EQUIPMENT: keins

TRAININGSPROGRAMME: 2, 6, 7, 9

Lunge

Der Lunge, zu Deutsch: Ausfallschritt, ist eine klassische Beinübung. Als einbeinige Übung eignen sich Lunges besonders gut fürs Lauftraining, da das Laufen ebenfalls eine Bewegung darstellt, die im Wechsel auf jeweils einem Bein ausgeführt wird. Auch, wer eine straffe Bein- und Gesäßmuskulatur anstrebt, trifft mit dem Lunge die richtige Wahl. Es gibt ihn in zahlreichen Varianten. Ich habe fünf davon ausgewählt und werde sie dir im Folgenden vorstellen. Darüber hinaus gebe ich dir weitere Übungsvarianten an die Hand, die du nach eigenem Ermessen einsetzen und mit denen du dein Training abwechslungsreich gestalten kannst.

1. Starte im hüftbreiten Stand. Deine Hände sind locker in der Hüfte abgelegt.
2. Bringe ein Bein in einem Ausfallschritt nach vorn und setze den ganzen Fuß am Boden ab. Dein Knie zeigt dabei leicht nach außen.
3. Schiebe das Knie des hinteren Beins nach unten bis kurz über den Boden. Vorderes und hinteres Bein sollten nun einen rechten Winkel bilden.
4. Drücke dich wieder nach oben und dann kraftvoll aus dem vorderen Bein nach hinten, um wieder zurück in die Ausgangsposition zu kommen. Führe die Übung mit dem anderen Bein durch und komme in eine möglichst fließende Bewegung.

Tipp: Halte während der Übung Gesäß und Bauch unter Spannung sowie das Becken aufgerichtet. Achte auf einen geraden Oberkörper und darauf, dass du die Bewegung senkrecht nach unten und nicht nach vorn ausführst (das Gewicht bleibt über der Körpermitte und wird nicht nach vorn verlagert). Dein vorderes Knie sollte nicht nach innen kollabieren – schiebe es aktiv nach außen. Dabei sollte es über dem Fußgelenk ausgerichtet bleiben und nicht vor die Fußspitze geschoben werden.

Progression: Nimm die angewinkelten Arme gegengleich mit.

Variante 1: Führe den Ausfallschritt nach hinten aus (Reverse Lunge).

Variante 2: Bleibe in der Lunge-Position und bewege dich mehrfach nach oben und unten, indem du dein hinteres Bein beugst und streckst (Pulse Lunge). Für eine Übungsprogression kannst du das hintere Bein auf einer Erhöhung, zum Beispiel einer Bank, platzieren.

Variante 3: Baue in die Übung eine Oberkörperrotation nach außen ein (Lunge Twist).

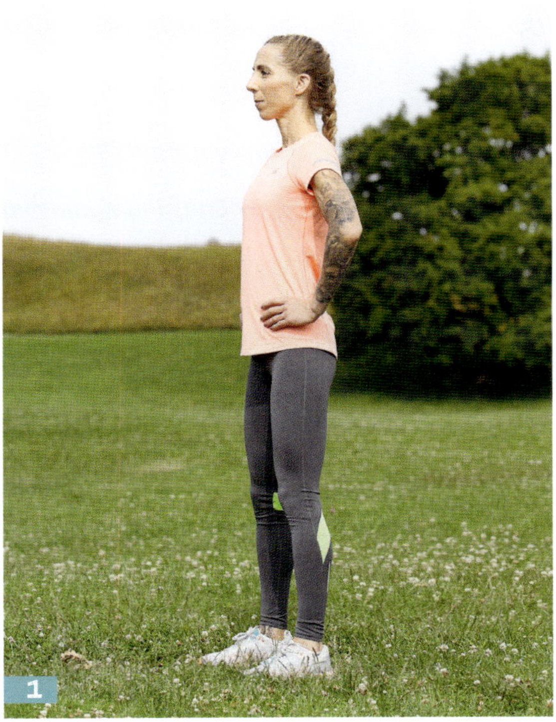

1

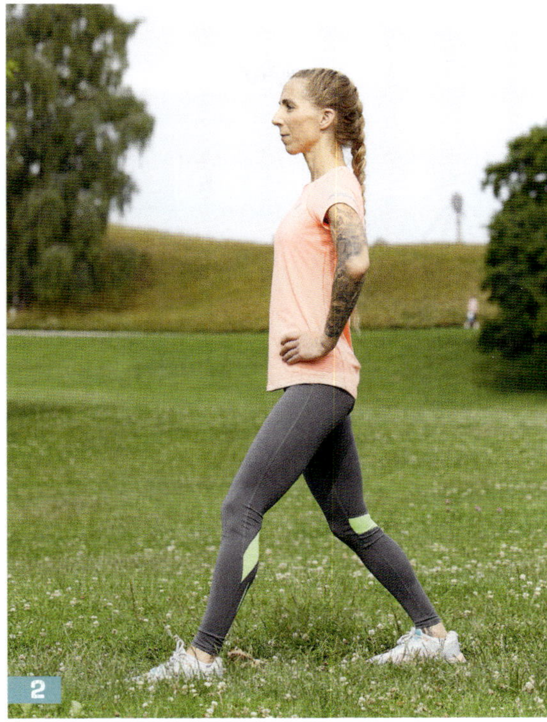

2

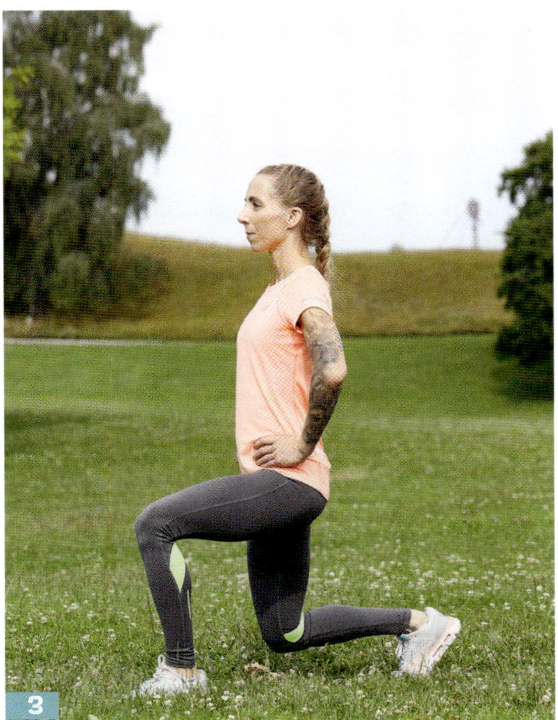

3

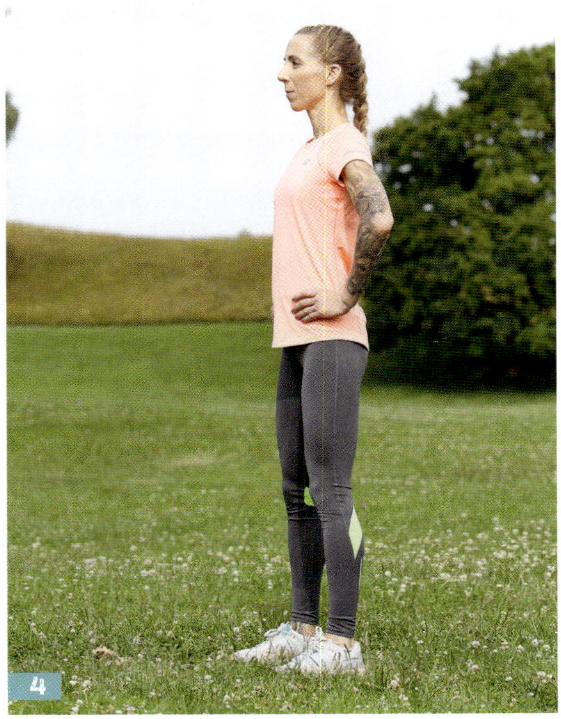

4

EQUIPMENT: keins

TRAININGSPROGRAMME: 2, 6, 9

Cross Lunge

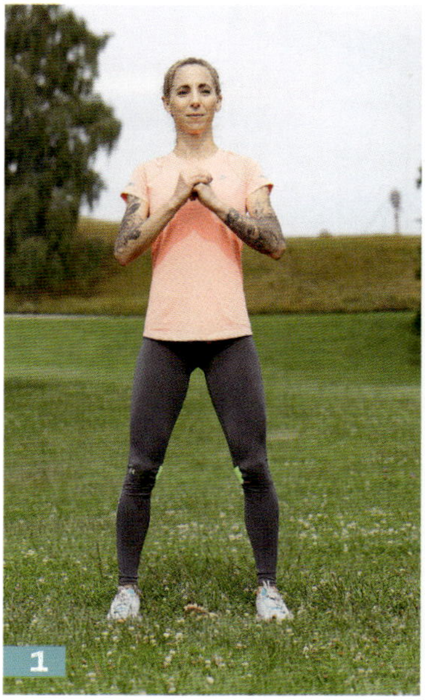

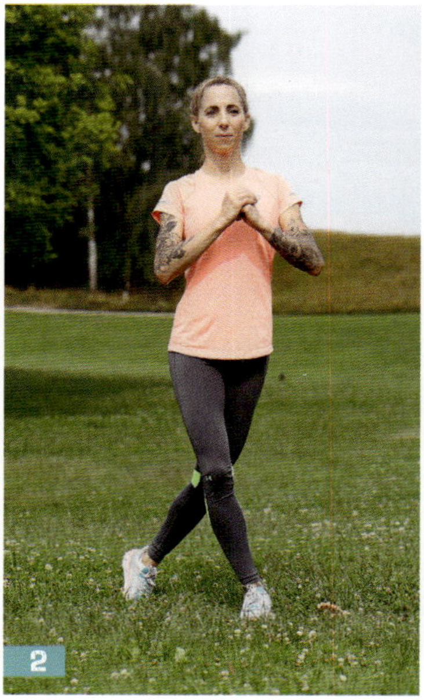

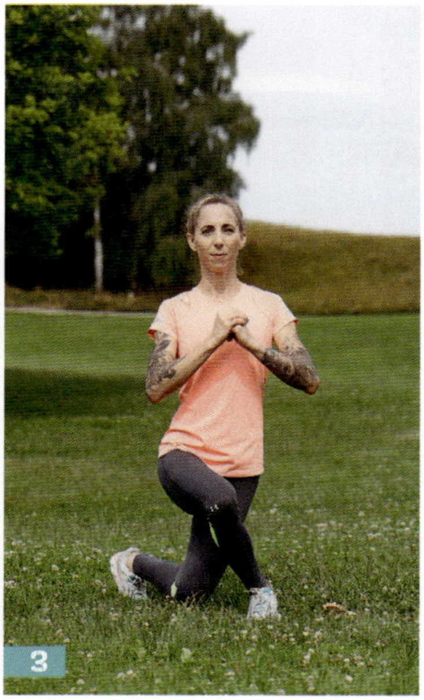

Der Cross Lunge ist ein Ausfallschritt, der nach hinten ausgeführt wird, wobei du das hintere Bein hinter dem vorderen Bein überkreuzt. Dadurch wird verstärkt deine äußere Gesäß- und Hüftmuskulatur angesprochen.

1. Starte im schulterbreiten Stand.
2. Führe ein Bein über Kreuz hinter dein anderes Bein, wobei deine Hüfte nach vorn ausgerichtet bleibt (Oberkörper nicht mitdrehen!)
3. Berühre mit dem hinteren Knie kurz den Boden und drücke dich dann kraftvoll zurück in die Ausgangsposition. Führe die Übung mit dem anderen Bein durch und komme in eine möglichst fließende Bewegung.

Tipp: Achte darauf, dass dein vorderes Knie nicht nach innen kollabiert, sondern leicht nach außen Richtung Fußspitze schiebt. Halte während der Übung Gesäß und Bauch unter Spannung sowie das Becken aufgerichtet.

EQUIPMENT: keins

TRAININGSPROGRAMME: 4, 5, 6, 7, 11

Lunge to Knee-up

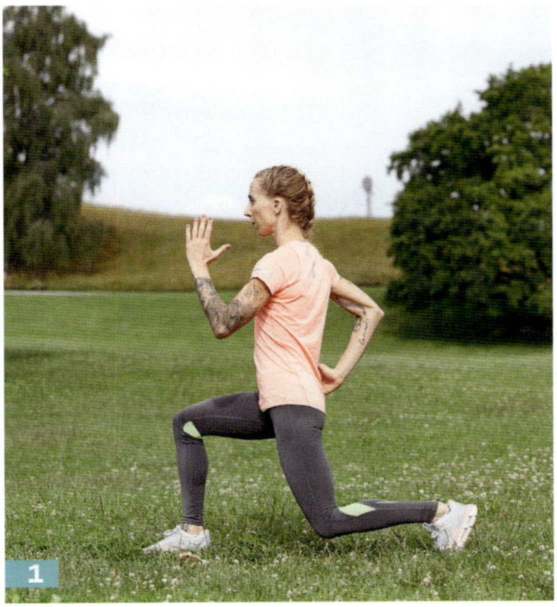

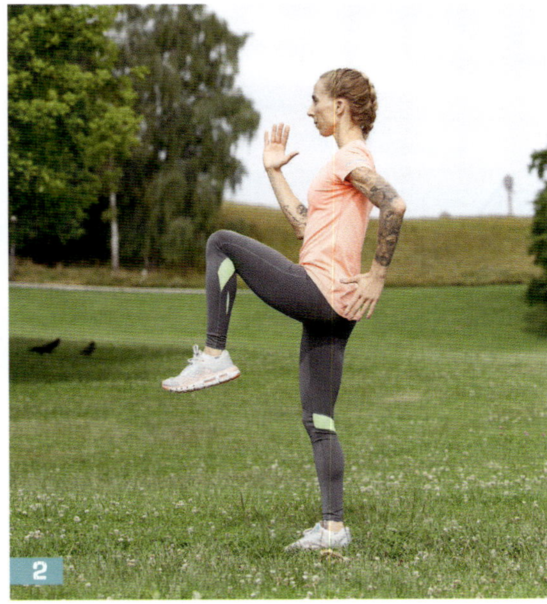

Diese Übung kombiniert den Ausfallschritt mit dem aktiven Nach-vorn-Bringen von Knie und Hüfte, was deine Koordination herausfordert sowie deine Körperstabilität schult. Gleichzeitig fördert sie deine Hüftmobilität.

1. Starte in der Lunge-Position. Deine Arme hältst du gegengleich locker angewinkelt, deine Hände sind bis in die Finger gestreckt (»Sprinterarme«).
2. Bringe das hintere Bein kraftvoll und unter Anspannung deiner Bauchmuskulatur nach vorn, bis sich dein Knie in etwa auf Hüfthöhe befindet. Deine Arme bewegen sich gegengleich mit. Komme dann wieder zurück in die Ausgangsposition. Führe die Übung zunächst auf einem Bein durch, bevor du zur anderen Seite wechselst.

Tipp: Achte auf einen stabilen Stand auf dem vorderen Fuß. Dein vorderes Knie schiebt dabei leicht nach außen. Schiebe die Hüfte aktiv nach vorn und achte auf deine Rumpfspannung, um ein Hohlkreuz zu vermeiden.

Regression: Lege die Hände in der Hüfte ab, um dich zunächst auf die Bewegungskoordination deiner Beine zu konzentrieren.

EQUIPMENT: keins

TRAININGSPROGRAMME: 7, 11

Side Lunge to Knee-up

Bei dieser Übung wird der Ausfallschritt mit dem diagonalen Nach-oben-Ziehen des Knies kombiniert, wodurch nicht nur eine Aktivierung der Oberschenkelinnenseite, sondern auch der Rumpf- und quer verlaufenden Bauchmuskulatur erzielt wird. Durch die Seitwärtsbewegung wird die Übung koordinativ anspruchsvoll und bedarf einer guten Körperstabilität.

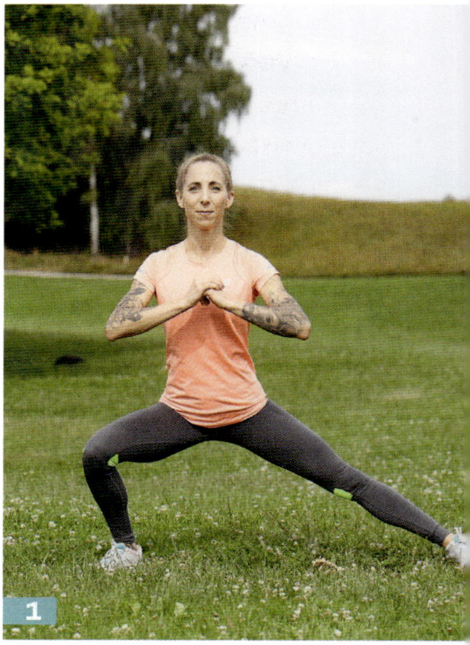

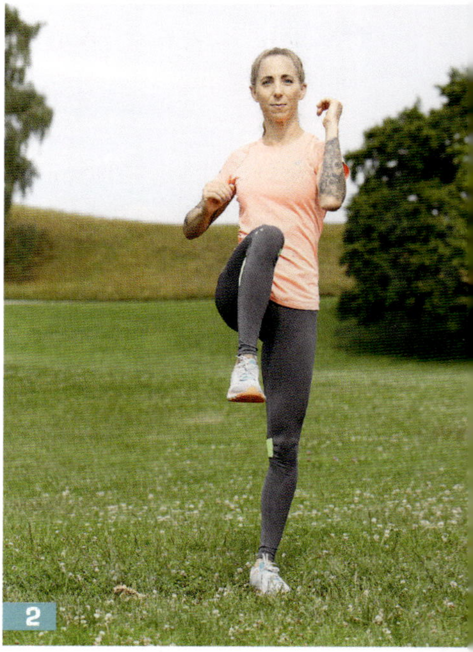

1. Starte im schulterbreiten Stand, wobei du deine Arme vor deinem Körper etwa auf Brusthöhe zusammenführst. Mache einen weiten Ausfallschritt zur Seite. Die Fußspitze und das Knie deines Spielbeins zeigen nach außen. Schiebe die Hüfte kontrolliert nach unten, wobei das Gewicht auf der Körpermitte bleibt und das Knie nicht vor die Fußspitze geschoben wird.
2. Drücke dich kraftvoll ab und bringe dabei das Knie diagonal nach oben. Dein gegenüberliegender Ellbogen zieht zum Knie. Platziere den Fuß dann wieder flach auf dem Boden und schiebe dich zurück in den seitlichen Lunge. Komme in eine fließende Bewegung und trainiere zunächst die eine Seite, bevor du zum anderen Bein wechselst.

Tipp: Spanne deine Muskulatur beim Nach-oben-Führen des Knies aktiv an und atme dabei kräftig aus, um die Rumpfspannung zu verstärken.

Regression: Führe den seitlichen Ausfallschritt ohne Knee-up im Wechsel nach links und rechts durch.

EQUIPMENT: keins

TRAININGSPROGRAMME: 1, 2, 3, 4, 5, 6, 7, 9, 10, 11, 12

Lunge Walk

Mit dem Lunge Walk kommst du in eine Vorwärtsbewegung, die, je nach Weite des Ausfallschritts, eher als Kräftigungs- oder als Mobilitätsübung eingesetzt werden kann. Aufgrund dieser Kombination aus Beweglichkeits- und Aktivierungsanteilen wirst du diese Übung in einem Großteil der Programme vor allem als Teil des Warm-ups und damit als vorbereitende Übung auf den Hauptteil wiederfinden.

1. Starte im hüftbreiten Stand.
2. Mache mit einem Bein einen Ausfallschritt nach vorn und platziere den Fuß gerade in Laufrichtung. Deine hintere Ferse löst sich dabei vom Boden. Schiebe dein hinteres Knie nach unten bis kurz vor dem Boden, sodass beide Beine in etwa einen rechten Winkel bilden – dein hinterer Oberschenkel steht also vertikal, dein vorderer parallel zum Boden. Dein vorderes Knie schiebt leicht nach außen.
3. Drücke dich kraftvoll nach oben und bringe dabei dein hinteres Bein nach vorn in den nächsten Ausfallschritt. Komme in eine fließende Bewegung, bei der du abwechselnd ein Bein vor das andere setzt.

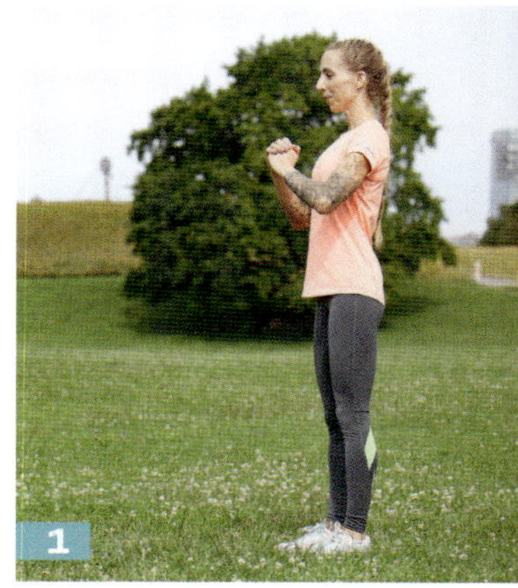

1

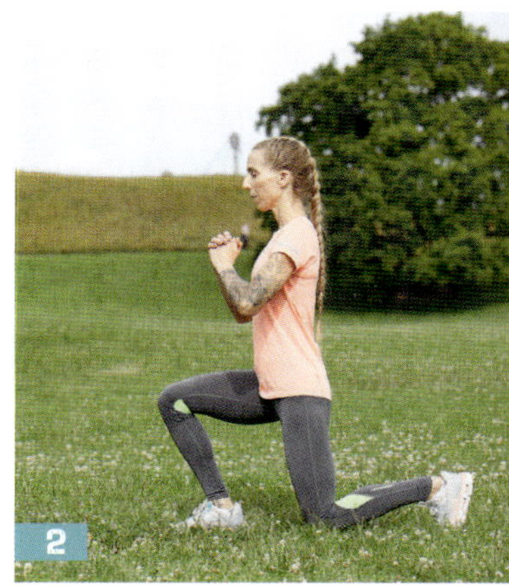

2

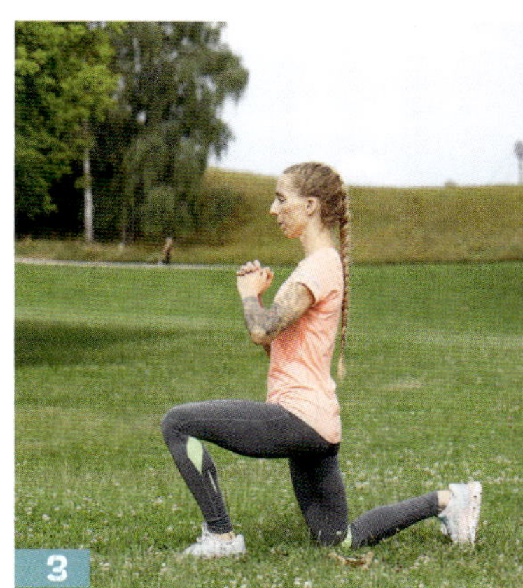

3

Tipp: Dein Oberkörper bleibt aufrecht und dein Gewicht über deinem Körperschwerpunkt. Du kannst, falls du keine Knieprobleme hast, mit dem hinteren Knie kurz den Boden berühren.

Regression: Platziere deinen hinteren Fuß zunächst neben dem vorderen Fuß, bevor du in den nächsten Ausfallschritt nach vorn kommst.

Progression 1: Halte die Arme während der Übung gestreckt über dem Kopf und leicht nach hinten gezogen, wobei deine Handflächen nach vorn zeigen. Du solltest hier besonders darauf achten, kein Hohlkreuz zu machen.

Progression 2: Halte die Arme gestreckt und geschlossen auf Schulterhöhe vor deinem Körper und rotiere deinen Oberkörper beim Ausfallschritt in die Richtung des vorderen Beins (Lunge Twist).

Füße

Obwohl die Füße das Fundament von Bewegung bilden, werden sie beim Training oft vernachlässigt. In Schuhe gezwängt, fristen sie ein unbeachtetes Dasein und verkümmern dabei oft völlig. Dabei gehört die Fußarbeit zu einer der wichtigsten Grundlagen für einen gesunden und effektiven Laufstil und sollte daher regelmäßig Teil deiner Trainingsroutine sein. Im Folgenden wirst du sechs Übungen kennenlernen, mit denen du deine Füße zu neuem Leben erwecken kannst und deine Fußkraft reaktivierst – damit du künftig beim Laufen einen starken Fußabdruck hinterlässt.

Fußaußendrehen

EQUIPMENT: Superband und Befestigung, Handtuch bei Bedar

TRAININGSPROGRAMME: 2

Mit dieser Übung, für die du ein Superband benötigst und die du barfuß durchführen solltest, stärkst du dein Fußgelenk und kannst so dem Umknicken beim Laufen entgegenwirken.

1. Wickle dein Superband um einen stabilen Gegenstand, zum Beispiel eine Bank oder einen schmalen Pfosten, und setze dich im 90-Grad-Winkel zum Band auf den Boden, wobei sich der zu trainierende Fuß weiter entfernt zum Band befindet. Dein zu trainierendes Bein ist gestreckt, das andere kannst du locker angewinkelt am Boden abstellen. Lege das Band um deinen Fuß und bringe es auf Zug in Richtung deiner Fußaußenseite. Deine Fußspitzen zeigen senkrecht nach oben.
2. Ziehe den Fuß gegen den Widerstand des Bands nach außen und leicht nach oben. Halte kurz die Spannung und kehre dann langsam in die Ausgangsposition zurück.

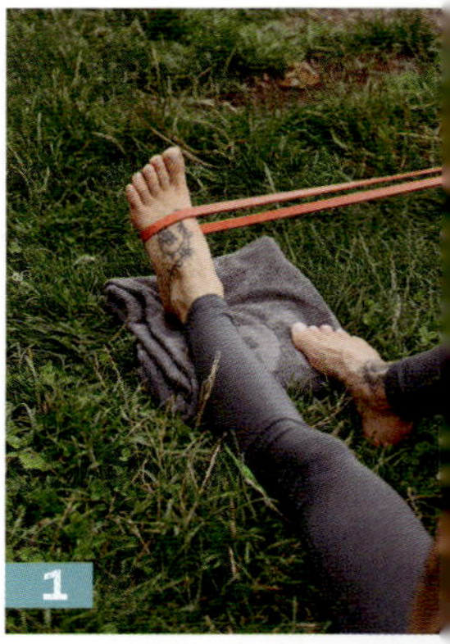
1

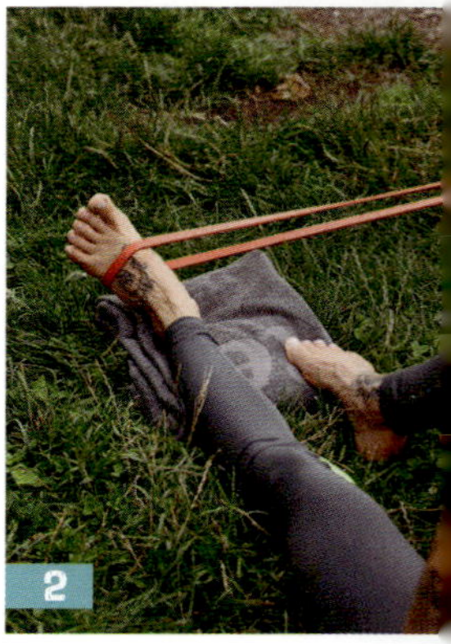
2

Tipp: Stütze dich neben dem Gesäß mit deinen Händen ab. Für ein angenehmeres Gefühl kannst du ein Handtuch unter deine Ferse oder bei Bedarf unter dein Gesäß legen. Achte darauf, dass sich deine Ferse bei der Außenrotation nicht mitbewegt.

Regression/Progression: Durch den Abstand zum Band kannst du den Anstrengungsgrad der Übung erleichtern oder erschweren.

EQUIPMENT: Superband und Befestigung, Handtuch bei Bedarf

TRAININGSPROGRAMME: 2

Fußinnendrehen

Dies ist die Gegenbewegung zum Fußaußendrehen, die ebenfalls mit Superband sowie barfuß durchgeführt wird. Als Unterlage kannst du optional ein Handtuch verwenden.

1. Wickle dein Superband um einen stabilen Gegenstand, zum Beispiel eine Bank oder einen schmalen Pfosten, und setze dich im 90-Grad-Winkel zum Band auf den Boden, wobei sich der zu trainierende Fuß näher zum Band befindet. Dein zu trainierendes Bein ist gestreckt, das andere kannst du locker angewinkelt am Boden abstellen. Lege das Band um deinen Fuß und bringe es auf Zug in Richtung deiner Fußinnenseite. Deine Fußspitzen zeigen senkrecht nach oben.
2. Ziehe den Fuß gegen den Widerstand des Bands nach innen und leicht nach unten. Halte kurz die Spannung und kehre dann langsam in die Ausgangsposition zurück.

Tipp: Stütze dich neben dem Gesäß mit deinen Händen ab. Für ein angenehmeres Gefühl kannst du ein Handtuch unter deine Ferse oder bei Bedarf unter dein Gesäß legen. Achte darauf, dass sich deine Ferse bei der Innenrotation nicht mitbewegt.

Regression/Progression: Durch den Abstand zum Band kannst du den Anstrengungsgrad der Übung erleichtern oder erschweren.

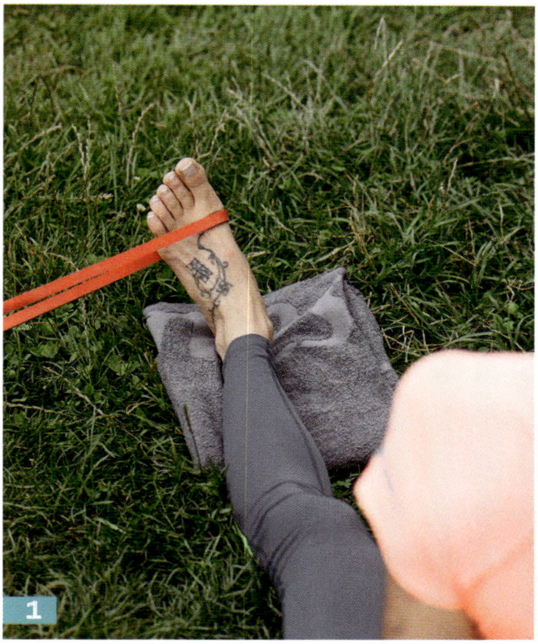

1

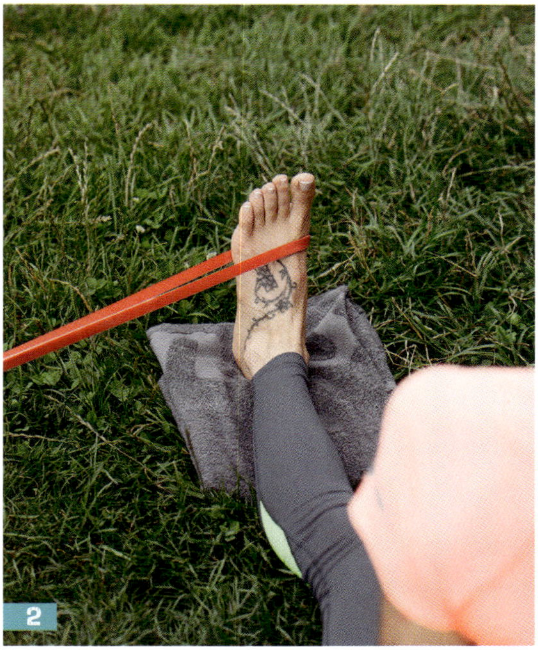

2

EQUIPMENT: Superband und Befestigung, Handtuch bei Bedarf

TRAININGSPROGRAMME: 2

Fußheber

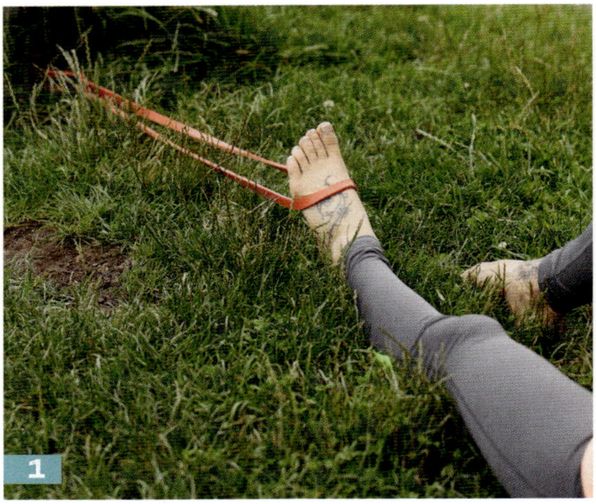

1

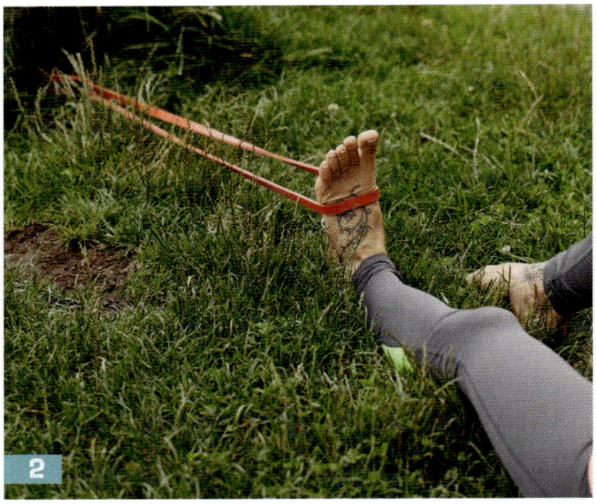

2

Dies ist eine wichtige Übung für alle, die häufig vom sogenannten Shin Splint Syndrome (siehe Seite 13) betroffen sind. Sie kräftigt den vorderen Schienbeinmuskel *(Tibialis anterior)* und kann damit einer Überanstrengung beim Laufen entgegenwirken. Du solltest die Übung nicht im akuten Zustand einer Reizung oder Entzündung durchführen.

1. Wickle dein Superband um einen stabilen Gegenstand, zum Beispiel eine Bank oder einen schmalen Pfosten, und setze dich in einer Linie mit dem Band auf den Boden. Das zu trainierende Bein ist gestreckt, das andere kannst du locker angewinkelt am Boden abstellen. Lege das Band um deinen Fußrücken und bringe es auf Zug, indem du etwas weiter von der Bandbefestigung wegrutschst. Deine Fußspitze zeigt senkrecht nach oben.
2. Ziehe deine Zehenspitzen gegen den Widerstand des Bands zu dir, halte kurz die Spannung und kehre dann langsam in die Ausgangsposition zurück.

Tipp: Stütze dich neben dem Gesäß mit deinen Händen ab. Für ein angenehmeres Gefühl kannst du ein Handtuch unter deine Ferse oder bei Bedarf unter dein Gesäß legen. Achte darauf, dass sich deine Ferse beim Heranziehen nicht mitbewegt.

Regression/Progression: Durch den Abstand vom Band kannst du den Anstrengungsgrad der Übung erleichtern oder erschweren.

EQUIPMENT: Handtuch

TRAININGSPROGRAMME: 1, 4

Handtuchgreifen

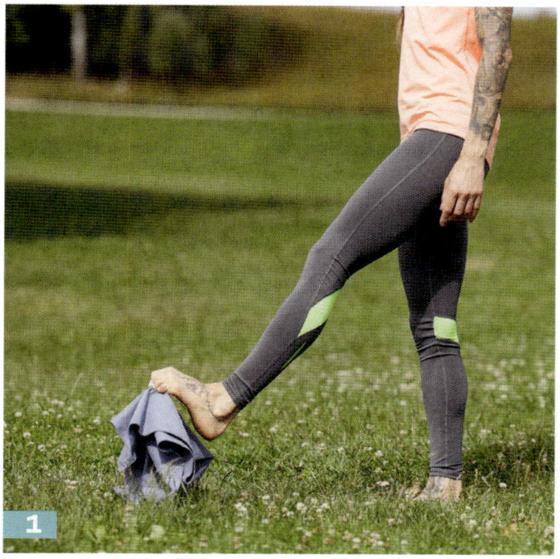
1

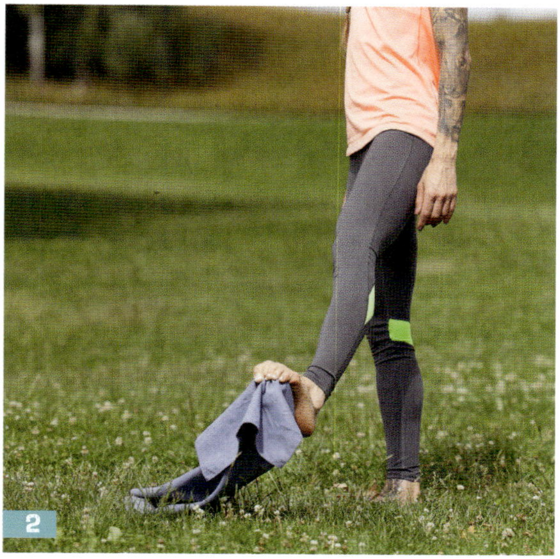
2

Mit dieser Übung lernst du, deine Zehen bewusst zu bewegen und einzusetzen. Indem du ein Handtuch mit den Zehen greifst, es nach oben anhebst und an verschiedenen Stellen vor, neben oder hinter dir ablegst, reaktivierst du Bewegungsmuster, die durch das Tragen von Schuhen in Vergessenheit geraten.

1. Lege ein Handtuch auf den Boden und stelle dich dahinter. Stelle einen Fuß auf das Handtuch und hebe es an, indem du es mit deinen Zehen greifst.
2. Lege es links, rechts, vor oder hinter dir am Boden ab, indem du die Zehen spreizt. Wiederhole das Greifen und Loslassen mit einem Fuß, dann wechsle auf die andere Seite.

Tipp: Halte dein Standbein im Knie leicht gebeugt und deine Hüfte während der Übung stabil.

Regression: Du kannst die Greifübung auch auf einer Bank im Sitzen ausführen.

Progression: Variiere in der Weite und der Position, an der du das Handtuch ablegst. Du kannst es zum Beispiel weit schräg hinter dir ablegen, um dein Gleichgewicht zu schulen und die Stabilität deines Standbeins zu trainieren.

EQUIPMENT: keins

TRAININGSPROGRAMME: 1, 2, 11

Single Leg Deadlift

Der Single Leg Deadlift, auch einbeiniges Kreuzheben genannt, wird meist mit einem Gewicht, zum Beispiel einer Kettlebell, durchgeführt, und zur Stärkung der Bein-, Gesäß- und unteren Rückenmuskulatur eingesetzt. Aber auch ohne Gewicht stellt er eine herausfordernde Übung dar, die das Gleichgewicht schult sowie die Fußmuskulatur kräftigt. Da bei der Bewegung ohne Gewicht der Fokus vor allem auf einem stabilen Stand liegt, der über die Fuß- und Unterschenkelmuskulatur gesichert wird, habe ich sie unter den Fußübungen eingeordnet. Um diesen Effekt zu verstärken, kann sie barfuß durchgeführt werden.

1. Stelle dich hüftbreit auf und hebe ein Bein nach hinten an. Deine Arme befinden sich gestreckt vor deinem Körper.
2. Lehne dich mit geradem Rücken nach vorn und schiebe die Fingerspitzen in Richtung Boden. Strecke dabei dein Bein in Verlängerung der Wirbelsäule nach hinten, bis du etwa in die Waagrechte kommst. Kehre dann wieder in die Ausgangsposition zurück. Führe die Übung zunächst auf einer Seite aus, bevor du auf die andere wechselst.

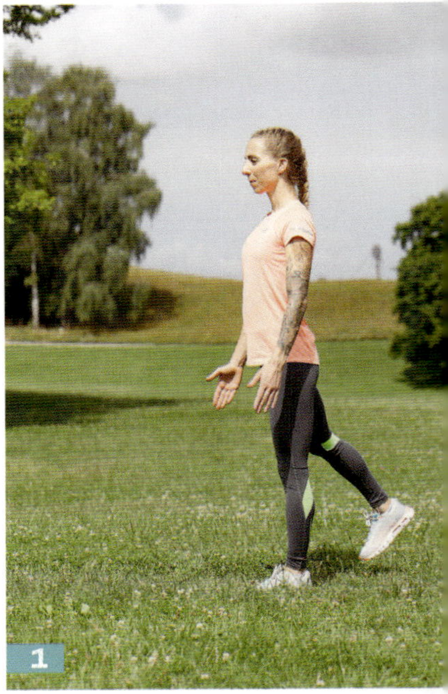

1

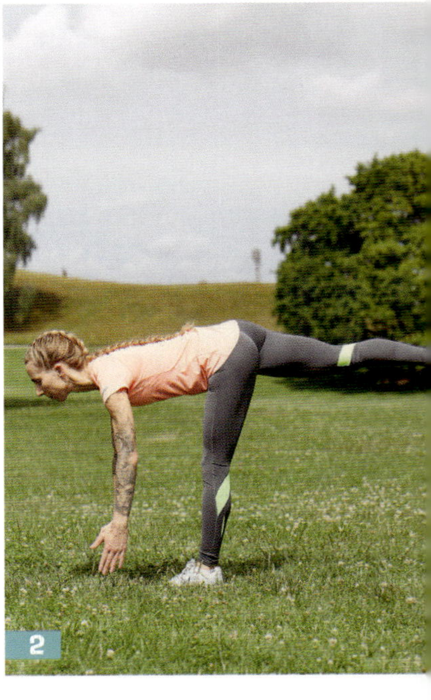

2

Tipp: Dein Standbein ist während der Übung leicht gebeugt. Du musst mit den Fingerspitzen nicht den Boden berühren – achte eher darauf, dass sich dein hinteres Bein in Verlängerung der Wirbelsäule befindet. Hierzu kannst du dein Standbein auch stärker anwinkeln. Achte darauf, dass deine Hüfte parallel zum Boden bleibt und nicht nach oben aufdreht.

Variante: Du kannst die Übung mit einer Hand an der Hüfte durchführen und nur einen Arm nach unten führen. Diesen kannst du während der Übung wechseln.

EQUIPMENT: Treppenstufe oder Bordstein

TRAININGSPROGRAMME: 2

Wadenheber

Auch wenn die Waden beim Laufen bereits ordentlich beansprucht werden, ist ein zusätzliches Training durchaus sinnvoll. Eine starke Wadenmuskulatur kann für eine bessere Kraftübertragung beim Fußabdruck sorgen und deinen Vortrieb beim Laufen verbessern. Zudem trainierst du bei der hier ausgewählten Übung gleichzeitig deinen Bewegungsradius, da die Bewegung aus einer Vordehnung heraus ausgeführt wird.

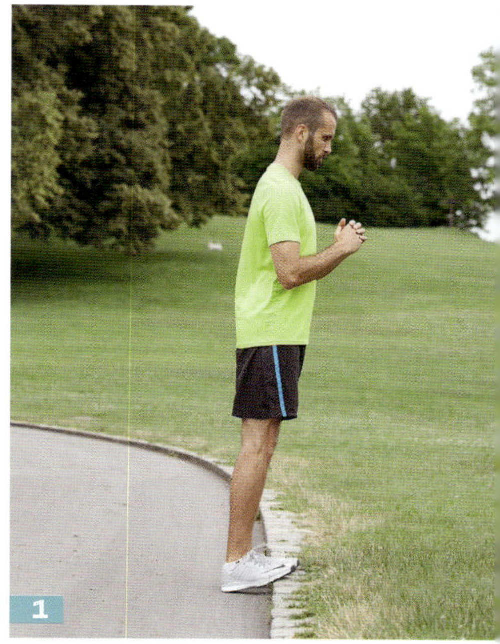

1

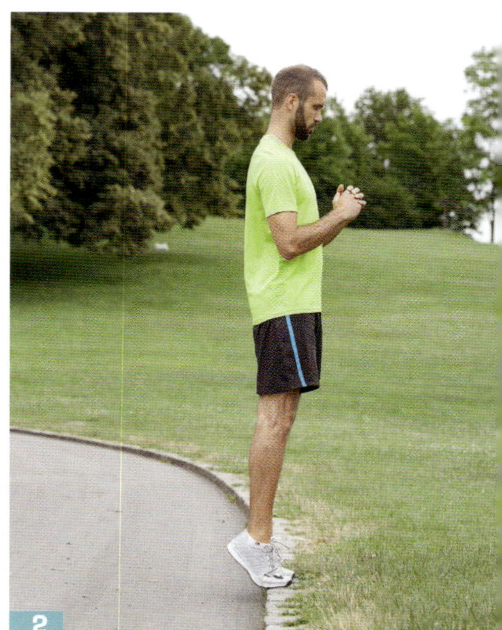

2

1. Stelle dich so mit beiden Füßen auf eine Treppenstufe oder einen Bordstein, dass nur deine Zehen und deine Fußballen aufliegen und sich die Fersen in der Luft befinden. Schiebe deine Fersen langsam und kontrolliert nach unten Richtung Boden, bis du eine Dehnung in der Wadenmuskulatur spürst.
2. Drücke dich nun mit der Kraft der Wadenmuskulatur so weit wie möglich nach oben, bis du auf den Fußspitzen stehst. Komme dann mit den Fersen langsam und kontrolliert wieder nach unten.

Tipp: Achte auf einen möglichst großen Bewegungsradius und führe vor allem die exzentrische Bewegung (nach unten) langsam und kontrolliert durch. Für mehr Stabilität kannst du dich an einem Geländer oder Ähnlichem festhalten.
Progression: Führe die Übung auf einem Bein durch.

HÜFTE, GESÄSS UND UNTERER RÜCKEN

Während die Bauchmuskulatur im Training häufig berücksichtigt wird, werden die anderen Partien der Körpermitte häufig vernachlässigt. Dabei sind eine stabile Hüfte, eine kräftige Gesäßmuskulatur sowie ein starker unterer Rücken mindestens ebenso essenziell für Körpergesundheit und Verletzungsprävention. Im Folgenden findest du neun Übungen, mit denen du diese Körperpartien kräftigen kannst und verhinderst, dass sie zur Schwachstelle oder gar Problemzone werden.

Deadlift

EQUIPMENT: Superband

TRAININGSPROGRAMME: 3, 7, 9,

Diese Variante des Kreuzhebens wird auf beiden Beinen ausgeführt und ist durch den Einsatz eines Superbands mit hoher Stärke eine sehr gute Kräftigungsübung für deine Bein-, Gesäß- und Rückenmuskulatur.

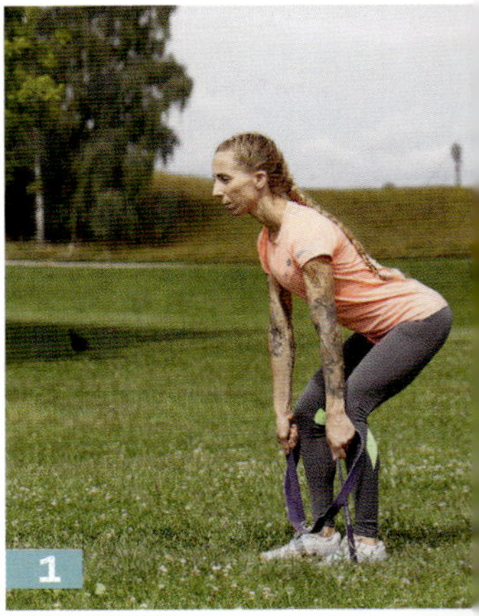

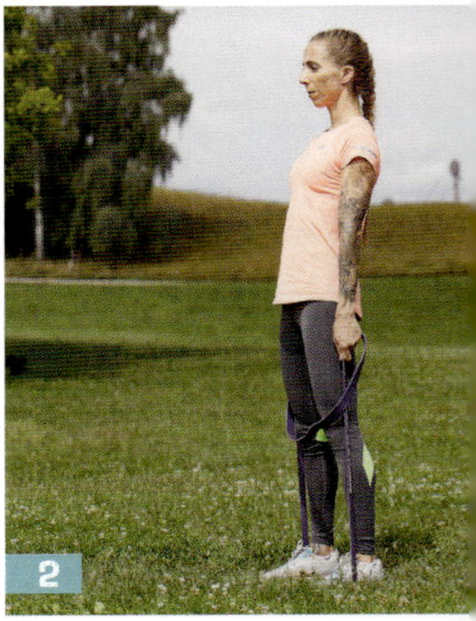

1. Stelle dich mit beiden Füßen hüftbreit auf das Superband, komme in eine leichte Hocke und lehne dich mit geradem Rücken nach vorn. Greife das Superband von innen mit beiden Händen so weit unten, dass das Band auf Vorspannung kommt.
2. Richte dich mit geradem Rücken nach oben auf, in dem du deine Gesäßmuskulatur anspannst und deine Hüfte nach vorn schiebst. Deine Arme bleiben dabei eng am Körper.

Tipp: Achte auf eine gerade Halswirbelsäule (nicht den Kopf in den Nacken legen!) sowie darauf, dass deine Schultern leicht nach hinten unten gezogen bleiben. Das Band sollte stets auf Spannung sein und die Hüftbewegung vor der Kniebewegung dominieren.
Regression/Progression: Über die Stärke des Bands sowie die Tiefe des Griffs – also wie sehr du das Band auf Spannung bringst – kannst du den Schwierigkeitsgrad der Übung variieren.

EQUIPMENT: Bank, Handtuch bei Bedarf

TRAININGSPROGRAMME: 2, 3, 7, 9, 11

Single Leg Hip Thrust

Beim Single Leg Hip Thrust stößt du die Hüfte auf einer Bank liegend nach oben. Durch die angewinkelten Knie wird der Fokus weg von der Beinbeugermuskulatur gelenkt und du kannst sehr isoliert und ohne Kniebelastung deine Gesäßmuskulatur trainieren.

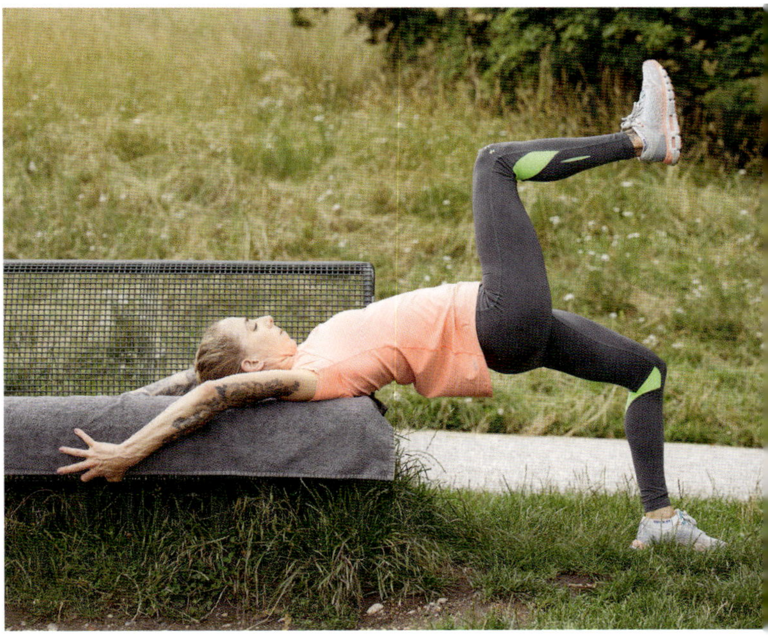

- Lege dich mit dem Rücken auf eine Bank. Bei Bedarf lege ein Handtuch unter. Rutsche so weit nach vorn, dass nur noch dein oberer Rücken auf der Bank liegt und deine Knie einen rechten Winkel bilden. Deine Arme kannst du seitlich ablegen oder dich über Kopf an der Bank festhalten. Hebe ein Bein nach oben an, sodass es in Knie- und Hüftgelenk einen rechten Winkel bildet. Starte mit der Hüfte unterhalb der Banklinie und schiebe die Hüfte unter Anspannung deiner Gesäßmuskulatur etwas höher als die Banklinie nach oben. Kehre langsam und kontrolliert in die Ausgangsposition zurück und führe die Übung erst mit einem Bein durch, bevor du auf die andere Seite wechselst.

Tipp: Achte darauf, dass du nicht ins Hohlkreuz fällst – besonders dann, wenn du die Arme über Kopf hältst (klappe dazu die Hüfte leicht ein, damit deine Bauchmuskulatur angespannt ist). Stelle die Beine nicht zu weit vor der Bank auf, sondern achte auf den rechten Winkel im Kniegelenk. Schiebe das Knie des Standbeins während der Übung leicht nach außen.
Regression: Lass beide Beine auf dem Boden. Um die Gesäßmuskulatur stärker zu aktivieren, kannst du ein Miniband oberhalb der Knie um deine Oberschenkel legen und die Knie aktiv nach außen drücken.

EQUIPMENT: Miniband, Baum oder andere Möglichkeit zum Festhalten

Beinheben nach hinten

TRAININGSPROGRAMME: 2, 7

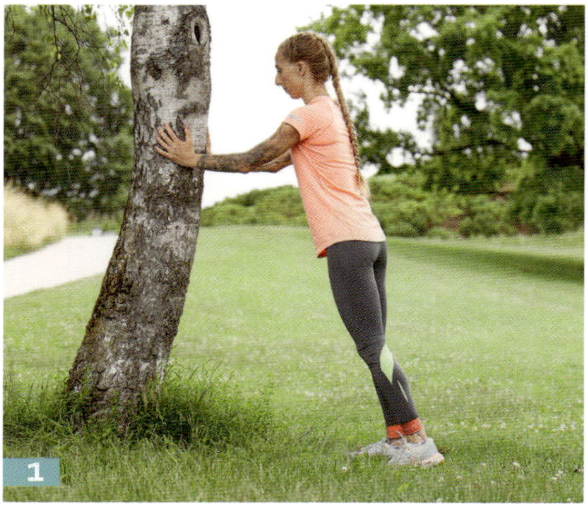

1

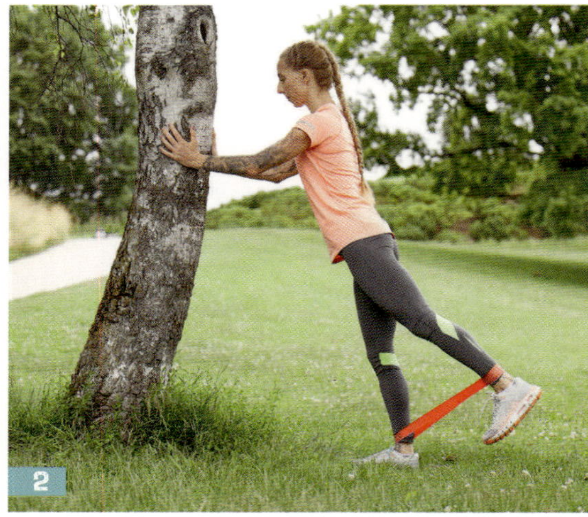

2

Dies ist eine weitere effektive Übung für die Gesäß- und hintere Oberschenkelmuskulatur, die du im Stehen mit Miniband ausführst. Für eine bessere Stabilität solltest du dir einen Baum oder Ähnliches suchen, an dem du dich festhalten kannst.

1. Lege das Miniband oberhalb deiner Knöchel um deine Beine und stelle dich hüftbreit vor dem Baum oder einer anderen Möglichkeit zum Festhalten auf. Lehne dich leicht nach vorn und hebe ein Bein gestreckt nach hinten an, bis das Band auf Vorspannung kommt.
2. Bewege dein gestrecktes Bein unter Anspannung deiner Gesäß- und Beinbeugermuskulatur gegen den Widerstand des Minibands so weit wie möglich nach hinten oben. Kehre dann langsam und kontrolliert in die Ausgangsposition zurück und führe die Übung erst mit einem Bein durch, bevor du auf die andere Seite wechselst.

Tipp: Das Standbein bleibt während der Übung leicht gebeugt und deine Hüfte parallel nach vorn gerichtet (Aufdrehen der Hüfte vermeiden!). Die Fußspitze des Übungsbeins zeigt gerade nach unten. Deine Bauchmuskulatur ist leicht angespannt, um ein Hohlkreuz zu vermeiden.

Regression: Führe die Übung ohne Miniband durch. Zur Schulung deines Gleichgewichts kannst du die Übung ohne Festhalten durchführen (bei der Variante mit Band empfehle ich dir dies nicht).

EQUIPMENT: Miniband, Baum oder andere Möglichkeit zum Festhalten

TRAININGSPROGRAMME: 2, 7

Beinheben zur Seite

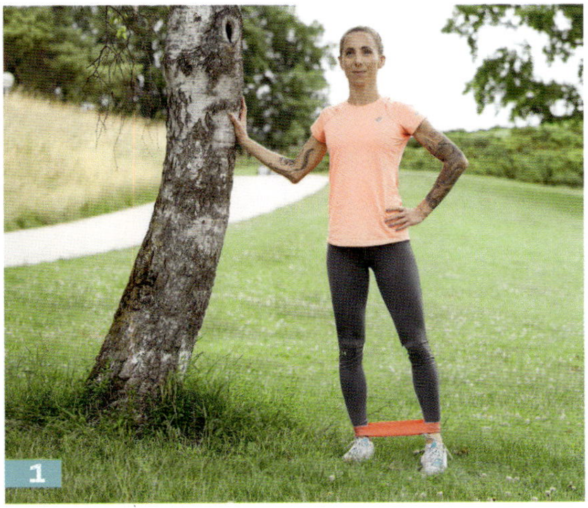

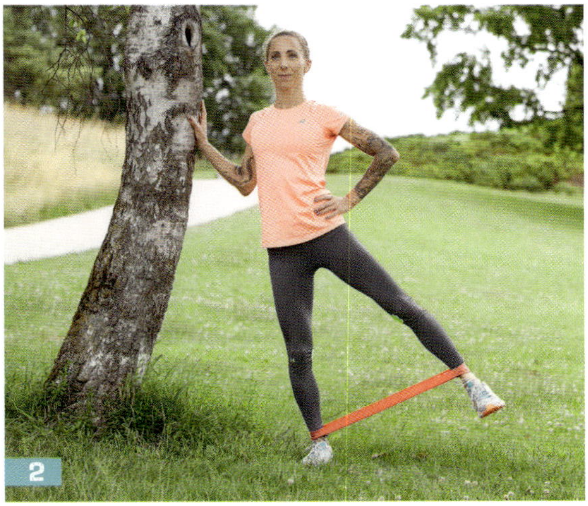

Wenn du die Bewegung zur Seite durchführst, dein Bein also gegen den Zug des Minibands zur Seite abspreizt, verlagerst du den Fokus auf deine seitliche Gesäß- und Hüftmuskulatur, die sogenannten Oberschenkelabduktoren.

1. Lege das Miniband oberhalb deiner Knöchel um deine Beine und stelle dich hüftbreit seitlich neben einem Baum oder einer anderen Möglichkeit zum Festhalten auf. Lehne dich leicht zur Seite Richtung Baum und hebe das vom Baum wegzeigende Bein gestreckt zur Seite an, bis das Band auf Vorspannung kommt.
2. Bewege dein gestrecktes Bein gegen den Widerstand des Minibands so weit wie möglich nach außen oben. Kehre dann langsam und kontrolliert in die Ausgangsposition zurück und führe die Übung erst mit einem Bein durch, bevor du auf die andere Seite wechselst.

Tipp: Das Standbein bleibt während der Übung leicht gebeugt und deine Hüfte parallel nach vorn gerichtet (Aufdrehen der Hüfte vermeiden!). Die Fußspitze des Übungsbeins zeigt leicht nach unten, sodass du die Bewegung mit der Ferse einleitest.

Regression: Führe die Übung ohne Miniband durch. Zur Schulung deines Gleichgewichts kannst du die Übung ohne Festhalten ausführen (bei der Variante mit Band empfehle ich dir dies nicht).

EQUIPMENT: Miniband

TRAININGSPROGRAMME: 1, 2, 7, 9

Knieöffner

Eine kleine Bewegung, die es in sich hat, ist der Knieöffner mit Miniband, mit dem du sehr isoliert deine seitliche Gesäßmuskulatur trainieren kannst. Wie bereits erwähnt, sollte beim Laufen ein Abknicken der Hüfte vermieden werden. Mit einer starken Hüft- und seitlichen Gesäßmuskulatur kannst du dein Becken stabil halten und so Überlastungssymptomen entgegenwirken.

1. Lege das Miniband oberhalb deiner Knie um deine Oberschenkel und stelle dich etwas breiter als schulterbreit auf, wobei deine Knie und Fußspitzen leicht nach außen zeigen.
2. Komme in eine hohe Squat-Position und schiebe deine Knie gegen den Widerstand des Minibands nach außen.

Tipp: Deine Hände kannst du locker vor dem Körper halten oder an der Hüfte ablegen. Achte auf einen geraden Rücken sowie eine geöffnete Brust und halte während der Übung deinen Bauch leicht angespannt.
Regression/Progression: Über die Stärke des Minibands kannst du den Schwierigkeitsgrad der Übung bestimmen.

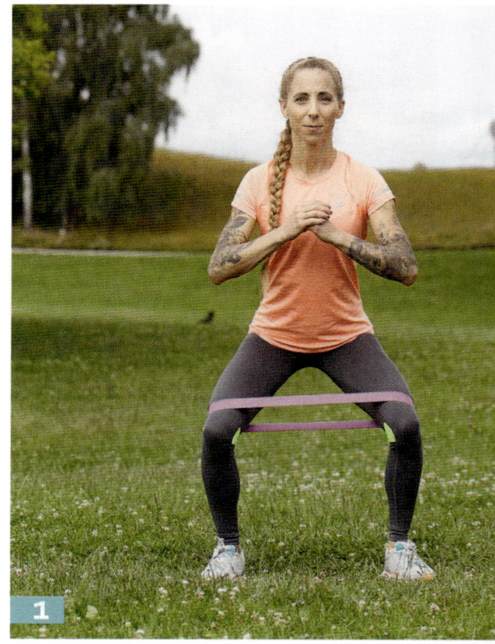
1

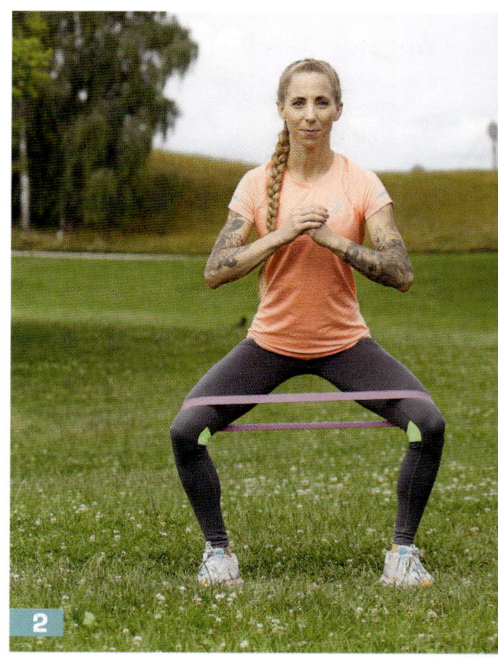
2

EQUIPMENT: Handschuhe bei Bedarf

TRAININGSPROGRAMME: 3, 5, 6, 7, 11

Reverse Plank mit Beinheben

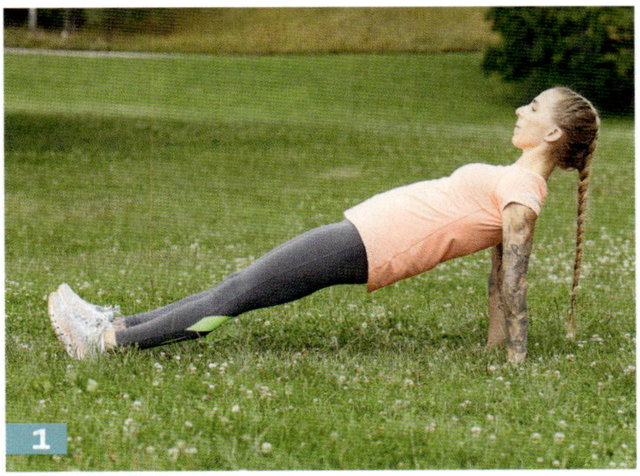

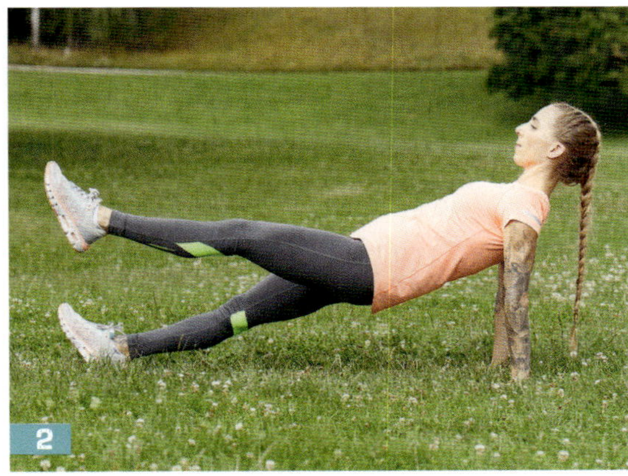

Während die klassische Plank-Position auf den Händen oder Ellbogen in fast keinem Trainingsplan fehlt, wird ihre umgekehrte Variante eher stiefmütterlich trainiert. Dabei ist die Rückenstütze eine außerordentlich effektive Ganzkörperübung, die insbesondere deine Körperrückseite statisch trainiert und für Stabilität im ganzen Körper sorgt. Das abwechselnde Anheben eines Beins sorgt für eine zusätzliche Herausforderung.

1. Setze dich mit gestreckten Beinen am Boden ab und platziere deine Hände neben deinem Gesäß, wobei deine Fingerspitzen in Richtung deiner Füße zeigen. Drücke dich in der Hüfte nach oben, sodass du dich nur noch auf Händen und Fersen abstützt. Komme mit der Hüfte so weit nach oben, dass dein ganzer Körper eine gerade Linie bildet.
2. Hebe nun im Wechsel dein rechtes und linkes Bein an, wobei deine Hüfte auf der gleichen Höhe bleibt.

Tipp: Schiebe deinen Brustkorb nach oben und deine Schultern weg von den Ohren. Dein Kopf ist in Verlängerung der Wirbelsäule (dein Blick geht leicht nach oben). Achte darauf, nicht ins Hohlkreuz zu fallen.

Regression 1: Wähle statt der Reverse-Plank-Übung die aus dem Yoga bekannte Tischposition, bei der deine Beine angewinkelt sind und du auf dem ganzen Fuß stehst.

Regression 2: Führe die Übung ohne Anheben der Beine durch.

EQUIPMENT: Erhöhung wie Treppenstufe oder Bordstein

TRAININGSPROGRAMME: 2

Seitliches Beckenheben

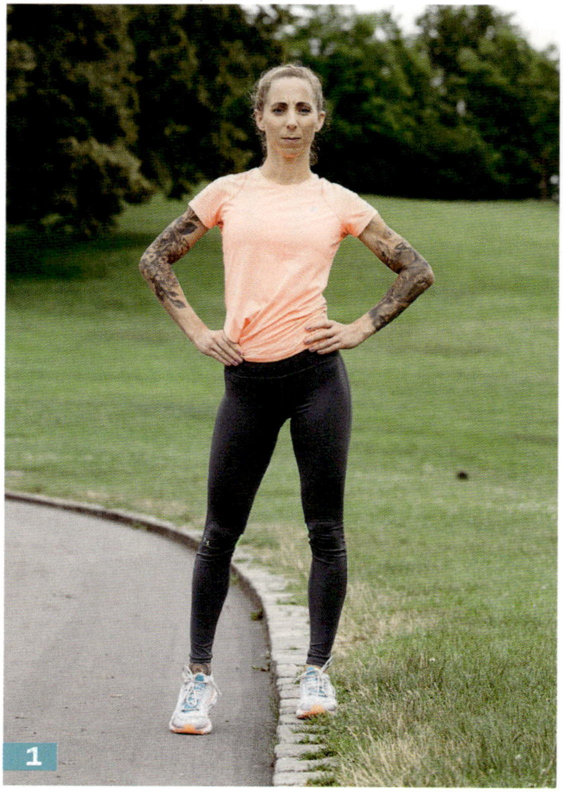

1

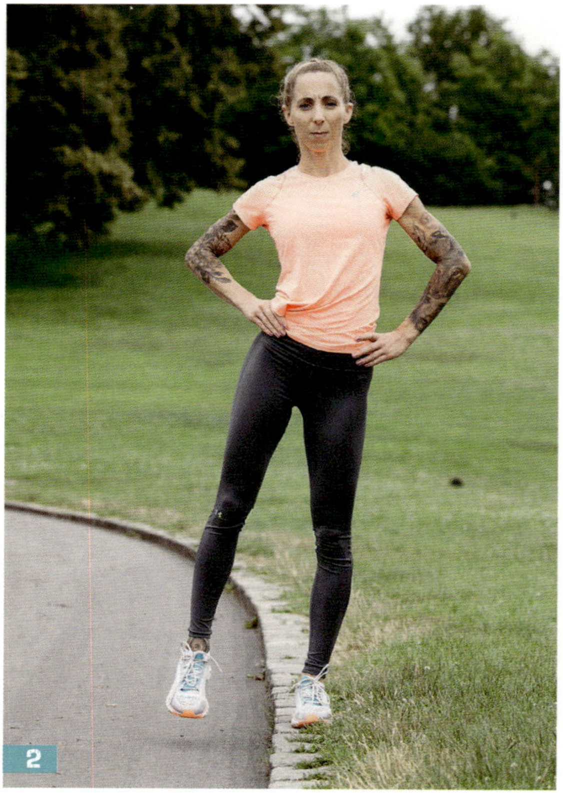

2

Diese kleine, aber effektive Übung wurde mir von meiner Physiotherapeutin empfohlen. Ich baue sie seitdem regelmäßig in mein Training ein oder führe sie morgens beim Zähneputzen durch. Sie stabilisiert die Hüfte zur Seite und sorgt gleichzeitig für eine bessere Mobilität im Beckenbereich.

1. Stelle dich mit einem Fuß auf eine Erhöhung, zum Beispiel eine Treppenstufe oder einen Bordstein. Deine Hände legst du an deiner Hüfte ab. Lass dein Spielbein nach unten sinken und dein Becken auf der Seite deines Standbeins seitlich nach oben kippen.
2. Ziehe dein Spielbein nach oben, indem du das Becken auf dieser Seite seitlich anhebst und die Hüftabduktoren auf der Seite des Standbeins anspannst.

EQUIPMENT: Miniband

TRAININGSPROGRAMME: 2, 4, 7

Side Walk

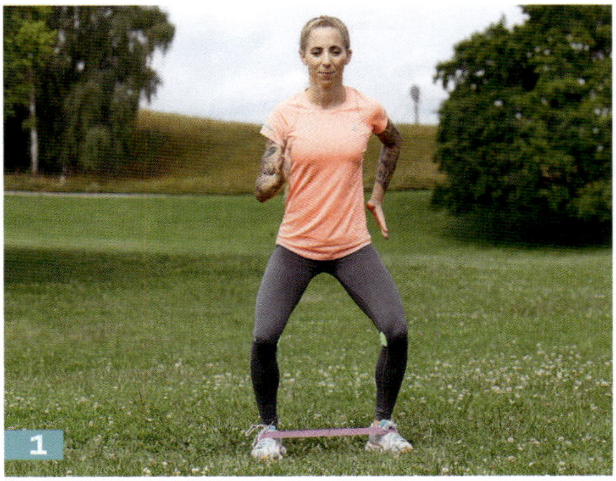

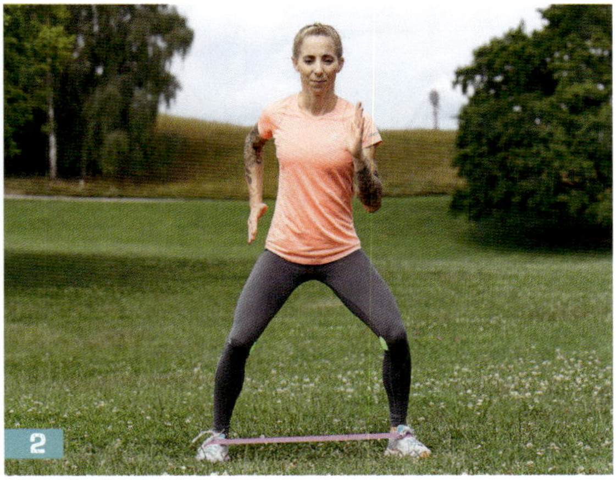

Die seitlich ausgeführten Schritte mit dem Miniband sind eine perfekte Übung für deine seitliche Gesäßmuskulatur sowie eine stabile Hüfte. Sie lassen sich sehr gut mit den Übungen »Knieöffner« (siehe Seite 124) sowie »Beinheben zur Seite« (siehe Seite 123) und »Beinheben nach hinten« (siehe Seite 122) kombinieren.

1. Steige in das Miniband, sodass es um deine Füße liegt, und stelle dich mit angewinkelten Armen in eine leichte Hocke. Deine Fußspitzen zeigen nach vorn, deine Knie sind leicht nach außen geöffnet.
2. Starte nun mit kleinen Schritten zur Seite, wobei du deine Arme wie beim Laufen vor und zurück mitbewegst. Führe die Übung erst in eine Richtung durch und wechsle nach der Hälfte der Trainingszeit die Bewegungsrichtung.

Tipp: Achte darauf, dass das Band immer auf Spannung bleibt, führe also aus einer breiten Fußposition kleine Schritte durch.

Variante: Du kannst das Band auch oberhalb deiner Knie platzieren oder um deine Knöchel legen.

Regression: Lege die Hände an der Hüfte oder hinter dem Rücken ab, falls dir die Armbewegung koordinativ zu schwierig ist.

Progression: Verwende zwei Bänder (eines oberhalb der Knie, eines an den Füßen oder um die Knöchel gelegt).

EQUIPMENT: Bank, Handtuch bei Be

TRAININGSPROGRAMME: 2, 3, 7, 11

Schwimmer

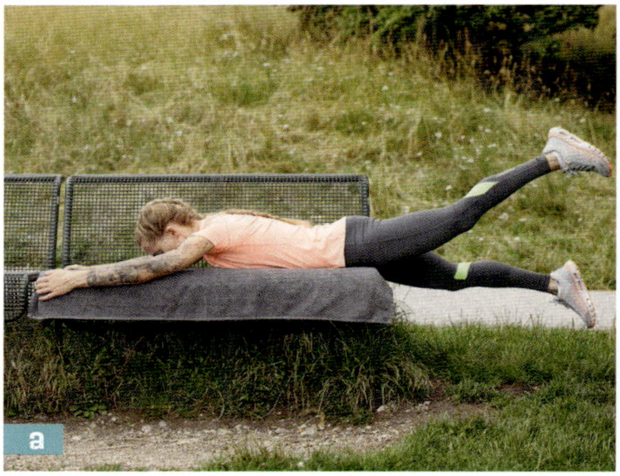

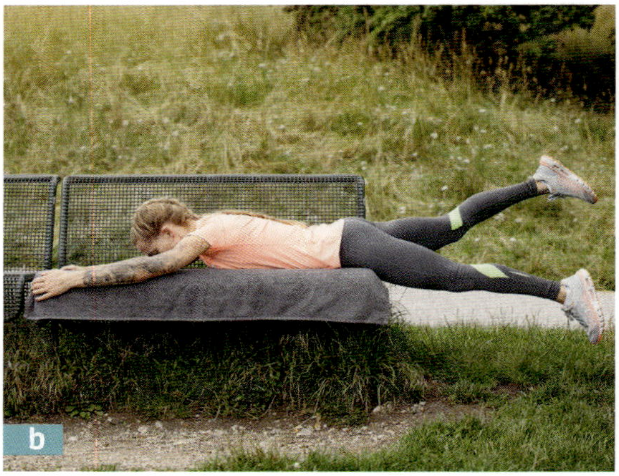

Diese Übung sorgt für eine kräftige Gesäßmuskulatur und einen starken Rückenstrecker. Trotz des Namens musst du nicht ins Wasser springen, sondern benötigst lediglich eine Bank oder eine andere erhöhte Fläche, auf der du dich ablegen kannst. Ähnlich wie beim Trockenschwimmen bewegst du die Beine gestreckt auf und ab und erhältst so ein effektives Training für deine gesamte Körperrückseite.

- Lege dich bäuchlings auf eine Bank. Bei Bedarf lege ein Handtuch unter. Rutsche so weit nach hinten, dass sich deine Hüftknochen knapp unterhalb der Bankkante befinden. Deine Arme streckst du nach vorn und hältst dich an der Bank fest. Strecke nun die Beine nach hinten und bewege sie kontrolliert auf und ab. Sie bleiben dabei bis in die Fußspitzen gestreckt.

Tipp: Halte deinen Blick nach unten gerichtet und deine Halswirbelsäule gerade.
Regression: Wenn du etwas weiter auf der Bank nach vorn rutschst, wird die Übung leichter.
Progression: Hebe die Arme gestreckt nach oben an und führe mit ihnen ebenfalls eine Auf- und Abwärtsbewegung durch. Deine Daumen zeigen dabei nach oben.

OBERKÖRPER

Nicht nur im Sinn eines ganzheitlichen Trainings ist die Kräftigung der Muskulatur in Armen, Schultern, Rücken und Brust essenziell. Auch für die Laufbewegung spielen Schultern und Arme eine wichtige Rolle (Stichwort: Pendelbewegung) und sollten daher regelmäßig trainiert werden. Hierbei geht es nicht um den Aufbau von Muskelbergen – diese wären beim Laufen eher hinderlich –, sondern um eine ausgeglichene, kräftige Körperstruktur, die dich bei der Laufbewegung unterstützt und dir Körperstabilität gibt. Im Folgenden zeige ich dir elf Übungen, mit denen du auch ohne Fitnessstudio und sperrige Geräte deinen Oberkörper kräftigen und formen kannst.

Armöffner

EQUIPMENT: Miniband
TRAININGSPROGRAMME: 1, 2, 4, 8

Manchmal bedarf es nur einer kleinen Bewegung, um einen großen Effekt zu erzielen. Mit dieser Übung, bei der du deine Arme gegen den Widerstand des Minibands öffnest, kräftigst du deine Schulter- und Armmuskulatur. Du kannst sie in etlichen Varianten ausführen.

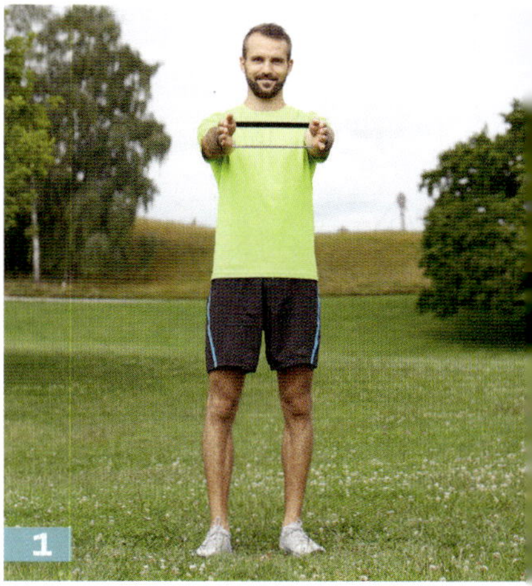
1

1. Lege dein Band um deine Handgelenke, stelle dich schulterbreit auf und strecke deine Arme auf Schulterhöhe nach vorn, wobei deine Handflächen zueinanderzeigen.
2. Öffne und schließe deine Arme, indem du mit deinen Handrücken gegen den Widerstand des Bands nach außen drückst.

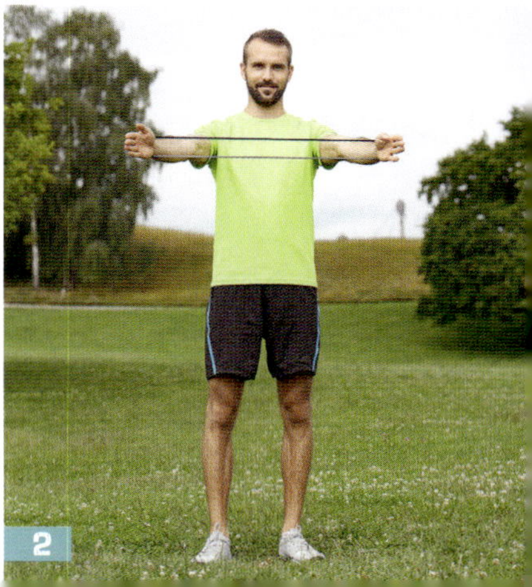
2

Tipp: Halte deine Schultern während der ganzen Übung nach hinten unten gezogen.
Variante: Du kannst die Übung auch mit den Armen unten (vor oder hinter deinem Körper) sowie über Kopf durchführen.
Regression/Progression: Über die Bandstärke kannst du die Trainingsintensität bestimmen.

EQUIPMENT: Superband

TRAININGSPROGRAMME: 8

Bizeps-Curl

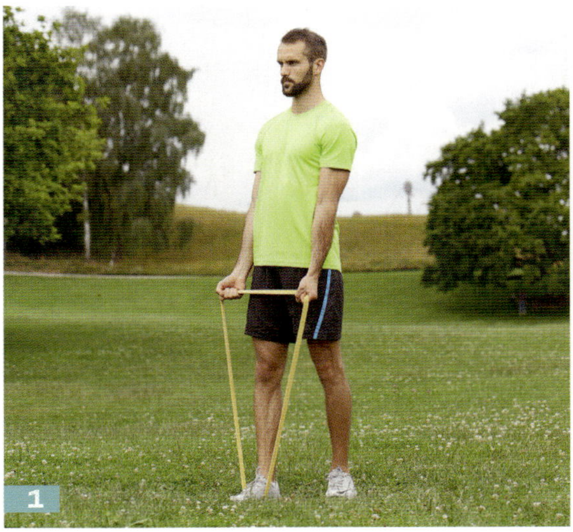

1

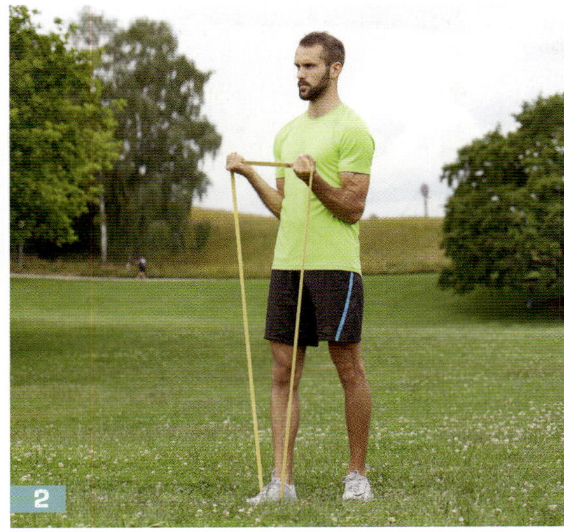

2

Als Klassiker unter den Armübungen darf der Bizeps-Curl bei den Oberkörperübungen nicht fehlen. Auch wenn es sich bei ihm um eine eingelenkige und sehr isolierte Übung handelt, hat er seinen Platz im Übungsrepertoire verdient und kann mit dem Superband ganz einfach und effektiv durchgeführt werden.

1. Stelle dich mit einem oder beiden Füßen in das Superband und greife von innen in das Band, sodass es auf deinen Handflächen aufliegt. Umschließe das Band mit deinen Händen und halte deine Arme gestreckt eng an deinem Körper.
2. Winkle deine Arme gegen den Widerstand des Bands nach oben an, bis du etwa 45 Grad von deinem Oberkörper entfernt bist, und halte dort kurz die Anspannung. Bewege die Arme dann wieder langsam und kontrolliert nach unten, bis du wieder in der Ausgangsposition bist.

Tipp: Deine Handgelenke bleiben während der ganzen Übung gerade und in Verlängerung des Unterarms. Deine Ellbogen bleiben eng am Körper und bewegen sich nicht mit. Achte auf eine gute Rumpfspannung!
Regression/Progression: Über die Bandstärke sowie durch das Platzieren von einem Bein oder zwei Beinen auf dem Band kannst du die Trainingsintensität bestimmen.

EQUIPMENT: Bank

TRAININGSPROGRAMME: 8

Dip

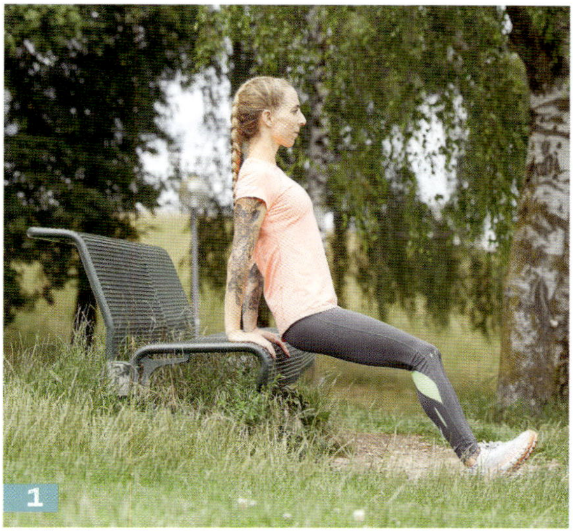

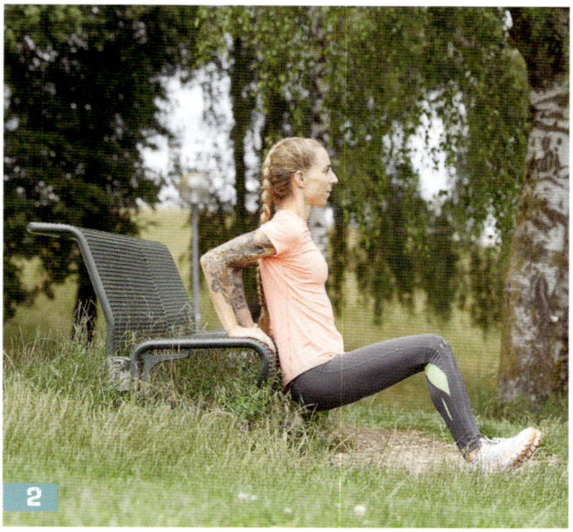

Eine klassische Bodyweight-Übung für den Trizeps ist der Dip, bei dem auf einer Bank oder einer anderen Erhöhung durch Beugung und Streckung der Arme der Körper nach oben und unten bewegt wird.

1. Setze dich auf eine Bank ganz nach vorn an die Kante und platziere deine Hände neben deinem Gesäß. Deine Ellbogen zeigen nach hinten, deine Fingerspitzen nach vorn. Hebe deinen Po an und schiebe ihn nach vorn, sodass er sich kurz vor der Bank befindet.
2. Senke deinen Oberkörper ab, indem du deine Arme im Ellbogengelenk bis etwa 90 Grad anwinkelst. Drücke dich mit der Kraft deiner Trizeps-Muskulatur wieder nach oben in die Ausgangsposition.

Tipp: Dein Oberkörper ist möglichst vertikal zum Boden, dein Rücken bleibt nah an der Kante. Die Hoch-tief-Bewegung kommt allein aus deinen Armen und nicht aus deiner Hüfte. Deine Ellbogen bleiben während der Übung eng am Körper und zeigen nach hinten.

Progression: Führe die Übung mit gestreckten Beinen aus.

EQUIPMENT: Horizontale Stange oder (stabiler) Ast

TRAININGSPROGRAMME: 8, 12

Klimmzug

Zugegeben: Der Klimmzug (englisch: Pull-up) ist etwas für Fortgeschrittene. Aber wenn man sich erst einmal an die Königin der Bodyweight-Übungen herangewagt hat, ist sie die perfekte Übung für ein effizientes Oberkörpertraining. Weiter unten bekommst du ein paar Tipps, wie du den Klimmzug auch als Einsteiger meistern kannst.

1. Suche dir zunächst eine vertikale Stange, zum Beispiel in einem Bodyweight-Park oder auf einem Trimm-dich-Pfad. Du kannst auch ein Fußballtor oder einen stabilen, aber nicht zu dicken Ast verwenden – bitte vorher unbedingt die Stabilität prüfen! Greife die Stange im Obergriff (Handflächen zeigen weg von deinem Körper) und hebe die Beine an, sodass du mit deinem ganzen Gewicht nach unten hängst. Du kannst deine Beine gestreckt lassen oder leicht vorn überkreuzen.
2. Ziehe deine Schulterblätter nach unten, fixiere sie dort und spanne deinen Bauch an. Ziehe dich nun aus der Kraft deiner Arme und des Rückens nach oben, bis sich die Stange vor deinem Brustbein befindet. Deine Ellbogen ziehen dabei schräg nach unten Richtung Rücken. Lass dich dann langsam und kontrolliert wieder nach unten in die Ausgangsposition absinken.

Tipp: Führe den Klimmzug im vollen Bewegungsradius durch. Schwinge oder reiße dich nicht in die Bewegung, sondern führe sie kontrolliert aus. Achte auf die Verankerung der Schulterblätter nach unten und darauf, dass du nicht ins Hohlkreuz fällst. Dein Kopf sollte am oberen Punkt nicht in den Nacken gezogen werden.

Variante: Führe den Klimmzug im Untergriff aus (Handflächen zeigen zum Körper). Generell kannst du die Übung über die Griffweite variieren.

Regression 1: Bei den negativen Klimmzügen startest du in der oberen Position und lässt dich langsam nach unten ab (exzentrische Bewegung). Hierfür benötigst du eine Möglichkeit, in die obere Position zu kommen (zum Beispiel einen Baumstumpf, eine andere Erhöhung oder die Hilfe eines Partners).

Regression 2: Binde ein starkes Superband um die Stange und steige mit einem Fuß in die entstehende Schlaufe. Das Band nimmt dir einen Teil deines Körpergewichts ab und erleichtert dir somit die Übung.

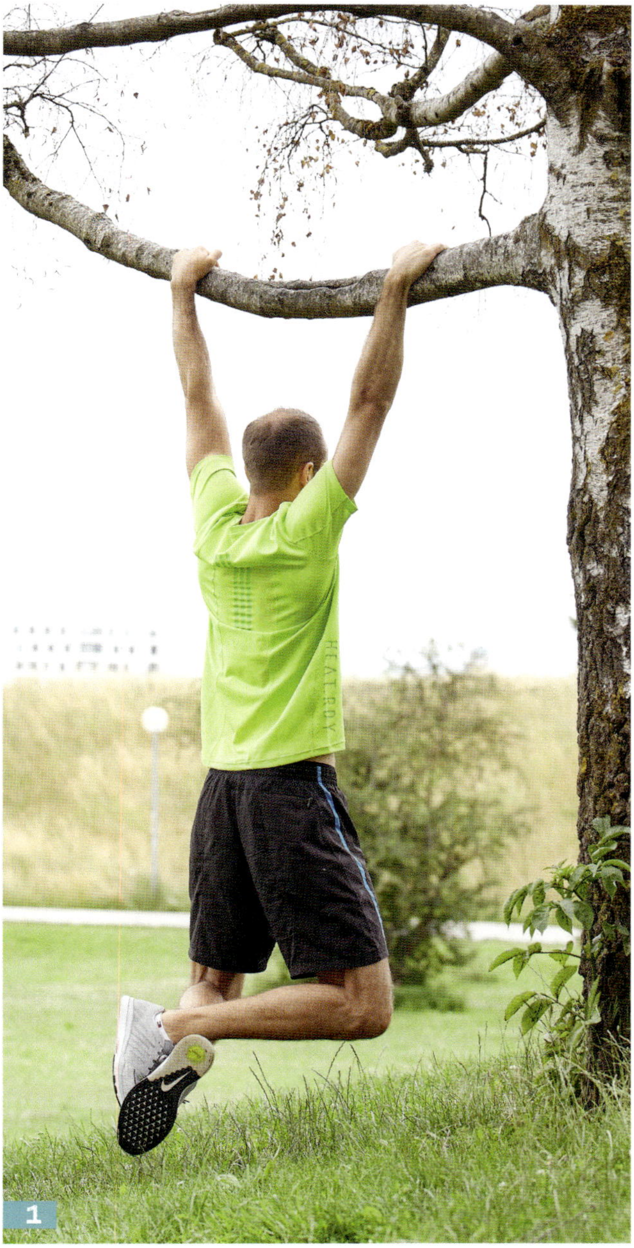
1

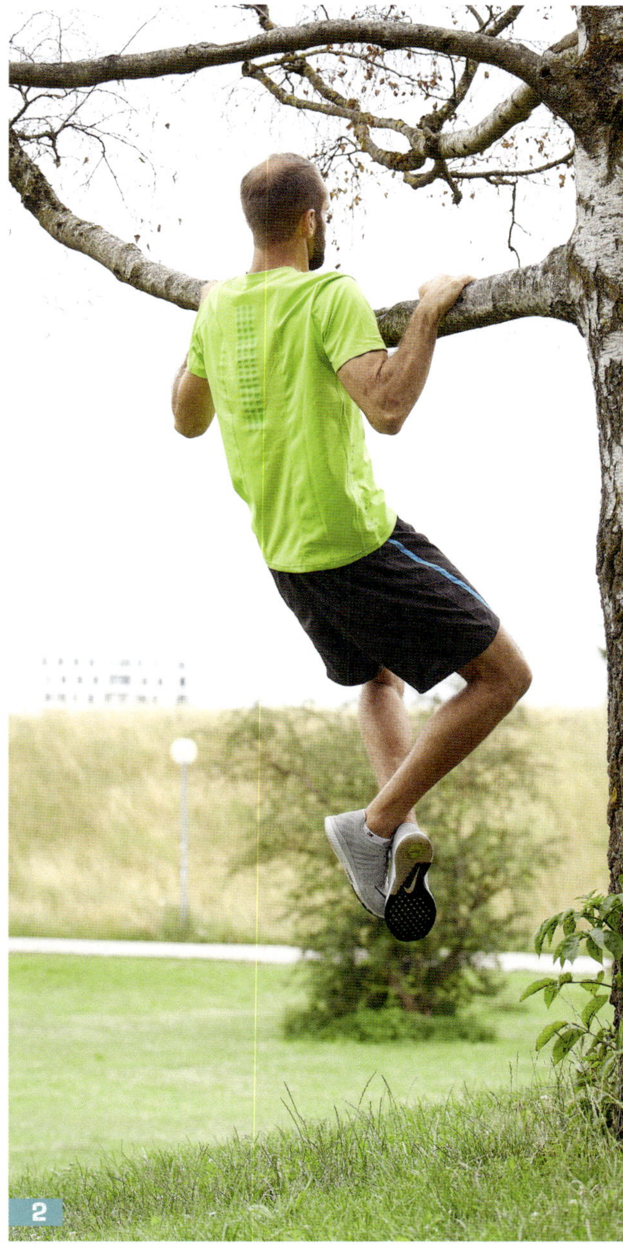
2

EQUIPMENT: Handschuhe bei Bedarf

TRAININGSPROGRAMME: 2, 3, 8

Push-up

Der Push-up, zu Deutsch: Liegestütz, ist vermutlich einer der bekanntesten Vertreter der Bodyweight-Übungen für den Oberkörper. Es gibt ihn in etlichen Varianten und Ausführungen. Auch wenn er vor allem Brustmuskulatur, Schultern und Trizeps trainiert, werden viele weitere Muskeln wie Bauchmuskeln, Rückenstrecker und Gesäßmuskulatur aktiviert sowie Koordination, Beweglichkeit und Kraftausdauer geschult, was ihn zu einer effektiven Ganzkörperübung und einem wahren Fitness-Allrounder macht.

1. Starte in der Plank-Position, wobei deine Hände etwa schulterbreit auf Höhe des Brustkorbs aufgestellt sind (Fingerspitzen zeigen nach vorn) und sich deine Schultern, Ellbogen und Handgelenke in einer geraden, vertikalen Linie zum Boden befinden.
2. Schraube deine Handflächen in den Boden, spanne Bauch-, Rücken- und Gesäßmuskulatur an und lass deinen Körper kontrolliert und in einer geraden Linie Richtung Boden ab, indem du deine Ellbogen leicht schräg nach hinten abwinkelst (etwas schmaler als 45 Grad zum Körper). Halte kurz vor dem Boden die Spannung und drücke dich dann kraftvoll aus den Armen zurück nach oben, ohne die Ellbogen zu überstrecken.

Tipp: Atme bei der Abwärtsbewegung ein und bei der Aufwärtsbewegung aus. Halte deinen Kopf in Verlängerung der Wirbelsäule und deine Schultern weg von den Ohren. Du kannst beim Aufstellen deiner Füße in der Breite variieren. Je mehr du die Füße zusammenbringst, desto besser kannst du die Gesäßmuskulatur aktivieren.

Regression: Führe den Push-up mit den Armen auf einer Erhöhung (zum Beispiel der Rückenlehne oder Sitzfläche einer Bank) aus.

Progression: Führe den Push-up mit den Füßen auf einer Erhöhung (zum Beispiel einem Bordstein oder einer Bank) aus.

Variante 1: Beim Trizeps-Push-up (auch: enge Liegestütze) hältst du die Arme eng am Körper und die Ellbogen zum Körper gedreht.

Variante 2: Beim Diamond-Push-up platzierst du die Hände unterhalb deiner Brust und formst mit deinen Händen eine Raute, wobei Daumen und Zeigefinger sich berühren.

Variante 3: Beim Hand-Release-Push-up legst du dich vollständig auf dem Boden ab, hebst kurz die Hände an und drückst dich dann wieder nach oben. Für diese Übung kannst du eine Unterlage, zum Beispiel ein Handtuch, verwenden.

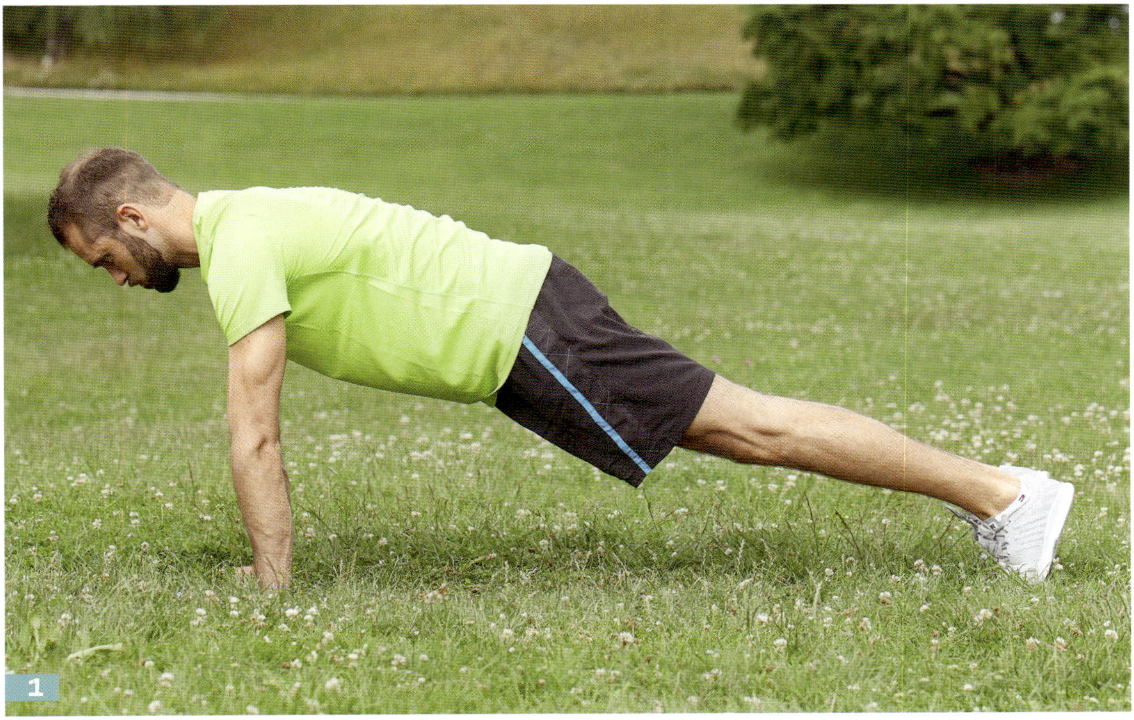

1

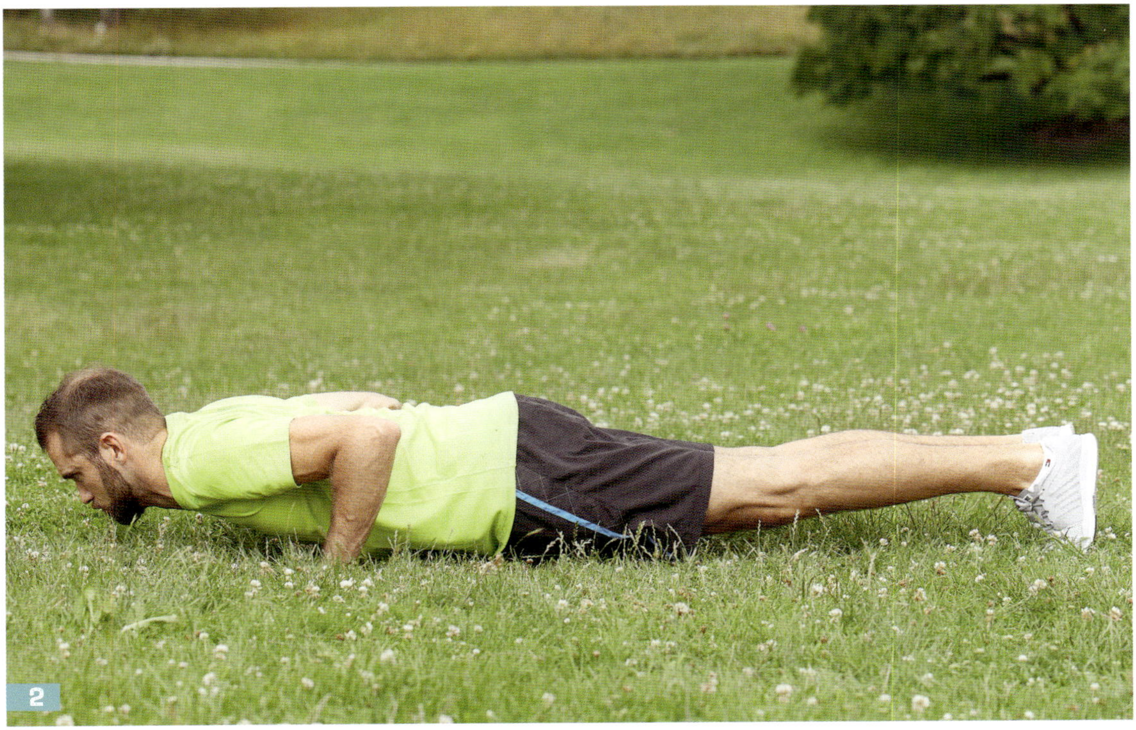

2

EQUIPMENT: Superband

TRAININGSPROGRAMME: 8, 10, 12

Latziehen

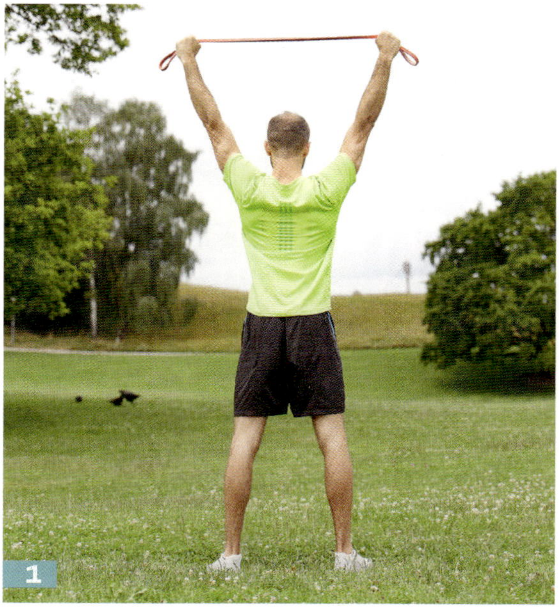

1

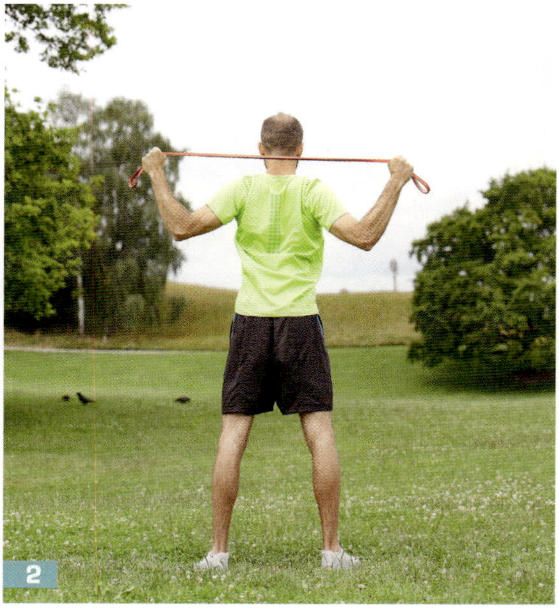

2

Eine Rückenübung für jedermann ist das Latziehen mit dem Superband. Diese Übung kann als Vorübung oder Alternativübung für den Klimmzug verwendet werden. Wie der Name bereits verrät, trainiert er insbesondere den breiten Rückenmuskel *(Musculus latissimus dorsi)*.

1. Stelle dich schulterbreit auf, umschließe das Superband mit deinen Händen und bilde mit deinen gestreckten Armen ein breites »V« nach oben, wobei du das Band so weit außen hältst, dass es sich bereits unter leichter Spannung befindet.
2. Ziehe das Band hinter deinem Kopf nach unten (etwa bis auf Nackenhöhe) und drücke dabei deine Schulterblätter fest nach unten zusammen. Der Zug deiner Hände geht dabei leicht nach außen. Kehre dann kontrolliert zurück in die Ausgangsposition.

Tipp: Achte darauf, dass dein Kopf gerade in Verlängerung der Wirbelsäule bleibt und nicht nach vorn Richtung Brust zieht.

Regression/Progression: Über die Bandstärke kannst du die Trainingsintensität bestimmen.

Variante 1: Lehne dich mit dem Oberkörper leicht nach vorn.

Variante 2: Ziehe das Band vor deinem Kopf in Richtung Schlüsselbein nach unten.

EQUIPMENT: Superband

TRAININGSPROGRAMME: 3, 7, 8

Reverse Fly

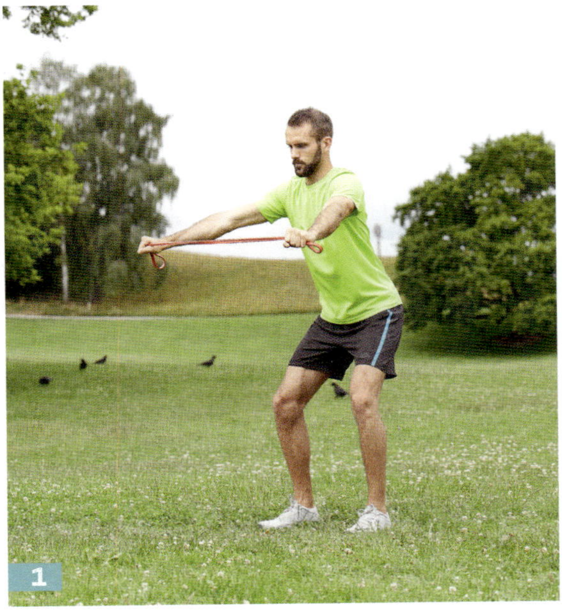

1

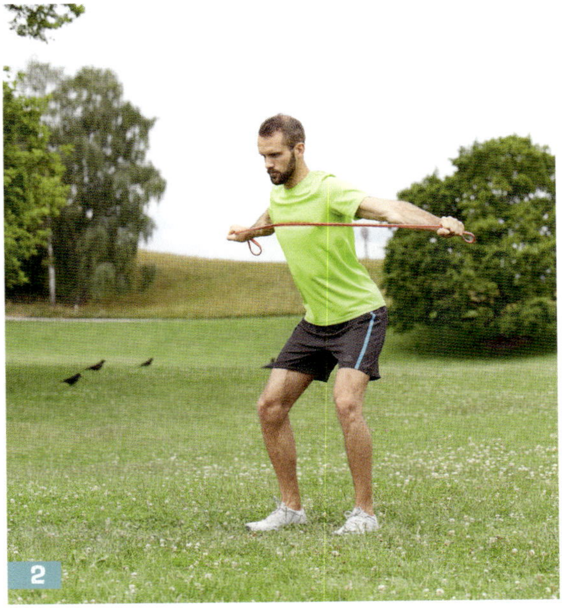

2

Eine effektive Übung für die hintere Schulter-, Rücken- und Nackenmuskulatur sind die umgekehrt ausgeführten Butterflys, die vermutlich viele aus dem Fitnessstudio kennen. In der vorgestellten Variante werden sie mit dem Superband und leicht nach vorn gebeugt ausgeführt.

1. Stelle dich schulterbreit auf, greife dein Superband von oben und lehne dich mit geradem Oberkörper nach vorn. Deine Knie sind leicht gebeugt. Führe deine Arme auf etwa Schulterhöhe nach vorn und bringe das Band bereits leicht nach außen auf Spannung.
2. Ziehe deine Hände nach hinten, wobei du deine Schulterblätter kräftig zusammendrückst. Halte kurz die Spannung und kehre dann langsam und kontrolliert wieder in die Ausgangsposition zurück.

Tipp: Halte deinen Kopf in Verlängerung der Wirbelsäule und ziehe deine Schultern weg von den Ohren.

Variante: Du kannst diese Übung auch ohne Superband im Stehen mit leicht nach vorn gebeugtem Oberkörper oder im Liegen (zum Beispiel auf einer Bank) durchführen. In diesem Fall arbeitest du mit den Armen gegen die Schwerkraft.

EQUIPMENT: Superband

TRAININGSPROGRAMME: 3, 7, 8

Rudern

Das Rudern werden die meisten aus dem Fitnessstudio kennen, wo es mit Langhantel, Kurzhantel oder an einem Gerät ausgeführt wird. Aber auch mit dem Superband lässt sich diese Übung, die den Rücken sowie die hintere Schultermuskulatur trainiert, effektiv durchführen. In der vorgebeugten Variante werden zudem Rückenstrecker, hintere Oberschenkel- und Gesäßmuskulatur aktiviert.

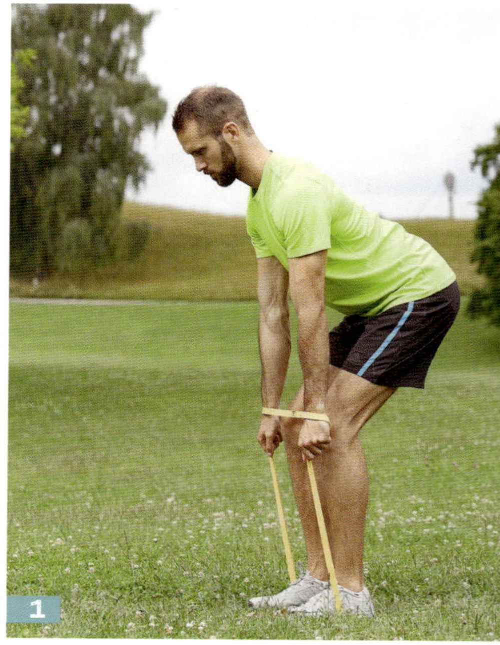

1

1. Stelle dich schulterbreit in das Superband und greife es von innen, sodass es einmal um deine Handgelenke liegt. Lehne deinen Oberkörper bei leicht gebeugten Knien gerade nach vorn, drehe deine Handflächen zueinander und bringe das Band bei gestreckten Armen auf Vorspannung, indem du es möglichst weit unten greifst.
2. Ziehe die Ellbogen gegen den Widerstand des Bands eng am Körper nach hinten oben. Drücke dabei deine Schulterblätter fest zusammen.

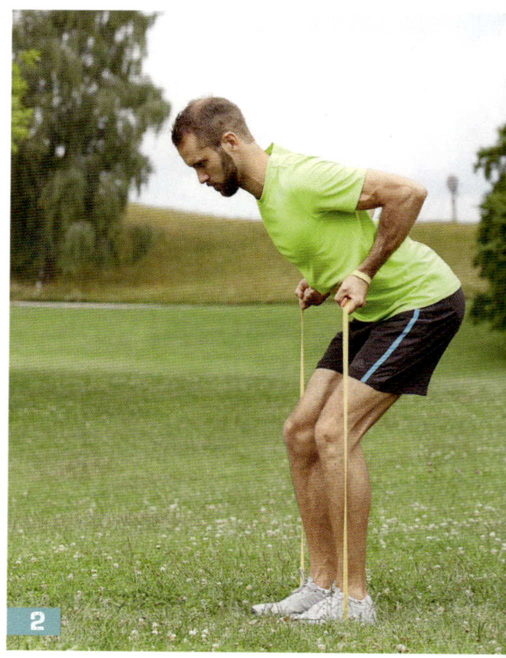

2

Tipp: Dein Kopf bleibt in Verlängerung der Wirbelsäule, dein Blick ist schräg nach vorn unten gerichtet. Halte während der Übung die Bauchspannung, damit du nicht ins Hohlkreuz fällst.

Regression/Progression: Über die Bandstärke kannst du die Trainingsintensität bestimmen.

EQUIPMENT: Superband

TRAININGSPROGRAMME: 7, 8

Schulterheben

Ein wohl geformter Deltoideus (Schultermuskel) trägt einen großen Teil zu einer ästhetischen Oberkörperform bei. Daher soll mit dieser Übung gezielt die seitliche Schultermuskulatur trainiert werden. Das Superband eignet sich dafür perfekt!

1. Stelle dich mit einem Fuß oder beiden Füßen in das Band und greife es von oben mit beiden Händen.
2. Beuge die Ellbogen gegen den Zug des Bands nach oben, wobei deine Hände vor dem Körper bleiben. Deine Hände sollten sich am obersten Punkt in etwa auf Brusthöhe befinden. Kehre dann langsam und kontrolliert in die Ausgangsposition zurück.

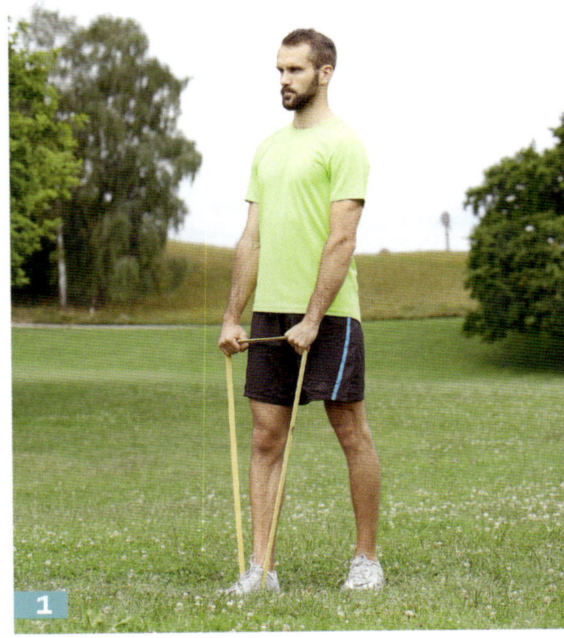

1

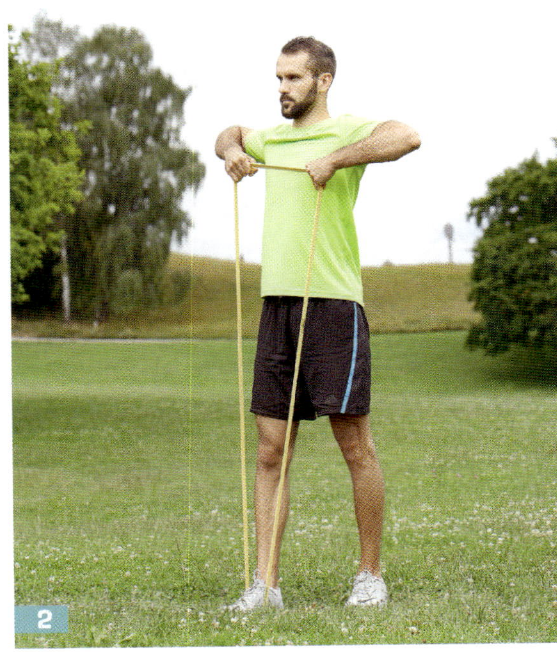

2

Tipp: Deine Schultern sollten auch in der oberen Armposition nicht zu den Ohren ziehen – schiebe sie aktiv nach unten. Halte deinen Kopf gerade und in Verlängerung der Wirbelsäule.

Regression/Progression: Über die Bandstärke sowie durch das Platzieren von einem Bein oder zwei Beinen auf dem Band kannst du die Trainingsintensität bestimmen.

Variante: Greife das Band mit einer Hand und führe den Arm gestreckt und seitlich zum Körper nach oben bis auf Schulterhöhe. Wechsle nach der Hälfte der Trainingszeit auf die andere Seite.

EQUIPMENT: Superband
TRAININGSPROGRAMME: 8

Shoulder Press

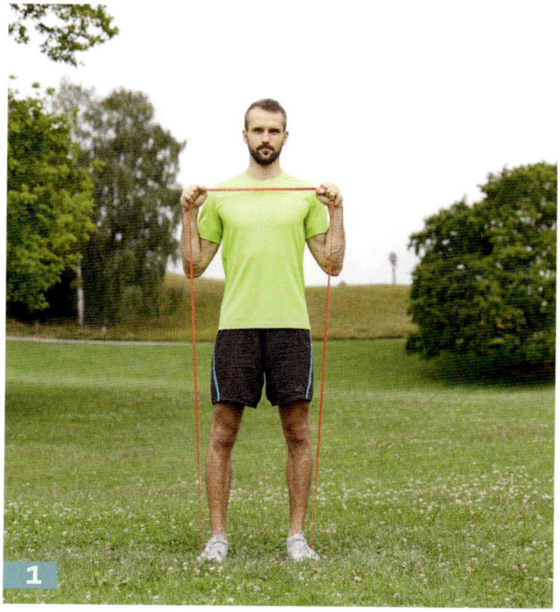

1

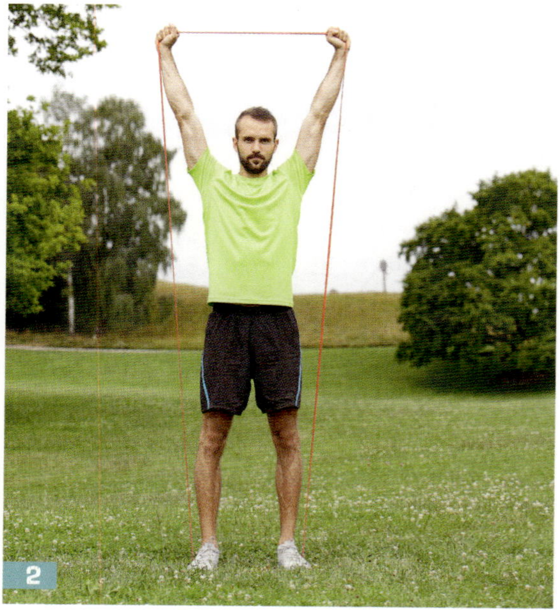

2

Eine Grundübung aus dem Krafttraining ist das vertikale Schulterdrücken, auch Military Press, Frontdrücken oder Überkopfdrücken genannt. Klassisch wird es mit einer Langhantel ausgeführt, kann aber auch mit einer Kurzhantel oder mit dem Superband durchgeführt werden.

1. Stelle dich schulterbreit in das Superband und greife es mit den Händen, wobei es zwischen Daumen und Fingern auf deiner Handwurzel aufliegen kann. Deine Ellbogen zeigen zum Körper und deine Hände befinden sich auf Schulterhöhe.
2. Strecke die Arme gegen den Widerstand des Bands nach oben über den Kopf, wobei deine Arme eine V-Form bilden. Kehre dann langsam und kontrolliert mit den Händen auf Schulterhöhe zurück.

Tipp: Überstrecke deine Arme am obersten Punkt nicht. Halte deinen Bauch leicht angespannt, damit du nicht ins Hohlkreuz fällst. Dein Kopf bleibt gerade und in Verlängerung der Wirbelsäule.
Regression/Progression: Über die Bandstärke kannst du die Trainingsintensität bestimmen.

EQUIPMENT: Superband

TRAININGSPROGRAMME: 8

Trizeps-Extension

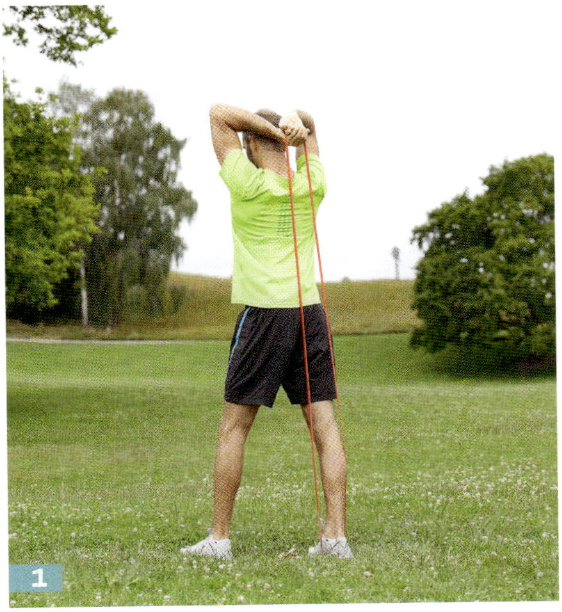

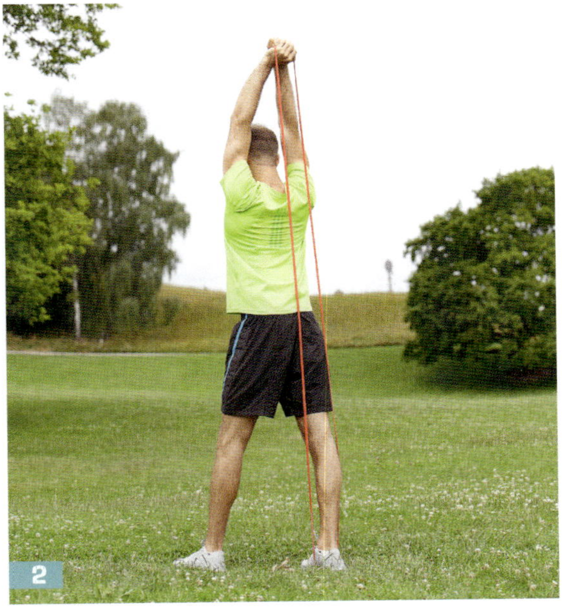

Das Hineinfinden in diese Übung bedarf etwas Beweglichkeit und Geschick. Aber wenn du die Ausgangsposition erst einmal eingenommen und das Band an der richtigen Stelle platziert hast, stellt sie ein perfektes Training für deine hintere Oberarmmuskulatur, den Trizpes, dar.

1. Stelle dich mit einer Ferse auf das Superband. Greife mit der Hand der gleichen Seite von unten in das Band und führe den Ellbogen bei angewinkeltem Arm nach oben. Greife nun mit der anderen Hand in das Band, um in die Ausgangsposition zu kommen. Hierbei befindest du dich in leichter Schrittstellung, deine Ellbogen zeigen nach vorn und deine Hände befinden sich hinter dem Kopf.
2. Drücke die Hände gegen den Widerstand des Bands nach oben, bis deine Arme über dem Kopf gestreckt sind. Kehre dann langsam und kontrolliert in die Ausgangsposition zurück.

Tipp: Halte den Bauch während der Übung leicht angespannt, damit du nicht ins Hohlkreuz fällst. Dein Kopf bleibt gerade und in Verlängerung der Wirbelsäule.

KÖRPERMITTE

Eine stabile Körpermitte – der sogenannte Core – spielt sowohl beim Laufen als auch im Alltag eine wichtige Rolle bei der Verletzungsprävention. Für diesen Übungsteil, bei dem es um die (Tiefen-)Muskulatur der Körpermitte geht, habe ich weitestgehend funktionale Übungen ausgewählt, die Rumpf-, Rücken- und Gesäßmuskulatur, also die verbindenden Muskeln zwischen Ober- und Unterkörper, möglichst ganzheitlich trainieren.

Dead Bug

EQUIPMENT: Bank, Handtuch bei Bed

TRAININGSPROGRAMME: 2, 5

Diese Variante der »Käfer«-Übung halte ich durch das Aufrechterhalten der Zwischenspannung für noch effektiver als die klassische Variante (diese findest du unter Regression).

1. Lege dich mit dem Rücken auf eine Bank und hebe deine Beine an, wobei sich deine Knie im rechten Winkel befinden. Lege deine Hände auf deinen Oberschenkeln ab.
2. Presse mit den Händen so fest wie möglich gegen die Oberschenkel. Während die eine Hand am Oberschenkel bleibt und weiter Druck ausübt, streckst du den anderen Arm und das Bein der gleichen Seite weit nach oben und unten, bis sie sich kurz vor der Horizontalen befinden. Kehre dann in die Ausgangsposition zurück und halte ein paar Sekunden den Druck auf die Oberschenkel, bevor du zur anderen Seite wechselst.

Tipp: Dein Kopf kann während der Übung auf der Unterlage abgelegt bleiben, um ein Verkrampfen der Halsmuskulatur zu vermeiden.
Regression: Halte die Arme in der Ausgangsposition vertikal nach oben gestreckt. Bewege einen Arm über den Kopf nach hinten und das gegenüberliegende Bein gestreckt nach unten. Kehre in die Ausgangsposition zurück und wechsle zur anderen Seite.

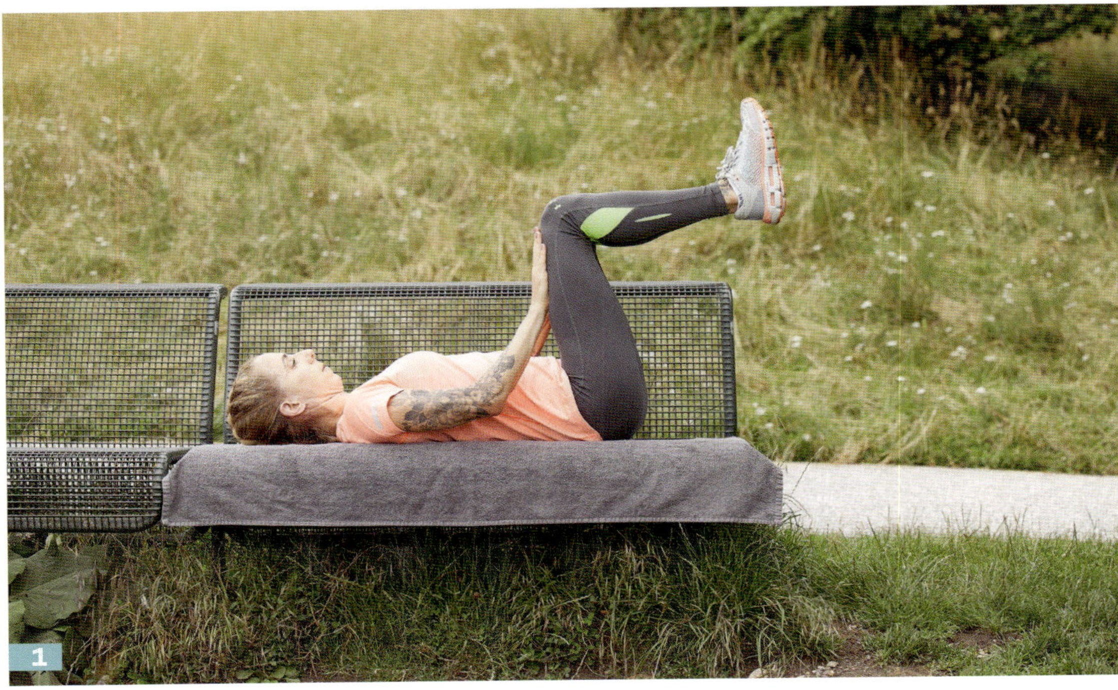

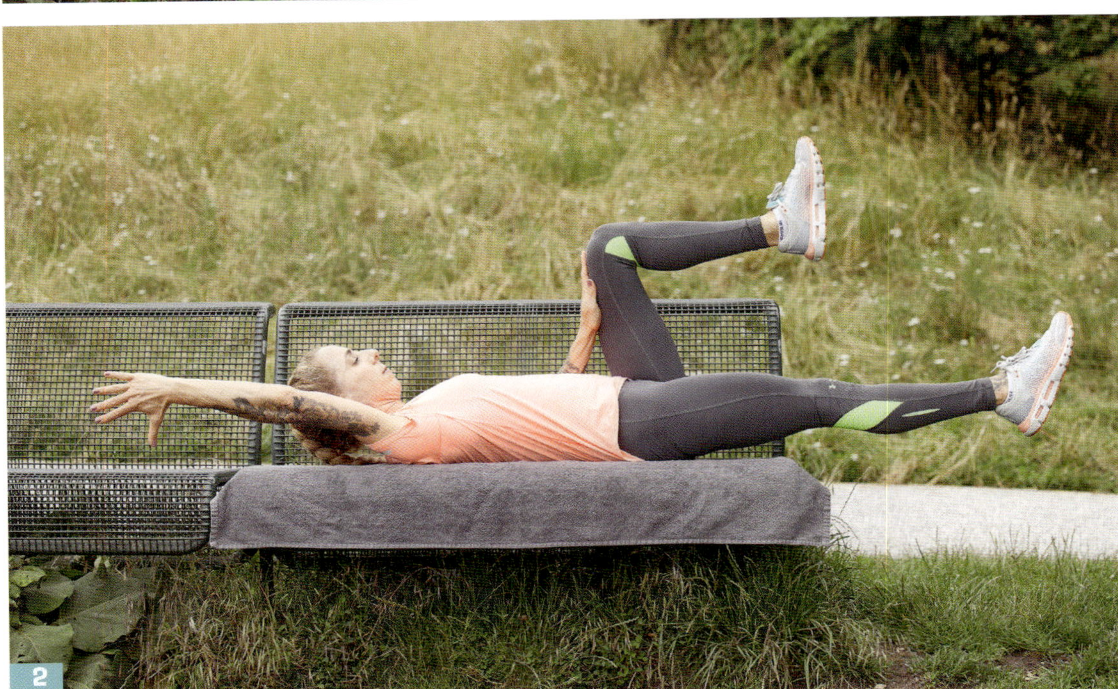

EQUIPMENT: Handschuhe bei Bedarf

TRAININGSPROGRAMME: 2, 3, 4, 5, 6,

Plank

Der wohl bekannteste Vertreter unter den Core-Übungen ist die Plank-Position. Diese Ganzkörperspannungsübung gibt es in unzähligen Varianten. Meist wird sie auf den Unterarmen ausgeführt (Unterarmstütz). Da du dich draußen befindest, wo das Ablegen der Unterarme oft unangenehm sein kann, führst du die Plank-Position auf den Händen aus.

- Platziere deine Hände direkt unter den Schultern auf dem Boden. Deine Finger sind gestreckt und leicht gespreizt, wobei deine Mittelfinger gerade nach vorn zeigen. Platziere deine Füße hüftbreit auf dem Boden, sodass dein Gewicht nur noch auf Fußspitzen und Handflächen liegt. Richte dein Becken auf, indem du deine Bauchmuskulatur auf Spannung bringst. Spanne gleichzeitig deine Gesäßmuskulatur an, indem du die Pobacken zusammenpresst. Drehe deinen Bizeps nach vorn, schiebe dein Gewicht in Richtung Fingerspitzen und schaffe möglichst viel Platz zwischen Boden und Brustkorb, indem du deine Schulterblätter nach oben drückst. Richte nun noch deinen Kopf in Verlängerung der Wirbelsäule aus, sodass du von Fuß bis Kopf eine gerade Linie bildest. Baue, mit Fokus auf deine Körpermitte, möglichst viel Spannung in dieser Position auf.

Tipp: Atme während der Übung gleichmäßig weiter. Halte die gerade Körperlinie und arbeite aktiv dagegen, dass du in ein Hohlkreuz sinkst, sich dein oberer Rücken rundet oder du den Kopf in den Nacken fallen lässt. Indem du die Füße direkt nebeneinander platzierst und deine Fersen gegeneinanderpresst, kannst du deine Gesäßmuskulatur noch besser anspannen.
Regression: Stelle die Knie auf dem Boden ab. Achte hier besonders darauf, nicht ins Hohlkreuz zu kippen.
Progression 1: Tippe abwechselnd mit den Händen an die gegenüberliegende Schulter.
Progression 2: Hebe abwechselnd einen Arm (Single Arm Plank) oder ein Bein (Single Leg Plank) gestreckt nach vorn oben beziehungsweise hinten oben an.
Progression 3: Hebe gleichzeitig einen Arm gestreckt nach vorn oben und das gegenüberliegende Bein gestreckt nach hinten oben (Superman Plank).

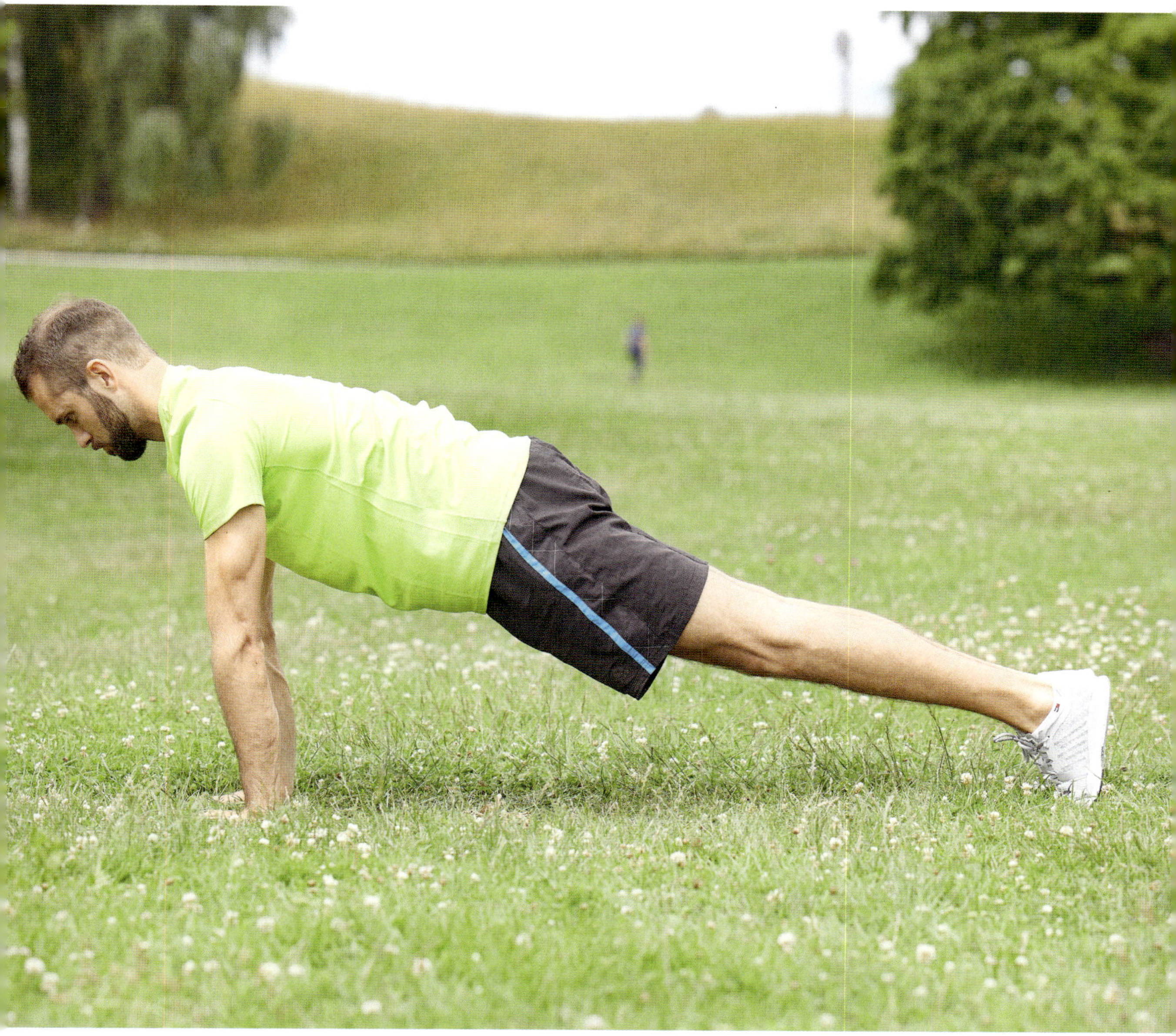

EQUIPMENT: Handschuhe bei Bedarf

TRAININGSPROGRAMME: 2, 3, 5

Crab Twist Toe Touch

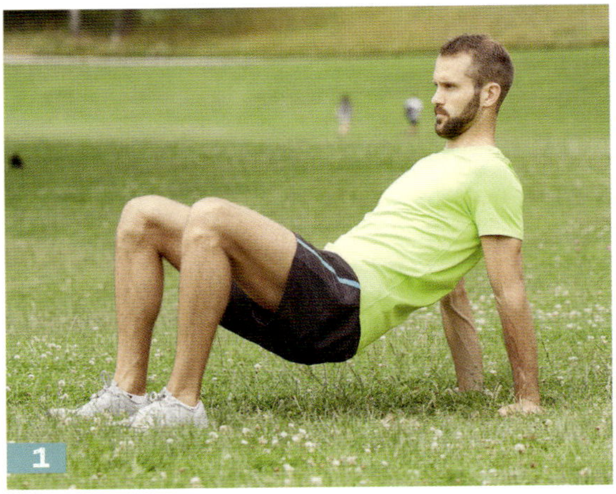

1

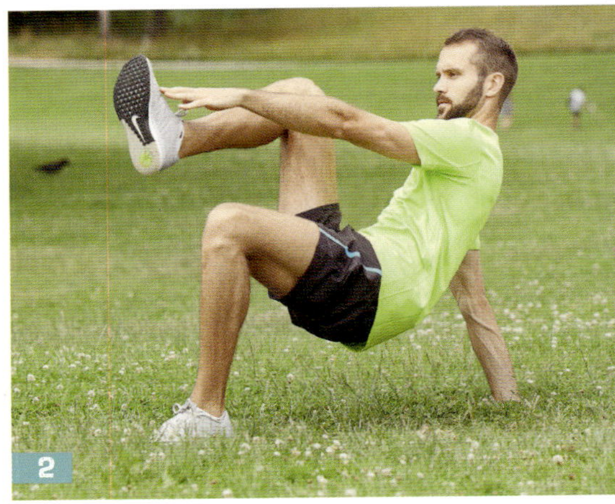

2

Hinter diesem etwas sperrigen Übungsnamen verbirgt sich eine effektive Übung, die nicht nur deine Core-Muskeln kräftigt, sondern gleichzeitig deine Koordination und deine Beweglichkeit schult.

1. Setze dich mit angewinkelten Beinen auf den Boden, platziere die Hände leicht hinter deinem Gesäß (Fingerspitzen zeigen zum Körper) und deine Fußsohlen etwa hüftbreit auf dem Boden. Hebe dein Gesäß an, sodass dein Gewicht nur noch auf deinen Füßen und deinen Händen liegt.
2. Löse nun einen Arm sowie das gegenüberliegende Bein vom Boden und berühre mit den Fingerspitzen deine Fußspitzen. Halte diese Position kurz, bevor du zur anderen Seite wechselst.

Tipp: Führe die Übung möglichst fließend durch und achte darauf, dass du deine Hüfte bewusst nach oben schiebst, deine Bauch- und Gesäßmuskeln während der Übung also angespannt bleiben.

Regression: Wenn du deine Fußspitzen nicht erreichst, reicht auch ein Antippen deiner inneren Fußkante, des Fußrückens oder des Unterschenkels.
Progression: Halte dein Gesäß so weit wie möglich oben und dein Spielbein so gestreckt wie möglich.

Russian Twist

EQUIPMENT: Handtuch

TRAININGSPROGRAMME: 5

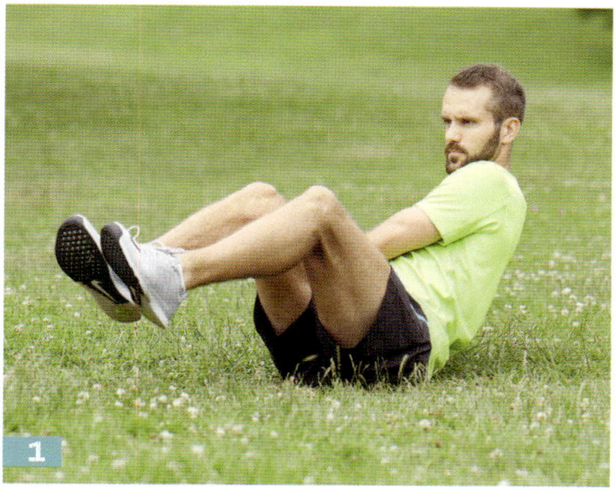

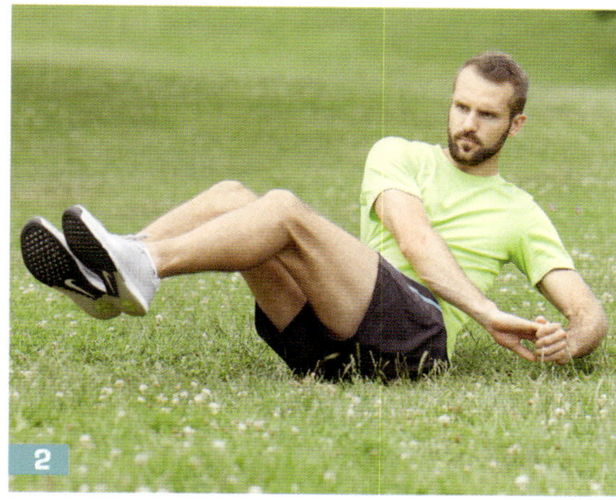

Diese sehr effektive Core-Übung zeichnet sich durch ihre Drehbewegung sowie die Dauerspannung der Muskulatur aus. Es ist die einzige Übung im Programm, die sitzend auf dem Boden ausgeführt wird, weshalb du ein Handtuch mitführen solltest.

1. Setze dich auf deinem Handtuch ab, lehne dich mit geradem Oberkörper nach hinten und hebe die Beine locker angewinkelt nach oben an, wobei sich deine Fersen berühren und deine Knie leicht geöffnet sind. Führe deine Hände zusammen und halte sie locker vor der Brust. Drehe deinen Oberkörper nach rechts und links und tippe mit deinen Händen hinter deinem Gesäß auf den Boden. Deine Beine bleiben dabei möglichst mittig ausgerichtet und bewegen sich nicht mit.
2. Führe die Bewegung nach links aus und wiederhole sie im Wechsel von der einen zur anderen Seite.

Tipp: Atme gleichmäßig ein und aus und achte darauf, dass dein Rücken während der Übung gerade bleibt (Hohlkreuz und Rundrücken vermeiden).
Regression: Fixiere deine Füße am Boden.

EQUIPMENT: Bank und/oder Handtuc

TRAININGSPROGRAMME: 5, 7

Scissor Kick

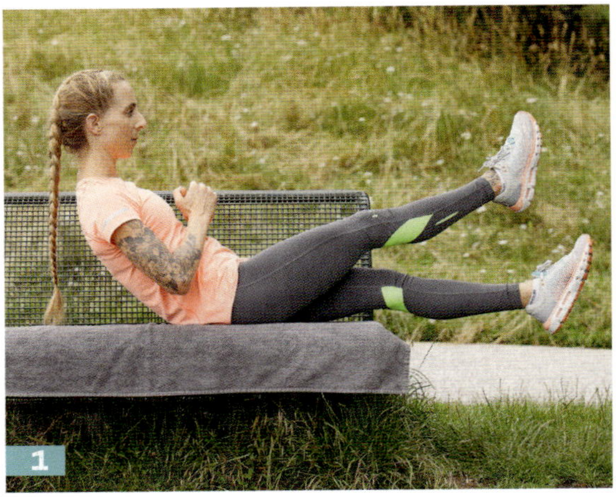

1

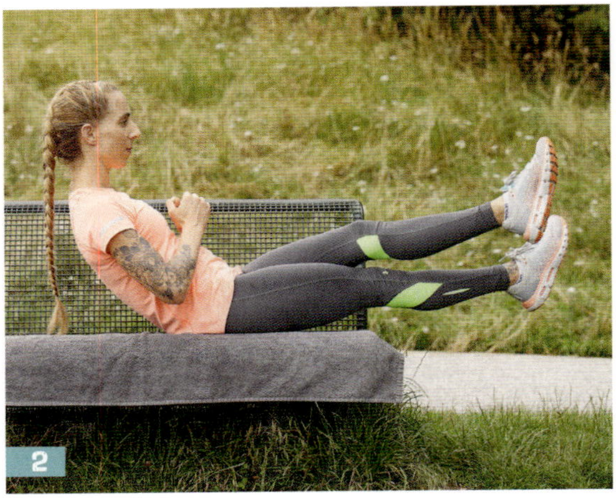

2

Der Scissor Kick, auch Scherenkick oder Scherenschlag genannt, ist eine sehr effektive Übung für deine Rumpfmuskulatur, die du auf der Bank oder auch auf einem Handtuch durchführen kannst. In der hier gezeigten Version führe ich sie in einer hohen »Schiffchen«-Position durch. Du kannst den Oberkörper aber auch ganz ablegen.

1. Setze dich auf eine Bank oder ein Handtuch. Lehne den Oberkörper aufrecht zurück, stütze dich zunächst neben dem Gesäß mit den Händen ab und hebe deine Beine angewinkelt nach oben an. Schiebe die Beine so weit nach vorn in die Streckung, wie du sie mit deiner Bauchmuskulatur halten kannst. Deine Hände kannst du nun locker vor deine Brust nehmen oder überkreuzt auf deinem Oberkörper ablegen.
2. Halte die Bauchspannung und kreuze nun deine Beine im Wechsel über- und untereinander.

Tipp: Du solltest während der ganzen Übung die Bauchspannung halten und gleichmäßig weiteratmen.
Regression: Lege den Oberkörper auf der Bank beziehungsweise auf dem Boden ab. Du kannst deine Hände neben deinen Körper oder unter deinem Gesäß ablegen. Auf einer Bank liegend kannst du auch über Kopf greifen und dich seitlich an der Bank festhalten. Hierbei solltest du darauf achten, nicht ins Hohlkreuz zu fallen.
Variante: Bewege die Beine nach oben und unten (»Flatterkick«).

EQUIPMENT: Handschuhe bei Bedarf

TRAININGSPROGRAMME: 2, 3, 4, 5, 6, 7

Side Plank Dip

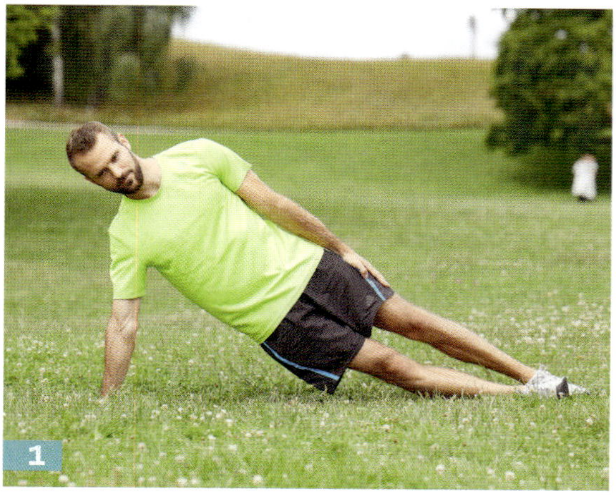

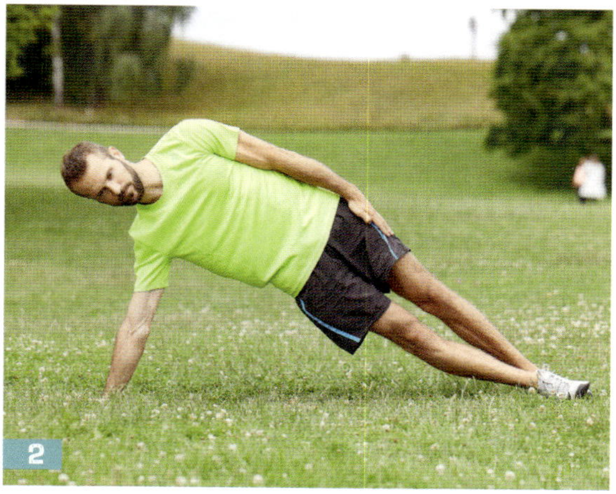

Mit dieser Plank-Variante wird gezielt die seitliche Bauch- und Hüftmuskulatur angesprochen. Ebenso wie die Plank-Position (siehe ab Seite 144) führst du diese Übung nicht auf den Ellbogen, sondern auf den Handflächen aus.

1. Platziere eine Hand flach am Boden, wobei deine Fingerspitzen von dir wegzeigen und sich deine Hand genau unter deiner Schulter befindet. Stelle deine Füße seitlich davon auf, sodass du mit deinem Körper eine gerade Linie bildest. Bestenfalls legst du deine Füße übereinander, du kannst sie zur besseren Stabilität aber auch leicht versetzt voneinander abstellen. Deinen oberen Arm kannst du seitlich auf deinem Körper ablegen, die Hand an die Hüfte legen oder den Arm in einer Linie zum Stützarm vertikal nach oben strecken.
2. Lass deine Hüfte kontrolliert absinken und schiebe sie kraftvoll wieder zurück nach oben.

Tipp: Halte deine Schulter stabil und drücke dich aktiv vom Boden weg. Achte darauf, dass deine Hüfte gerade nach vorn zeigt und sich nicht seitlich nach oben aufdreht.
Regression: Führe die Übung auf den Knien durch.
Progression: »Tauche« aus der vertikalen Armposition (Arm nach oben gestreckt) mit deinem Arm unter deinem Körper hindurch. Komme also in eine Rotation nach unten, wobei du deine Schultern fast parallel zum Boden ausrichtest. Deine Hüfte sollte dabei auf derselben Höhe bleiben.

EQUIPMENT: Superband und Befestigu
TRAININGSPROGRAMME: 2, 3, 5, 7

Stehendes Rumpfdrehen

Diese Übung, für die du das Superband benötigst, ist eine meiner Lieblings-Core-Übungen, die in unterschiedlichen Varianten ausgeführt werden kann. Allen Übungen ist gemein, dass du dein Superband an einem stabilen Gegenstand befestigst und den Oberkörper mittels deiner Core-Muskulatur gegen den Widerstand des Bands drehst. Aber auch ohne Rotation, also nur durch Halten des Bands gegen den Zug, kannst du deine Core-Muskeln aktivieren.

1. Befestige das Superband an einem stabilen Gegenstand, indem du es um den Gegenstand legst und das eine Ende durch die Schlaufe auf der anderen Seite ziehst. Ziehe das Band fest und umschließe es mit beiden Händen. Stelle dich etwa schulterbreit und mit leicht gebeugten Knien im 90-Grad-Winkel zum Band auf, strecke deine Arme auf Schulterhöhe nach vorn aus und bringe das Band auf Vorspannung.
2. Rotiere mit dem Oberkörper gegen den Widerstand des Bands weg von der Befestigung, indem du mit deinen Armen einen Halbkreis vor dir beschreibst. Führe das Band dann langsam und kontrolliert wieder zurück in die Ausgangsposition. Übe zunächst die eine Seite, bevor du nach der Hälfte der Trainingszeit auf die andere Seite wechselst.

Tipp: Folge mit deinem Blick deinen Händen und halte deine Schultern unten (weg von den Ohren). Deine Füße bleiben stabil auf dem Boden fixiert (kein Eindrehen der Ferse). Deine Hüfte kann leicht mitdrehen.
Regression 1: Statt die Arme nach vorn auszustrecken, kannst du sie angewinkelt eng am Körper vor der Brust halten, um den Drehwinkel zu verkleinern.
Regression 2: Halte das Band mit gestreckten Armen und ohne Rotation vor dir auf Zug. Mit der Entfernung zur Befestigung kannst du den Anstrengungsgrad variieren. Achte darauf, dass deine Hüftknochen nach vorn ausgerichtet bleiben. Diese Übung kannst du auch mit angewinkelten, am Körper anliegenden Armen durchführen.
Variante: Befestige das Band möglichst nah am Boden und ziehe es diagonal von (rechts/links) unten nach (links/rechts) oben.

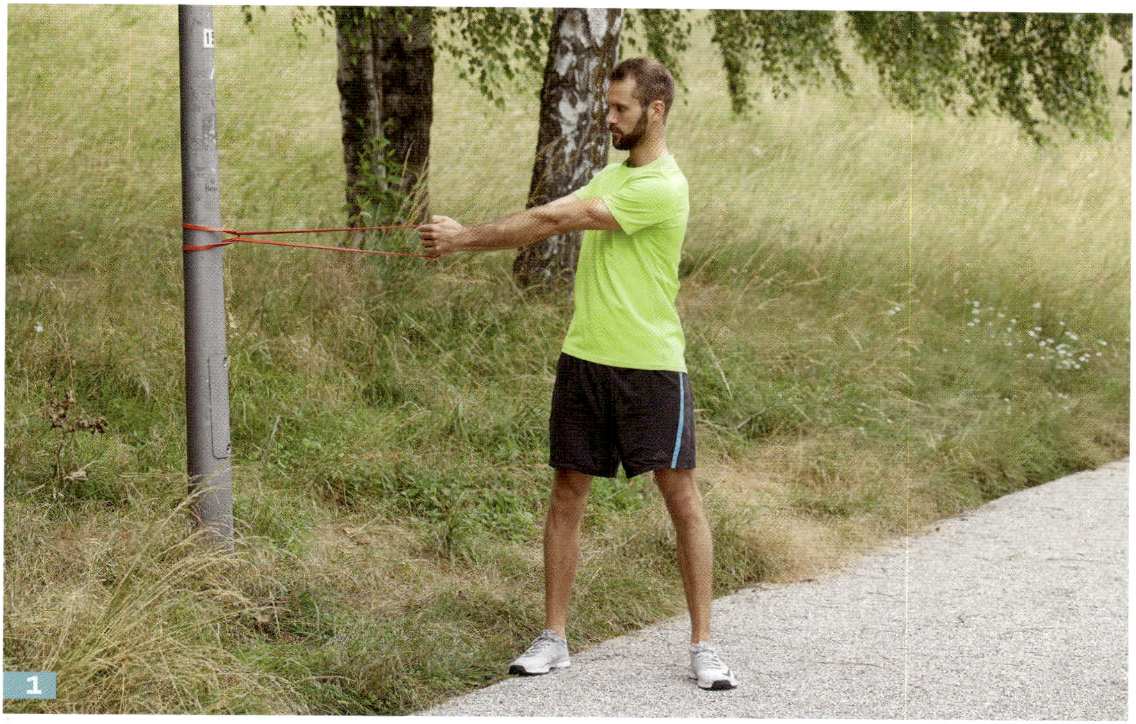
1

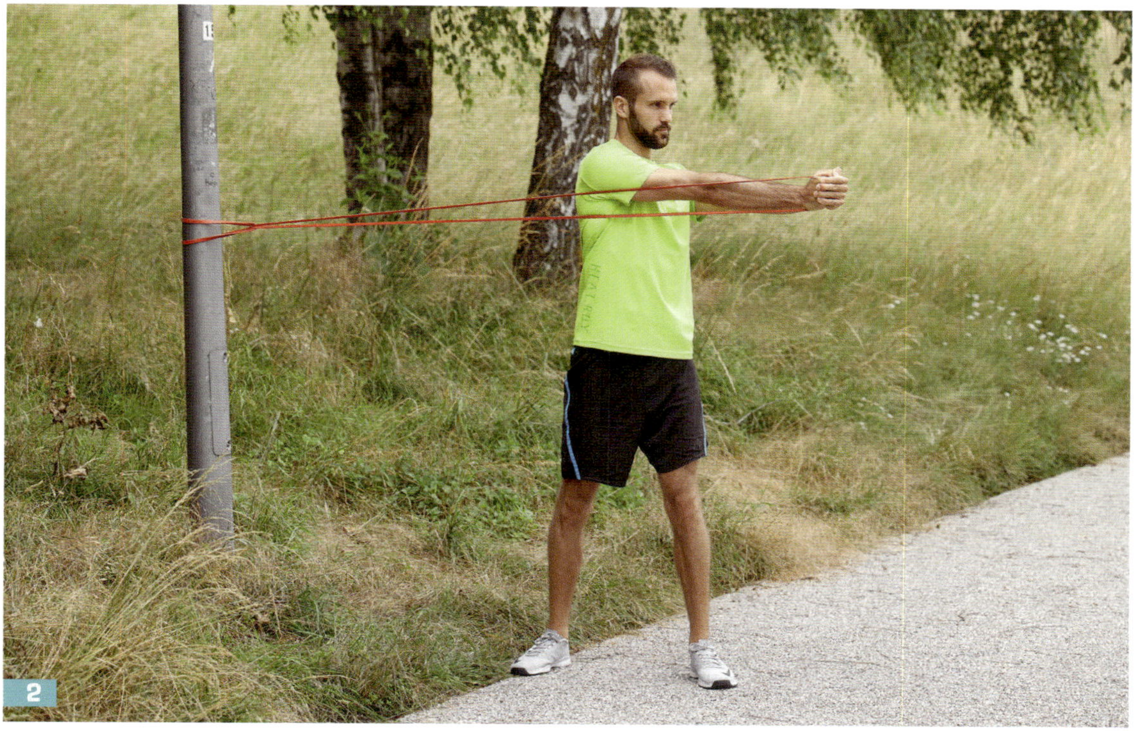
2

EQUIPMENT: Handschuhe bei Bedarf

TRAININGSPROGRAMME: 2, 3, 5, 6

Table Top to Reverse Pike

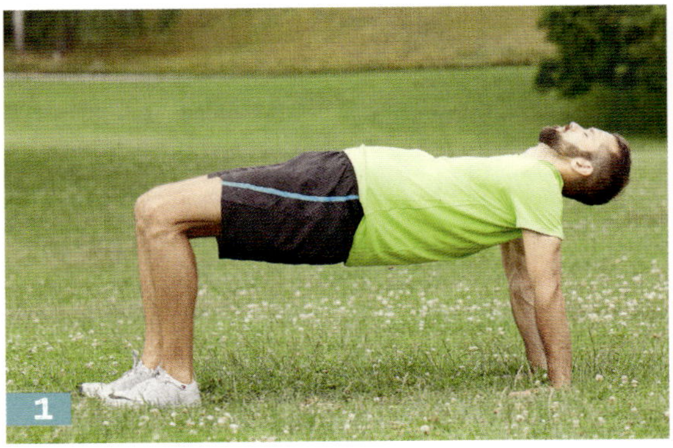

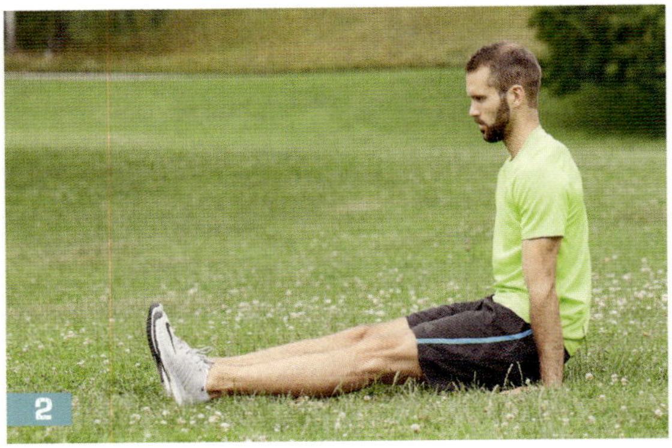

Dieser Zungenbrecher ist eine sehr effektive Übung, die die Tischposition, die du vielleicht aus dem Yoga kennst, mit einer kraftvollen Stützübung verbindet, die nicht nur deine Core- und Schultermuskulatur trainiert, sondern auch deine Koordination und Mobilität herausfordert.

1. Komme in eine sitzende Position und platziere deine Hände unterhalb deiner Schultern am Boden, wobei deine Finger in Richtung deiner Füße zeigen. Stelle deine Beine, angewinkelt und mit flachem Fußaufsatz, ebenfalls schulterbreit am Boden ab. Schiebe deine Hüfte unter Anspannung deiner Gesäßmuskulatur bis auf Kniehöhe nach oben, sodass Arme und Beine vertikal zum Boden stehen und dein Oberkörper eine parallele Linie zum Boden bildet. Dein Kopf befindet sich in Verlängerung der Wirbelsäule (Tischposition).
2. Schiebe deine Hüfte kontrolliert nach unten in Richtung deiner Hände, bis sich dein Gesäß zwischen beziehungsweise leicht hinter deinen Händen befindet. Deine Beine sind nun gestreckt, deine Fersen drücken in den Boden und dein Gesäß schwebt ein paar Zentimeter über dem Boden. Aus dieser Position schiebst du dich wieder kraftvoll zurück in die Tischposition.

Tipp: Führe die Übung fließend und kontrolliert durch und halte die Endpositionen jeweils für einen Atemzug. Achte in der oberen (Tisch-)Position darauf, dass sich dein Kopf in Verlängerung der Wirbelsäule befindet, deine Halswirbelsäule also gerade ist.

EQUIPMENT: Handschuhe bei Bedarf

TRAININGSPROGRAMME: 3, 5, 6, 7

Upward Dog Knee-to-Chest

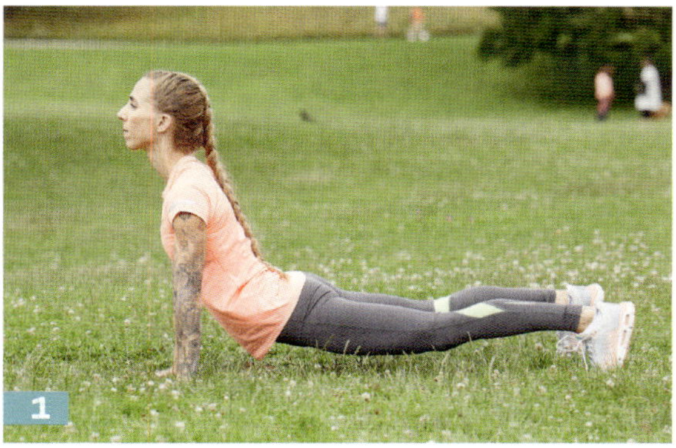

1

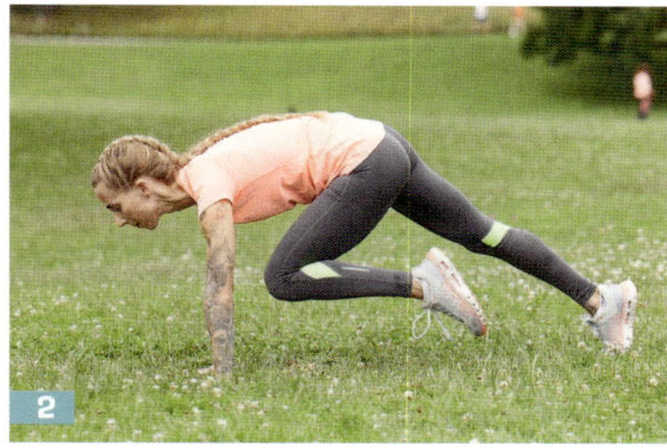

2

Auch bei dieser Übung werden zwei Positionen zu einer fließenden Bewegung kombiniert, die deine Core-Muskeln zum Brennen bringen wird und gleichzeitig deine Beweglichkeit schult. Diese Übung gehört zu einer meiner Lieblingsübungen, da sie aus einer Vordehnung heraus sehr intensiv die tiefe Bauchmuskulatur aktiviert.

1. Starte in der Plank-Position (siehe ab Seite 144). Schiebe deine Hüfte bei aktivierter Bauchmuskulatur kontrolliert Richtung Boden, öffne deinen Brustkorb nach vorn und lege (optional) deinen Kopf leicht in den Nacken (Upward Dog).
2. Ziehe ein Knie kraftvoll und unter Anspannung deiner Bauchmuskulatur in Richtung Brust, wobei du gleichzeitig dein Gesäß nach oben schiebst (Knee-to-Chest). Stelle dann deinen Fuß wieder hüftbreit neben dem anderen auf den Boden, komme kontrolliert in den Upward Dog und führe das Heranziehen des Knies mit dem anderen Bein durch.

Tipp: Atme beim Heranziehen des Knies aus und ziehe den Bauchnabel aktiv nach innen oben. Konzentriere dich während des Anziehens bewusst auf die Aktivierung deiner Körpermitte. Atme beim Herunterführen der Hüfte aus und halte trotz Dehnposition deine Bauchmuskulatur aktiviert. Gehe nur so tief in die Rückbeuge, wie es deinem Rücken guttut.

Progression: Wenn du die Übung sicher ausführen kannst, erhöhe die Geschwindigkeit, sodass du in einen zügigen Wechsel zwischen den Beinen kommst, der nicht nur deine Core-Muskulatur herausfordert, sondern auch dein Herz-Kreislauf-System aktiviert.

EQUIPMENT: Bank und/oder Handtuch

TRAININGSPROGRAMME: 5, 7

V-Crunch

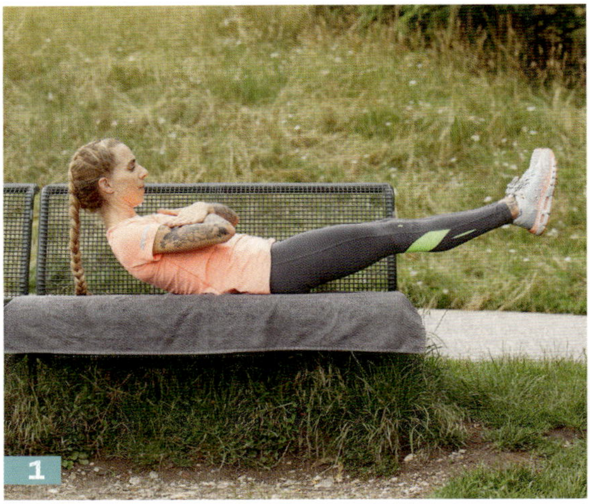
1

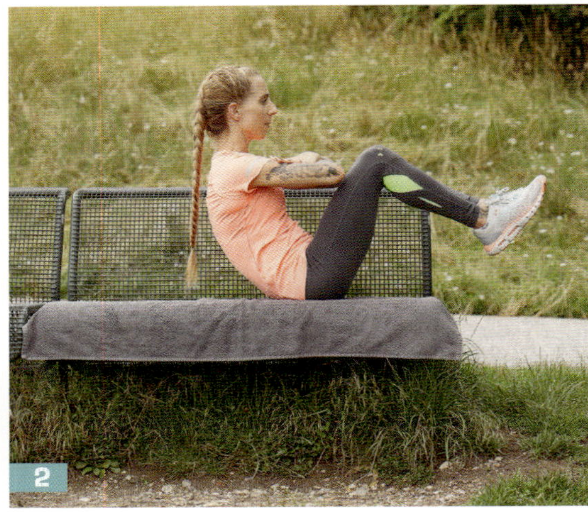
2

Als letzte Core-Übung habe ich eine Crunch-Variante gewählt, die ohne vollständiges Abliegen auf dem Rücken auskommt und dennoch, oder gerade deswegen, deine Bauchmuskulatur ordentlich herausfordern wird.

1. Komme in Rückenlage auf eine Bank oder dein Handtuch. Spanne deine Bauchmuskulatur an, hebe deine Beine angewinkelt nach oben und schiebe sie dann nach vorn in die Streckung, bis sie sich etwa 20 bis 30 Zentimeter über dem Boden beziehungsweise der Bank befinden. Hebe nun die Schulterblätter nach oben an. Deine Arme sind überkreuzt auf deiner Brust abgelegt (Schiffchen-Position).
2. Führe unter Aktivierung deiner Bauchmuskulatur Ellbogen und Knie zusammen, indem du deinen Oberkörper nach oben bringst und deine Knie anwinkelst. Kehre dann langsam und kontrolliert in die Schiffchen-Position zurück.

Tipp: Führe die Übung ohne Schwung durch, hebe und senke dich also nur mit der Kraft deiner Bauchmuskulatur. Halte deinen Kopf gerade und ziehe das Kinn nicht zur Brust.
Regression: Platziere deine Hände neben deinem Gesäß und stütze dich ab, während du deine Knie abwechselnd streckst (Oberkörper lehnt nach hinten) und zur Brust ziehst.
Progression: Strecke deine Arme in der Schiffchen-Position über Kopf und berühre beim Nach-oben-Kommen mit den Händen deine Unterschenkel.

BEWEGLICHKEIT

Beweglichkeit ist die Voraussetzung jeder sportlichen Leistung und damit auch wichtiger Bestandteil jedes ganzheitlichen Trainingsansatzes. Dieser Übungsteil umfasst 13 mobilisierende Übungen, die im Rahmen der Trainingsprogramme in Kapitel 4 während des Warm-ups oder des Cool-downs ausgeführt werden, sowie 14 statisch gehaltene Dehnübungen, die das Training abschließen. Weiter findest du acht Übungen mit der Faszienrolle und dem Faszienball, die Teil des Mobility-Tags sind und die du selbstverständlich durch weitere Faszienübungen ergänzen darfst. Abschließend erläutere ich dir detailliert und in Einzelschritten den Mobility-Flow, der deinem Körper an den richtigen Stellen die nötige Beweglichkeit schenken soll und den du zur aktiven Regeneration nutzen kannst.

MOBILITY

Bei den folgenden Übungen handelt es sich um mobilisierende Bewegungen, die möglichst fließend und teils auch dynamisch zu Beginn des Trainings durchgeführt werden sowie am Ende des Trainings zur Lockerung der Muskulatur und Wiederherstellung des Bewegungsradius dienen. Versuche, sie regelmäßig in deine Routine einzubauen – ich bin sicher, sie werden dir ein noch besseres Lauf- und Trainingserlebnis ermöglichen.

EQUIPMENT: Superband

TRAININGSPROGRAMME: 1, 3, 7, 8

Armkreisen

Das Armkreisen mit Superband ist Teil meines täglichen Warm-ups. Falls du noch nie an deiner Schultermobilität gearbeitet hast, kannst du sie zu Beginn auch ohne Band durchführen beziehungsweise mit einem sehr elastischen Band arbeiten, bis du den nötigen Bewegungsradius erreicht hast.

1. Komme in einen hüftbreiten Stand mit leicht gebeugten Knien, spanne dein Gesäß und deinen Bauch leicht an und greife das Band von oben an beiden Enden vor deinem Körper.
2. Führe das Band mit gestreckten Armen nach oben über den Kopf ...
3. ... und dann, ohne die Arme anzuwinkeln, hinter den Körper, bis es dein Gesäß berührt. Von dort führst du es mit gestreckten Armen wieder über den Kopf nach vorn in die Ausgangsposition.

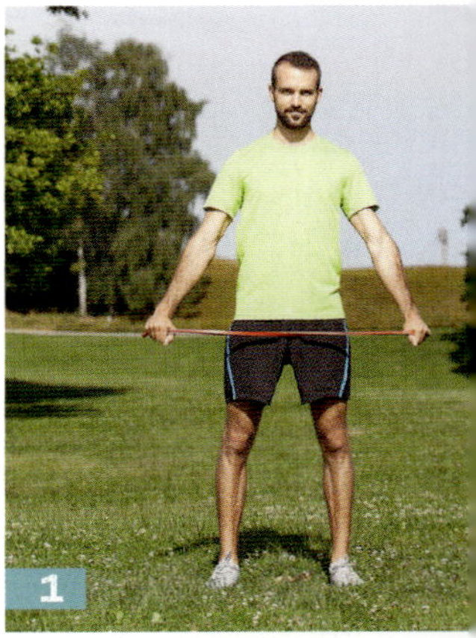

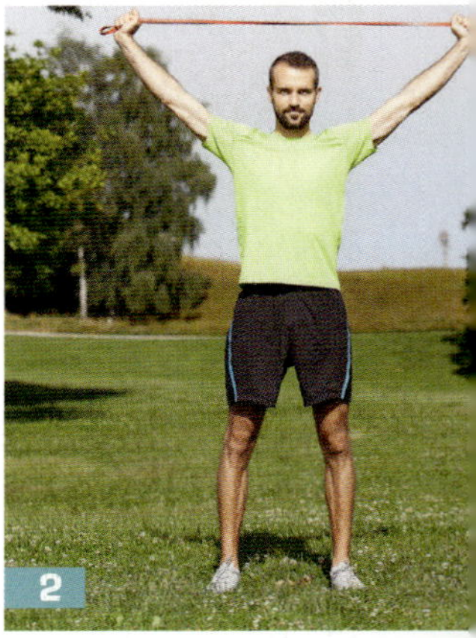

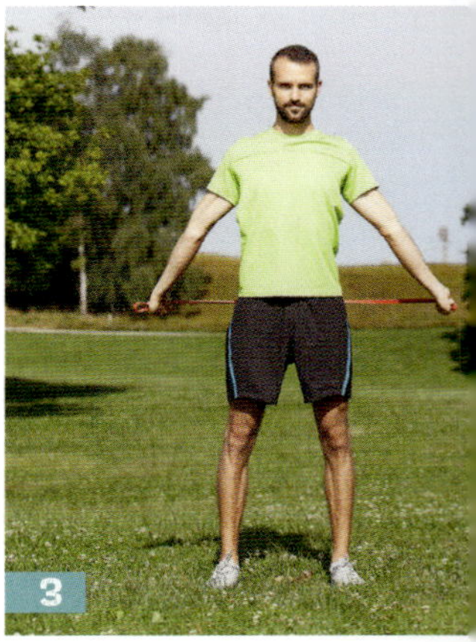

Tipp: Halte die Schultern nach unten gezogen (weg von den Ohren), insbesondere, wenn du die Arme über dem Kopf gestreckt hältst. Deine Handgelenke bleiben gerade und stabil in Verlängerung der Unterarme. Zwinge dich nicht in die Bewegung hinein und führe diese Übung nur dann aus, wenn du sie mit gestreckten Armen sauber durchführen kannst.

Regression 1: Greife deine Hände hinter deinem Körper und ziehe die gefalteten Hände so weit wie möglich nach oben (Schultern bleiben unten, Oberkörper ist gerade, kein Hohlkreuz!). Lasse die Hände los und führe deine Arme gestreckt vor dem Körper nach oben. Wenn sie über Kopf sind, versuche, die gestreckten Arme mit nach hinten zeigenden Daumen so weit wie möglich hinter deine Ohren zu ziehen.

Regression 2: Führe das Armkreisen ohne Band durch.

Regression/Progression: Über die Stärke des Bands sowie deine Griffbreite (je weiter, desto leichter) kannst du den Schwierigkeitsgrad der Übung anpassen.

EQUIPMENT: keins

TRAININGSPROGRAMME: 1, 4, 6, 7, 8, 10, 12

Wechselseitiges Armschwingen

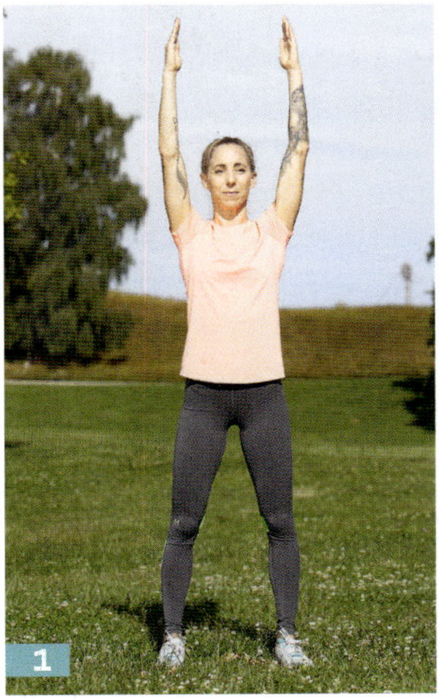

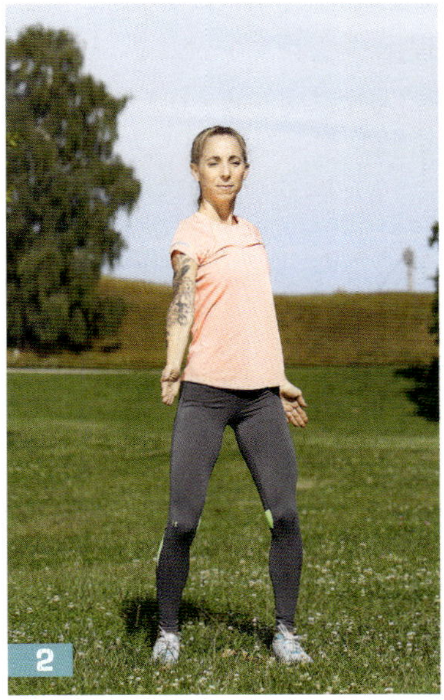

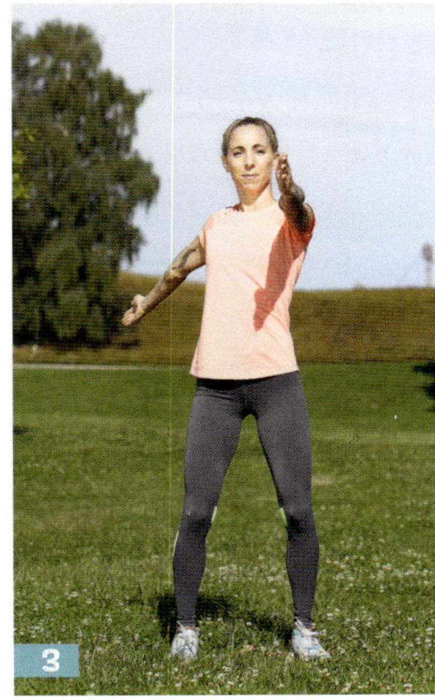

Diese Schwungübung, die etwas Koordination bedarf, kennst du vielleicht noch aus dem Schul- oder Vereinssport. Startend in der Über-Kopf-Position, führst du die Arme gegengleich nach vorn und hinten, wobei sie sich immer wieder über Kopf treffen. Solltest du dich fragen, warum du deine Schultern vor dem Laufen aufwärmen solltest, denke bitte daran: Auch beim Laufen ist eine gute Schultermobilität entscheidend für einen optimalen Laufstil.

1. Starte im schulterbreiten Stand mit deinen gestreckten Armen über Kopf.
2. Führe einen Arm nach vorn und einen Arm nach hinten und in einem möglichst großen Kreis wieder zurück über Kopf, wo sich beide Arme wieder treffen.
3. Komm in eine fließende Schwungbewegung und wechsle nach der Hälfte der Trainingszeit die Richtung.

Tipp: Halte deinen Bauch leicht angespannt und deine Schultern weg von den Ohren. Lass deine Arme möglichst locker und ohne Muskelkraft schwingen. Du kannst die Schwungbewegung durch eine leichte Kniebeugung unterstützen.

EQUIPMENT: Möglichkeit zum Festhalten bei Bed

TRAININGSPROGRAMME: 1, 2, 4, 6, 7, 9, 10, 11, 12

Beinschwingen

Diese Übung halte ich für eine der wichtigsten Aufwärmübungen vor dem Laufen, da sie den Bewegungsradius der Hüfte nach vorn und hinten sicherstellt, der beim Laufen entscheidend ist. Es handelt sich hierbei um eine fasziale Schwungbewegung, die sich durch die Kombination aus lockerem Schwingen des Beins bei gleichzeitiger, stabiler Körpermitte auszeichnet. Gerade zu Beginn empfehle ich, dich an einem Baum, Laternenpfahl oder Ähnlichem festzuhalten, um dich voll auf die Schwungbewegung deines Beins konzentrieren zu können.

1. Hebe aus dem hüftbreiten Stand ein Bein leicht vom Boden an. Sorge für einen stabilen Stand, indem du dein Gewicht gleichmäßig auf dem ganzen Fuß deines Standbeins verteilst. Dein Standbein ist dabei nicht durchgedrückt und deine Beinachse gerade. Führe das locker gebeugte Schwungbein nach hinten und den Arm der gleichen Seite nach vorn.
2. Schwinge nun dein Schwungbein nach vorn und hinten. Deine Arme schwingen gegengleich nach vorn und hinten mit. Dabei bleibt dein Oberkörper aufrecht und deine Hüfte gerade nach vorn gerichtet. Beginne zunächst mit einer kleinen Bewegung und erhöhe dann allmählich den Bewegungsradius. Wechsle nach der Hälfte der Trainingszeit die Seite.

Tipp: Achte trotz der lockeren Schwungbewegung auf eine stabile Körpermitte. Reiße dein Bein nicht mit Gewalt in die Dehnung, sondern lass es möglichst locker wie ein Pendel schwingen (lass die natürliche Schwungbewegung passieren, anstatt sie zu erzwingen). Komme mit deinem Bein nur so weit nach oben, dass du deine Oberschenkelmuskulatur nicht überdehnst. Ein Zusammenklappen des Körpers nach vorn sollte vermieden werden, ebenso das Aufdrehen der Hüfte nach außen. Halte eine leichte Beugung im Knie – dein Bein sollte weder überstreckt noch zu sehr angewinkelt werden.

Regression: Stütze dich während der Übung an einem Baum, einer Mauer oder Ähnlichem ab. Deine andere Hand kannst du locker in der Hüfte ablegen. Das Schwungbein ist das vom Haltegegenstand wegzeigende Bein. Falls du die Möglichkeit hast, dein Standbein auf einer kleinen Erhöhung zu platzieren, erleichtert dies das Durchschwingen des Schwungbeins.

Progression: Führe das Schwingen mit einer kleinen Hüpfbewegung aus.

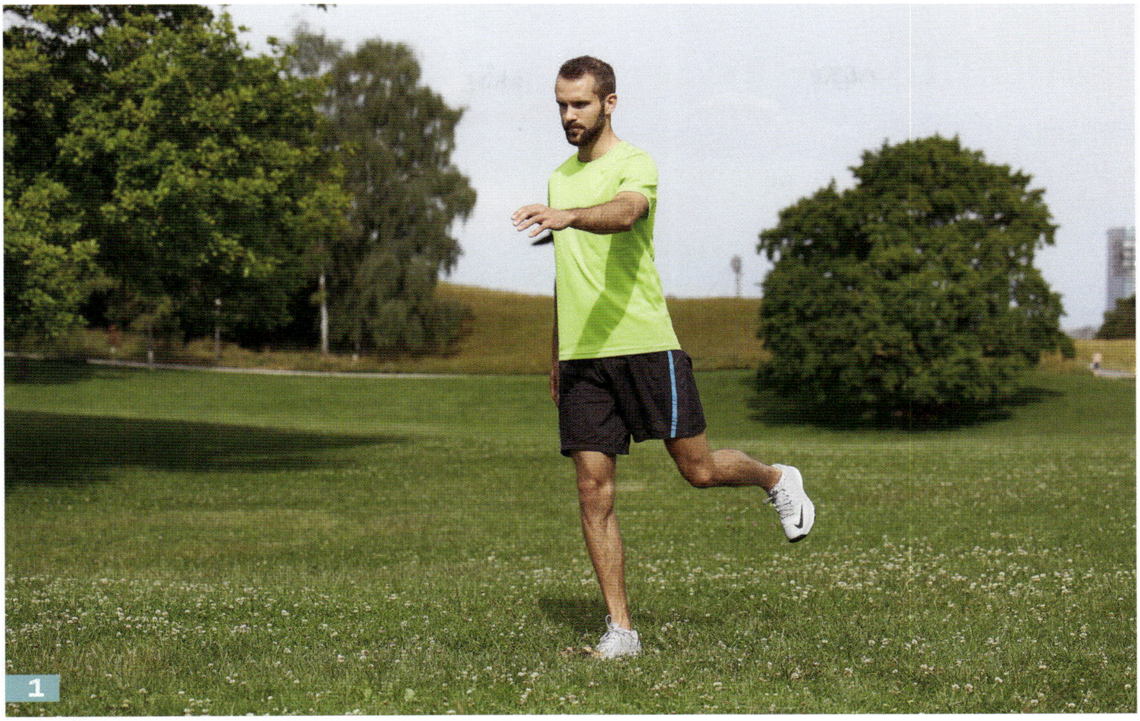
1

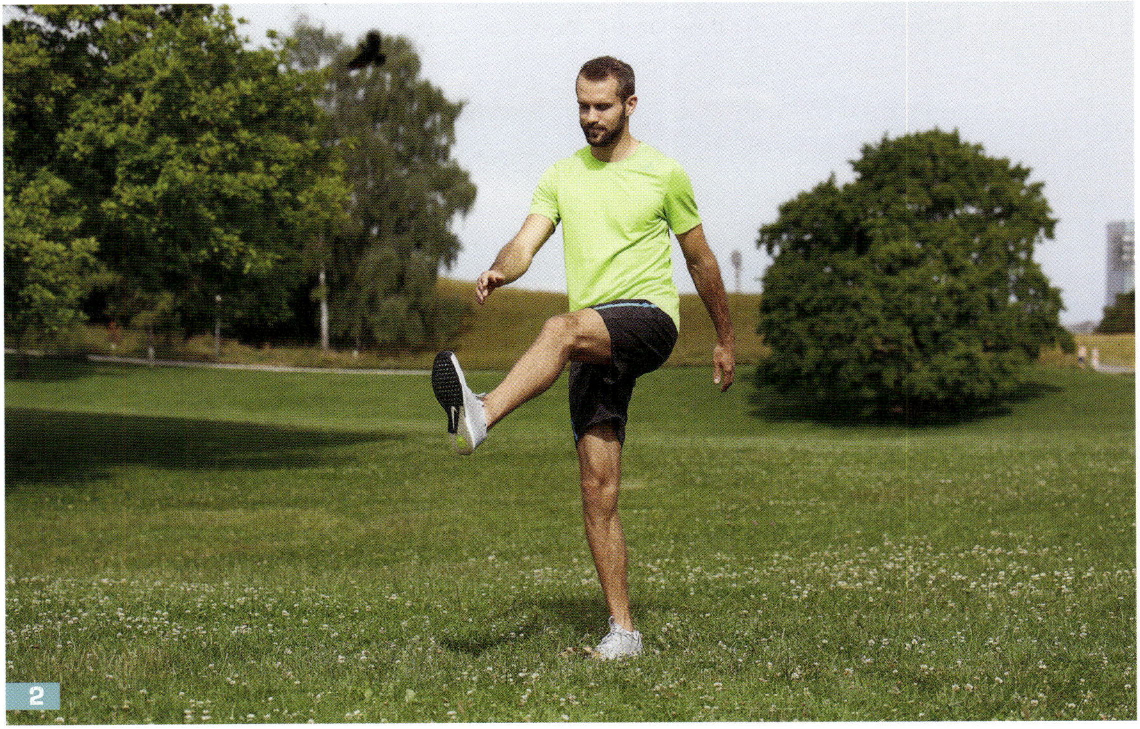
2

EQUIPMENT: Möglichkeit zum Festhalten bei Bed

TRAININGSPROGRAMME: 1, 2, 4, 6, 7, 9, 11

Beinschwingen zur Seite

Mit dieser Schwungbewegung wird die Hüftbeweglichkeit zur Seite sichergestellt. Diese ist für die Laufbewegung nicht ganz so entscheidend – da soll die Hüfte zur Seite eher stabilisiert werden. Die Übung kommt bei den Trainingsprogrammen daher insbesondere dort zum Einsatz, wo im anschließenden Workout gezielt die seitliche Hüft- und Gesäßmuskulatur trainiert wird. Darüber hinaus gehört eine gute Hüftbeweglichkeit auf allen Bewegungsebenen zu einem ganzheitlichen Trainingsansatz dazu.

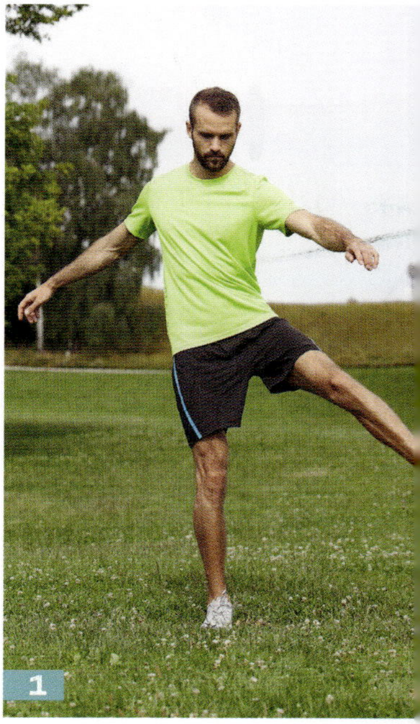
1

1. Hebe aus dem hüftbreiten Stand ein Bein leicht vom Boden an. Sorge für einen stabilen Stand, indem du dein Gewicht gleichmäßig auf den ganzen Fuß deines Standbeins verteilst. Dein Standbein ist dabei nicht durchgedrückt und deine Beinachse gerade. Führe das leicht gebeugte Schwungbein bei gerader Hüfte zur Seite nach oben. Deine Arme kannst du zur besseren Balance etwas abgespreizt vom Körper halten.
2. Schwinge dein Schwungbein vor dein Standbein und wieder zurück in die seitliche Abspreizung. Deine Arme schwingen gegengleich mit. Beginne mit einer kleinen Bewegung und steigere dann allmählich den Bewegungsradius. Wechsle nach der Hälfte der Trainingszeit die Seite.

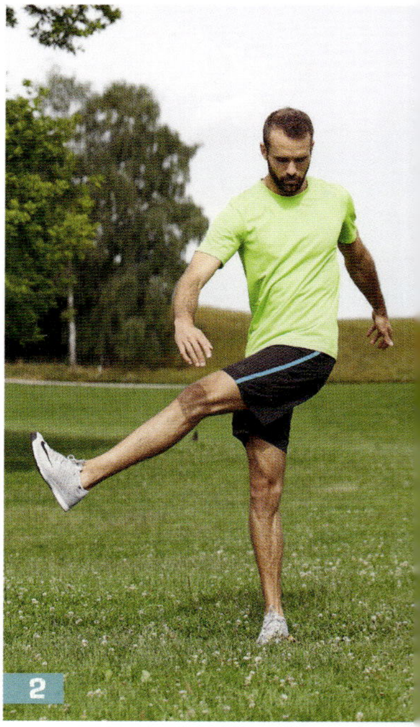
2

Tipp: Drehe deine Hüfte beim Schwingen nach außen nicht nach oben auf.

Regression: Stütze dich während der Übung an einem Baum, einer Mauer oder Ähnlichem ab. Deine andere Hand kannst du locker in der Hüfte ablegen. Das Schwungbein ist das vom Haltegegenstand wegzeigende Bein.

EQUIPMENT: keins
TRAININGSPROGRAMME: 2, 3, 5, 6, 7, 8, 9

Cat-Cow

Diese Mobilisationsübung, die du vielleicht aus dem Yoga kennst, ist eine wunderbare Übung, um deine untere Rückenmuskulatur zu mobilisieren, die Beweglichkeit der Wirbelsäule zu verbessern und Verspannungen in diesem Bereich zu lösen. Im Gegensatz zum Yoga, bei der sie meist im Vierfüßlerstand ausgeführt wird, kannst du sie aufgrund der besseren Praktikabilität im Stehen durchführen.

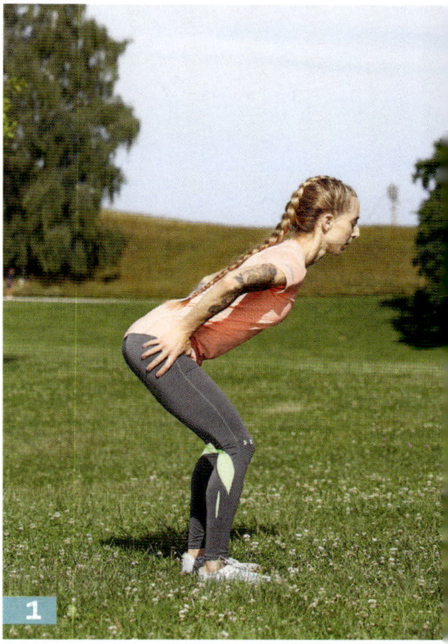
1

1. Komme in eine leichte Squat-Position und lehne deinen Oberkörper mit geradem Rücken nach vorn. Nimm deine Hände an die Hüfte. Deine Daumen zeigen dabei nach innen und deine Schultern sind nach außen geöffnet. Mit dem Einatmen schiebst du dein Gesäß nach hinten oben und deinen Rücken in ein Hohlkreuz. Gleichzeitig schiebst du das Brustbein nach oben und öffnest deinen Brustkorb (Cow-Position).
2. Mit dem Ausatmen rollst du deinen Rücken in eine »Buckel«-Position, bei der du deine Lendenwirbelsäule nach oben schiebst und deinen Bauchnabel nach innen oben ziehst (Cat-Position). Verbinde die beiden Positionen zu einer fließenden Bewegung im Einklang mit deiner Atmung.

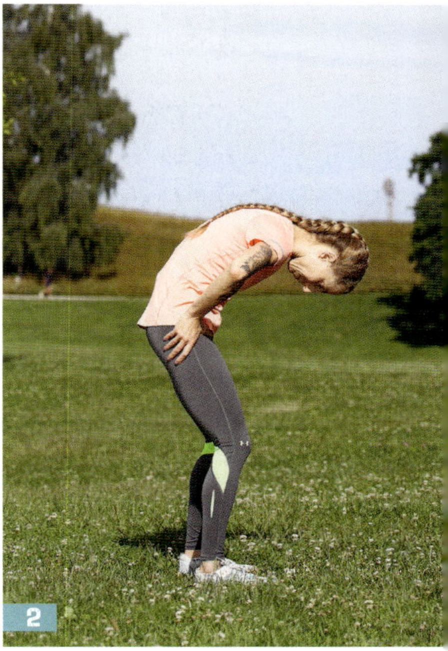
2

Tipp: Achte darauf, dass du deine Schultern nicht nach oben verspannst, sondern sie von den Ohren weg nach unten ziehst.

Duck Walk

EQUIPMENT: keins

TRAININGSPROGRAMME: 1, 2, 4, 6, 7, 9, 1

Wie du siehst, bedienen sich die Übungen etlicher Bewegungsmuster aus dem Tierreich. So auch bei dieser Übung, bei der das Watscheln von Enten simuliert wird. Was bei ihnen so leicht anmutet, wird dich vielleicht vor einige Herausforderungen stellen, denn bei dieser im Deep Squat ausgeführten Vorwärtsbewegung bedarf es einer sehr guten Beweglichkeit in Hüfte und Fußgelenken.

1. Starte in einer tiefen Squat-Position (»Resting Position«). Deine Knie schieben in Richtung deiner Fußspitzen nach außen, dein Gesäß hängt nach unten durch und dein Rücken ist gerade. Deine Hände kannst du locker vor dem Körper halten.
2. Hebe deine Fersen an und komme in eine Bewegung nach vorn, indem du einen Fuß vor den anderen setzt und dich auf den Abrollvorgang über die Fußballen konzentrierst.

Tipp: Beim Abrollvorgang des Fußes schiebst du dein Knie nach außen weg, öffnest dabei die Hüfte nach außen und setzt dann erst den Fuß nach vorn.

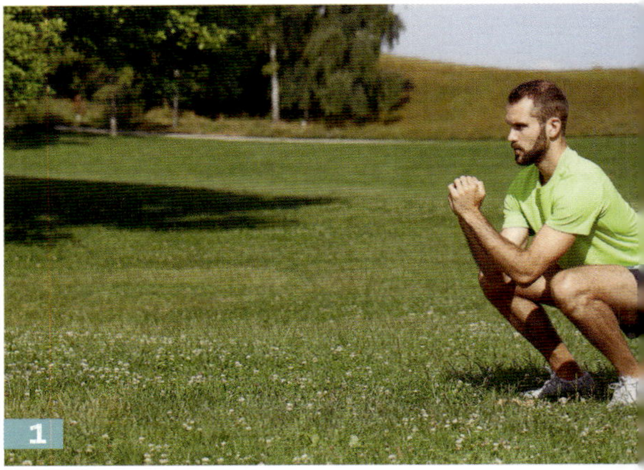
1

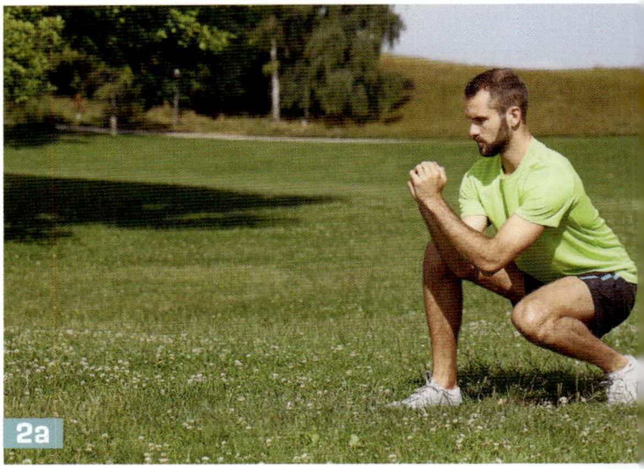
2a

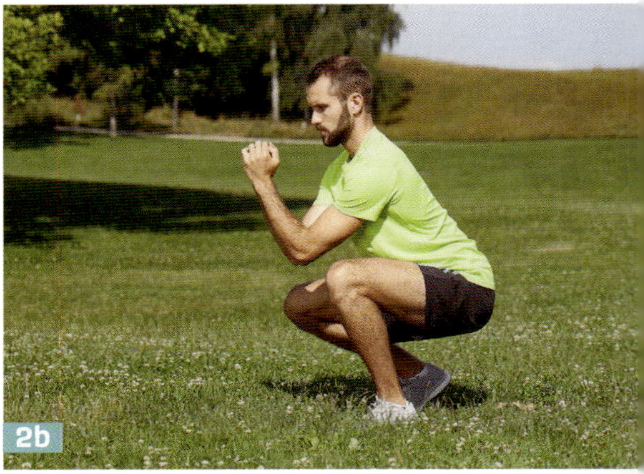
2b

EQUIPMENT: keins

TRAININGSPROGRAMME: 1, 2, 4, 6, 9, 11, 12

Fußkreisen

Dies ist eine kleine, aber sinnvolle Übung, um dein Fußgelenk in alle Richtungen beweglich zu halten und auf die folgende Laufbewegung vorzubereiten. Denke daran: Eine fehlende Mobilität im Fußgelenk kann sich aufs Kniegelenk auswirken und dort zu Problemen führen.

1. Stelle dich hüftbreit auf und hebe ein Bein leicht gestreckt vor deinen Körper. Deine Hände kannst du in der Hüfte ablegen.
2. Kreise den Fuß deines Spielbeins in möglichst großem Bewegungsradius in beide Richtungen. Übe mit dem anderen Fuß nach der Hälfte der Trainingszeit.

Tipp: Ohne Schuhe lässt sich diese Übung noch besser durchführen. Du kannst das Fußkreisen auch in deinen Alltag integrieren, indem du es beispielsweise während des Zähneputzens am Morgen barfuß absolvierst. Deine Füße werden es dir danken!

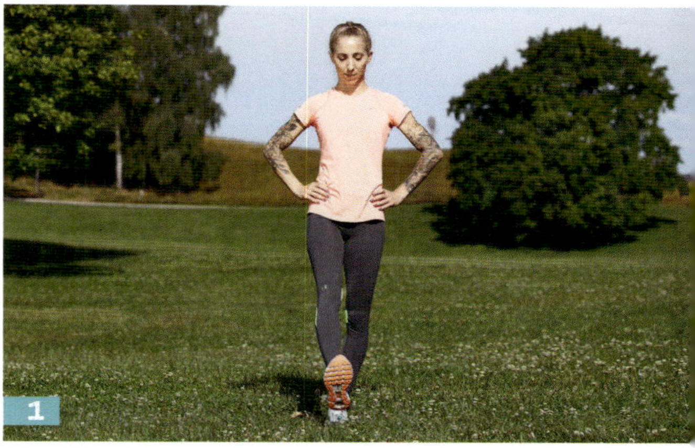

1

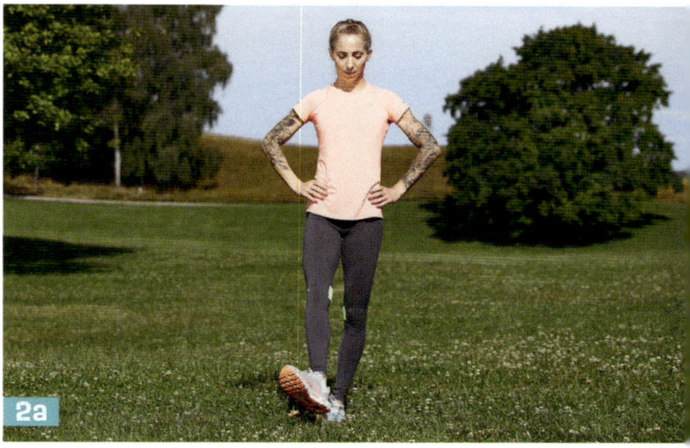

2a

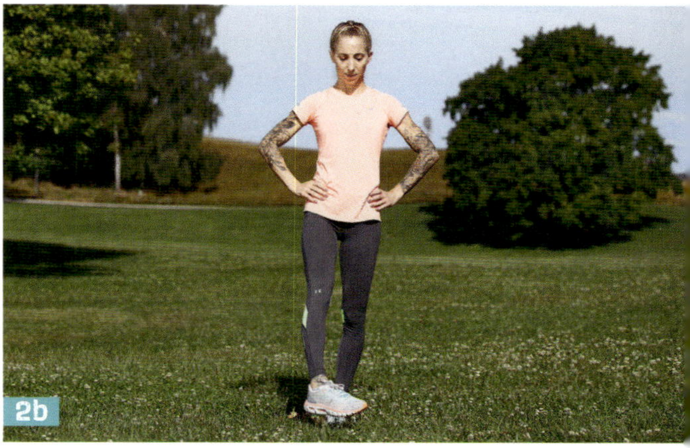

2b

EQUIPMENT: keins

TRAININGSPROGRAMME: 3, 4, 5, 6, 7,

Handkreisen

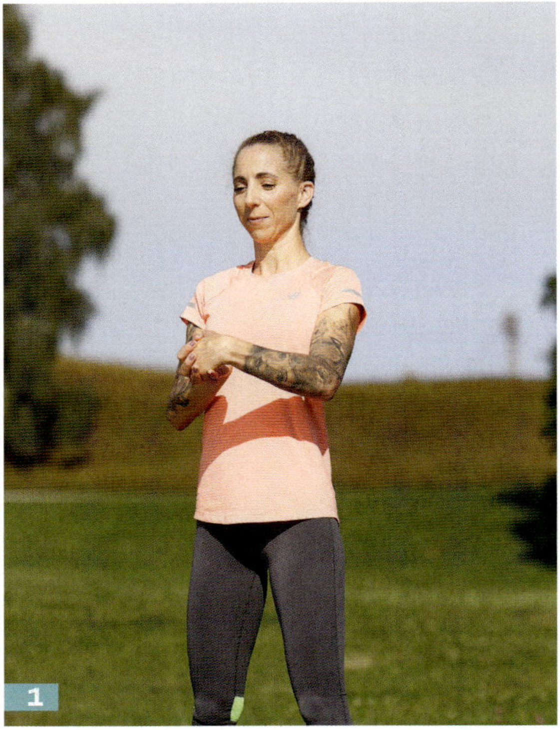

1

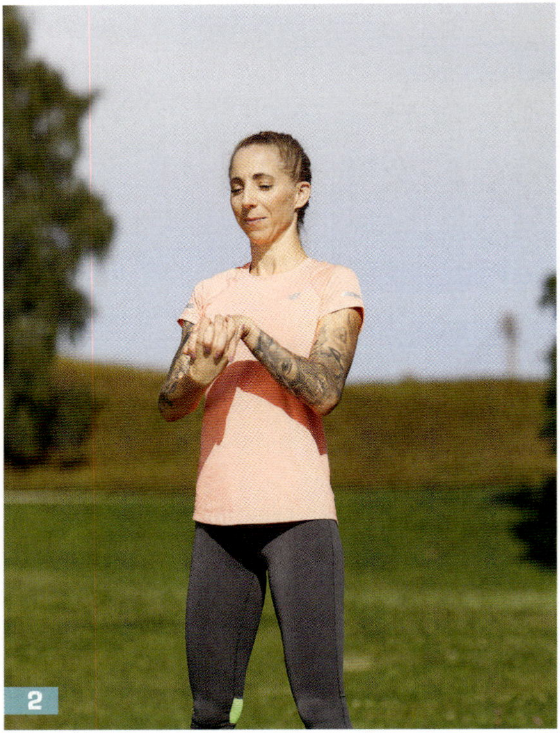

2

Wusstest du, dass das Mobilisieren der Hände nicht nur für Übungen wichtig ist, die auf den Händen ausgeführt werden, sondern auch fürs Laufen? Vor ein paar Jahren hatte ich hierzu ein interessantes Gespräch mit einem »Animal Flow«-Trainer, der mir erklärte, wie sich eine lockere Handhaltung aufs Gehirn und damit auch auf den Laufstil auswirken kann. Wer mit verkrampften Händen läuft, wird sich auch beim Laufen verkrampfen. Entspannte Hände dagegen signalisieren dem Kopf: Alles ist in Ordnung! Dies schafft die Voraussetzung für eine flüssige, geschmeidige Laufbewegung.

1. Stelle dich hüftbreit auf und falte die Hände.
2. Kreise die Hände in möglichst großem Bewegungsradius in beide Richtungen.

Tipp: Zusätzlich zum Kreisen kannst du deine Finger kneten und die Fingerspitzen bei gestrecktem Arm (einzeln und gemeinsam) in alle Richtungen zu dir heranziehen.

EQUIPMENT: keins

TRAININGSPROGRAMME: 1, 2, 4, 5, 6, 7, 9, 10, 11, 12

Hüftrotation

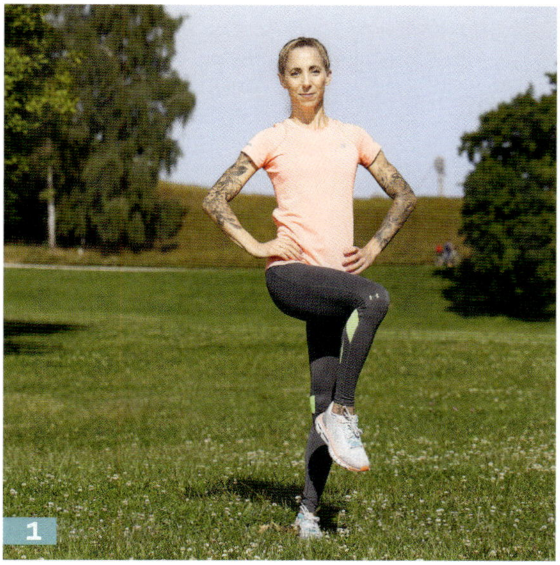
1

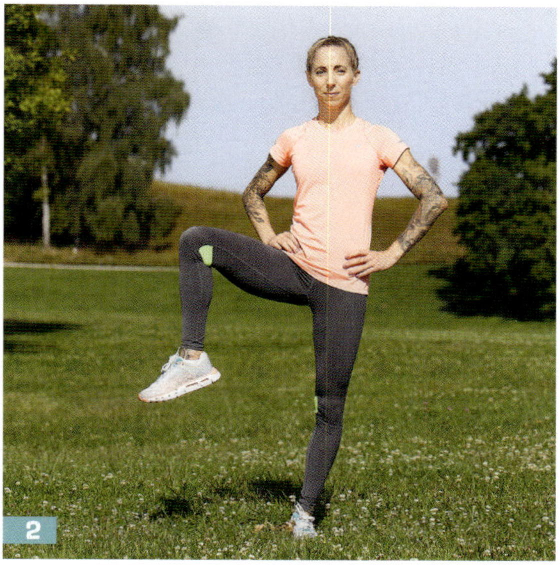
2

Mit dieser im Stehen ausgeführten Mobilisationsübung wird die Beweglichkeit der Hüfte erweitert und werden gleichzeitig Koordination und Gleichgewichtssinn geschult.

1. Stelle dich schulterbreit auf und hebe ein Bein angewinkelt nach oben an. Das Standbein ist leicht gebeugt und das Gewicht gleichmäßig auf dem Fuß verteilt. Deine Hände kannst du in der Hüfte ablegen. Beginne, mit dem Knie des Spielbeins große Kreise vor dem Körper in die Luft zu »zeichnen«.
2. Rotiere zunächst von innen nach außen und dann von außen nach innen. Beim Öffnen der Hüfte befindet sich dein Knie leicht hinter deinem Körper. Nach der Hälfte der Trainingszeit wechselst du das Standbein und führst die Übung auf der anderen Seite durch.

Tipp: Für eine bessere Balance suche dir einen Fixpunkt vor dir, auf den du dich konzentrieren kannst. Halte deinen Kopf gerade, deinen Oberkörper aufrecht und deinen Unterschenkel locker.

Regression: Bei Bedarf kannst du dich zur besseren Stabilität an einem Gegenstand festhalten.

Progression: Schreibe mit dem Knie ein Unendlichkeitszeichen (eine auf der Seite liegende Acht) in die Luft.

EQUIPMENT: keins

TRAININGSPROGRAMME: 1, 3, 6, 7, 11,

Hüftkreisen

Das Hüftkreisen ist eine sanfte Bewegung, die der Mobilität der Hüfte und des Beckens in alle Richtungen dient. Damit wird nicht nur ein sauberer Laufstil möglich, sondern auch der nächsten Hula-Hoop-Einheit steht nichts mehr im Weg!

- Komme in einen schulterbreiten Stand. Deine Hände kannst du an deiner Hüfte ablegen. Deine Knie sind leicht gebeugt und deine Füße fest auf dem Boden verankert. Kreise zunächst dein Becken in einer fließenden Bewegung in beide Richtungen. Vergrößere dann den Kreis und nimm die Hüfte mit, indem du die Hüftknochen bei der Kreisbewegung aktiv nach vorn, hinten und zu beiden Seiten schiebst.

Tipp: Achte darauf, nur das Becken beziehungsweise die Hüfte um deine Körperachse zu kreisen. Kopf und Füße bleiben dabei vertikal übereinander ausgerichtet und bewegen sich nicht mit.

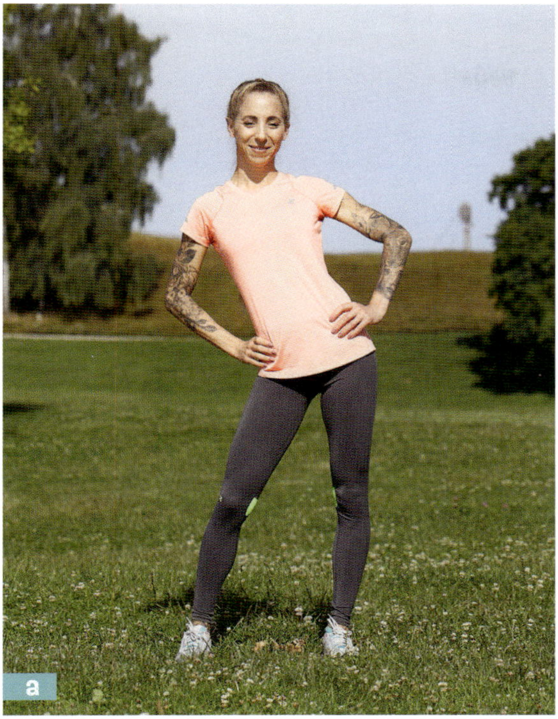

a

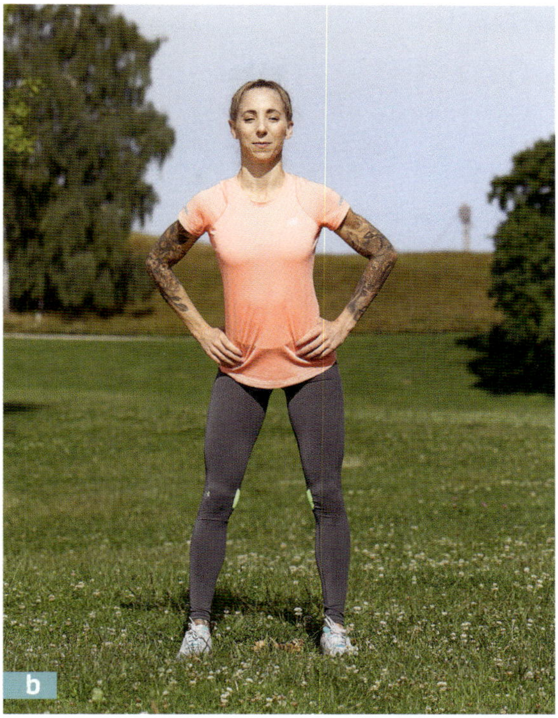

b

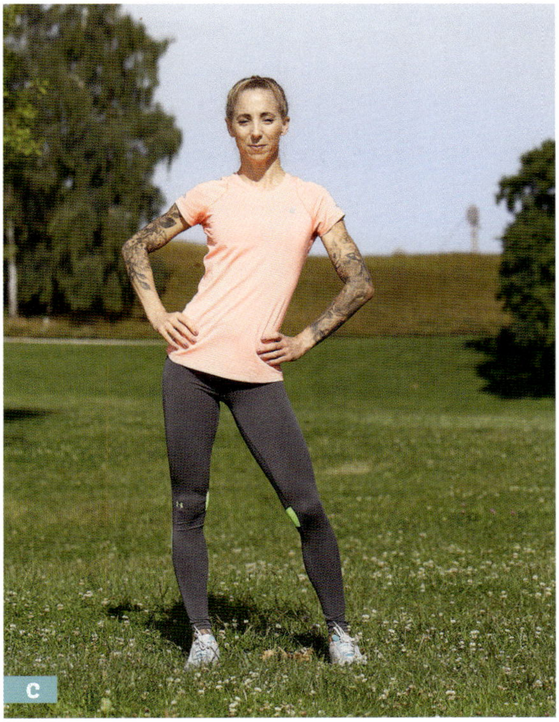

c

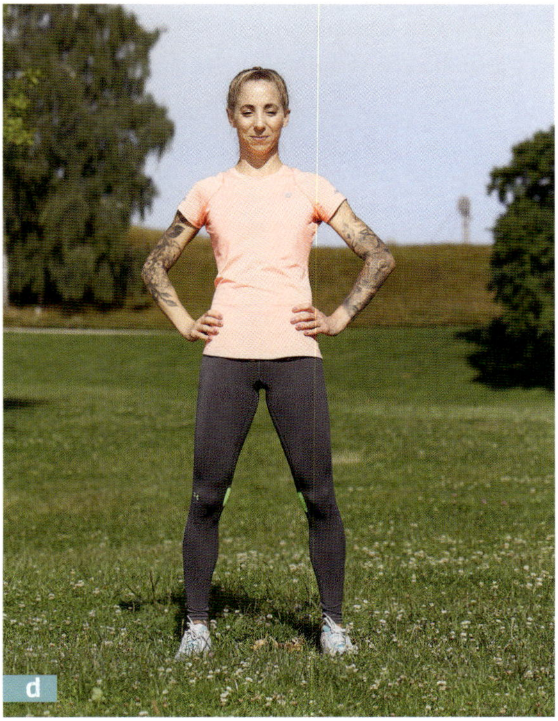

d

EQUIPMENT: Handschuhe bei Bedarf

TRAININGSPROGRAMME: 2, 3, 4, 5, 6, 7, 10, 11

Inchworm

Der Inchworm simuliert erneut eine Bewegung aus dem Tierreich. Er kombiniert Mobilitätstraining mit vorbereitender Muskelaktivierung und eignet sich daher perfekt fürs Warm-up.

1. Starte im schulterbreiten Stand und rolle dich Wirbel für Wirbel nach unten, bis du mit den Händen den Boden berührst. Deine Knie kannst du dabei leicht beugen.
2. Platziere deine Hände abwechselnd vor dir auf dem Boden und komme dadurch in eine Vorwärtsbewegung von deinen Füßen weg. Dabei hältst du nach Möglichkeit deine Beine zunächst gestreckt und deine Fersen in Richtung Boden gedrückt.
3. Löse langsam deine Fersen vom Boden und komme unter voller Körperspannung in die Plank-Position (siehe ab Seite 144). Krabble dann mit den Händen wieder zurück zu den Füßen und richte dich auf.

Tipp: Zwinge dich nicht in die Vorwärtsbeuge mit gestreckten Knien, sondern rolle dich Wirbel für Wirbel nach unten und beuge bei Bedarf die Knie, um den Boden zu berühren. Achte auf deine Rumpfspannung und eine gerade Halswirbelsäule.

Variante: Komme in eine Vorwärtsbewegung, indem du aus der Plank-Position nicht wieder mit den Händen zurück zu den Füßen krabbelst, sondern stattdessen die Füße zu den Händen bewegst. Komm dabei nur so weit mit Händen und Füßen zusammen, wie du deine Beine gestreckt und deine Fersen am Boden halten kannst. Dann bewege dich wieder mit den Händen weg von den Füßen, sodass du dich wie eine Raupe nach vorn bewegst.

Progression: Du erweiterst die Plank-Position, indem du mit deinen Händen Schritt für Schritt so weit vor deine Schultern kommst, wie du deine Rumpfspannung aufrechterhalten kannst.

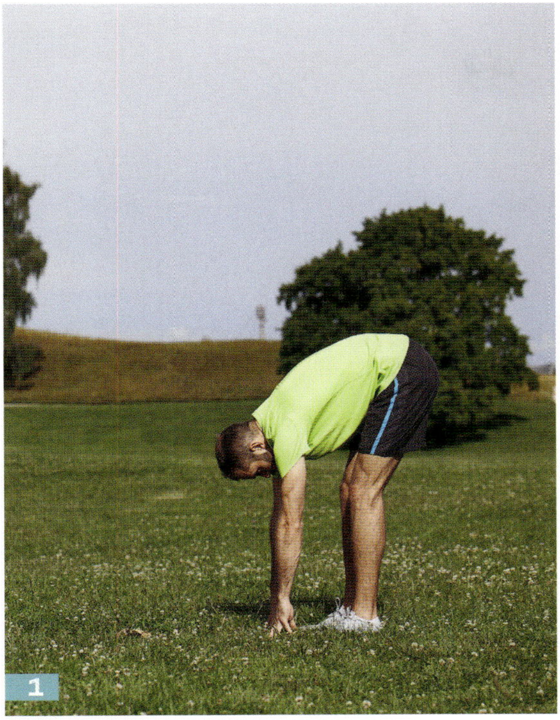
1

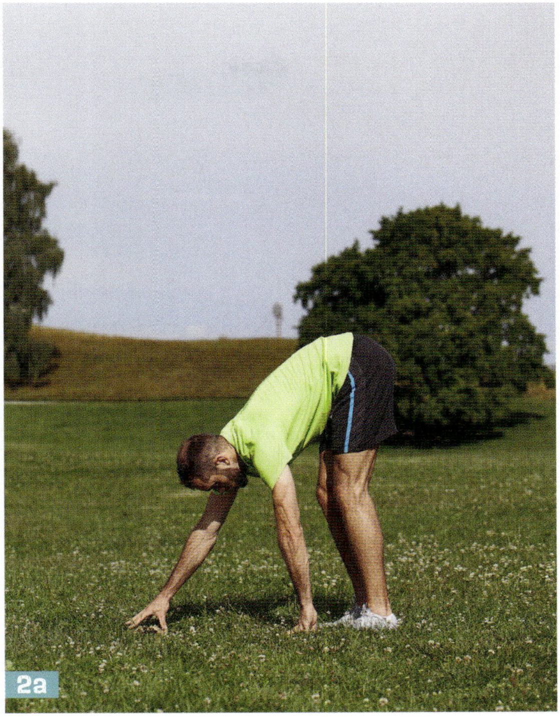
2a

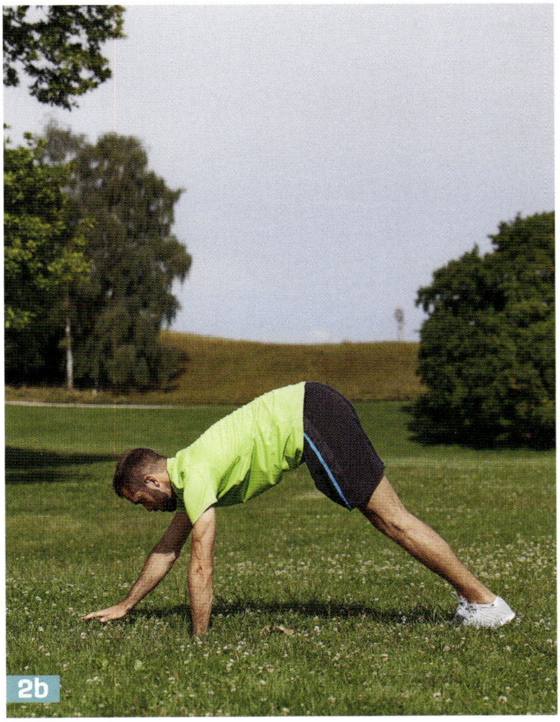
2b

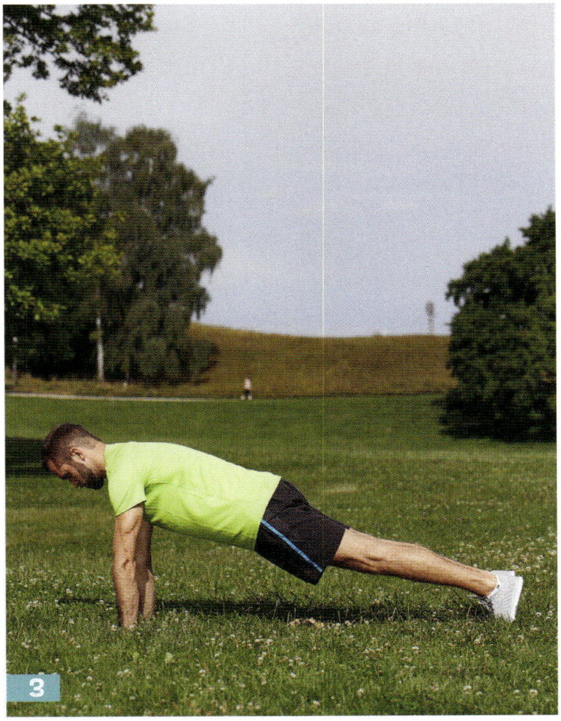
3

EQUIPMENT: keins

TRAININGSPROGRAMME: 1, 2, 3, 4, 5, 6, 7, 8

Oberkörperrotation

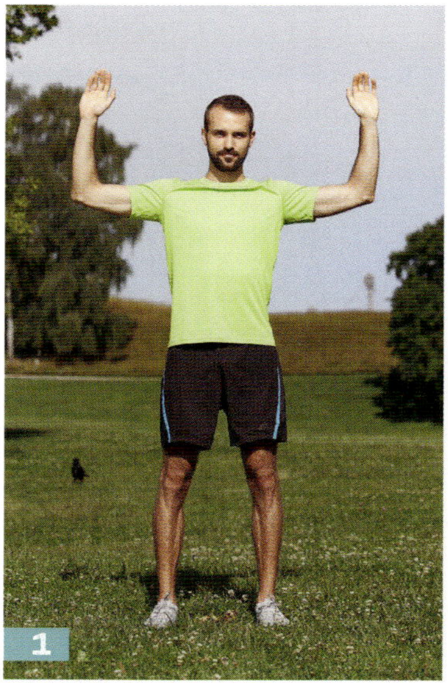
1

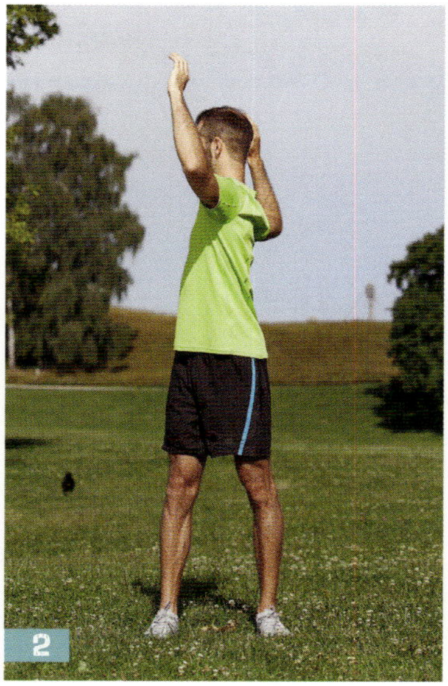
2

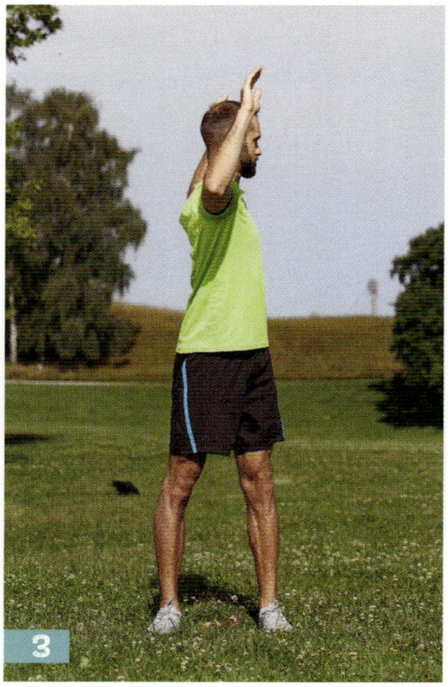
3

Diese Übung mobilisiert deine Brustwirbelsäule und aktiviert gleichzeitig deine Rumpfmuskulatur. Ein unbeweglicher Oberkörper kann deine Laufleistung beeinflussen – du solltest daher die Mobilisation in diesem Bereich nicht unterschätzen und sie regelmäßig in dein Training einplanen.

1. Stelle dich schulterbreit auf und hebe deine Arme im rechten Winkel auf Schulterhöhe an. Deine Hände zeigen dabei nach vorn. Achte auf einen stabilen Stand, eine nach vorn fixierte Hüfte und einen weit geöffneten Brustkorb.
2. Spanne deinen Bauch an und rotiere deinen Oberkörper von links nach rechts, wobei deine Ellbogen die Bewegung anführen. Mit deinem Blick folgst du der Bewegung.
3. Führe die Bewegung zur anderen Seite aus.

Tipp: Halte deine Knie und Hüftknochen stabil nach vorn ausgerichtet und achte darauf, dass du die Rotationsbewegung nur im Oberkörper ausführst – dein Unterkörper bewegt sich nicht mit.

Variante: Führe links und rechts kleine Bounce-Bewegungen aus, indem du zweimal mit dem Ellbogen nach hinten ziehst, bevor du auf die andere Seite rotierst.

EQUIPMENT: keins

TRAININGSPROGRAMME: 1, 3, 7, 8, 12

Windmühle

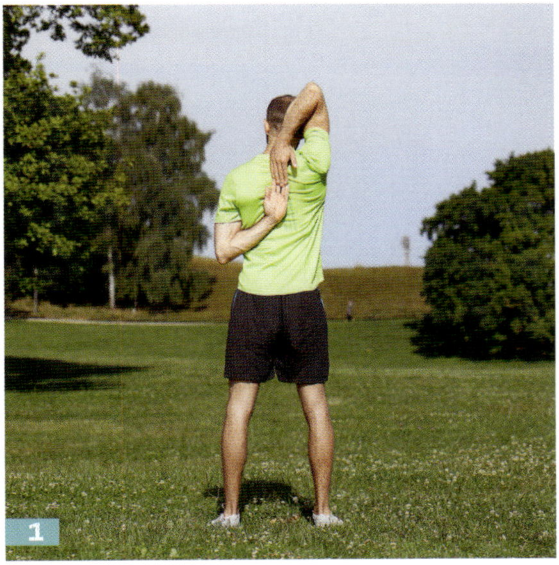

1

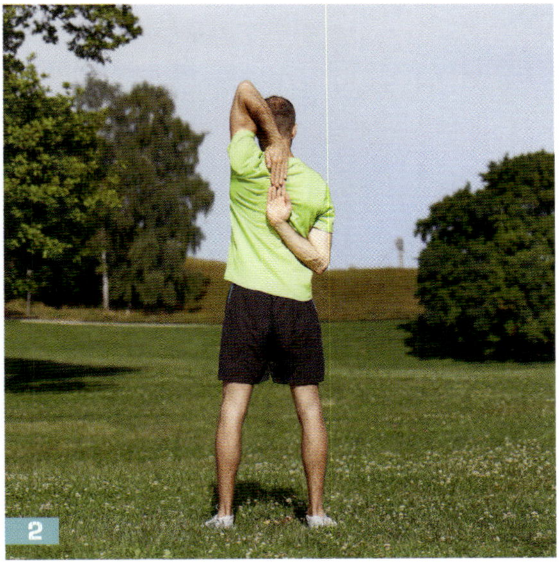

2

Diese Übung basiert auf dem aus dem Functional Training bekannten Schultermobilitätstest, bei dem es gilt, die Hände hinter dem Rücken so weit wie möglich zusammenzuführen. Du kannst diese Übung als fließend ausgeführte Bewegung zur Sicherstellung der Mobilität deiner Schultergelenke einsetzen.

1. Stelle dich hüftbreit auf und strecke einen Arm nach oben, den anderen nach unten. Winkle deine Arme an und versuche, hinter dem Rücken deine Hände zu berühren.
2. Strecke deine Arme und führe einen großen Kreis auf die andere Seite aus, sodass sich nun dein anderer Arm oben befindet. Versuche auch auf dieser Seite, deine Hände hinter dem Rücken zu berühren. Komme in eine fließende Bewegung mit wechselnden Armen.

Tipp: Achte auf eine gleichmäßige Bewegung und zwinge dich nicht in die Endposition. Spanne deinen Bauch aktiv an, um nicht ins Hohlkreuz zu fallen. Halte deine Halswirbelsäule gerade.

STRETCHING

Die Stretching-Übungen werden nach dem Training ausgeführt und sollen dazu dienen, die Körperstrukturen sanft in die Länge zu ziehen und den Körper zurück in den Ausgangszustand zu bringen. Auch mental sollen sie dir dabei helfen, zur Ruhe zu finden und dich zu entspannen. Ich habe 14 statische Dehnungen ausgewählt, die die wichtigsten Muskelgruppen umfassen und draußen ausgeführt werden können. Solltest du es dir einrichten können, führe sie zu Hause ohne Schuhe durch. Bitte halte jede Dehnung mindestens 60 bis 90 Sekunden lang konzentriert und bewusst, atme gleichmäßig ein und aus und verstärke mit der Ausatmung die Tiefe der Dehnung, aber nur so weit, wie es dein Körper zulässt. Ein Hineinzwingen in die Dehnungen ist ein absolutes No-Go!

EQUIPMENT: vertikale Fläche

TRAININGSPROGRAMM: 1, 2, 3, 4, 5, 6, 7, 8, 10

Brustöffner

Dies ist eine sehr wohltuende Übung für alle Schreibtischtäter, für die du eine vertikale Fläche zum Ablegen deiner Hände benötigst. Eine Wand eignet sich am besten, da du hier flexibel die Höhe bestimmen kannst, auf der du deine Hände platzierst.

- Stelle dich etwa eine Schrittlänge von der vertikalen Fläche auf und platziere beide Hände über Kopf und mit gestreckten Armen auf der Fläche. Deine Knie sind leicht gebeugt. Schiebe deinen Brustkorb nach unten, bis du eine angenehme Dehnung in Brust und Schultern spürst.

Tipp: Halte deinen Rücken gerade und deinen Kopf in Verlängerung der Wirbelsäule.

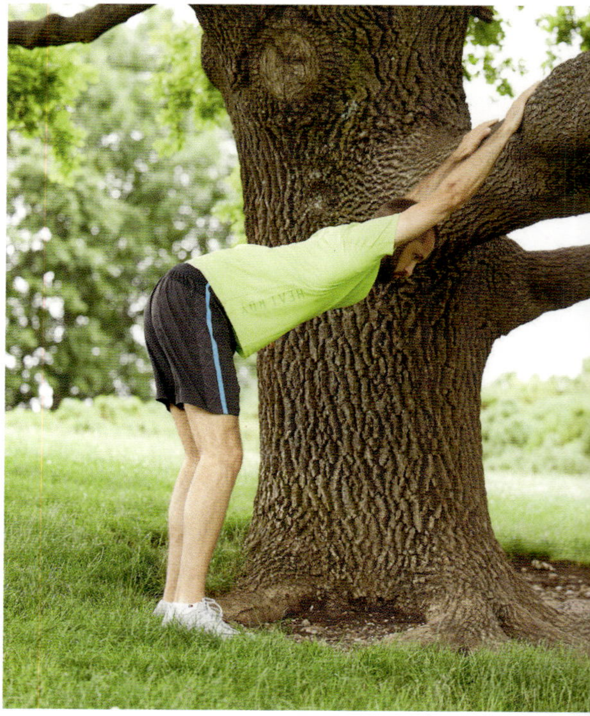

Brust-Schulter-Bizeps-Stretch

EQUIPMENT: vertikale Fläche
TRAININGSPROGRAMME: 1, 2, 3, 4, 8, 10, 12

Diese Übung ist eine sehr intensive Dehnung für Arm, Schulter und Brust, für die du zum Ablegen deiner Hand eine Wand, einen Baumstamm oder eine andere vertikale Fläche benötigst.

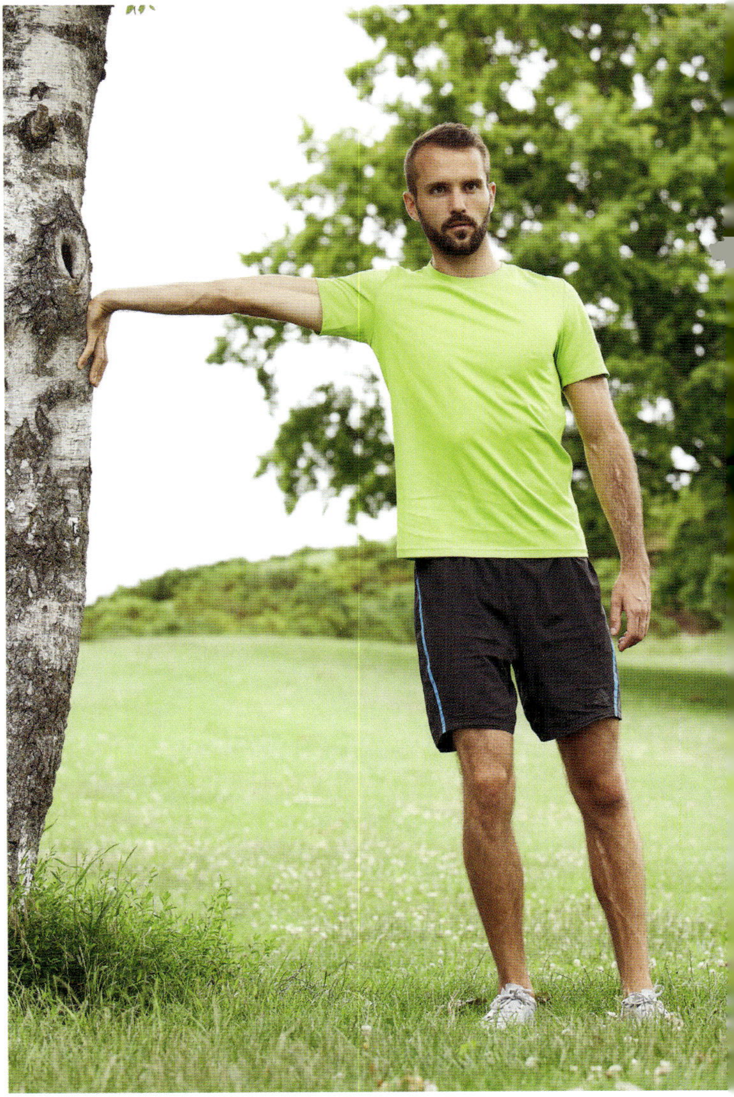

- Stelle dich seitwärts etwa eine Armlänge von der vertikalen Fläche auf. Platziere eine Hand mit den Fingerspitzen nach unten zeigend darauf. Dein Bizeps zeigt nach oben. Strecke deinen Arm durch und übe sanften Druck auf die Handinnenfläche aus. Verstärke den Druck allmählich. Wenn der Zug nachlässt, komme in eine leichte Oberkörperdrehung weg von der vertikalen Fläche.

Tipp: Achte darauf, dass deine Schultern nicht zu den Ohren ziehen.
Regression: Platziere die Hand mit den Fingerspitzen nach hinten zeigend auf der vertikalen Fläche.
Progression: Drehe dich so weit du kannst mit dem Oberkörper weg von der vertikalen Fläche.

EQUIPMENT: Handtuch bei Bedarf

TRAININGSPROGRAMME: 1, 2, 3, 4, 5, 6, 7, 8, 9, 10, 11,

Couch-Stretch

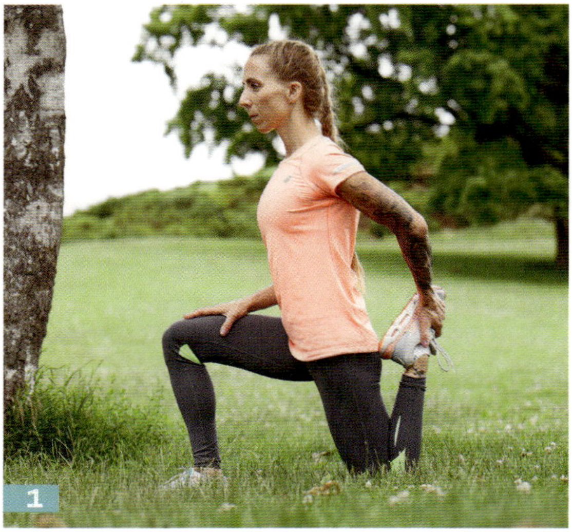

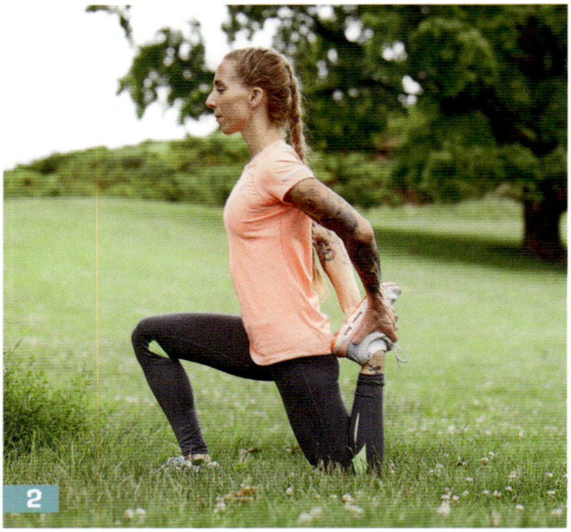

Die von Kelly Starret in seinem Buch *Ready to Run* etablierte Stretching-Übung zur Öffnung der Hüfte und Aufdehnung des Quadrizeps halte ich für eine der wichtigsten Übungen für jeden Läufer. Daher findest du sie in jedem der Trainingsprogramme wieder. Ich habe sie etwas abgewandelt, sodass sie ohne Wand oder Couch durchgeführt werden kann.

1. Komme aus dem Ausfallschritt mit dem Knie auf den Boden. Dein vorderes Knie bildet einen rechten Winkel. Greife mit der Hand der gleichen Seite den Fuß des abgelegten Beins und ziehe ihn in Richtung Gesäß.
2. Führe auch die andere Hand zum Fuß, richte das Becken auf, indem du die Bauchmuskulatur aktivierst, und schiebe bei geradem Oberkörper die Hüfte nach vorn unten, während du mit den Händen den Zug gegen den Fuß verstärkst.

Tipp: Achte darauf, nicht ins Hohlkreuz zu kippen, sondern das Becken aufgerichtet zu halten.
Regression 1: Zur besseren Stabilität kannst du die zweite Hand vorn auf dem Oberschenkel ablegen oder dich an einem Gegenstand festhalten.
Regression 2: Statt den Fuß mit den Händen zu greifen, kannst du ihn mit dem Fußrücken gegen eine Wand lehnen. Dies ist die Ursprungsvariante der Übung, die barfuß ausgeführt werden sollte.

EQUIPMENT: Handtuch bei Bedarf

TRAININGSPROGRAMME: 1, 2, 4, 7, 9, 11, 12

Fersensitz

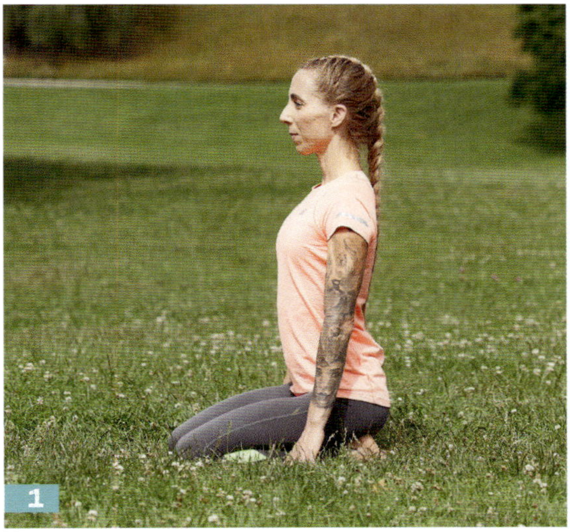
1

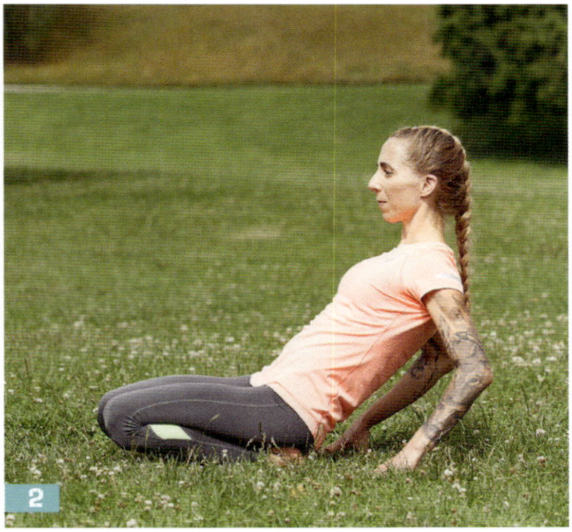
2

Der Fersensitz ist nicht nur eine beliebte Meditationshaltung beim Yoga, sondern auch eine angenehme Dehnung für deine Fußrücken, die bei zurückgelehnter Haltung bis nach oben in die Schienbeine reicht.

1. Lege im Vierfüßlerstand deine Fußrücken auf dem Boden ab und setze dich auf deine Fersen. Deine Oberschenkel sind geschlossen und deine großen Zehen berühren sich. Richte deinen Oberkörper auf und lass dein Gewicht über die Sitzhöcker auf deine Fersen sinken.
2. Stelle deine Hände neben deinem Gesäß ab und lehne dich mit geradem Oberkörper nach hinten. Hebe dabei deine Knie vom Boden ab, bis du die Dehnung in Fußrücken und Schienbeinmuskulatur spürst.

Hamstring-Stretch

EQUIPMENT: keins

TRAININGSPROGRAMME: 3, 4, 5, 6, 7, 8, 9, 10, 1

Die Hamstring-, hintere Oberschenkel- oder ischiocrurale Muskulatur verkürzt sich beim Laufen leicht und sollte daher regelmäßig gedehnt werden. Mit dieser klassischen Dehnübung kannst du gezielt die Spannung aus deiner Beinrückseite nehmen – sowohl im hinteren Kniebereich als auch am Sitzbeinhöcker. Bei der Variante mit aufgestellter Ferse ist zusätzlich eine Wadendehnung integriert.

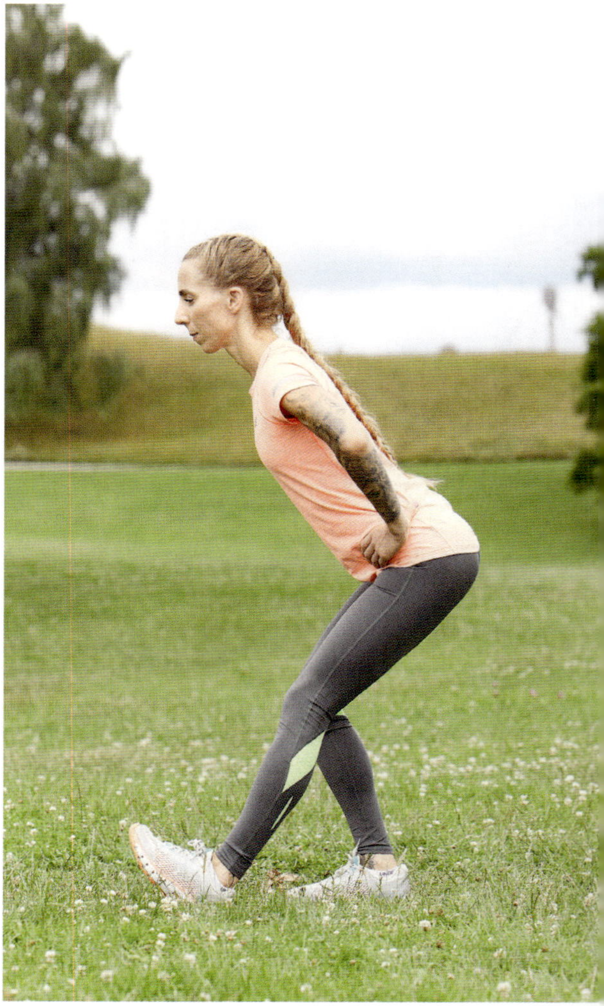

- Stelle im hüftbreiten Stand einen Fuß mit der Ferse vor dir auf. Deine Hände kannst du an der Hüfte ablegen. Komme bei durchgestrecktem Spielbein und mit geradem Rücken mit dem Gesäß Richtung Boden, indem du dein Standbein beugst. Dabei kippst du dein Becken nach vorn, bildest also ein leichtes Hohlkreuz.

Tipp: Halte deinen Kopf in Verlängerung der Wirbelsäule und deine Knie parallel zueinander. Ziehe das Knie deines Standbeins nicht vor die Fußspitze; deine Hüfte sollte gerade bleiben.

EQUIPMENT: keins

TRAININGSPROGRAMME: 1, 2, 3, 4, 6, 7, 8, 9, 10, 11, 12

Hintere Linie

Eine angenehme Dehnung für die Wadenmuskulatur und deine hintere Körperlinie ist der Ausfallschritt, bei dem du deine Wade bei gestrecktem hinteren Bein bewusst in den Boden schiebst und dich weit nach vorn lehnst. Deine Arme hältst du dabei gestreckt über dem Kopf, um die Dehnung in den Oberkörper zu verlängern und deine gesamte Rückenlinie in die Länge zu ziehen.

- Mache einen Ausfallschritt: Dein vorderes Bein bildet einen rechten Winkel und dein hinteres Bein ist gestreckt. Lehne dich nach vorn, strecke deine Arme weit nach oben, schiebe deine hintere Ferse bewusst in den Boden und spüre die Kraftlinie von der Wade bis hoch in deine Fingerspitzen.

Tipp: Dein Kopf bleibt in Verlängerung der Wirbelsäule, deine Hüfte parallel nach vorn ausgerichtet und dein Bauch leicht angespannt.

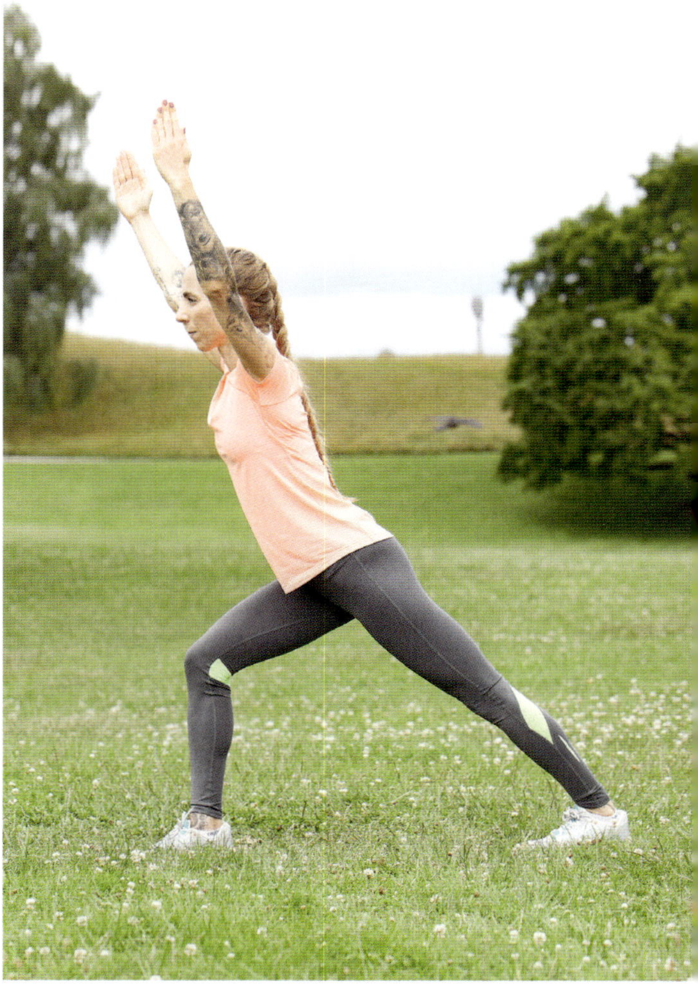

Piriformis-Stretch

EQUIPMENT: Bank oder Sitzmöglichkeit bei Bed

TRAININGSPROGRAMME: 3, 4, 5, 6, 7, 8, 9, 10, 11, 1

Eine effektive Übung zur Aufdehnung deiner seitlichen Gesäßmuskulatur sowie zum Vorbeugen des Piriformis-Syndroms (siehe Seite 13) ist dieser im Sitzen ausgeführte Stretch. Wer einen guten Gleichgewichtssinn hat, kann die Übung auch im Stehen ausführen.

- Setze dich mit geradem Rücken auf eine Bank oder einen Stuhl. Lege den Fuß des zu dehnenden Beins auf dem Oberschenkel des anderen Beins ab. Platziere den Fuß so, dass sich der Knöchel kurz oberhalb des Knies befindet. Komme in ein leichtes Hohlkreuz, indem du dein Becken nach vorn kippst, und ziehe deinen Oberkörper mit geradem Rücken in Richtung deiner Beine. Schiebe das Knie deines angewinkelten Beins sanft mit der Hand nach unten, um die Dehnung zu verstärken.

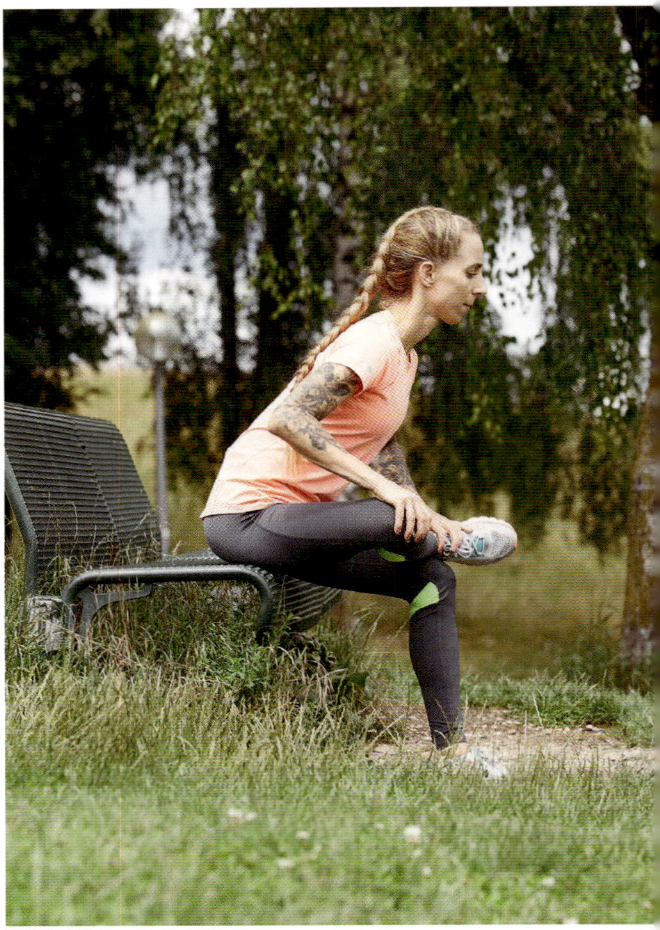

Tipp: Halte deinen Kopf gerade in Verlängerung der Wirbelsäule. Gehe nur so weit mit dem Oberkörper nach vorn, wie du das Hohlkreuz aufrechterhalten kannst.

Progression: Bei gutem Gleichgewicht und fehlender Sitzgelegenheit kannst du diese Übung auch auf einem Bein stehend durchführen. Hierbei simulierst du die Sitzposition, indem du dein Gesäß in die Hocke nach unten schiebst.

Quadrizeps-Stretch

EQUIPMENT: Möglichkeit zum Festhalten bei Bedarf

TRAININGSPROGRAMME: 1, 2, 3, 4, 6, 7, 8, 9, 10, 11, 12

Dies ist der Klassiker unter den Dehnübungen für die Beinvorderseite, der jedoch erst bei richtiger Ausführung und Dehndauer seine wahre Wirkung entfaltet. Wenn du Probleme mit dem Gleichgewicht hast oder dich voll auf die Dehnung konzentrieren möchtest, suche dir eine Wand oder Ähnliches zum Festhalten.

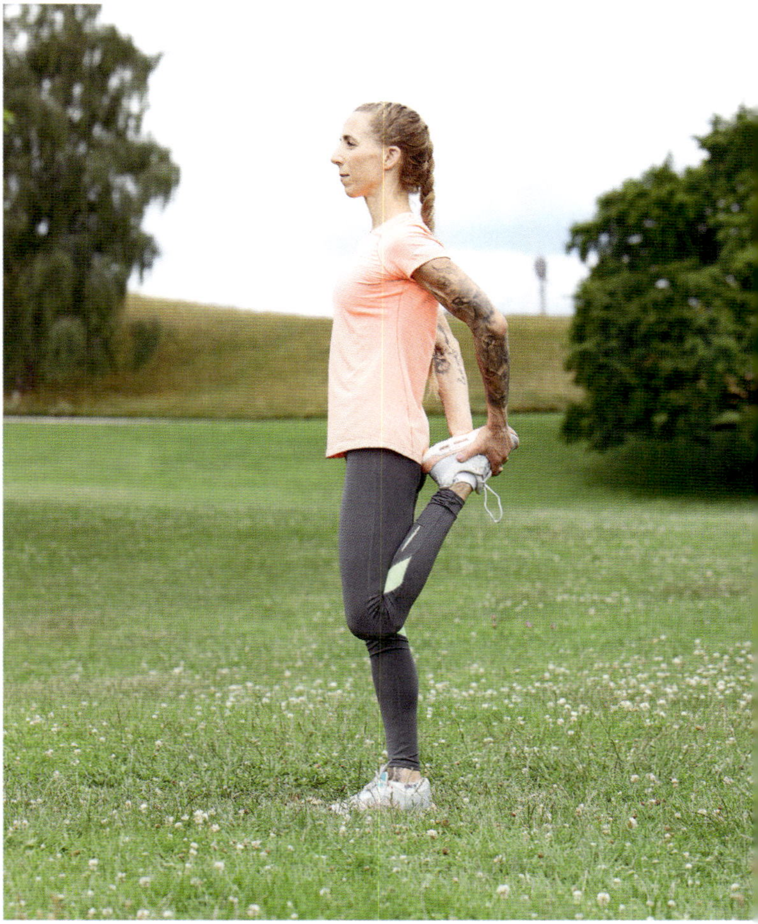

- Wähle einen stabilen, aufrechten Stand, verlagere dein Gewicht auf einen Fuß und hebe das andere Bein an. Greife den Fußrücken des Spielbeins mit einem oder beiden Händen und ziehe die Ferse Richtung Gesäß, während du dein Becken aktiv aufrichtest (Bauchspannung!). Das Knie sollte dabei gerade nach unten zeigen und sich auf Höhe des Knies deines Standbeins befinden.

Tipp: Entscheidend bei dieser Dehnung ist, dass du das Becken aufrichtest (Hohlkreuz vermeiden!). Achte auf eine gerade Körperlinie von Fuß bis Kopf.

EQUIPMENT: keins

TRAININGSPROGRAMME: 1, 2, 3, 4, 5, 6, 7, 8

Rückbeuge

Während praktizierende Yogis mit Rückbeugen vertraut sind, gehören sie bei Alltagsathleten meist nicht zum Trainingsrepertoire. Ein Fehler, denn sie stellen eine großartige, öffnende Dehnung der gesamten Körpervorderseite dar und sind damit eine gute Gegenbewegung zu der sonst im Alltag oft gekrümmten, nach vorn gebeugten Haltung.

- Stelle dich hüftbreit auf und lege deine Hände an dein Gesäß, wobei deine Ellbogen nach hinten zeigen. Schiebe deine Hüfte nach vorn, öffne deinen Brustkorb und lehne dich mit deinem Oberkörper nach hinten, bis du eine angenehme Dehnung in der Körpervorderseite spürst.

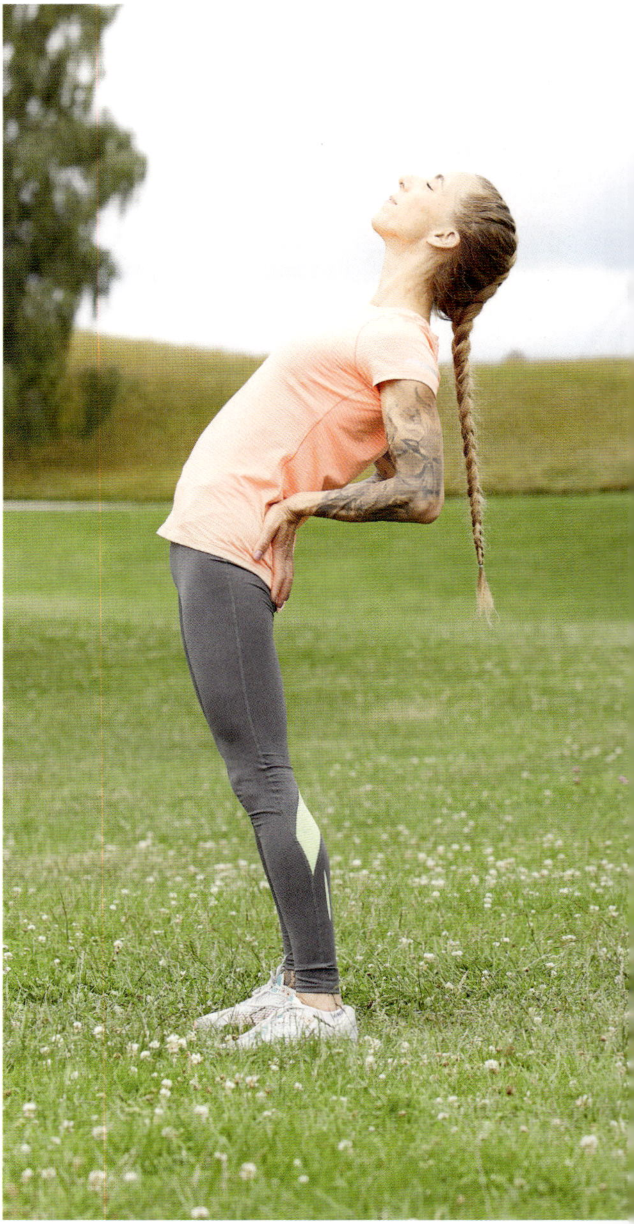

Tipp: Wenn es deine Beweglichkeit zulässt, kannst du den Kopf in den Nacken nehmen. Achte darauf, dass deine Schultern nach unten gezogen bleiben.

Progression: Falte deine Hände hinter dem Körper und ziehe dich mit gestreckt nach unten zeigenden Armen noch weiter in die Dehnung. Aus dieser Dehnung solltest du dich langsam und Wirbel für Wirbel wieder nach oben in den Stand aufrollen.

EQUIPMENT: keins

TRAININGSPROGRAMME: 1, 2, 3, 4, 5, 6, 7, 9, 10, 11, 12

Runner's Lunge

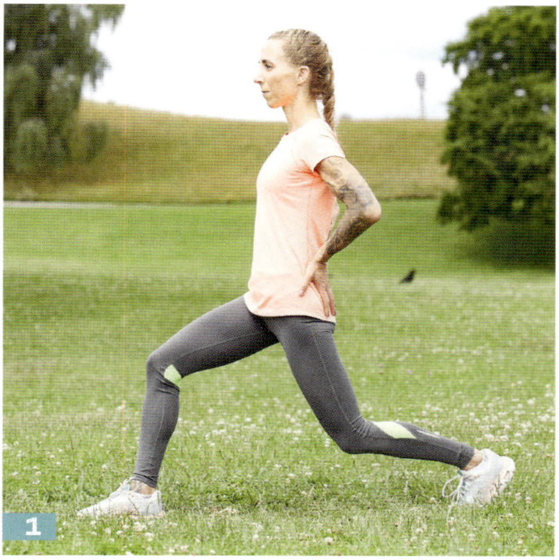

1

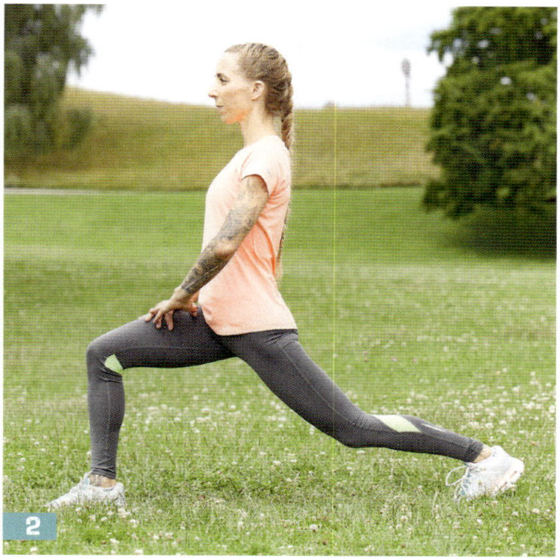

2

Diese Übung wirkt gezielt einer Verkürzung der Hüftbeugemuskulatur entgegen, die durch häufiges Sitzen verursacht werden kann. Die Übung kann mit angewinkeltem oder gestrecktem Bein durchgeführt werden. Wichtig in beiden Fällen ist, dass du das Becken aufrichtest, dich also nicht im Hohlkreuz in die Dehnung schiebst.

1. Starte im Ausfallschritt: Das vordere Bein bildet einen rechten Winkel, das hintere Bein ist gestreckt. Lege die Hände locker auf deinem vorderen Oberschenkel ab oder nimm sie in die Hüfte. Löse die hintere Ferse vom Boden, richte dein Becken auf, indem du Gesäß und Bauchmuskulatur anspannst.
2. Schiebe dich nach vorn unten, bis du die Dehnung im Hüftbeuger spürst.

Tipp: Dein Oberkörper ist aufrecht. Das Knie deines vorderen Beins sollte hinter der Fußspitze bleiben (Körperschwerpunkt bleibt in der Mitte über den Beinen).

Progression: Schiebe dich mit aufgerichtetem Becken in die Dehnung nach unten, bis du mit den Händen den Boden berührst. Dein Oberkörper bildet dabei bis zur Halswirbelsäule eine gerade Linie mit deinem hinteren Bein, dein vorderes Knie bleibt hinter der Fußspitze.

Seitbeuge

EQUIPMENT: keins

TRAININGSPROGRAMME: 1, 2, 3, 4, 5, 7, 8, 11,

Die Seitbeuge ist eine wohltuende Dehnung für deine Körperseite, die Platz zwischen den Rippenbögen schafft, die Brustwirbelsäule mobilisiert und ungleiche Haltungen des Alltags ausgleicht. Du kannst sie mit offenen, geschlossenen oder überkreuzten Beinen durchführen.

- Stelle dich schulterbreit oder etwas breiter auf und verankere beide Füße fest am Boden. Nimm eine Hand an die Hüfte und den anderen Arm gestreckt über den Kopf. Schiebe deine Hüfte zur Seite und ziehe den gestreckten Arm zur Gegenseite. Dein Blick geht unter der Achsel nach oben.

Tipp: Achte darauf, dass du die Schultern nicht zu den Ohren ziehst.
Variante: Du kannst mit der Position spielen, indem du die Schultern einmal hinter und einmal vor das Becken führst, den Kopf nach vorn ausgerichtet lässt oder den Blick unter der Achsel nach oben nimmst, die Hand an der Hüfte behältst oder den Arm gestreckt Richtung Boden ziehst, die Beine geöffnet oder geschlossen hältst.
Progression: Kreuze das Bein auf der Dehnseite hinter deinem Körper (überkreuzte Seitbeuge).

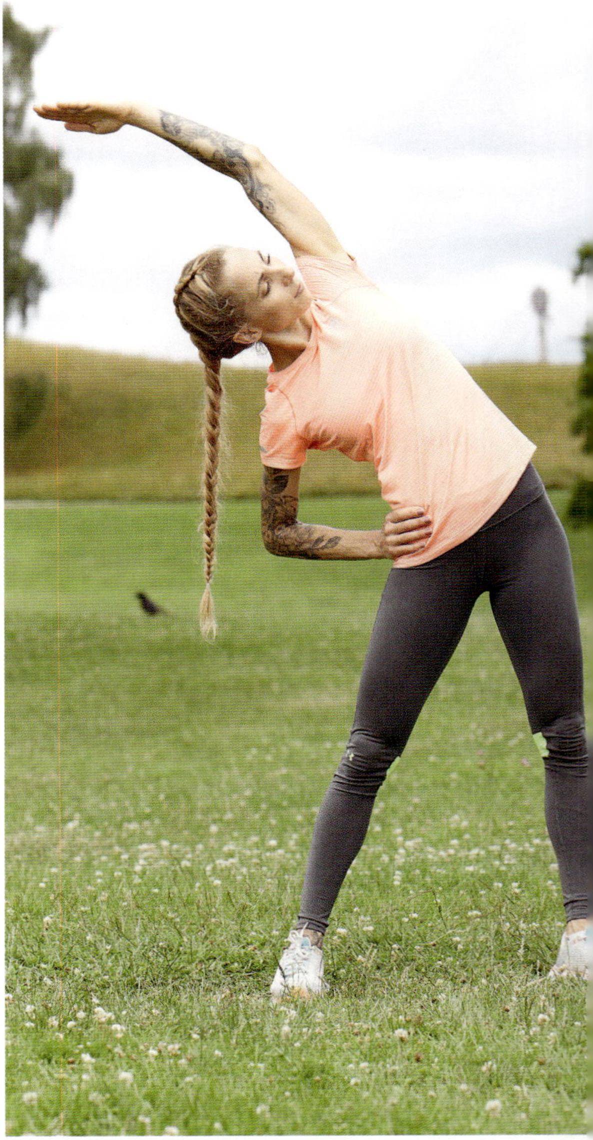

EQUIPMENT: keins

TRAININGSPROGRAMME: 1, 2, 3, 4, 5, 6, 7, 8, 9, 11, 12

Vorbeuge

Die aus dem Yoga bekannte Übung ist ein guter Gradmesser für die Beweglichkeit deiner Körperrückseite, insbesondere deiner hinteren Oberschenkelmuskulatur. Die Vorbeuge gibt es in etlichen Varianten – führe sie so aus, dass sie dir guttut.

- Stelle dich mit geschlossenen Beinen aufrecht hin. Deine Arme hängen locker neben deinem Körper. Lass dein Kinn auf die Brust fallen, schiebe deine Schultern nach vorn und rolle dich dann Wirbel für Wirbel langsam nach unten in Richtung Boden, wobei du Schultern, Kopf und Arme schwer und locker hängen lässt. Verharre in der Position, in der du deine Beine gestreckt halten kannst, versuche, dich zu entspannen und dich mit dem Ausatmen vorsichtig noch etwas tiefer nach unten zu schieben. Den Boden zu berühren, ist dabei keine Pflicht! Nachdem du die Dehnung mindestens 60 Sekunden gehalten hast, rollst du dich Wirbel für Wirbel wieder nach oben auf.

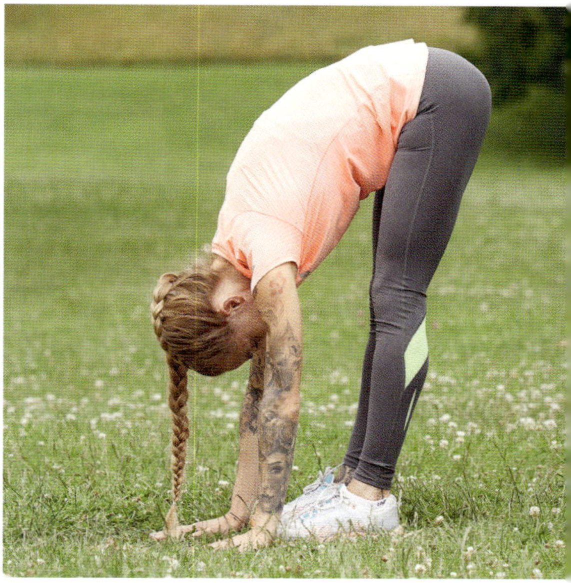

Tipp: Solltest du Probleme mit dem Rücken oder den Bandscheiben haben, kannst du die Vorbeuge auch mit gestrecktem Rücken durchführen. Achte dabei besonders auf eine gerade Halswirbelsäule in Verlängerung der Wirbelsäule.

Regression: Wenn du in der Beinrückseite sehr verkürzt bist, halte beim Abrollen deine Beine leicht gebeugt. In der Endposition kannst du deine Knie sanft im Wechsel in die Streckung schieben. Die Streckung sollte dabei nicht forciert werden, um Überdehnung zu vermeiden.

Progression 1: Führe die Übung mit überkreuzten Beinen durch (überkreuzte Vorbeuge).

Progression 2: Umfasse mit den Händen deine Waden, um dich tiefer in die Dehnung zu ziehen. Wenn du die Übung barfuß ausführst, kannst du mit den Füßen auf deine Handflächen steigen.

Progression 3: Greife die Hände hinter dem Rücken ineinander und ziehe sie über den Rücken nach vorn in Richtung Boden.

EQUIPMENT: Erhöhung wie Treppenstufe oder Bordstein

TRAININGSPROGRAMME: 1, 2, 4, 6, 9,

Waden-Stretch

Die Waden sind nicht nur beim Laufen, sondern auch im Alltag stark gefordert und stehen oft den ganzen Tag unter Spannung. Umso wichtiger ist, dass du deine Wadenmuskulatur regelmäßig in die Länge ziehst und sie elastisch hältst. So kannst du nicht nur Verletzungen wie Muskelfaserrissen oder Zerrungen vorbeugen, sondern auch Überlastungserscheinungen in anderen Bereichen, die durch eine verkürzte Wadenmuskulatur begünstigt werden, vermeiden.

- Stelle dich schulterbreit auf einer Treppenstufe, einem Bordstein oder einer anderen Erhöhung auf. Platziere das zu dehnende Bein so, dass nur noch der Fußballen die Auflagefläche berührt. Schiebe deine Ferse bei gestrecktem Bein und aufrechtem Oberkörper nach unten in Richtung Boden. Dein Standbein wird dabei leicht angewinkelt.

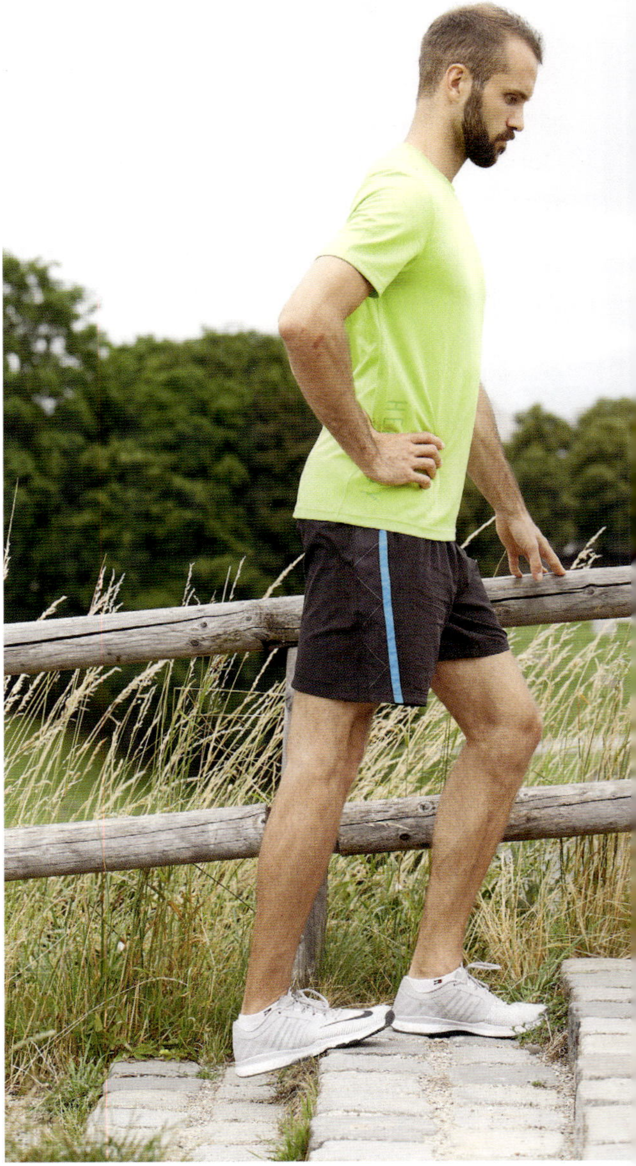

EQUIPMENT: Handtuch bei Bedarf

TRAININGSPROGRAMME: 1, 2, 4, 7, 9, 11, 12

Zehensitz

Der Zehensitz sollte, wie der Fersensitz, barfuß ausgeführt werden, um die volle Dehnung in der Fußmuskulatur zu erreichen. Anders als beim Fersensitz sind hierbei die Zehen aufgestellt. Du kannst die Zeit während des Sitzens auch dazu nutzen, um ein paar Atemübungen zu machen oder deinen Oberkörper zu dehnen.

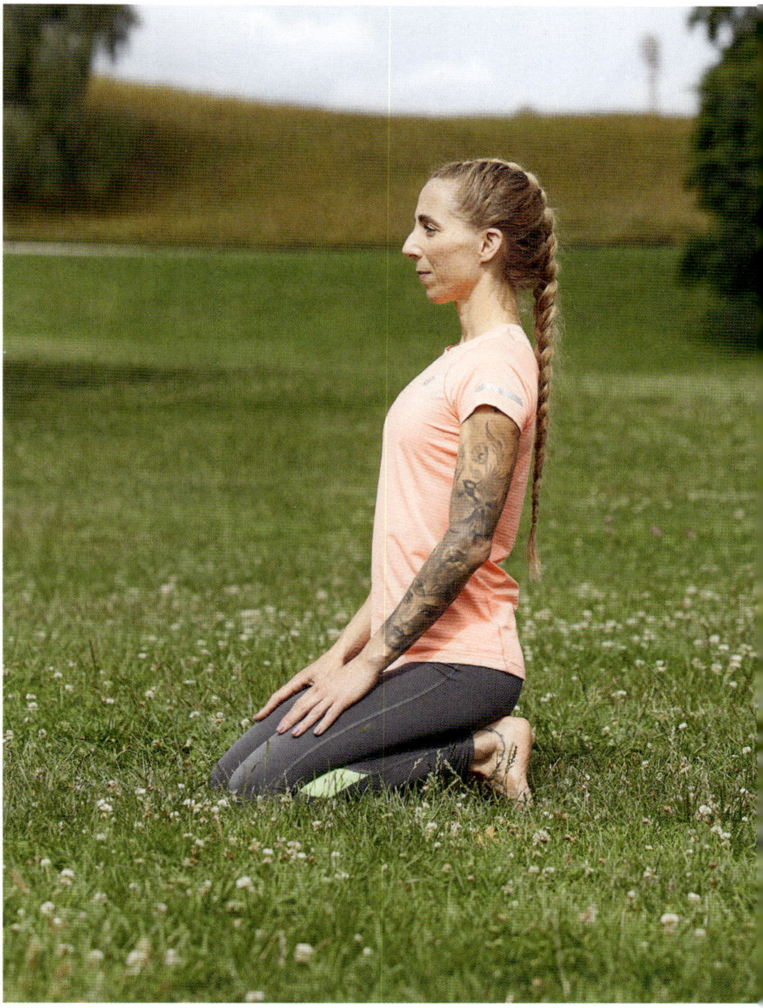

- Setze dich mit aufgestellten und nach vorn eingeklappten Zehen auf deinen Fersen ab. Deine Hände kannst du auf den Oberschenkeln ablegen. Lass dein Gewicht bei geradem Oberkörper immer tiefer auf die Fersen sinken.

Tipp: Achte darauf, dass alle Zehen sauber aufgestellt sind und nach vorn zeigen. Du kannst die Zeit im Zehensitz dazu nutzen, um auch deine Hals-, Brust- oder Schultermuskulatur zu dehnen.

MOBILITY-TAG

Deine trainingsfreien Tage kannst du für den Mobility-Tag nutzen, der ganz deiner aktiven Regeneration sowie dem Training deiner Beweglichkeit gewidmet ist. Du führst ihn zu Hause und ohne Schuhe aus. Nimm dir bewusst Zeit für die Übungen und begreife den Tag als wichtigen Teil deines Trainings, der dich in Sachen Gesundheit, aber auch Performance weiterbringen wird.

Du startest dein Mobility-Training mit acht Übungen, die mit der kleinen und großen Faszienrolle sowie dem Faszienball durchgeführt werden. Sie sollen Verklebungen in der beim Laufen beanspruchten Muskulatur der unteren Extremitäten sowie in deinem Rücken lösen und deinen Körper auf die kommenden Bewegungen vorbereiten. Daran anschließend wird der Mobility-Flow durchgeführt, der in sanften, fließenden Bewegungen deine Beweglichkeit in den wichtigsten Gelenken (Fuß, Hüfte, Brust und Schulter) sicherstellt sowie deine Core-Muskulatur aktiviert. Dieser wird dreimal pro Seite durchlaufen. Für jeden der Übungsteile solltest du etwa 12 bis 15 Minuten Zeit einplanen. Abschließend kannst du ein paar Minuten der vollkommenen Ruhe anschließen. Nutze diese Zeit für eine Meditation oder dafür, in deinen Körper hineinzuspüren, tief und bewusst zu atmen, Verspannungen loszulassen und den Fokus zu schaffen für das, was das Wichtigste beim Training ist: du selbst.

Faszientraining

Alle Übungen mit der Faszienrolle sollten langsam, bewusst und mit entsprechendem Druck ausgeführt werden. Stelle dir vor, du würdest einen dicken Teig ausrollen. Arbeite tief und konzentriert in dein Gewebe hinein – oberflächliches Herumrollen bringt dich nicht weiter. Mit der (Aus-)Rollbewegung kannst du Verklebungen und Schmerzpunkte in deinem Körper identifizieren, auf denen du anhalten und den Druck verstärken kannst. Zusätzlich kannst du an diesen Punkten Gelenkbewegungen ausführen, die weiteren Bewegungsspielraum schaffen. Diese findest du bei den jeweiligen Übungen unter »Progression«. Achte auf einen harten und planen Untergrund, um den nötigen Druck aufbauen zu können. Zudem sollte dir der Untergrund guten Halt geben. Am besten verwendest du eine dünne und rutschfeste Yoga- oder Trainingsmatte. Plane für jede Übung mindestens eine Minute (pro Seite) ein. Stelle dir am besten einen Timer, damit du die Übungszeit in etwa einhältst. Wenn du geübter bist oder das Gefühl hast, ein Körperteil benötigt besondere Aufmerksamkeit, kannst du die Trainingszeit entsprechend verlängern.

Fuß

EQUIPMENT: Minifaszienrolle oder kleiner (Faszien-)Ball

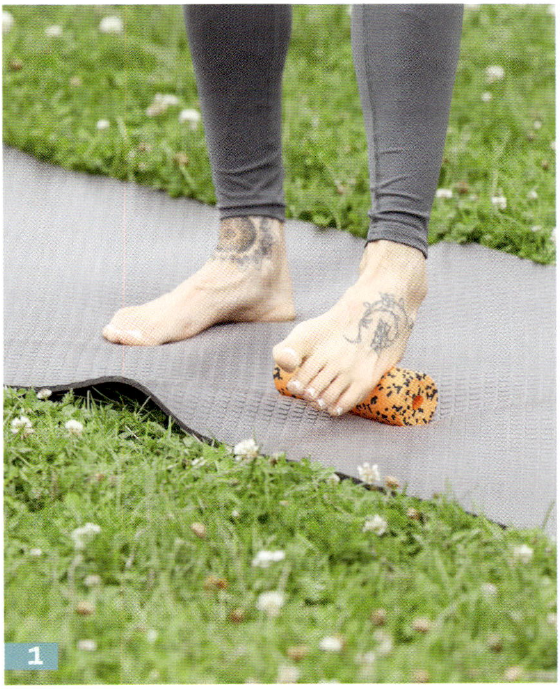

1

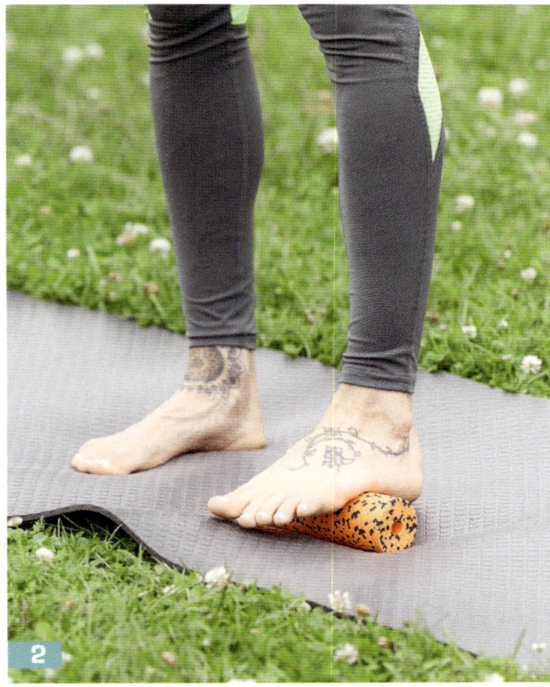

2

Starte das Faszientraining im Stehen mit dem Ausrollen deiner Fußsohle. Ich verwende hierfür am liebsten die Minifaszienrolle, da man mit ihr sehr gut die Fußaußen- und -innenseite bearbeiten kann, ohne dass sie wegrutscht. Du kannst aber auch einen kleinen Faszienball, einen Tennisball (eher für Anfänger geeignet, da weich und groß) oder einen Golfball (eher für Fortgeschrittene geeignet, da hart und klein) verwenden.

1. Stelle dich aufrecht auf dem Boden auf und platziere das Fasziengerät unter deiner Fußsohle.
2. Baue Druck nach unten auf, indem du dein Körpergewicht auf den auszurollenden Fuß legst, und beginne, deinen Fuß von hinten nach vorn und von außen nach innen zu rollen.

Tipp: Lege besonderen Fokus auf die Stellen, in denen du Verspannungen spürst, und bewege deinen Fuß so, dass du sowohl die Fußsohle als auch die Fußinnenkante und die Fußaußenkante gut bearbeiten kannst.

EQUIPMENT: Faszienrolle oder Minifaszienrolle

Wade

Die Wadenmuskulatur kannst du im Sitzen mit der Faszienrolle oder der Minifaszienrolle ausrollen. Sie wird beim Laufen, insbesondere beim Vorfußlauf, stark beansprucht und neigt zu Verhärtungen. Das Ausrollen dieses Bereichs kann helfen, Spannungspunkte zu lösen und die Muskulatur geschmeidig zu halten. Auch in Sachen ITBS-Syndrom oder Shin Splint Syndrome (siehe Seite 13) kann es helfen, Spannung aus der Wade zu nehmen.

- Setze dich mit gestreckten Beinen auf den Boden. Deine Hände sind neben deinem Gesäß aufgestellt. Platziere einen Unterschenkel unterhalb der Kniekehle auf der Rolle. Zur Verstärkung des Drucks kannst du das andere Bein darüberlegen. Hebe das Gesäß an, sodass dein Gewicht auf Händen und Unterschenkel liegt, baue Druck gegen die Rolle auf und rolle langsam deinen Unterschenkel entlang nach unten bis kurz oberhalb der Ferse, indem du den Unterkörper nach hinten schiebst. Rolle mit dem gleichen Druck wieder nach oben bis unterhalb der Kniekehle.

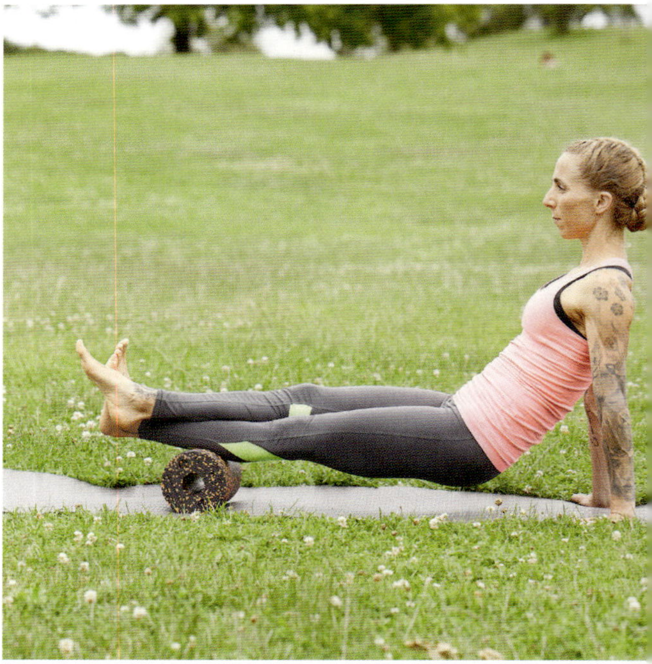

Regression: Anstatt die Beine übereinanderzulegen, stelle das andere Bein auf. So nimmst du etwas Druck aus der Übung. Arbeite zu Beginn mit der großen Faszienrolle, wenn dir die Minifaszienrolle zu intensiv ist.

Progression: Identifiziere beim Rollen Schmerzpunkte und Verhärtungen. Halte den Druck auf einem dieser Punkte. Ziehe dann die Fußspitze zu dir heran und strecke sie wieder. Verwende die Minifaszienrolle oder einen Ball, um noch gezielter und tiefer ins Gewebe vorzudringen.

Oberschenkelvorderseite

EQUIPMENT: Faszienrolle

Wechsle nun die Position und bearbeite mit der großen Faszienrolle deine Oberschenkelvorderseite. Auch dieser Bereich steht oftmals unter großer Spannung. Mit dem Ausrollen kannst du für einen entsprechenden »Fascial Release« sorgen, was in diesem Bereich oft als recht angenehm empfunden wird. Wenn dir der Druck, den du an dieser Stelle mit der Faszienrolle über dein Körpergewicht aufbauen kannst, zu gering ist, kannst du die Oberschenkel auch mit einem Massageroller bearbeiten.

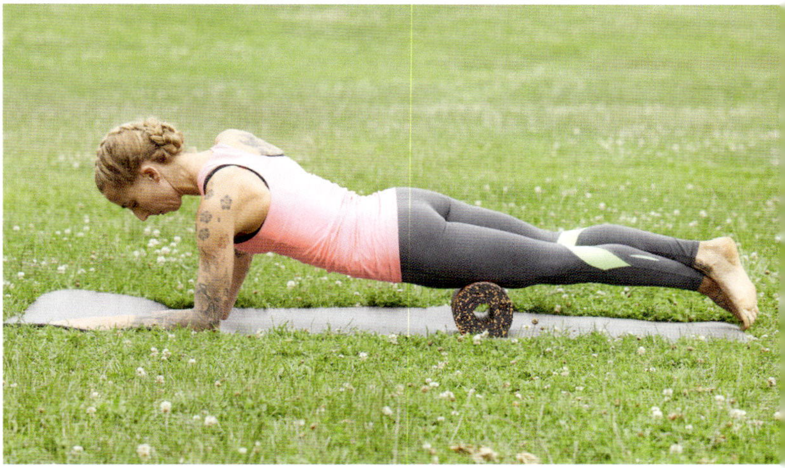

- Platziere dich so auf der Faszienrolle, dass die Rolle auf einem Oberschenkel kurz oberhalb deines Knies liegt, und stütze dich auf deinen Ellbogen ab. Du kannst das andere Bein am Boden abstellen oder es zur Verstärkung des Drucks über das andere Bein legen. Schiebe deinen Oberkörper langsam und mit ausreichend Druck gegen die Rolle nach hinten, bis sich die Rolle kurz unterhalb deines Hüftknochens befindet. Am Hüftknochen angekommen, schiebst du dich langsam und mit Druck nach vorn, bis sich die Rolle wieder oberhalb deines Knies befindet.

Tipp: Statt den ganzen Oberschenkel am Stück auszurollen, kannst du ihn dir auch in Teilbereiche aufteilen und diese einzeln bearbeiten.
Regression: Wenn du das andere Bein am Boden aufstellst, nimmst du etwas Druck aus der Übung.
Progression: Identifiziere beim Rollen Schmerzpunkte und Verhärtungen. Halte den Druck auf einem dieser Punkte. Ziehe dann die Ferse zum Gesäß und strecke das Bein wieder.

Oberschenkelaußenseite

EQUIPMENT: Faszienrolle

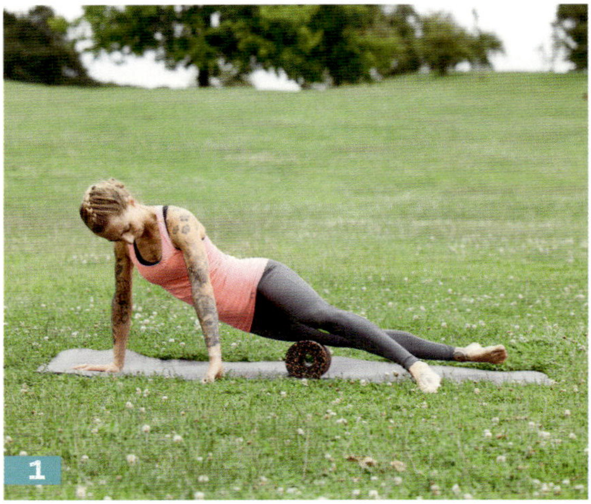

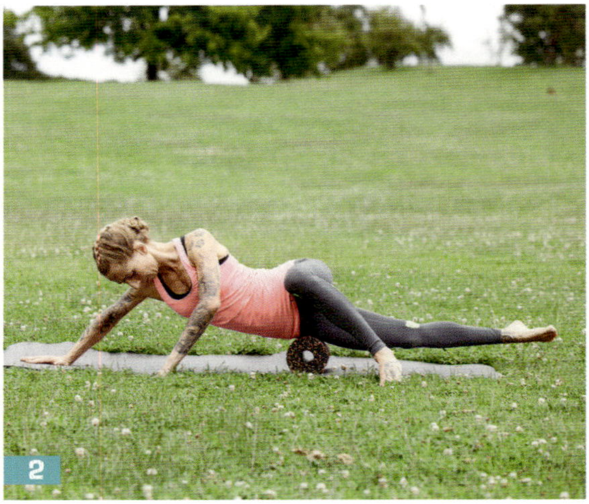

Für mich als vom Läuferknie geplagte Läuferin gehört diese Übung zum absoluten Pflichtprogramm. Wichtig hierbei ist, dass du nicht direkt auf dem IT-Band rollst, also dich nicht um 90 Grad auf der Rolle drehst, sondern in etwa einem 45-Grad-Winkel zum Boden auf der Rolle liegst.

1. Platziere dich seitlich auf der Faszienrolle, und zwar so, dass sich die Rolle unter deinem Oberschenkel oberhalb des Knies befindet, und stütze dich auf deinen Händen ab. Drehe nun deinen Körper nach vorn, sodass dein Oberschenkel mit etwa einem 45-Grad-Winkel auf der Rolle liegt, und stelle das obere Bein vor dir am Boden ab. Schiebe deinen Oberkörper langsam und mit ausreichend Druck gegen die Rolle weg von den Händen, bis sich die Rolle unterhalb deines Hüftknochens befindet. Deine Arme kannst du dabei nach vorn ausstrecken.
2. Am Hüftknochen angekommen, schiebst du dich langsam wieder zurück, bis die Rolle wieder oberhalb deines Knies liegt.

Tipp: Statt die ganze Oberschenkelaußenseite am Stück auszurollen, kannst du sie dir auch in Teilbereiche aufteilen und diese einzeln bearbeiten.
Progression: Identifiziere beim Rollen Schmerzpunkte und Verhärtungen. Halte den Druck auf einem dieser Punkte. Ziehe dann die Ferse zum Gesäß und strecke das Bein wieder.

Oberschenkelrückseite

EQUIPMENT: Faszienrolle oder großer Faszienball

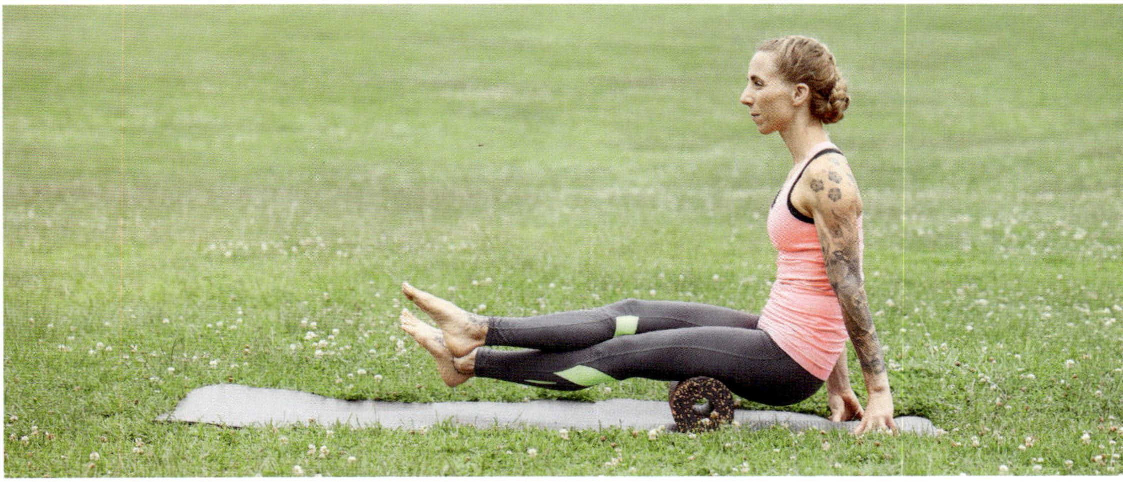

Beim Ausrollen der Oberschenkelrückseite ist es manchmal schwer, mit ausreichend Druck ins Gewebe vorzudringen. Ich verwende für die Oberschenkelrückseite daher meist einen großen Faszienball.

- Setze dich mit gestreckten Beinen auf den Boden, platziere die Rolle unter deinem Oberschenkel oberhalb deiner Kniekehle und stütze dich mit deinen Händen neben deinem Gesäß am Boden ab. Zur Verstärkung des Drucks kannst du deine Beine übereinanderschlagen. Hebe das Gesäß an, baue Druck gegen die Rolle auf und schiebe deinen Körper in Richtung deiner Fußspitzen nach vorn, bis sich die Rolle unterhalb deines Gesäßes befindet. Schiebe dein Gesäß nun zurück in Richtung deiner Arme, bis du mit der Rolle wieder oberhalb deiner Kniekehle angekommen bist.

Tipp: Wenn du nicht die gesamte Oberschenkelrückseite aus einer Position bearbeiten kannst, teile sie dir in zwei Teilstücke ein, rolle also zum Beispiel zunächst den unteren Teil und dann den oberen Teil aus.
Regression: Statt die Beine übereinanderzuschlagen, kannst du ein Bein am Boden abstellen.
Progression: Verwende einen großen Faszienball, um noch tiefer ins Gewebe vorzudringen.

EQUIPMENT: Großer Faszienball oder Faszienrolle

Gesäß

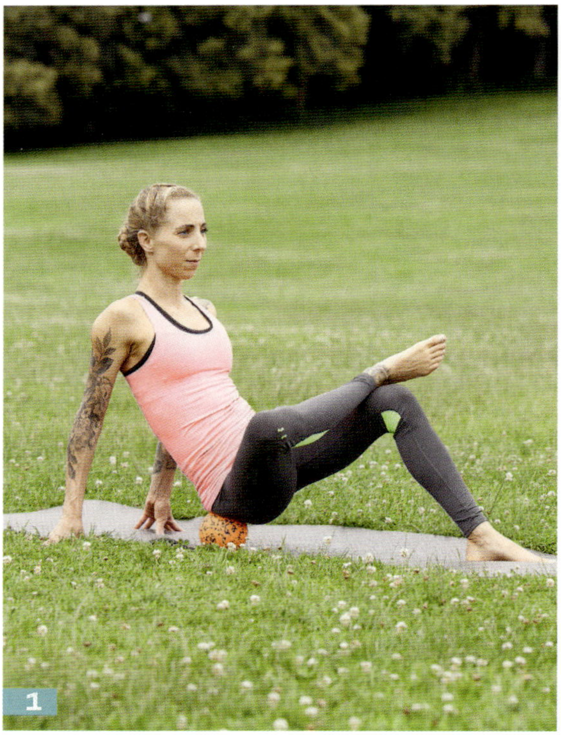

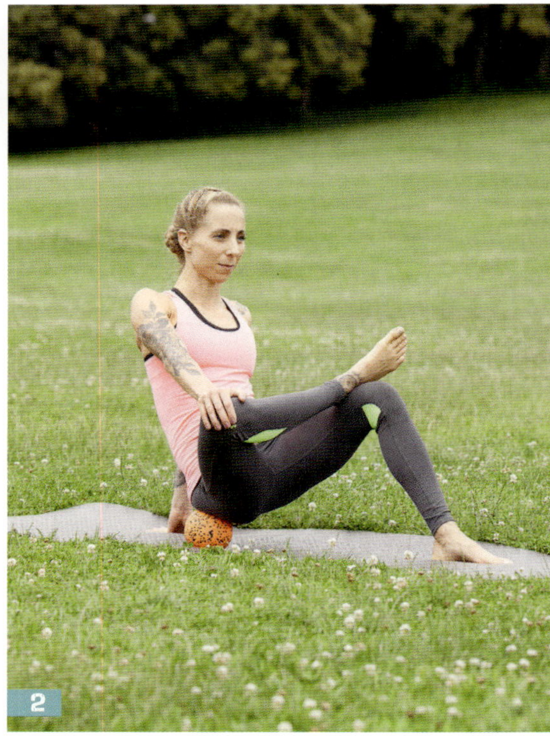

Für diese Übung empfehle ich den großen Faszienball. Du kannst sie aber auch mit der großen Faszienrolle durchführen. Variiere in der Sitzposition, um die für dich optimale Position zu finden, in der du deine Schmerzpunkte gut bearbeiten kannst.

1. Setze dich mit angewinkelten Beinen auf den Boden, lege den Fußknöchel auf dem Oberschenkel des anderen Beins oberhalb des Knies ab und platziere den Faszienball unter deinem Gesäß.
2. Rolle in kleinen Bewegungen und mit ausreichend Druck dein Gesäß aus, wobei du Kreisbewegungen machen kannst.

Progression: Identifiziere beim Rollen Schmerzpunkte und Verhärtungen. Halte den Druck auf einem dieser Punkte. Drücke dann mit deiner Hand das Knie in kleinen Bewegungen nach außen unten.

Rücken

EQUIPMENT: Faszienrolle oder Doppelfaszienrolle

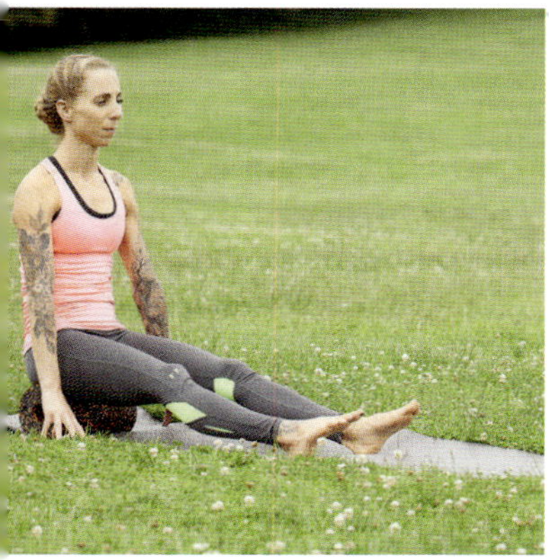

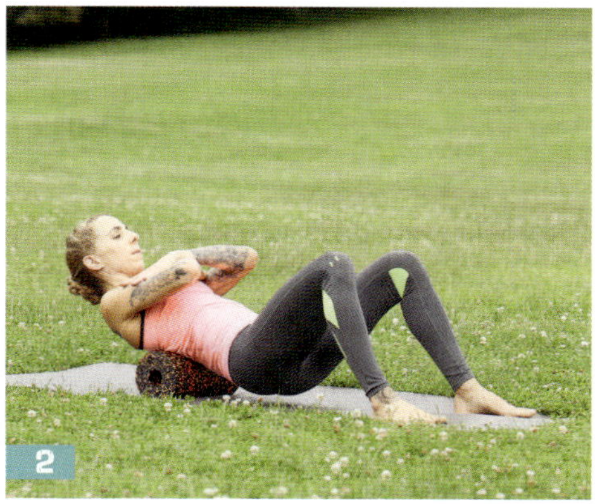

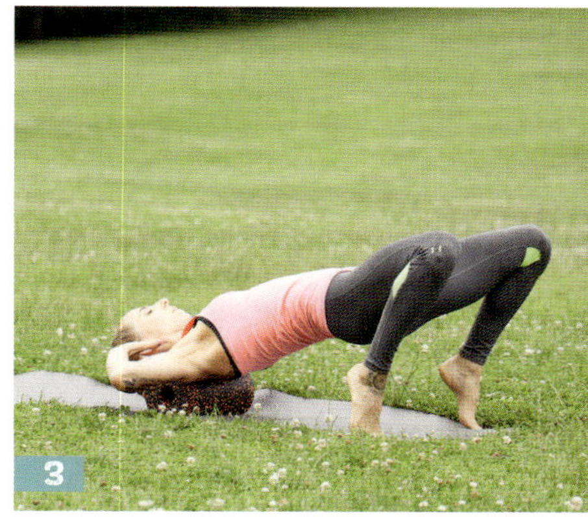

Mit dieser Übung wird der ganze Rücken ausgerollt, an den Sitzbeinhöckern beginnend bis hoch zum Nacken. Dies bedarf ein wenig Flexibilität und Koordinationsgeschick, aber wenn du den Dreh erst einmal raushast, könnte dies zu deiner Lieblingsübung werden. Ich führe diese Übung am liebsten mit der Doppelfaszienrolle aus, da man mit ihr noch besser ins Gewebe vordringen kann und nicht direkt auf der Wirbelsäule rollt.

1. Starte sitzend und mit ausgestreckten Beinen auf der Faszienrolle. Deine Hände sind neben dir am Boden aufgestellt.
2. Rolle langsam und mit Druck über dein Gesäß, wobei du deinen Körper nach vorn schiebst und deine Beine anwinkelst. Wenn du am unteren Rücken angekommen bist, lege deine Arme über Kreuz auf deiner Brust ab und schiebe dich mit konstantem Druck gegen die Rolle weiter nach vorn.
3. Wenn du bei den Schulterblättern angekommen bist, drücke diese aktiv nach unten in die Rolle, bevor du deine Hände hinter die Ohren nimmst und dich in Richtung Halswirbelsäule schiebst. Rolle dann in einem Schwung zurück und starte sitzend auf der Rolle mit der nächsten Ausrollbewegung.

Regression: Solltest du Schwierigkeiten haben, den Rücken in einem Stück auszurollen, teile dir den Rücken in verschiedene Abschnitte ein und rolle diese einzeln aus.
Progression: Um noch tiefer ins Gewebe vorzudringen, kannst du eine Doppelfaszienrolle verwenden.

Crunch auf der Rolle

EQUIPMENT: Faszienrolle

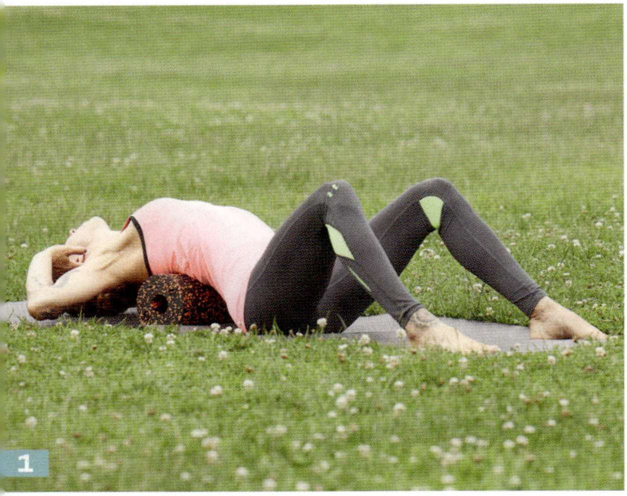

1

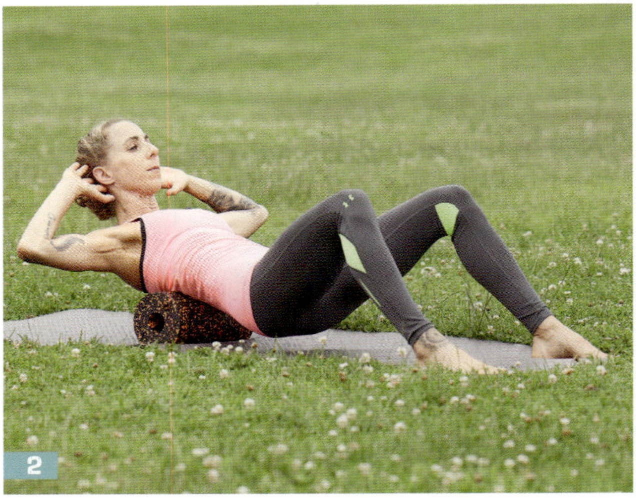

2

Mit dieser abschließenden Faszienübung mobilisierst du nicht nur die Brustwirbelsäule, sondern aktivierst auch deine Core-Muskulatur – ein perfekter Übergang zum anschließenden Mobility-Flow.

1. Lege dich mit angewinkelten Beinen so auf die Faszienrolle, dass sie auf Höhe deiner Brustwirbelsäule liegt. Starte am unteren Teil der Brustwirbelsäule, also direkt über der Lendenwirbelsäule, da du dich Zentimeter für Zentimeter nach oben arbeiten wirst. Lege deine Hände locker an deinen Ohren oder Schläfen ab, öffne deinen Brustkorb und komme so weit in die Überstreckung nach hinten, also mit Kopf in Richtung Boden, wie es dir guttut. Denke daran, auch in dieser Position eine gewisse Bauchspannung zu halten.
2. Rolle dich mit der Kraft deiner Bauchmuskulatur nach oben auf und richte gleichzeitig dein Becken auf, wobei sich dein Gesäß leicht vom Boden löst. Halte dabei deinen Hals in Verlängerung der Wirbelsäule, ziehe also dein Kinn nicht zur Brust. Komme dann kontrolliert wieder zurück in die Ausgangsposition und rutsche mit deinem Körper einen Zentimeter weiter nach unten, sodass die Rolle etwas weiter oben aufliegt. Wiederhole die Übung so lange, bis du am oberen Ende der Brustwirbelsäule angekommen bist.

Tipp: Atme beim Hochrollen aus und beim Rückbeugen ein.

Mobility-Flow

Auf den Release-Teil mit den Fasziengeräten folgt nun der Mobility-Flow, der deine Beweglichkeit schulen sowie die Stabilität deiner Core-Muskulatur stärken soll. Du wirst vermutlich ein paar Durchgänge benötigen, bis der Flow »sitzt« und du dich ganz auf dich und deinen Körper konzentrieren kannst. Zu Beginn benötigst du vielleicht noch dieses Buch als Spickzettel. Aber du wirst sehen: Hast du den Bewegungsablauf erst einmal verinnerlicht und in deine Trainingsroutine integriert, wirst du die angenehme Wirkung spüren, die er auf deinen Körper hat.

Der Flow ist angelehnt an die Übung »The World's Greatest Stretch«, die vor allem aus dem Functional Training und CrossFit bekannt ist, und wurde um einige Übungsteile erweitert. Er besteht in der vorgestellten Version aus elf Einzelpositionen, die du in einem fließenden Bewegungsablauf und im Einklang mit deiner Atmung verbindest. Halte jede Position ein paar Sekunden lang, bis du das Gefühl hast, dass deine Muskulatur loslässt und entspannt. Hierbei kannst du in der Dauer variieren und die Positionen, in denen du eine besonders hohe Anspannung fühlst, einfach etwas länger halten. Der gesamte Flow sollte dreimal pro Seite ausgeführt werden.

Der Mobility-Flow besteht auf diesen Übungen:

1. **Herabschauender Hund (siehe Abbildung 1):** Du startest den Flow im Herabschauenden Hund. Die Position ähnelt einem umgekehrten »V« und ist eine der gängigsten Übungen aus der Yogapraxis. So kannst du dich bei der ersten Runde in diese Position hineinarbeiten.
   - **Fokus:** Dehnung der hinteren Muskelkette, Brust- und Schulteröffner, Kräftigung der Schulter- und Armmuskulatur

2. **Dreibeiniger Hund (siehe Abbildung 2):** Als Übergang zur nächsten Position hebst du ein Bein gestreckt nach hinten an und kommst damit in den Dreibeinigen Hund.
   - **Fokus:** Dehnung der hinteren Muskelkette, Brust- und Schulteröffner, Kräftigung der Schulter- und Armmuskulatur

3. **Mountain Climber Hold 1 (siehe Abbildung 3):** Mit dieser Position nimmst du deine erste Stability-Position ein und aktivierst deine Core-Muskulatur.
   - **Fokus:** Core-, Schulter- und Armstabilität

4. **Runner's Lunge (siehe Abbildung 4a und Abbildung 6):** Bei dieser Position ist der Name Programm, denn sie dehnt die durchs Laufen oft stark verkürzten Muskeln wie Hüftbeuger und Oberschenkelvorderseite des gestreckten sowie Gesäß und Beinrückseite des angewinkelten Beins.
   - **Fokus:** Dehnung der Hüftbeuger und Oberschenkelvorderseite (beim gestreckten Bein) sowie Gesäß und Beinrückseite (beim angewinkelten Bein)
   - **Regression:** Lege dein hinteres Knie auf dem Boden ab. Anstatt die Hände auf dem Boden abzustellen, kannst du dich auf deinem Oberschenkel abstützen.
   - **Progression:** Berühre mit dem Unterarm den Boden neben deiner vorderen Ferse (siehe Abbildung 4b).

5. **Runner's Lunge Twist (siehe Abbildung 5):** Aus dem Runner's Lunge kommst du in einen Twist zur Seite. Diese Position dient der Öffnung deiner Brustmuskulatur und der Mobilität deiner Brustwirbelsäule. Wenn dein linker Fuß vorn steht, verwendest du den linken Arm, und andersherum.
   - **Fokus:** Dehnung der Brustmuskulatur, Mobilisation der Brustwirbelsäule

6. **Halber Spagat (siehe Abbildung 7a):** Diese Übung klingt schwieriger, als sie ist. Im Prinzip handelt es sich um einen sehr effektiven Stretch deiner Beinrückseite. Dass man als Läufer keinen Spagat können muss, sollte klar sein – eine gut gedehnte Beinrückseite bringt jedoch viele Vorteile.
   - **Fokus:** Dehnung von Beinrückseite und Gesäßmuskulatur
   - **Regression:** Da diese Position eine sehr gute Dehnbarkeit voraussetzt, kannst du sie auch mit auf dem Boden abgestelltem Knie durchführen. Dein hinteres Bein ist in diesem Fall angewinkelt und du schiebst mit deinem Gesäß in Richtung hinterer Ferse (siehe Abbildung 7b).

7. **Runner's Lunge Hüftöffner (siehe Abbildung 8):** Zusätzlich zu den vorher genannten Vorteilen des Runner's Lunge ist bei dieser Position noch eine effektive Hüftöffnung zur Seite mit eingebaut. Du wirst diese Position lieben oder hassen.
   - **Fokus:** Hüftöffnung zur Seite

8. **Mountain Climber Hold 2 (siehe Abbildung 9):** Mit dieser Position kommst du wieder in eine Aktivierungsübung. Es wird dir vermutlich, gerade am Anfang, nicht leichtfallen, deinen Fuß in dieser Position anzuheben, es reichen jedoch einige Millimeter. Denke immer daran: Übung macht den Meister!
   - **Fokus:** Core-, Schulter- und Armstabilität

9. **Einbeinige Plank-Position (siehe Abbildung 10):** Für eine kleine Herausforderung und ein hohes Maß an Core-Spannung hältst du die einbeinige Plank-Position einige Sekunden, bevor du den Fuß hinten auf dem Boden absetzt.
   - **Fokus:** Core-, Schulter- und Armstabilität, Gesäßmuskulatur, Beinrückseite

10. **Plank mit Liegestütz-Option (siehe Abbildung 11):** Bei dieser Position darfst du entscheiden, ob du in deinen Flow einen Kräftigungsteil einbaust und eine gewisse Anzahl an Liegestütze machst, oder ob du oben in der Plank-Position hältst und hier noch einmal Ganzkörperspannung aufbaust.
    - **Fokus:** Ganzkörperspannung, Core-Muskulatur; Liegestütze: Brustmuskulatur und Trizeps

11. **Heraufschauender Hund (siehe Abbildung 12):** Diese Übung soll dir als abschließende Dehnung deiner gesamten Körpervorderseite sowie zur Mobilisation deiner Wirbelsäule dienen, bevor du dich wieder zurück in den Herabschauenden Hund (siehe Abbildung 13) schiebst und die Übungsfolge auf der anderen Seite beginnst.
    - **Fokus:** Dehnung der Körpervorderseite, Mobilisation der Wirbelsäule

Führe die Übungsabfolge zunächst auf der einen, dann auf der anderen Seite durch. Nach insgesamt drei Runden pro Seite hast du den Mobility-Teil geschafft und darfst dein Training mit einem Entspannungsteil, zum Beispiel einer Meditation, einer Atemübung oder dem Ausrichten und der Verankerung der Wirbelsäule (siehe Seite 75), abschließen.

Ich hoffe, dich wird diese Übungsabfolge bei deiner Körperwahrnehmung unterstützen, dir viele positive körperliche Veränderungen bescheren und dir in Sachen Körpergesundheit und Leistungssteigerung ebenso helfen, wie sie mir geholfen hat.

1. Beginne die erste Runde im Vierfüßlerstand, wobei du darauf achten solltest, dass sich deine Schultern genau über den Handgelenken befinden. Deine Handflächen liegen mit gespreizten Fingern fest auf dem Boden, wobei der Mittelfinger oder der Ringfinger nach vorn zeigt. Hebe deine Knie vom Boden ab und schiebe dein Gesäß bei angewinkelten Knien nach oben, wobei du deine Handflächen fest am Boden verankerst, deine Schulterblätter nach innen unten rotierst und deinen Brustkorb in Richtung Fußspitzen ziehst. Schiebe abwechselnd deine Fersen in Richtung Boden, um dich langsam in die Streckung deiner Beine und die damit verbundene Dehnung der Oberschenkelrückseite hineinzuarbeiten. Stelle deine Füße nun mit nach vorn zeigenden Zehen etwa hüftbreit auf und schiebe die Fersen in Richtung Boden. Bei Bedarf lass die Knie leicht angewinkelt. Schiebe dein Steißbein weit nach oben und ziehe den Rücken lang, halte deinen Kopf in Verlängerung der Wirbelsäule und deinen Nacken entspannt. Du befindest dich nun im Herabschauenden Hund, der Ausgangsposition für den Mobility-Flow.
2. Hebe aus dem Herabschauenden Hund heraus ein Bein gestreckt so weit nach hinten oben an, wie es deine Körperstrukturen zulassen. Bestenfalls richtest du das Bein in einer Linie mit deinem Oberkörper aus. Deine andere Ferse schiebst du dabei in Richtung Boden. Deine Hüfte bleibt parallel nach vorn ausgerichtet und deine Hände bleiben fest am Boden verankert – stelle dir vor, du wolltest den Boden nach vorn wegschieben. Erzeuge Länge von der Kopfkrone bis in die Fußspitze.
3. Aus dem Dreibeinigen Hund ziehst du dein Knie in Richtung deines Ellbogens nach vorn, wobei sich deine hintere Ferse vom Boden löst und du dein Körpergewicht in Richtung deiner Fingerspitzen nach vorn schiebst. Ziehe deinen Bauchnabel kräftig nach innen oben und aktiviere deine Bauchmuskulatur. Atme gleichmäßig weiter, während du die Position einige Sekunden hältst.
4. Platziere den vorderen Fuß mit der ganzen Fußsohle auf dem Boden und stelle deine Hände an der Fußinnenseite parallel dazu am Boden auf, wobei sich Schultern, Ellbogen und Handgelenke in einer Linie befinden sollten. Solltest du nicht in einem »Rutsch« in diese Position kommen, kannst du deinen Fuß mit deiner Hand in die richtige Position rücken und deinen Körper anschließend entsprechend ausrichten. Dein vorderes Bein bildet einen rechten Winkel, wobei dein Knie leicht nach außen und nicht vor die Fußspitze zieht. Dein hinteres Bein ist mit der Fußspitze am Boden aufgestellt, möglichst gestreckt, und deine Hüfte leicht nach vorn gekippt. Dein Bein bildet mit deinem Oberkörper und deiner Halswirbelsäule eine gerade Linie. Wenn du sehr gut gedehnt bist, kannst du den Ellbogen Richtung Boden schieben (siehe Abbildung 4b).

5. Bewege den Arm auf der Seite deines angewinkelten Beins in einem großen Kreis nach oben. Dein Blick folgt deiner Hand. Stelle dir eine gerade Linie zwischen deinen beiden Armen vor. Ziehe dich lang von der auf dem Boden abgestützten Hand bis zu den Fingerspitzen des angehobenen Arms.
6. Platziere deine Hand neben deinem Fuß, sodass deine Hände deinen vorderen Fuß umschließen und du dich wieder im Runner's Lunge befindest.
7. Schiebe dich dann mit deinem Gesäß nach hinten, wobei du beide Beine streckst und deine vordere Ferse in den Boden drückst. Halte deinen Rücken gerade und schiebe deinen Po leicht nach oben, als wolltest du in ein Hohlkreuz kommen. Deine hintere Fußspitze zeigt nach vorn.
8. Schiebe dich wieder in den Runner's Lunge nach vorn, wobei du beim Nach-vorn-Kommen deine Hand an die Innenseite deines vorderen Knies nimmst und es sanft nach außen drückst. Falle mit dem vorderen Fuß auf die Fußaußenkante und rotiere deinen Oberkörper zur Seite, wobei du deinen Blick leicht über die Schulter nach hinten nimmst.
9. Löse deine Hand von deinem Knie und platziere sie neben deine andere Hand auf dem Boden, sodass sich dein vorderer Fuß außerhalb deiner Hände befindet. Hebe unter Anspannung deiner Bauchmuskulatur deinen vorderen Fuß vom Boden an und halte ein paar Sekunden die Spannung.
10. Führe dein Bein nach hinten und strecke es neben dem anderen Bein aus, ohne es am Boden abzulegen. Du befindest dich nun in der einbeinigen Plank-Position. Halte die Ganzkörperspannung und achte darauf, dass deine Hüfte parallel zum Boden ausgerichtet bleibt, du sie also nicht nach oben in Richtung des angehobenen Beins aufdrehst.
11. Setze deinen Fuß etwa hüftbreit neben dem anderen Fuß auf dem Boden ab und halte die Plank-Position. Nach Belieben kannst du an dieser Stelle ein paar Liegestütze einbauen (siehe ab Seite 134).
12. Unter Anspannung deiner Bauchmuskulatur lässt du deine Hüfte in Richtung Boden absinken, bis du mit deinem Körper in eine Rückbeuge kommst. Öffne deinen Brustkorb, lege deinen Kopf sanft in den Nacken und schiebe deine Hüfte so tief, wie es dir keine Schmerzen im unteren Rücken verursacht.
13. Schiebe dich nach einigen Sekunden zurück in den Herabschauenden Hund.

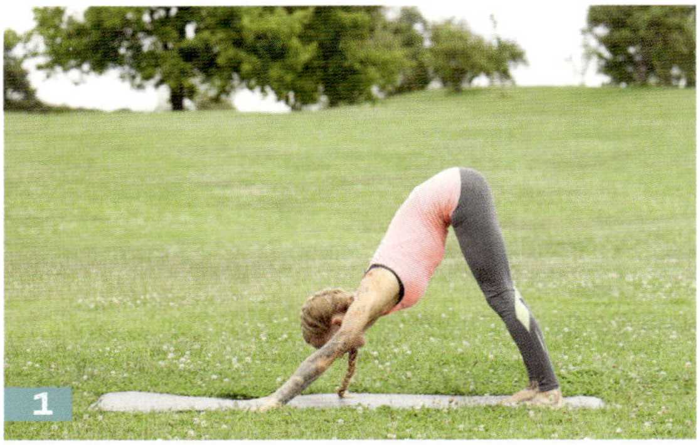
1

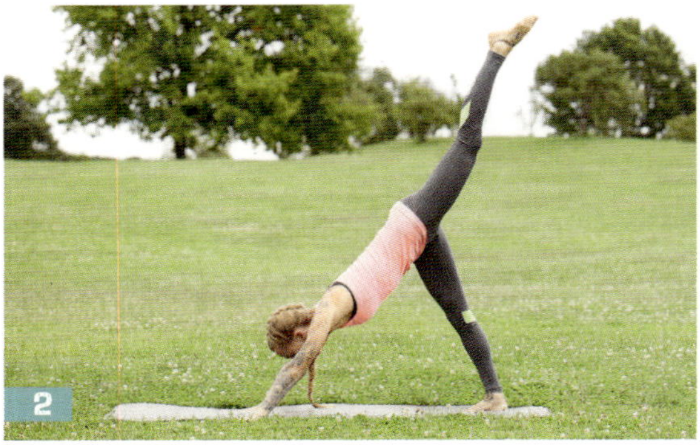
2

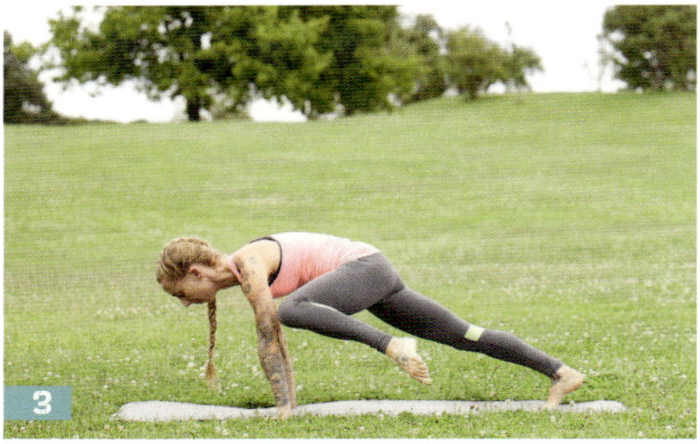
3

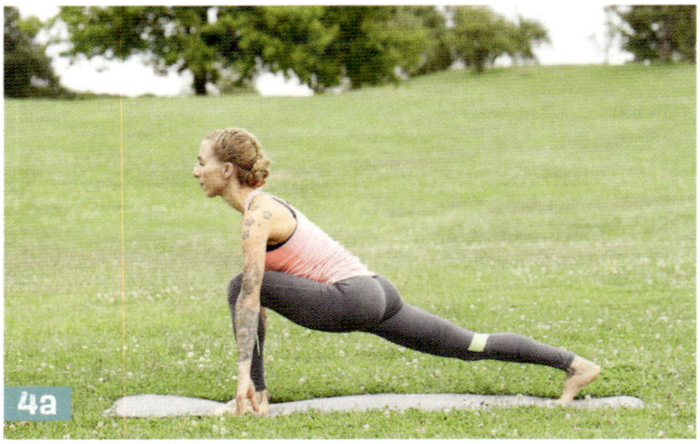
4a

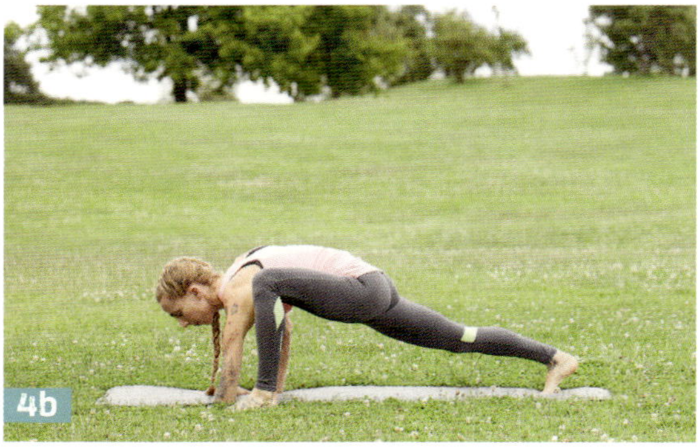
4b

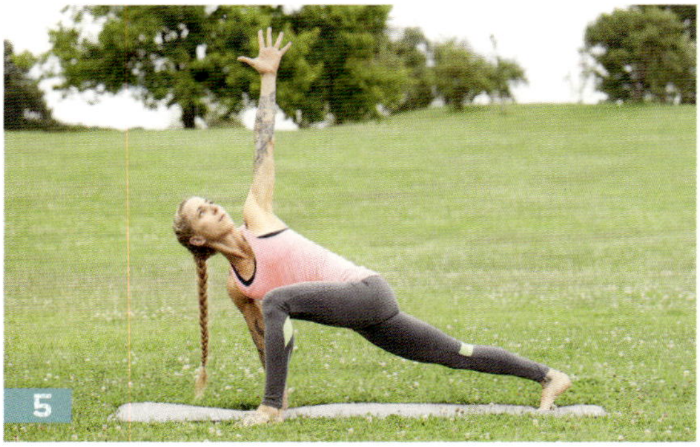
5

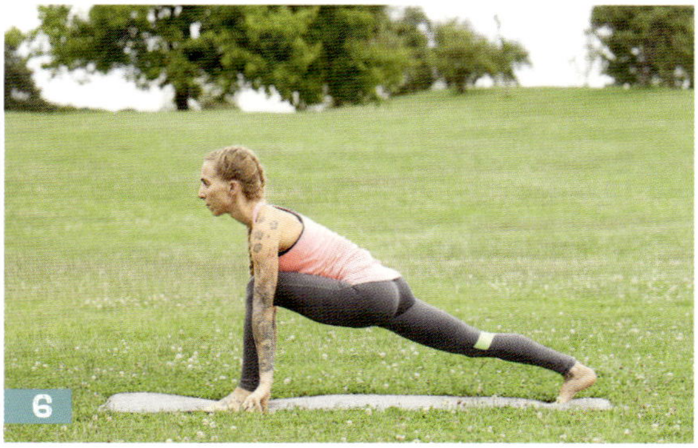
6

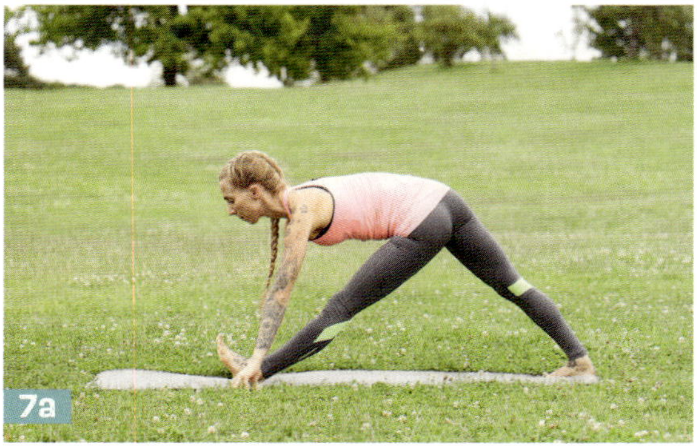
7a

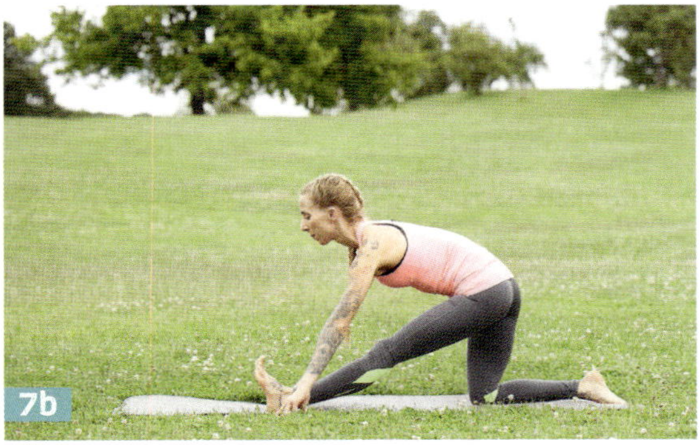
7b

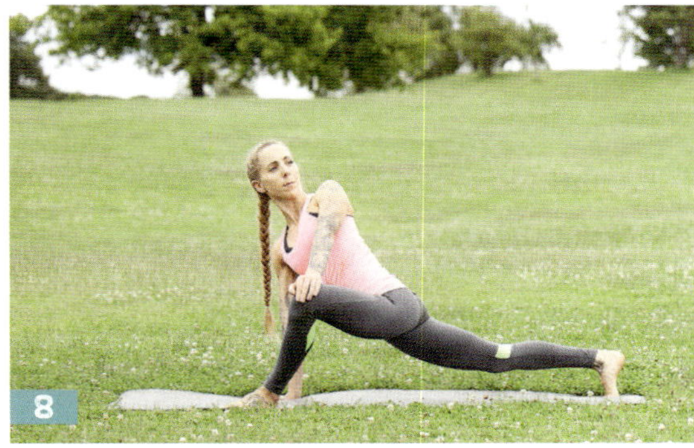
8

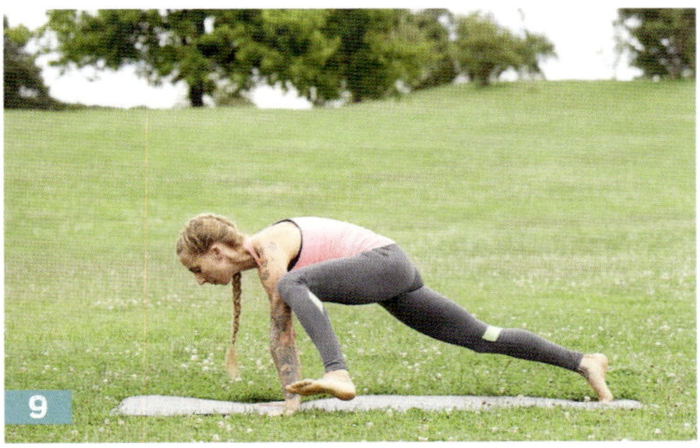
9

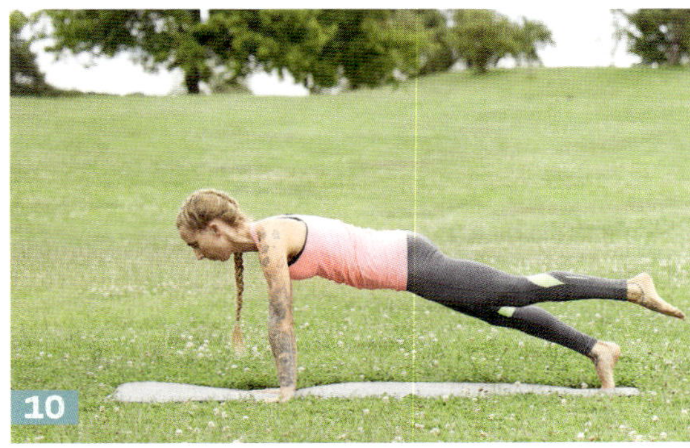
10

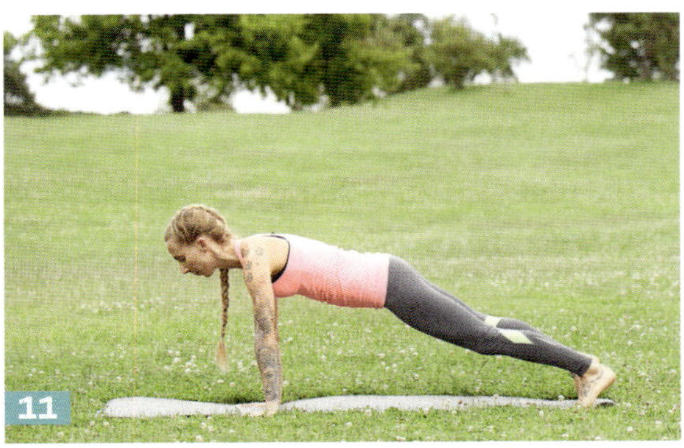
11

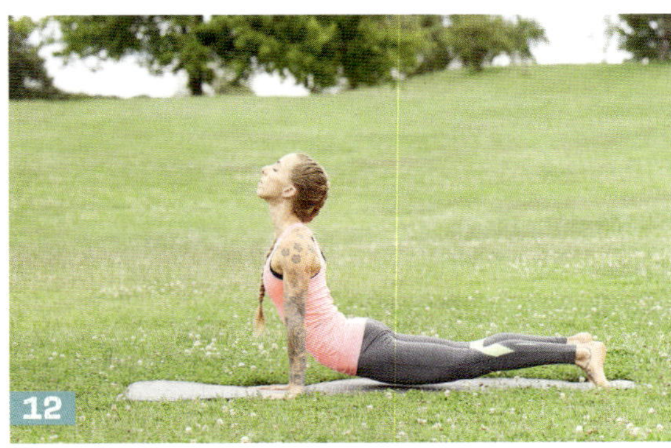
12

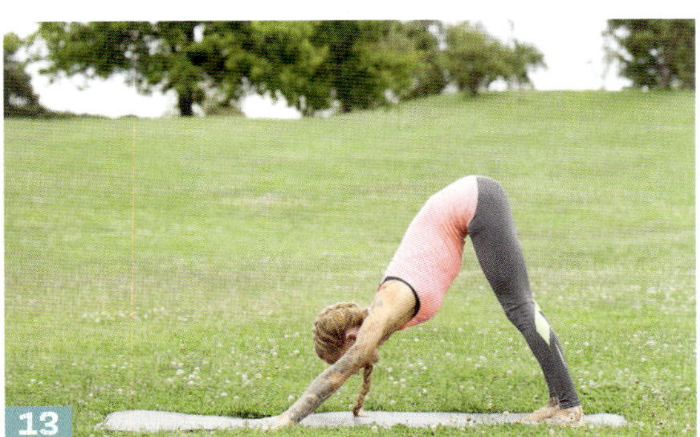
13

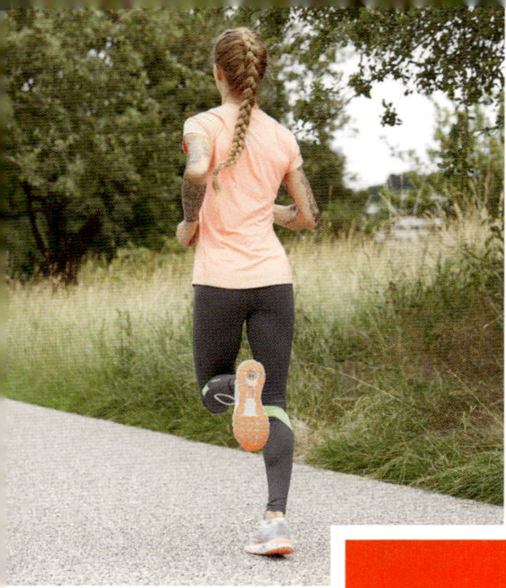
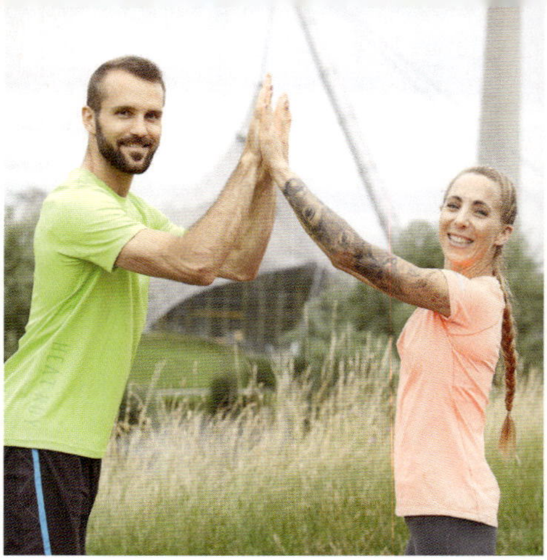
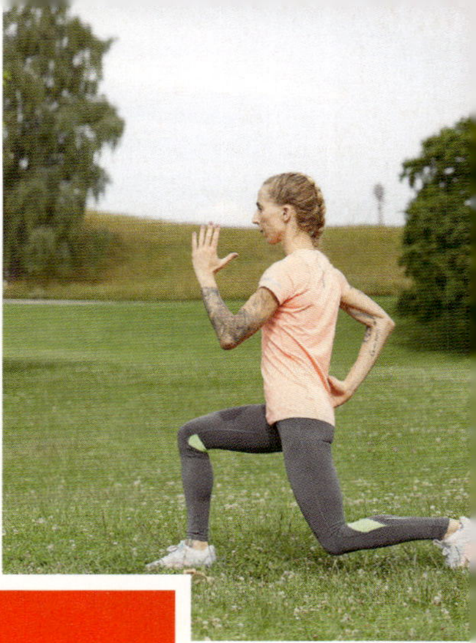
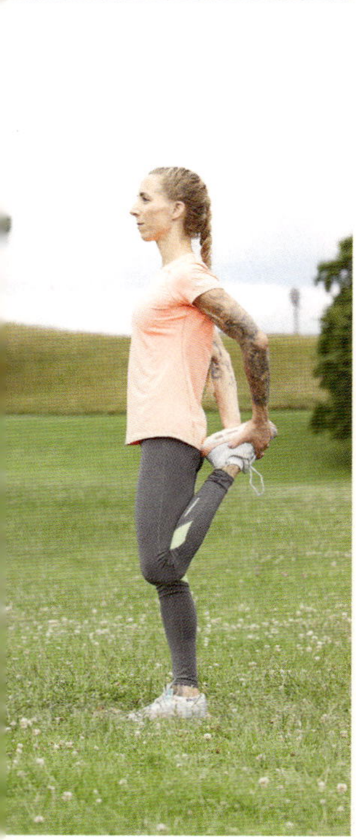

»Es ist nicht genug, zu wissen,
man muss auch anwenden.
Es ist nicht genug, zu wollen,
man muss auch tun.«

Johann Wolfgang von Goethe

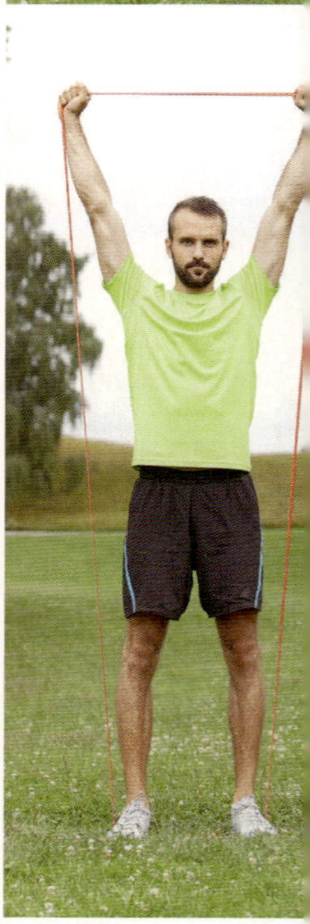
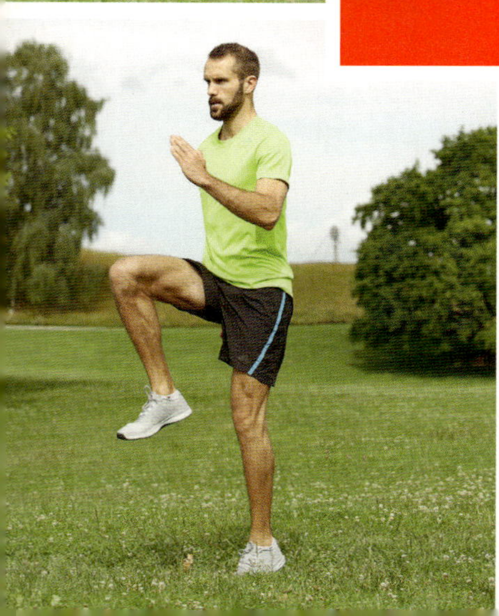
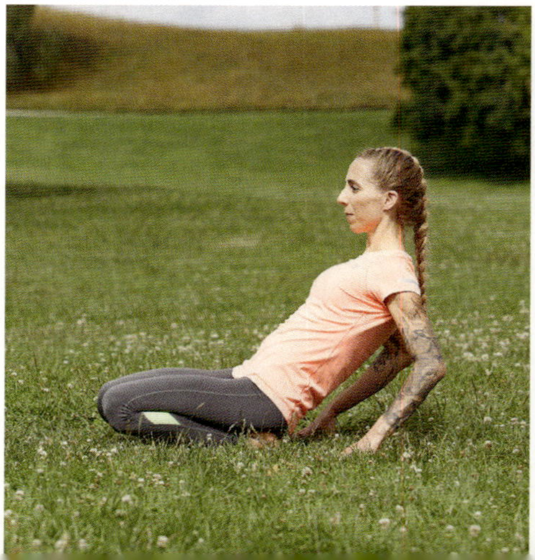
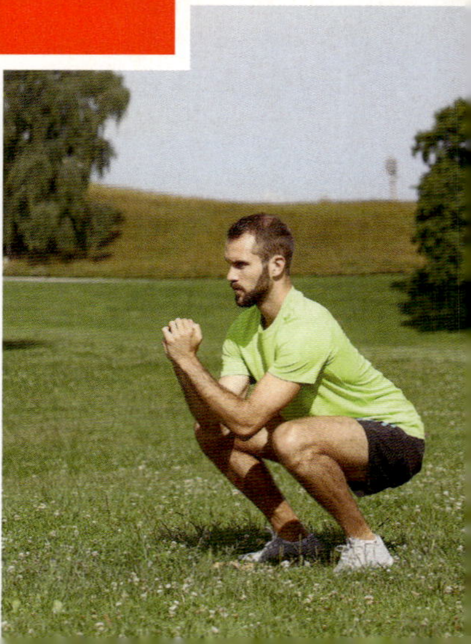

4

DIE TRAININGSPROGRAMME

Die Verbindung von Laufen und Fitnesstraining

Lange Jahre habe ich gedacht, ich müsse mich zwischen Laufen und Fitnesstraining entscheiden. Heute weiß ich, dass das nicht notwendig ist. Eine Kombination aus beidem ist nicht nur möglich, sondern auch sinnvoll – sowohl was die körperliche als auch die mentale Gesundheit angeht. Aus diesem Grund habe ich folgende Trainingsprogramme entwickelt: um das Beste aus beiden Welten zu vereinen – das Naturerlebnis und die Faszination des Laufsports, kombiniert mit den richtigen Übungen, die den Körper ganzheitlich trainieren und Verletzungen vorbeugen. Ich möchte dir damit ein Trainingskonzept an die Hand geben, mit dem du das Laufen noch viele Jahre gesund und voller Freude ausüben kannst.

Die Programme zeigen dir, wie du dein Fitnesslevel erhöhen, deinen Körper ausgewogen fordern und Überlastungssymptome vermeiden kannst. Sie bieten dir Struktur und gleichzeitig genügend Spielraum, um das Training optimal an deine persönliche Lebenssituation anzupassen, und letztendlich die Chance, dich weiterzuentwickeln und mit ihnen zu wachsen – vielleicht sogar über dich selbst hinaus! Bist du bereit für dein persönliches Laufabenteuer?

PROGRAMMAUFBAU

Zwar verfolgen die Trainingsprogramme unterschiedliche Ziele und setzen verschiedene Leistungslevel voraus, ihre Struktur erfolgt jedoch nach den gleichen Prinzipien. Bevor du mit der Trainingspraxis startest, möchte ich dir daher den groben Aufbau der Programme erklären sowie dich anhand des einzelnen Trainings (Trainingsaufbau) und einer typischen Trainingswoche (Wochenaufbau) mit ein paar theoretischen Grundlagen vertraut machen. Bei ambitionierten Trainingsplänen und im Profisport gibt es darüber hinaus Monats- und Jahrespläne. Das Training wird anhand von Periodisierungsmodellen über Wochen und Monate so strukturiert, dass zu einem bestimmten Zeitpunkt, meist einem Wettkampf, die volle Höchstleistung abgerufen werden kann. Ein typisches Beispiel im Hobbysport ist der Halbmarathon- oder Marathontrainingsplan. Meist baut sich die Trainingsintensität drei Wochen lang auf, wird in Woche 4 reduziert, um dann in Woche 5 auf einem höheren Ausgangsniveau in den neuen Trainingszyklus zu starten.

So weit gehen die folgenden Trainingsprogramme nicht, zumal sie maximal vier Wochen lang sind. Bei einigen Programmen werden die Trainingstage aufeinander aufbauend gestaltet sein und sich im Lauf der Wochen im Hinblick auf die Belastungsintensität steigern. Manche Programme sind als Spaßworkouts konzipiert, bei denen du jeden Tag etwas Neues entdecken darfst. Bei allen Programmen kannst du dir jedoch sicher sein: Dich erwarten abwechslungsreiche Wochen, die dich deinem Trainingsziel näherbringen werden.

TRAININGSAUFBAU

Die Workouts sind in vier Trainingsblöcke unterteilt, die unterschiedliche Zielsetzungen verfolgen und denen du alle die gleiche Aufmerksamkeit schenken solltest:

- **Warm-up:** Das Fundament jedes Trainings. Es schafft die Voraussetzungen für ein erfolgreiches Workout, indem es den Körper auf Betriebstemperatur bringt und mittels Mobility-Übungen den Körper bestmöglich auf die kommende Bewegung vorbereitet.
- **Workout:** In diesem Teil schreibst du deine eigene Trainingsgeschichte. Du darfst dich austoben, ausleben und solltest nichts auslassen. Hier solltest du alles geben und wirst dafür sehr viel zurückbekommen.
- **Cool-down:** In diesem Teil wird die Regenerationsphase eingeleitet. Sie sorgt für Prozesse im Körper, die ihn schützen, ihn leistungsfähig halten und ihn langfristig auf ein neues Level heben.

- **Stretch and Relax:** Dies ist die Verbindung zum Ausgangszustand – und darüber hinaus. In diesem Teil ziehst du deine Körperstrukturen in die Länge und gibst ihnen die Geschmeidigkeit zurück, die sie vor Beginn des Trainings besessen haben. Damit schaffst du die besten Voraussetzungen, um im nächsten Training auf einem höheren Niveau aufbauen zu können.

Warm-up

Beim Warm-up geht es darum, den Körper auf die kommende Belastung vorzubereiten. Das langsame Einlaufen, also die kontinuierliche Steigerung der Pulsfrequenz, wird von vielen Läufern bereits umgesetzt. Vermutlich werden jedoch die wenigsten aktivierende Kräftigungsübungen oder bewegungserweiternde Mobility-Übungen in ihr Warm-up integrieren. Diese sind jedoch mindestens ebenso entscheidend für ein verletzungsfreies Training und einen maximalen Trainingserfolg. Sie stellen daher bei den Trainingsprogrammen einen wichtigen Baustein der Warm-up-Routine dar.

Bei den Trainingsprogrammen gestaltet sich dies so, dass du mit einer fünf- bis zehnminütigen Einlaufphase beginnst, während der du die vorbereitenden Mobility-Übungen absolvierst. Du kannst dazu den Laufrhythmus kurz unterbrechen, um entweder eine Übung im Stand auszuführen oder in eine Vorwärtsbewegung wie den Lunge Walk zu kommen. Wenn im Plan keine konkreten Zeit- oder Wiederholungsangaben angegeben sind, solltest du die Mobility-Übungen in etwa eine Minute lang durchführen oder eben so lange, bis sich dein Körper gut aufgewärmt und beweglich anfühlt. Als Laufeinsteiger oder -wiedereinsteiger kannst du das Warm-up auch gehend bestreiten oder einen Geh-Lauf-Rhythmus finden, der deinem Trainingslevel entspricht. Wähle eine Trainingsroutine, die dir guttut und dich weiterbringt.

Du hast die meisten Übungen für den Warm-up-Teil in Kapitel 3 unter dem Abschnitt »Mobility« kennengelernt. Daneben werden einige Übungen aus dem Bereich Kräftigung verwendet. Diese aktivierenden Übungen sollen eine Grundspannung in der Muskulatur aufbauen und sie so auf die kommende intensivere Belastung einstimmen.

Hier noch einmal die drei Ziele des Warm-ups zusammengefasst:

- Die Laufbewegung sorgt für einen graduellen Anstieg deiner Pulsfrequenz und bringt so deinen Körper auf Betriebstemperatur.
- Übungen, die auf deine Mobilität abzielen, schaffen den nötigen Bewegungsradius, um das anschließende Lauftraining sowie die Übungen des Hauptteils optimal ausführen zu können.

- Aktivierende Übungen sorgen für eine Grundspannung und bereiten deinen Körper auf die anschließende Belastung vor.

Workout

Nach dem Warm-up startet der Hauptteil des Trainings. Hier findet das eigentliche Workout mit dem Übungsteil statt. Für diesen Teil erhältst du bei den Trainingsprogrammen eine genaue Zeitvorgabe – die Workout-Dauer. So kannst du die für das Training benötigte Zeit in etwa abschätzen. Alle Trainingsvorgaben sind in Minuten oder Sekunden angegeben. Im Mittelpunkt stehen also die Lauf- und Übungsdauer. Wie viele Kilometer du in dieser Zeit schaffst, hängt von deiner gewählten Laufgeschwindigkeit ab. Zur Workout-Dauer solltest du noch etwa 15 bis 25 Minuten für Warm-up und Stretching hinzurechnen – je nachdem, wie ausführlich du diese Teile gestalten möchtest.

Je nach Trainingsfokus und im Sinn eines abwechslungsreichen Trainings werden die Übungen entweder während des Laufens durchgeführt oder in Form einer längeren Laufpause, in der mehrere Übungen hintereinander absolviert werden. Sie sind so ausgewählt, dass die Übungen, die »on the run« durchgeführt werden, ohne Hilfsmittel auskommen – also entweder mit dem eigenen Körpergewicht oder mitgeführten Tools wie dem Band absolviert werden. Du musst während des Laufens nicht ständig nach der nächsten Bank oder der nächsten Mauer Ausschau halten, um die vorgegebene Übung ausführen zu können. Werden Hilfsmittel benötigt, so finden die Übungen als Block statt, sodass du nur einmal zur entsprechenden Stelle hinlaufen musst und dort das Workout am Stück durchführen kannst.

Wie eingangs erwähnt, solltest du dich, bevor du mit deinem Trainingsplan startest, in deiner Gegend umgesehen haben, also bereits eine Trainingslocation für den Übungsblock im Kopf haben, die in der angegebenen Laufzeit zu erreichen ist. Sollte die Laufdauer dabei einmal länger oder kürzer ausfallen als im Plan angegeben, ist das kein Beinbruch. Du kannst dir dein Training so flexibel gestalten, dass es sich mit den Möglichkeiten und Mitteln deiner Umgebung umsetzen lässt. Dein Trainingserfolg hängt nicht von ein paar Minuten mehr oder weniger ab, sondern davon, ob du dein Training kontinuierlich durchführst. Möchtest du dennoch auf die vorgegebene Minutenzahl kommen, kannst du sie an geeigneter Stelle anhängen.

Trainingsmethoden

Der Aufbau der Workouts, also wie die Übungen miteinander kombiniert und ausgeführt werden, kann in unterschiedlicher Weise erfolgen. Im Fitnesstraining gibt es unterschiedliche Methoden, verbunden mit ein paar Fachbegriffen, die ich dir an dieser Stelle erläutern möchte. In Bezug auf die

TIPPS FÜRS TRACKING

Für die Workouts genügt ein einfacher Timer, mit dem du die Minutenzahl bestimmen kannst. Eine Stoppuhrfunktion an deinem Handy oder deiner Uhr reicht also völlig aus. Möchtest du neben der abgelaufenen Zeit deine gelaufenen Kilometer beziehungsweise deine Geschwindigkeit tracken, rate ich dir zu folgendem Vorgehen:

- Werden die Übungen während des Laufens durchgeführt, kannst du die Rundenfunktion an deiner Uhr nutzen, um zwischen Übungsteil und Laufen zu unterscheiden. Die Gesamtpace deines Trainings wird durch die Übungen »verfälscht«, aber zumindest kannst du mittels der Rundenzeiten das Tempo deiner Laufeinheiten bestimmen. Bedenke dabei bitte: Bei den Trainingsprogrammen soll es weniger um Pace und Kilometerzahlen gehen, sondern vielmehr um ein gutes Körpergefühl.
- Finden die Übungen am Stück als Trainingsblock statt, kannst du für die unterschiedlichen Trainingseinheiten entsprechende Programme an deiner Laufuhr wählen, also zum Beispiel zunächst deinen Lauf tracken, dann für den Übungsteil ein neues Programm starten und anschließend separat den zweiten Lauf tracken. So lassen sich – falls dir dies wichtig ist – Pace und Kilometerzahl deiner Läufe genau auswerten.

Zielvorgabe lassen sich die zeitgebundene Methode (die Zeit ist vorgegeben) und die übungsgebundene Methode (die Wiederholungszahl ist vorgegeben) unterscheiden. Der Einsatz von Pausen definiert, ob es sich um die Dauermethode (ohne Pausen) oder um die Intervallmethode beziehungsweise die Zirkelmethode (beide mit Pausen) handelt.

Die übungsgebundene Methode

Bei dieser Trainingsmethode steht die Anzahl der absolvierten Wiederholungen einer Übung im Fokus. Es wird also eine bestimmte Aufgabe vorgegeben, wie zum Beispiel: »Führe 25 Burpees durch.« Dabei wird gemessen, wie viel Zeit für die Durchführung der Aufgabe benötigt wird. Da du hierbei genau weißt, wie viele Wiederholungen auf dich zukommen, sind etwas höhere Intensitäten möglich.

Die zeitgebundene Methode

Wie der Name bereits verrät, ist bei dieser Methode die Zeit der entscheidende Faktor. Es wird also ein gewisser Zeitrahmen vorgegeben, innerhalb dessen die Übungen ausgeführt werden. Ein Workout könnte also darin bestehen, innerhalb einer Minute so viele Burpees wie möglich zu schaffen – auf Englisch »As many repetitions (kurz: reps)/rounds as possible«. Dies ist der erste Fachbegriff, den du dir merken solltest.

Diese Übungsmethode bringt dir bei, dich und deine Kräfte einzuteilen, sprich: die Intensität, zum Beispiel die Geschwindigkeit, in der du die Übungen ausführst, so anzupassen, dass du die vorgegebene Zeit durchhältst. An dieser Stelle noch mal der wichtige Hinweis: Die Übungsausführung kommt immer vor der Übungsgeschwindigkeit! Eine nicht sauber ausgeführte Übung birgt Verletzungsgefahr und bringt dir weniger, als wenn du die Übung korrekt und kontrolliert absolvierst. Das Ziel, mehr Wiederholungen als der Trainingspartner zu schaffen oder den zuletzt aufgestellten persönlichen Rekord zu schlagen, darf nie zulasten der Übungsausführung gehen. Bitte denke also bei allem Ehrgeiz daran: Eine Wiederholung zählt nur dann, wenn du die Übung korrekt ausgeführt hast.

Die Dauermethode

Der Dauerlauf ist, darauf lässt der Name schließen, eine klassische Form der Dauermethode. Hierbei wird eine Bewegung beziehungsweise eine Belastung über längere Zeit bei gleichbleibender Intensität und ohne Pausen aufrechterhalten. Ein Beispiel ist ein 5-Kilometer-Lauf in gleichbleibender Geschwindigkeit. Dabei kann zwischen unterschiedlichen Belastungsintensitäten unterschieden werden – grob vereinfacht sind dies:

- **Extensive Belastungen** bei geringer bis mittlerer Intensität im aeroben Bereich für Fettverbrennung und Grundlagenausdauer
- **Intensive Belastungen** bei hoher Intensität im aerob-anaeroben Bereich, die dem Herz-Kreislauf-System sowie der Laktatverträglichkeit und der Herzvolumenvergrößerung dienen

In Bezug auf das Lauftraining entspricht diese Unterteilung den im letzten Kapitel vorgestellten Bereichen »langsames Laufen (Slow Run)« und »schnelles Laufen (Fast Run)«. Die Dauermethode kann auch im Rahmen von Kardioübungen angewendet werden, indem mehrere Ausdauerübungen aneinandergereiht werden. Zum Beispiel: »Führe die Übungen ›Jumping Jack‹, ›Knee-up‹ und ›Mountain Climber‹ jeweils eine Minute lang ohne Pausen und insgesamt drei Runden lang durch.« Je nach Übungsgeschwindigkeit und Trainingslevel kann dies für dich eine intensive oder eine extensive Ausdauerbelastung darstellen. In beiden Fällen geht es darum, die Ausdauerbelastung

AMRAP = AS MANY REPS (ROUNDS) AS POSSIBLE

Führe in der vorgegebenen Zeit so viele Übungen oder Runden wie möglich durch.

kontinuierlich aufrechtzuerhalten und dir deine Kraft so einzuteilen, dass du die Übungsabfolge bis zum Schluss durchhältst, ohne eine Pause machen zu müssen. Im Training können extensive und intensive Dauermethode auch kombiniert werden.

Die Intervallmethode

Bei der Intervallmethode wird die Belastung durch mehr oder weniger lange Pausen unterbrochen. Je nach Trainingsziel sollten die Erholungspausen so kurz sein, dass du nicht voll erholt in den nächsten Belastungszirkel einsteigst. Auf diese Weise steigt die Trainingsbelastung mit der Dauer des Workouts an. Die Intervallmethode kann in unterschiedlichen Varianten und mit unterschiedlicher Intensität durchgeführt werden.

- **Intervalltraining:** Ein typisches Beispiel ist das vom Laufen bekannte Intervalltraining, das zum Ziel hat, durch die Kombination von schnellen Laufeinheiten und langsamen Trabpausen die Laktattoleranz des Körpers zu verbessern. Intervalltraining ist ein sehr intensives, aber auch äußerst effektives und zeitsparendes Instrument zur Leistungsverbesserung. Für ambitionierte Läufer sollte es daher in keinem Trainingsplan fehlen.
- **HIIT:** Im Fitnessbereich wird Intervalltraining oft als sogenanntes HIIT durchgeführt, also als High Intensity Interval Training. Hierbei werden (meist) auf Kraftausdauer abzielende Übungen im anaeroben Trainingsbereich, unterbrochen durch mehr oder weniger lange Pausen, aneinandergereiht. Ein Beispiel für ein Workout nach dem HIIT-Prinzip ist: »Führe drei Runden für jeweils 45 Sekunden die Übungen ›Burpee‹, ›Squat Jump‹ und ›Mountain Climber‹ durch, wobei du 15 Sekunden Pause zwischen den Übungen einhältst.« Das Hochintensitätsintervalltraining wird häufig nach dem AMRAP-Prinzip gestaltet. Es geht also darum, in der vorgegebenen Zeit möglichst viele Wiederholungen zu schaffen. Ähnlich wie das Intervalltraining beim Laufen ist es meist sehr anstrengend, dafür aber zeitsparend und hocheffektiv.
- **Tabata:** Der wohl bekannteste Vertreter des Hochintensitätsintervalltrainings ist die Tabata-Methode. Hier wechseln Belastungsphasen von 20 Sekunden mit 10 Sekunden Erholungspausen ab, wobei die Übungen für genau acht Runden durchgeführt werden.

Zirkeltraining

Im klassischen Sinn werden hierbei verschiedene Übungsstationen meist kreisförmig aufgebaut und nacheinander ausgeführt. Je nach Zusammenstellung der Übungen können zum Beispiel die Ausdauerfähigkeit oder der Kraftaufbau das Trainingsziel sein. Oft werden ausdauerbetonte und kraftbetonte Übungen miteinander kombiniert. Auch Fähigkeiten wie Beweglichkeit oder Schnelligkeit können Ziele eines Zirkeltrainings sein. Im Rahmen der folgenden Trainingsprogramme wird durch das Aneinanderreihen mehrerer Übungen ein zirkelähnlicher Trainingsstil erreicht. Dabei wird der Fokus auf den Kräftigungsübungen liegen. Bei diesem Trainingsformat gibt es keine Zeitvorgaben für die Pausen. Du startest dann mit der nächsten Übung, wenn du dich dazu bereit fühlst. Bestenfalls gehst du fließend von einer Übung zur anderen über und nutzt lediglich den Positionswechsel als kleine Verschnaufpause.

Cool-down

Das Cool-down ist ein wichtiger Teil des Trainings, denn es leitet die Regenerationsphase ein. Sprints am Ende des Trainings oder schnelles Laufen bis zur Haustür sind kontraproduktiv und sollten vermieden werden. Stattdessen sollte die Herz-Kreislauf-Aktivität allmählich reduziert und der Puls schrittweise gesenkt werden, bis er sich wieder im Normalbereich befindet. Bei den Trainingsprogrammen findet dies in aller Regel im Rahmen eines fünf- bis zehnminütigen Auslaufens statt. Der Bewegungsradius wird reduziert, der Gefühlswert kehrt zurück in den unteren Bereich. Am Ende der Auslaufphase solltest du dich entspannt und erholt fühlen.

Während des Cool-downs wird die vorgegebene Mobilisationsübung durchgeführt. Darüber hinaus kannst du ein paar lockernde Bewegungen einbauen – den Körper zum Beispiel ausschütteln oder mit weiteren Mobilisationsübungen die Stretching-Phase einleiten. Du könntest beispielsweise vom lockeren Laufen in weite Ausfallschritte übergehen und diese immer länger in der Dehnposition halten, bis du ganz in den Stretch »Runner's Lunge« kommst.

Stretch and Relax

Im abschließenden Teil des Trainings geht es darum, mittels Dehnübungen den Muskeltonus zu senken, die Körperstrukturen sanft zurück in die Ausgangslänge zu bringen und die psychische Entspannung zu fördern. Begreife diesen Teil als Belohnung für dein Training und widme ihm ebenso viel Aufmerksamkeit wie dem vorangegangenen Workout. Du wirst vor allem mit statischen, passiven Dehnübungen arbeiten. In den Programmen gebe ich dir drei Stretching-Übungen vor, die du mindestens 60 bis 90 Sekunden lang halten solltest. Wenn du das Gefühl hast, dass ein anderes als im Plan vorgegebenes Körperteil die Dehnung dringender benötigt, kannst du die Übungen austauschen oder ergänzen. Bitte wähle jedoch mindestens drei Übungen für diesen Teil aus.

Die meisten Stretching-Übungen werden im Stand ausgeführt, können also problemlos draußen absolviert werden. Ansonsten kannst du ein Handtuch als Unterlage verwenden.

Solltest du das Stretching zu Hause durchführen, kannst du weitere Dehnübungen im Sitzen oder Liegen ergänzen.

Dein Körper ist vom vorherigen Training belastet, achte in diesem Teil also ganz besonders auf die Signale, die er dir sendet. Ein Hineinzwingen in die Positionen birgt Verletzungsgefahr. Arbeite mit deinem Körper und nicht gegen ihn. Gib ihm Zeit, sich ganz allmählich in die Übungen hineinzufinden. Mittels Atmung lässt du dich immer tiefer in die Dehnposition sinken, bis du merkst, dass die Muskulatur »loslässt« und sich entspannt.

Nachdem du die drei Dehnübungen durchgeführt hast, kommst du zum »Final Rest«. Du kannst diesen zur Entspannung, zur Meditation, zum Hineinhören in deinen Körper, zum bewussten Atmen oder zur Neutralstellung und Verankerung deiner Wirbelsäule verwenden (siehe Seite 75). Nutze ihn auch, um dein Training noch einmal Revue passieren zu lassen und deinem Körper für seine Leistung Danke zu sagen. Um besser in die Entspannung zu finden, kannst du deinen ganzen Körper zunächst einmal anspannen, von den Füßen bis hoch zur Gesichtsmuskulatur. Nimm dann einen tiefen Atemzug durch die Nase und lass mit dem Ausatmen alle Verspannungen aus deinem Körper hinaus. Danach kannst du deine Hände auf den unteren Bauch legen, um genau zu erspüren, wie er sich beim Einatmen hebt und beim Ausatmen senkt. Achte dabei darauf, dass deine Schultern entspannt bleiben und du sie nicht zu den Ohren ziehst. Wenn du möchtest, schließe für einen Moment die Augen und lass dich mit jedem Atemzug tiefer in die Entspannung fallen. Koste diesen Moment voll aus und genieße die tiefe Ruhe, die deinen Körper durchströmt. Gönne dir diesen Moment so lange, wie du möchtest – du hast ihn dir verdient!

ÜBUNGEN UND PLÄNE VERINNERLICHEN

Besonders zu Beginn wirst du möglicherweise vor der Herausforderung stehen, dass dir viele der Übungen noch nicht geläufig sind oder dass es dir, besonders bei komplex aufgebauten Trainingstagen, schwerfällt, dir den genauen Ablauf zu merken. Mache dir deswegen zur Unterstützung mit deinem Handy ein Foto des jeweiligen Tagesplans sowie bei Bedarf der dazugehörigen Übungen. Alternativ kannst du dir Grobaufbau und Übungen auf einen kleinen Zettel oder die Hand schreiben. So kannst du auch unterwegs nachschauen, wenn du nicht mehr weißt, wie es weitergeht.

Du wirst merken: Je häufiger du die Übungen machst und je mehr du mit den Plänen vertraut bist, desto leichter werden dir Übungs- und Programmablauf fallen.

WOCHENAUFBAU

Entscheidend für ein verletzungsfreies Training sowie den Trainingserfolg ist nicht nur die einzelne Einheit, sondern vor allem der Aufbau der Trainingswoche. Hier geht es insbesondere um einen vernünftigen Wechsel zwischen Belastung und Erholung, um Übertraining zu vermeiden und die Trainingsreize so zu setzen, dass sie dir bestmögliche Erfolge bringen. Es gibt drei unterschiedliche Tage, die gleich wichtige Teile des Trainings sind:

- Trainingstage (T)
- Mobility-Tage (M) – aktive Regeneration
- Ruhetage (R) – passive Regeneration

Trainingstage

Die meisten der folgenden Trainingsprogramme arbeiten mit drei Trainingseinheiten pro Woche. Lediglich bei den beiden letzten Programmen wird auf vier Trainingstage erhöht. Jeder Tag wird unterschiedliche Trainingsschwerpunkte setzen. Auch hinsichtlich der Intensität werden sich die Trainingstage leicht unterscheiden, aber nicht in dem Ausmaß, wie dies bei klassischen Lauftrainingsplänen der Fall ist. Es wird also nicht den einen, härtesten Trainingstag der Woche geben, sondern jedes Workout wird dich auf unterschiedliche Weise und mit einer anderen Zielsetzung herausfordern.

Die Anzahl der Trainings innerhalb einer Woche ist bei den Programmen vorgegeben, nicht jedoch, an welchem Wochentag du sie durchführst oder wie du sie mit Mobility- und Ruhetagen kombinierst. Du entscheidest also selbst, wann du dich für die nächste Einheit bereit fühlst. Das hat den Vorteil, dass du die Trainingstage flexibel in deinen Alltag integrieren kannst. Im Sinne einer guten Trainingssteuerung ist eine ungefähre Gleichverteilung der Tage über die Woche sinnvoll. Aber wenn es sich nicht einrichten lässt, mache es so, wie es für dich passt und sich gut anfühlt. Wichtig ist, dass du alle Trainingstage innerhalb einer Woche absolvierst. Finde dafür deinen eigenen Rhythmus. Mir ist wichtig, dir mit den Programmen eine gewisse Struktur zu geben, dir aber vor allem eins zu vermitteln: Spaß an der Bewegung und bestenfalls ein neues Körpergefühl.

Mobility-Tage

Die Mobility-Tage dienen der aktiven Regeneration und der Sicherstellung deiner Beweglichkeit. Ein ausreichender Bewegungsumfang ist der Grundpfeiler des Trainings und der Schlüssel zu einer geringeren Verletzungsanfälligkeit. Da viele Läufer zu wenig an ihrer Mobilität arbeiten, lege ich einen großen Fokus auf diese Fähigkeit.

Dafür habe ich die Übungsabfolge zusammengestellt, die du in Kapitel 3 bereits kennengelernt hast. Diese kombiniert Beweglichkeitsübungen mit aktivierenden Stabilitätsübungen, wobei der Fokus auf dem »Release«, dem Loslassen von Spannung und dem Erreichen von mehr Mobilität, liegt. Nach Möglichkeit solltest du mindestens ein bis zwei deiner trainingsfreien Tage pro Woche als Mobilitätstag gestalten. Der grobe Aufbau ist der folgende:

1. **Faszientraining,** um Gewebe geschmeidig zu machen und Verklebungen zu lösen
2. **Mobility-Flow,** um Spannungen zu lösen und Körperstrukturen zu verlängern

Insgesamt kommst du auf ein etwa 30-minütiges Regenerationsworkout. Innerhalb des Mobility-Flows werden stabilisierende Elemente für die nötige Körperspannung sorgen und dir durch das Wechselspiel zwischen Anspannung und Entspannung das Loslassen erleichtern. Statt den Mobility-Tag durchzuführen, kannst du auch andere Formen der aktiven Regeneration anwenden, zum Beispiel entspanntes Wandern, lockeres Radfahren oder Yoga. Es sollte jedoch immer die Regeneration im Vordergrund stehen.

Ruhetage

Die Ruhetage dienen der passiven Regeneration und dürfen mit Massagen, Meditation, entspannenden Bädern oder einfach einmal mit Nichtstun gefüllt werden. Wenn es dein Alltag zulässt, versuche, diese Tage auch in anderen Aspekten deines Lebens beruhigend zu gestalten. Sportlich eine Pause zu machen, aber dafür im Büro oder zu Hause Vollgas zu geben, wird deinem Körper nicht die nötige Ruhe bescheren, die er zur Regeneration benötigt. Mir ist bewusst, wie schwierig dies in der heutigen Zeit ist. Arbeit, Familie und Alltagsverpflichtungen geben kaum Zeit zum bewussten Durchatmen. Aber vielleicht schaffst du es, dir an diesen Tagen zumindest kleine Inseln der Ruhe zu schaffen; Momente, die ganz dir gehören und in denen du bewusst entspannen kannst. Damit meine ich nicht, mit dem Handy in der Hand vor dem Fernseher auf der Couch zu sitzen. Setze dich stattdessen lieber in den Park auf eine Wiese und lies ein Buch, lege dich in die Hängematte in den Garten und genieße den Duft der Blumen, schlendere durch den Wald und höre den Vögeln beim Singen zu. Praktiziere Achtsamkeit – mit dir selbst und deiner Umwelt.

Chronischer Stress und ständige Reizüberflutung gehören aus meiner Sicht und aus eigener Erfahrung zu den gesundheitsschädlichsten Phänomenen der heutigen Zeit. Sie können sich nicht nur auf die sportliche Leistungsfähigkeit auswirken, sondern auf Dauer auch krank machen. Es wird dich also nicht nur in Sachen Sport, sondern auch im Sinn deiner Lebensqualität weiterbringen, wenn du ganz bewusst Ruheoasen in dein Leben integrierst.

BEISPIELHAFTER WOCHENAUFBAU

Beispielhaft möchte ich dir eine Trainingswoche vorstellen, die drei Trainingstage (T1, T2, T3), zwei Mobility-Tage (M) und zwei Ruhetage (R) umfasst. Die Woche ist sehr idealistisch dargestellt und findet quasi unter optimalen Bedingungen statt. Auch wenn es nicht immer so laufen und sich anfühlen wird wie beschrieben, auch wenn sich der Alltag in aller Regel anders gestaltet, soll es dir Lust machen auf die anstehenden Trainings. Vielleicht gefällt dir der Aufbau so gut, dass du dich daran orientieren möchtest. Und du wirst sehen: Auch wenn sich nicht jede Trainingswoche nach Lehrbuch gestalten lässt, wird sich der Wechsel zwischen Training, aktiver Regeneration und Ruhe positiv auf dich, deine Workouts und dein gesamtes Körpergefühl auswirken.

Montag

Der Montag ist oft ein schwieriger Tag in Sachen Motivation, insbesondere im Hinblick aufs Training. Genau aus diesem Grund ist er so wichtig. Denn wer die Woche mit Bewegung startet, schafft die besten Voraussetzungen dafür, auch den Verlauf der Woche aktiv zu gestalten. Allerdings fehlt es nach dem Wochenende manchmal am nötigen Biss für ein hartes Training. Daher startest du die Woche mit einem Mobility-Tag. Dies ermöglicht dir einen sanften Einstieg ins Training, du wirst mit einem guten Körpergefühl belohnt und kannst motiviert in die Woche starten.

Dienstag

Am Dienstag folgt der erste Trainingstag. Da dein Körper durch den vorherigen Mobility-Tag bestens auf das Training eingestimmt ist, kannst du an diesem Tag Gas geben und dich beim Workout so richtig verausgaben. Hartes Training kann sich großartig anfühlen, wenn man ausgeruht ist und merkt, dass die »Maschine« läuft. Genieße das erhebende Gefühl, einen leistungsfähigen Körper zu besitzen, und koste es an diesem Tag voll aus.

Mittwoch

Auf das anstrengende Training am Dienstag folgt der Ruhetag am Mittwoch. Du kannst ihn mit gutem Gewissen und in vollen Zügen genießen, denn du spürst noch das Workout des Vortags in deinem Körper. Es ist kein lähmender Muskelkater, sondern ein angenehmes Spannungsgefühl, das dir zeigt, dass du den Trainingsreiz genau richtig dosiert hast. Du trinkst viel – mindestens sechs Gläser Wasser – und isst nährstoffreich und ausreichend, damit dein Körper alle Ressourcen hat, um sich perfekt regenerieren zu können. Ein erholsamer Spaziergang am Mittag und ein entspannendes Bad am Abend runden deinen Tag ab.

Donnerstag

Am Donnerstag spürst du das Training vom Dienstag noch ein wenig, fühlst dich aber schon wieder bereit für das anstehende Workout. Nicht nur körperlich, sondern auch im Kopf hast du Lust auf die Bewegung, die dich erwartet. An diesem Tag führst du ein solides Workout durch, das dich anstrengt, dich aber nicht voll an deine Belastungsgrenzen bringt. Du genießt die Gewissheit, die Übungen im Griff zu haben und deine Bewegungen bis zum Schluss optimal kontrollieren zu können.

Freitag

Am Freitag holst du dir beim Mobility-Tag die nötige Beweglichkeit wieder, die durch die beiden Workouts der letzten Tage etwas minimiert wurde. Gleichzeitig förderst du durch das Faszien- und Mobility-Training die aktive Erholung deines Körpers.

Samstag

Den Samstag nutzt du noch einmal als Ruhetag. Zwar gibt es am Samstag immer viel zu erledigen, aber durch Einkaufen, Wohnung-Putzen oder Gartenarbeit lässt du dich nicht aus der Ruhe bringen – im Gegenteil: Du nutzt diese Routinetätigkeiten als entspannende Rituale, lässt deinen Gedanken freien Lauf und genießt es, genügend Energie für alle Erledigungen an diesem Tag zu haben. Am Ende des Tages belohnst du dich mit einem leckeren Essen mit Freunden, einem Saunabesuch oder einem Spieleabend mit deinen Kindern.

Sonntag

»Sunday is Runday«, heißt es so schön. Und auch für dich ist der Sonntag deinem Training vorbehalten. Da der Sonntag aber auch Familientag ist, nutzt du die Morgenstunden für deine Trainingseinheit. Du stehst früh, aber ausgeruht auf, schlüpfst in deine Trainingsklamotten und schon geht es raus in die erwachende Natur. Die Luft ist herrlich frisch, die ersten Sonnenstrahlen kitzeln dich auf der Haut und du fühlst dich rundum wohl. Das Workout vergeht wie im Flug und läuft so gut, dass du am liebsten noch eine Einheit dranhängen möchtest. Nach dem Entspannungsteil fühlst du dich so herrlich energiegeladen, dass du mit einem Lächeln im Gesicht dein ausgiebiges Frühstück genießt und dich auf die anstehenden Sonntagsaktivitäten freust.

Montag	Dienstag	Mittwoch	Donnerstag	Freitag	Samstag	Sonntag
M	T1	R	T2	M	R	T3

Beispielhafter Aufbau einer Trainingswoche bei drei Trainingstagen

Klingt das wie eine Woche nach deinem Geschmack? Dann lege los! Einige Variablen kannst du nicht beeinflussen, aber vieles liegt an dir. Du hast etliche Gestaltungsmöglichkeiten – also mache die nächsten Wochen zu deinem persönlichen Ausbruch aus dem oft zu engen Alltagskorsett.

STRUKTUR UND FLEXIBILITÄT

Mein Ziel bei der Konzeption der Programme war, dir so viel Spielraum wie möglich zu lassen, damit du sie an deine persönlichen Bedürfnisse und deinen Alltag anpassen

TRAINING MORGENS ODER ABENDS?

Dies ist eine Frage, an der sich die Geister der Fitness- und Läuferwelt scheiden und die immer wieder Thema heißer Diskussionsrunden ist. Ich kann vorwegnehmen: Darauf gibt es keine allgemeingültige Antwort. Es hängt vom Einzelnen ab und natürlich von der Lebenssituation, die manchmal nur eine Variante zulässt. Unabhängig von externen Einflussfaktoren lassen sich hinsichtlich des Biorhythmus zwei Schlaftypen unterscheiden.

Es gibt die sogenannten Lerchen, die Menschen, die morgens topfit aufwachen und Bäume ausreißen könnten. Für diese ist ein Training am Morgen sinnvoll und auch effektiv. Sie können die frühen Stunden nutzen, um aktiv in den Tag zu starten, und trainieren damit zur Zeit ihres höchsten Energielevels. Die Chance, dass Lerchen am Abend nach der Arbeit fürs Training zu kaputt sind, ist hoch. Ein frühes Training ist damit die bessere Wahl.

Bei den Eulen ist es genau andersherum: Sie brauchen morgens mehrere Stunden, um in die Gänge zu kommen, und drehen dafür erst am Abend so richtig auf. Wenn das Aufstehen am Morgen ohnehin schwerfällt, sinkt die Motivation für ein anstrengendes Training um diese Uhrzeit meist gegen null. Ein Training am Abend zum Abschütteln des Tages und um entspannt in den Feierabend zu starten, fällt dem Eulentyp meist leichter und sollte daher bevorzugt werden.

Neben diesen Extremformen gehören die meisten Menschen zu den Zwischentypen. Die Entscheidung, ob du lieber morgens oder abends trainieren möchtest, darfst du also ganz allein treffen und so, dass du das Training für dich optimal gestalten kannst. Ich persönlich bin bekennende Lerche und würde nichts über mein morgendliches Training gehen lassen. Das Training am Abend ist jedoch genauso wertvoll und effektiv – es gibt hier kein besser oder schlechter. Auch wenn man sich sicherlich ein Stück weit zum früheren Aufstehen und vielleicht auch zum Training am Morgen »umerziehen« kann, halte ich es für kontraproduktiv und auch sinnlos, zwanghaft gegen die innere biologische Uhr zu kämpfen, nur weil man meint, dem in der Gesellschaft oft anerkannteren Morgentyp entsprechen zu müssen.

Noch ein paar Tipps in Sachen Ernährung:

- **Für alle Lerchen:** Solltet ihr Probleme damit haben, morgens ohne Frühstück, also nüchtern, zu trainieren, empfehle ich direkt nach dem Aufstehen, etwa 20 bis 30 Minuten vor Trainingsbeginn, eine leichte Kohlenhydratzufuhr, zum Beispiel in Form von einem Glas Saft oder einem Kohlenhydratdrink. Hiermit habe ich die besten Erfahrungen gemacht, da eine moderate Kohlenhydratzufuhr am Morgen nicht nur den ersten Hunger stillt, sondern auch in Sachen Performance beim Training einen wichtigen Energieschub liefern kann. Gerade wenn ein härteres Intervall- oder Krafttraining ansteht, kann dies sehr wichtig sein, um nicht während des Trainings in einen Hungerast (eine Unterzuckerung) zu fallen. Ausgenommen hiervon sind Longruns im Rahmen eines Marathontrainings. In diesem Fall sollte man versuchen, nüchtern loszulaufen, da der Körper trainiert werden soll, möglichst schnell auf die Fettverbrennung umzustellen. In diesem Fall sollte man die Kohlenhydratspeicher jedoch während des Laufs auffüllen, bevor sie leer sind, zum Beispiel durch Einnahme eines Kohlenhydrat-Gels.
- **Für alle Eulen:** Wer spät am Abend trainiert, hat oft Probleme, vor dem Schlafengehen die Energiereserven wieder ausreichend aufzufüllen, denn ein schweres Essen am späten Abend empfinden die meisten als unangenehm. Um die Energiespeicher nach dem Training dennoch aufzufüllen, was der besseren Regeneration dient, empfehle ich eine kleine Mahlzeit bestehend aus schnell verdaulichen Kohlenhydraten. Dies kann zum Beispiel ein Glas Saft oder ein Kohlenhydratdrink mit Haferflocken sein. Das belastet den Magen nicht so sehr, reicht zum Auffüllen der Energiespeicher und kann das Einschlafen fördern. Man sollte lediglich aufpassen, dass die Flüssigkeitszufuhr nicht zu groß ist, sonst wird man unter Umständen durch den nächtlichen Toilettengang um den Schlaf gebracht.

kannst. Gleichzeitig sollen sie dir Struktur bieten und Anhaltspunkt sein, wie du bestmögliche Trainingserfolge erzielen kannst. Dabei sind alle Workouts und Trainingspläne immer nur Vorschläge. Wie du sie für dich nutzt, solltest du anhand deines Körpergefühls bestimmen. Ein Training durchzuziehen, obwohl du merkst, dass es dich überfordert, oder eine Übung zu absolvieren, bei der du spürst, dass sie dir nicht guttut, ist nicht die richtige Herangehensweise. Lerne zu unterscheiden, wann dich das Training im positiven Sinne herausfordert und dir einen Leistungszuwachs bringt und wann es dich schlichtweg überfordert.

Dies gilt im Übrigen auch für den umgekehrten Fall: Du merkst, dass du mehr geben kannst, als der Trainingsplan vorsieht? Dann erhöhe die Intensität! Bedenke dabei, dass es nicht darum geht, in nur einem Workout zu glänzen. Bei einem zielorientierten Training geht es darum, den ganzen Plan im Kopf zu behalten und die Kraft so einzuteilen, dass man auch noch in der letzten Trainingsminute strahlen kann.

DEINE ZIELSETZUNG – DEIN TRAININGSPROGRAMM

Je nach Zielsetzung und abhängig von deinem Leistungslevel sowie deiner derzeitigen Lebenssituation kannst du zwischen zwölf Programmen wählen, die verschiedene Trainingsschwerpunkte setzen und dich hinsichtlich Trainingsintensität unterschiedlich herausfordern werden. Voraussetzung für alle Programme sind erste Erfahrungen mit dem Fitnesstraining und die Fähigkeit, etwa 30 Minuten am Stück ohne Pause laufen zu können.

Die Programme sollen dazu dienen, allgemeine Fitness- und Körperziele zu erreichen. Sie helfen dir dabei, dich in den vielen Monaten zwischen Laufevents und Wettbewerben SMARTER fit zu halten. Sie werden dir Workouts bieten, die Spaß machen und vielseitig sind. Hast du dir ein konkretes Laufziel gesetzt, zum Beispiel die Bewältigung eines 10-Kilometer-Laufs oder (Halb-)Marathons, solltest du einen darauf ausgerichteten Trainingsplan umsetzen – hierfür sind die folgenden Programme nicht geeignet. Optimalerweise schaffen sie jedoch die Voraussetzung dafür, dass du dieses Ziel besser erreichen kannst. Du kannst zwischen zwei-, drei- und vierwöchigen Programmen wählen. Dabei sollte dir bewusst sein, dass Veränderungen nicht innerhalb von ein paar Wochen passieren. Ein Programm eine Zeit lang durchzuführen und dann wieder in alte Muster zu verfallen, wird dir auf Dauer keinen Erfolg bescheren. Bestenfalls führst du die Programme also häufiger aus, kombinierst sie oder baust die vorgestellten Übungen regelmäßig in deine Trainingsroutine ein.

Zum Start jedes Programms erhältst du eine detaillierte Beschreibung. So weißt du genau, was dich bei den Workouts erwartet. Neben Zielsetzung und Übungsschwerpunkten sollen dir folgende Parameter die Auswahl deines Trainingsprogramms erleichtern:

- Das Anstrengungslevel (2 bis 10)
- Die Anzahl der Trainingswochen
- Die Anzahl der Trainings pro Woche
- Die Leistungsvoraussetzung zur Durchführung des Programms

Nach der Auswahl deines Programms kannst du zur praktischen Umsetzung übergehen. Jeder Trainingstag wird noch einmal genau erläutert, sodass du dieses Kapitel wie eine Art Trainingstagebuch neben deiner Trainingspraxis lesen kannst. An dieser Stelle noch einmal der wichtige Hinweis: Bei den Programmen geht es nicht ums Kilometerschrubben. Sie bieten dir Workouts, die auf dem Laufsport aufbauen, aber nicht die Bewältigung riesiger Strecken voraussetzen.

DIE ZWÖLF TRAININGSPROGRAMME IN DER ÜBERSICHT

Programm	P1: Mobility	P2: Gesundheit	P3: Gesunder Rücken	P4: Kopf frei	P5: Core and Stability	P6: Abnehmen	P7: Körperstraffung	P8: Starke Arme	P9: Starke Beine	P10: Quick and Dirty	P11: Schnelligkeit	P12: Next Level
Zielsetzung	Beweglichkeit verbessern und Steifheit vorbeugen	Schwachstellen trainieren und Verletzungen vorbeugen	Rückenschmerzen vorbeugen und Haltung verbessern	Spaß haben und Alltag vergessen	Bauchmuskeln stärken und Rumpf stabilisieren	Fett verbrennen und abnehmen	Körper festigen und straffen	Kraft im Oberkörper aufbauen	Kraft im Unterkörper aufbauen	Schnell und effektiv trainieren	Pace erhöhen und Leistung steigern	Ans Limit gehen
Level	2–3	2–3	2–3	3–4	3–4	4–5	4–5	5–6	5–6	6–7	7–8	8–10
Wochen	2	3	2	2	3	4	4	4	4	3	4	4
Tage/Woche	3	3	3	3	3	3	3	3	3	3	4	4
Leistungsvoraussetzung	30 Minuten am Stück laufen, erste Fitnesserfahrung	30 Minuten am Stück laufen, erste Fitnesserfahrung	30 Minuten am Stück laufen, erste Fitnesserfahrung	40 Minuten am Stück laufen, erste Fitnesserfahrung	40 Minuten am Stück laufen, mittlere Fitness	40 Minuten am Stück laufen, mittlere bis gute Fitness	40 Minuten am Stück laufen, mittlere bis gute Fitness	45 Minuten am Stück laufen, gute Fitness	45 Minuten am Stück laufen, gute Fitness	20 Minuten am Stück laufen, gute bis sehr gute Fitness	50 Minuten am Stück laufen, sehr gute Fitness	60 Minuten am Stück laufen, sehr gute bis extrem gute Fitness
Programmkombinationen	Gesundheitskombination: 9 Wochen + 3 Mobility-Wochen				Body-Kombination: 11 Wochen + 2 Mobility-Wochen			Kraftkombination: 8 Wochen + 1 Mobility-Woche		Hardcore-Kombination: 11 Wochen + 2 Mobility-Wochen		

Daher habe ich auf die Angabe von Kilometerzahlen verzichtet und gebe stattdessen die Laufdauer in Form einer Minutenvorgabe an. In welcher Geschwindigkeit du die Läufe absolvierst, bleibt dir überlassen. Damit kann auch die absolvierte Kilometeranzahl von Person zu Person variieren. Dies hat außerdem den Vorteil, dass du die Dauer der Programme im Vorfeld abschätzen kannst.

PROGRAMM-KOMBINATIONEN

Wenn dir zwei bis vier Trainingswochen nicht ausreichen und du gern länger mit den Trainingsplänen trainieren möchtest, kannst du die Einzelprogramme zu sogenannten Programmkombinationen zusammenstellen und dir Trainingspläne von bis zu elf Wochen schaffen. Wenn du dich dafür entscheidest, rate ich dir zu einer einwöchigen Pause zwischen den Einzelprogrammen, damit sich dein Körper adaptieren kann, bevor er in die nächste Herausforderung startet. Diese kannst du als Mobility-Woche nutzen, in der du den Mobility-Tag sowie Stretching-Übungen durchführst, um deinen Körper maximal zu regenerieren, bevor du mit deinem nächsten Programm startest. Du kannst dir die Trainingsprogramme so zusammenstellen, wie du es für dich am besten erachtest. Folgende Kombinationen sind meine Empfehlungen, da sie sich hinsichtlich der jeweiligen Zielsetzungen ergänzen und sich im ähnlichen Leistungslevel befinden.

- **Gesundheitskombination:** Trainiere dich gesund!
  - Programme 1, 2, 3 und 4
  - 9 Trainingswochen und 3 Mobility-Wochen
- **Body-Kombination:** Trainiere dich fit und schlank!
  - Programme 5, 6 und 7
  - 11 Trainingswochen und 2 Mobility-Wochen
- **Kraft-Kombination:** Trainiere dich stark!
  - Programme 8 und 9
  - 8 Trainingswochen und 1 Mobility-Woche
- **Hardcore-Kombination:** Trainiere dich extrem!
  - Programme 10, 11 und 12
  - 11 Trainingswochen und 3 Mobility-Wochen

ZWÖLF TRAININGS-PROGRAMME

Auf den letzten Seiten habe ich dir die theoretische Grundlage für dein Training vermittelt. Jetzt wird es Zeit, die Laufschuhe zu schnüren und loszulegen! Ich begleite dich bei jedem der zwölf Trainingsprogramme Tag für Tag, gebe dir zusätzliche Tipps, motiviere dich und helfe dir, die von dir gewählte Reise mit Freude und Spaß bis zum Ende durchzuziehen. Genieße den Weg, freue dich auf die Ziellinie und sei gespannt darauf, wie sich das Training auf dich und deinen Körper auswirken wird.

PROGRAMM 1: MOBILITY

Ziel:	Beweglichkeit verbessern und Verspannungen lösen
Level:	2–3
Wochen:	2
Tage pro Woche:	3
Voraussetzung:	30 Minuten am Stück laufen, erste Fitnesserfahrung

Du fühlst dich oft verspannt und kannst Bewegungen nicht in vollem Bewegungsradius ausführen? Du wolltest schon immer etwas mehr für deine Beweglichkeit tun oder hast zwischen zwei Wettkämpfen Luft für ein Regenerationstraining? Du möchtest einen sanften Wiedereinstieg ins Laufen, zum Beispiel nach einer Schwangerschaft oder einer längeren Pause? Dann ist dieses Programm genau das Richtige für dich! Zwei Wochen lang wird es an drei Tagen pro Woche darum gehen, an deiner Flexibilität zu arbeiten und dir mehr Mobilität zu schenken. Mit geringen Laufumfängen im angenehmen Tempo, angereichert durch Mobility-Übungen und Stretching-Einheiten, liegt der Fokus voll auf dem Thema Beweglichkeit – mit Trainingsschwerpunkt auf Hüftgelenk, Fußgelenken, Brustwirbelsäule und Schultern.

Abhängig von deinem Trainingslevel kannst du die drei Trainingstage um ein bis zwei Mobility-Tage ergänzen. Achte jedoch auch beim Thema Beweglichkeit darauf, dass ein Zuviel kontraproduktiv sein kann. Gerade wenn du noch keine Erfahrung mit Mobilitäts- und Faszientraining hast, solltest du es nicht übertreiben. Anstatt zwei Wochen lang jeden Tag zu trainieren, führe das Programm lieber zweimal hintereinander durch, ergänze es um eines der nächsten Programme zur Gesundheitskombination und binde vor allem die gelernten Übungen regelmäßig in deinen Trainingsalltag ein.

FÜR MEHR BEWEGLICHKEIT UND WENIGER STEIFHEIT

Lockere Läufe kombiniert mit Mobilitätsübungen und Stretching-Sessions für ein leichtes und unbeschwertes Körpergefühl

Besonders wichtig bei diesem Programm: Spüre in dich hinein und zwinge dich nicht in die Bewegungen, sondern arbeite mit deinem Körper. Deine Atmung sollte im Einklang mit deinen Bewegungen stehen und dir dabei helfen, deinen Körper Stück für Stück in die gewünschten Positionen zu bringen. Genieße die Sanftheit dieses Programms und freue dich darauf, deinem Körper etwas Gutes zu tun!

Begreife dieses Programm als kleinen Schnupperkurs zum Thema Mobilität sowie als Einstieg in deine neue Mobilitätsroutine. Viel Spaß beim Geschmeidigwerden!

WOCHE 1

Tag 1: Hüfte

An deinem ersten Trainingstag wird es um deine Hüftbeweglichkeit gehen. Du darfst dir dazu ein schönes Waldstück aussuchen und dich auf ein Training freuen, das sowohl deine Beweglichkeit in der Hüfte trainiert als auch deine Kraft in Beinen und Po verbessert. Du benötigst weder Equipment noch Hilfsmittel und wirst für das Workout etwa 36 Minuten benötigen – hinzu kommt noch die Zeit für Warm-up, Cool-down und Stretching.

Deine Übungen für heute

- **Mobility/Aktivierung:** Beinschwingen (Seite 158), Hüftkreisen (Seite 166)
- **Kräftigung:** Lunge Walk (Seite 113)
- **Stretching:** Seitbeuge (Seite 182), Rückbeuge (Seite 180), Runner's Lunge (Seite 181)

Dein heutiges Training

Starte dein Workout mit fünf bis zehn Minuten lockerem Einlaufen. Du kannst zu Beginn auch zügig gehen oder zwischen Laufen und Gehen wechseln. Wichtig ist, dass du am Ende deiner Einlaufzeit auf »Betriebstemperatur« gekommen bist und dich bereit für das anstehende Training fühlst. Führe zum Ende des Warm-ups das Beinschwingen durch – entweder frei stehend oder mit Festhalten. Beginne danach mit deinem Slow Run.

Laufe fünf Minuten und führe eine Minute lang den Lunge Walk durch. Achte dabei besonders auf deine Hüftöffnung nach vorn. Gehe danach wieder ins Laufen über und wiederhole das Ganze weitere fünfmal. Nach der letzten Runde Lunge Walk kommst du ins lockere Auslaufen. Reduziere kontinuierlich dein Tempo und führe zum Schluss das Hüftkreisen durch, bevor du mit dem Stretching-Teil dein Workout abschließt.

Tag 2: Füße

Deinen zweiten Trainingstag widme ganz deinen Füßen. Sie bilden die Basis deines Körpers und werden dennoch viel zu häufig vernachlässigt. Suche dir eine schöne Wiese in Lauf-

MOBILITY – WOCHE 1			
	Tag 1: Hüfte	**Tag 2: Füße**	**Tag 3: Brustwirbelsäule und Schultern**
Terrain	Wald	Wald und Wiese	Wald
Equipment	Keins	Handtuch	Superband
Hilfsmittel	Keins	Erhöhung	Vertikale Fläche
Warm-up	■ Einlaufen (5–10 Min.) ■ Beinschwingen	■ Einlaufen (5–10 Min.) ■ Fußkreisen	■ Einlaufen (5–10 Min.) ■ Armkreisen
Workout	■ Slow Run (30 Min.) ■ Alle 5 Min.: Lunge Walk (1 Min.)	■ Slow Run (15 Min.) ■ Workout (Wiese/barfuß): 8 Runden, 1 Min./Übung: 1. Barfußlauf 2. Handtuchgreifen (30 Sek./Seite) ■ Slow Run (15 Min.)	■ Slow Run (35 Min.) ■ Alle 5 Min.: Reverse Fly (1 Min.)
Workout-Dauer	**36 Minuten**	**46 Minuten**	**42 Minuten**
Cool-down	■ Auslaufen (5–10 Min.) ■ Hüftkreisen	■ Auslaufen (5–10 Min.) ■ Duck Walk (1 Min.)	■ Auslaufen (5–10 Min.) ■ Oberkörperrotation
Stretch and Relax	■ Seitbeuge ■ Rückbeuge ■ Runner's Lunge	■ Waden-Stretch ■ Fersensitz ■ Zehensitz	■ Brust-Schulter-Bizeps-Stretch ■ Brustöffner ■ Vorbeuge
	Final Rest		

nähe, befreie deine Füße aus deinen Schuhen und entfalte deine volle Fußbeweglichkeit! Du benötigst für dein heutiges Training ein kleines Handtuch, das du zum Beispiel in einem Laufrucksack mitführen kannst, sowie eine Erhöhung wie einen Bordstein oder eine Treppenstufe für den Waden-Stretch.

Deine Übungen für heute

- **Mobility/Aktivierung:** Fußkreisen (Seite 163), Duck Walk (Seite 162)
- **Kräftigung:** Handtuchgreifen (Seite 117)
- **Stretching:** Waden-Stretch (Seite 184), Fersensitz (Seite 175), Zehensitz (Seite 185)

Dein heutiges Training

Laufe dich fünf bis zehn Minuten lang ein. Bevor du mit dem Slow Run startest, nimm dir Zeit, um deine Füße zu kreisen, bis du das Gefühl hast, dass du sie gut in alle Richtungen bewegen kannst.

Nach etwa 15 Minuten im angenehmen Lauftempo kommst du an deiner Trainingswiese an. Befreie deine Füße aus deinen Schuhen und starte mit dem Workout, das du barfuß, in Zehensocken oder Zehenschuhen durchführst. Kontrolliere die Wiese auf Scherben, spitze Gegenstände oder Ähnliches und führe dann einen einminütigen Barfußlauf durch. Daran anschließend trainiere deine Fußmuskulatur beim Handtuchgreifen. Insgesamt acht Runden liegen vor dir, bevor du wieder in deine Schuhe schlüpfst und zum 15-minütigen Slow Run übergehst, der dich in Richtung Heimat trägt. Vielleicht kannst du einen Unterschied zum Beginn deines Trainings spüren und nimmst die Arbeit deiner Füße beim Laufen nun deutlicher wahr?

Beim fünf- bis zehnminütigen Auslaufen kannst du deine Fuß- und Hüftmobilität beim Duck Walk unter Beweis stellen. Klappt das Watscheln in der tiefen Hocke? Du kannst es entweder während des Auslaufens oder im Anschluss durchführen.

Zu Hause angekommen, startest du mit dem Stretching-Teil. Den Waden-Stretch kannst du vor deiner Haustür an einem Bordstein oder im Hausaufgang auf der Treppe durchführen. Für den Fersen- und Zehensitz ziehe am besten deine Schuhe aus – vielleicht schließt du dein Dehnprogramm drinnen auf einer Matte ab und gönnst deinen Füßen noch eine abschließende Massage mit den Händen oder der kleinen Faszienrolle.

Tag 3: Brustwirbelsäule und Schultern

Heute soll es um deinen Oberkörper gehen, konkret um die Beweglichkeit deiner Brustwirbelsäule und deiner Schultergelenke. Die Mobilität in diesen Bereichen ist nicht nur im Alltag, sondern auch beim Laufen wichtig. Gleichzeitig wirst du heute deine Rückenmuskulatur kräftigen. Um die richtige Stärke deines Bands zu bestimmen, solltest du den Reverse Fly vorher austesten. Für den Stretching-Teil benötigst du eine vertikale Fläche, zum Beispiel eine Wand. Nun kannst du dein Superband einpacken, und schon kann es losgehen.

Deine Übungen für heute

- **Mobility/Aktivierung:** Armkreisen (Seite 156), Oberkörperrotation (Seite 170)
- **Kräftigung:** Reverse Fly (Seite 137)
- **Stretching:** Brust-Schulter-Bizeps-Stretch (Seite 173), Brustöffner (Seite 172), Vorbeuge (Seite 183)

Dein heutiges Training

Nach dem fünf- bis zehnminütigen Einlaufen nimmst du dein Superband zur Hand und öffnest mit dem Armkreisen deinen Brust- und Schulterbereich. Danach folgen 35 Minuten Laufen, die alle fünf Minuten durch die Übung Reverse Fly unterbrochen werden. Dein Superband kannst du während des Laufs in der Hand halten, um möglichst fließend zwischen Laufen und Übung wechseln zu können. Du kannst das Band in dein Training integrieren, indem du es zweieinhalb Minuten in der linken und zweieinhalb Minuten in der rechten Hand trägst. Du wirst sehen, wie schnell auf diese Weise die Zeit verfliegt. Nach der letzten Übung mit dem Superband kannst du es wegpacken und dich fünf bis zehn Minuten lang entspannt auslaufen, bevor du mit der Oberkörperrotation und dem anschließenden Stretching-Teil den Fokus noch einmal voll auf die Mobilität deiner oberen Körperregionen lenkst.

WOCHE 2

Tag 1: Hüfte

In dieser Woche wird das Training aus der ersten Woche aufgegriffen und nur leicht verändert. Es wird also auch heute um deine Hüftregion gehen, aber dieses Mal um den seitlichen Anteil und damit auch deine Gesäßmuskulatur. Das Miniband wird dir helfen, deine »Glutes« zum Brennen zu bringen. Teste den Knieöffner vorher zu Hause aus, damit du die richtige Bandstärke wählst und somit maximal von deinem Training profitieren kannst.

Deine Übungen für heute

- **Mobility/Aktivierung:** Beinschwingen zur Seite (Seite 160), Hüftrotation (Seite 165)
- **Kräftigung:** Knieöffner (Seite 124)
- **Stretching:** Piriformis-Stretch (Seite 178), Seitbeuge überkreuzt (Seite 182), Couch-Stretch (Seite 174)

Dein heutiges Training

Laufe dich während fünf bis zehn Minuten locker ein und stelle beim anschließenden seitlichen Beinschwingen die Beweglichkeit deiner Hüfte zur Seite sicher. Versuche, das Beinschwingen ohne Festhalten durchzuführen, oder suche dir für mehr Stabilität einen Baum oder einen Laternenpfahl.

Starte anschließend deinen langsamen 30-Minuten-Lauf. Alle fünf Minuten platzierst du dein Miniband um deine Oberschenkel und lässt deine seitliche Gesäßmuskulatur eine Minute lang beim Knieöffnen arbeiten. Merkst du nach der Übung eine Veränderung in deinem Laufstil? Vielleicht spürst du, wie deine Hüfte beim Laufen stabiler ist und nicht mehr so sehr zur Seite kippt. Nach deinem fünf- bis zehnminütigen Cool-down kannst du bei der Hüftmobilisation deine Hüftregion noch einmal in alle Richtungen kreisend bewegen, bevor du sie mit den drei Stretching-Übungen sanft öffnest.

Tag 2: Füße

Heute darfst du wieder barfuß laufen! Freust du dich schon auf dieses besondere Fußerlebnis? Daneben warten noch weitere Übungen auf dich, die deine Fußgelenke herausfordern, mobilisieren und stärken werden. Vielleicht kannst du dir für den heutigen Lauf einen Trail suchen, der deine Fußgelenke zusätzlich trainiert. Falls sich in deiner Umgebung kein Trail findet, eignet sich auch unebener Waldboden.

Deine Übungen für heute

- **Mobility/Aktivierung:** Fußkreisen (Seite 163), Duck Walk (Seite 162)
- **Kräftigung:** Single Leg Deadlift (Seite 118)
- **Stretching:** Vorbeuge überkreuzt (Seite 183), Fersensitz (Seite 175), Zehensitz (Seite 185)

Dein heutiges Training

Nach deinem Warm-up stellst du mit dem Fußkreisen die Mobilität in deinen Fußgelenken sicher, bevor du deinen Slow Run startest. Nach 15 Minuten erreichst du deine Trainingswiese, an der acht Runden Workout auf dich warten. Dieses Mal wechselst du das einminütige Barfußlaufen mit dem Single Leg Deadlift ab, der deine Fußstabilität fördern und deinen Gleichgewichtssinn herausfordern wird. Danach schlüpfst du wieder in deine Laufschuhe und darfst 15 Minuten lockeres Laufen genießen, die du hoffentlich leichtfüßig meistern wirst – ebenso wie die zwei Runden Duck Walk, die du während des Cool-downs einbaust. Vielleicht wirst du am Ende deines Trainings deine Unterschenkel und deine Fußmuskulatur spüren. Aber keine Angst: Mit dem anschließenden Stretching-Teil, den du am besten wieder barfuß und zu Hause ausführst, darfst du deine Füße für ihre Arbeit belohnen!

Tag 3: Brustwirbelsäule und Schultern

Wow – und schon sind die zwei Wochen und damit dein Mobility-Programm fast vorbei. Aber zum Schluss arbeite beim heutigen Oberkörpertraining noch einmal an deiner Schultermobilität und -stabilität. Bist du bereit? Dann schnapp dir dein Miniband (wähle die richtige Stärke!) und los geht's!

Deine Übungen für heute

- **Mobility/Aktivierung:** Wechselseitiges Armschwingen (Seite 157), Windmühle (Seite 171)
- **Kräftigung:** Armöffner (Seite 129)
- **Stretching:** Brust-Schulter-Bizeps-Stretch (Seite 173), Brustöffner (Seite 172), Hintere Linie (Seite 177)

Dein heutiges Training

Starte deinen letzten Trainingstag mit einem lockeren Warm-up, an das du das wechselseitige Armschwingen anschließt. Hast du

MOBILITY – WOCHE 2			
	Tag 1: Hüfte	**Tag 2: Füße**	**Tag 3: Brustwirbelsäule und Schultern**
Terrain	Wald	Trail und Wiese	Wald
Equipment	Miniband	Keins	Miniband
Hilfsmittel	Keins	Keins	Vertikale Fläche
Warm-up	■ Einlaufen (5–10 Min.) ■ Beinschwingen zur Seite	■ Einlaufen (5–10 Min.) ■ Fußkreisen	■ Einlaufen (5–10 Min.) ■ Wechselseitiges Armschwingen
Workout	■ Slow Run (30 Min.) ■ Alle 5 Min.: Knieöffner (1 Min.)	■ Slow Run (15 Min.) ■ Workout (Wiese/barfuß): 8 Runden, 1 Min./Übung: 1. Barfußlauf 2. Single Leg Deadlift (30 Sek./Seite) ■ Slow Run (15 Min.)	■ Slow Run (35 Min.) ■ Alle 5 Min.: Armöffner (1 Min.)
Workout-Dauer	**36 Minuten**	**46 Minuten**	**42 Minuten**
Cool-down	■ Auslaufen (5–10 Min.) ■ Hüftrotation	■ Auslaufen (5–10 Min.) ■ Duck Walk (2 × 1 Min.)	■ Auslaufen (5–10 Min.) ■ Windmühle
Stretch and Relax	■ Piriformis-Stretch ■ Seitbeuge (überkreuzt) ■ Couch-Stretch	■ Vorbeuge (überkreuzt) ■ Fersensitz ■ Zehensitz	■ Brust-Schulter-Bizeps-Stretch ■ Brustöffner ■ Hintere Linie
	Final Rest		

die Übung koordinativ gut hinbekommen? Falls nicht, keine Sorge: Je öfter du die Übung machst, desto leichter wird sie. Danach warten 35 Minuten Laufen auf dich. Dein Miniband hältst du am besten in der Hand bereit, damit du alle fünf Minuten direkt zur Übung »Armöffner« übergehen kannst. Ich bin sicher, nach dieser Einheit wirst du dich aufs Auslaufen genauso freuen wie auf die abschließende Mobilisation und den Stretching-Teil.

Herzlichen Glückwunsch! Du hast dein Trainingsprogramm abgeschlossen! Lust auf mehr? Dann schließe doch das nächste Programm direkt an. Eine Mobilitätswoche solltest du allerdings zwischen den Programmen einplanen.

PROGRAMM 2: GESUNDHEIT

Ziel:	Schwachstellen trainieren und Verletzungen vorbeugen
Level:	2–3
Wochen:	3
Tage/Woche:	3
Voraussetzung:	30 Minuten am Stück laufen, erste Fitnesserfahrung

Was Läufer in Perfektion beherrschen, nämlich einen Fuß vor den anderen zu setzen, ist gleichzeitig ihre größte Schwachstelle. Denn so natürlich das Laufen ist und so viele Vorteile es in unterschiedlichen Bereichen bringen mag – es ist eine ziemlich monotone Bewegung, die einige Muskeln involviert und andere ausklammert. Kommt noch ein nicht optimaler Laufstil hinzu, ist die nächste Laufverletzung oft vorprogrammiert. Falls du dies vermeiden und gezielt an deinen Schwachstellen arbeiten möchtest, dann hast du mit diesem Programm dein optimales Training gefunden. Drei Wochen lang wirst du dich mit den Körperstellen beschäftigen, die beim Laufen vernachlässigt werden, für die Laufgesundheit aber unabdingbar sind:

- Hüfte (Stabilität und Mobilität)
- Core-Stabilität (mit Fokus auf Kräftigung der Bauchmuskulatur)
- Rücken (Mobilität der Brustwirbelsäule, Kräftigung der Rückenmuskulatur)
- Gesäßmuskulatur (Erlernen des gezielten Ansteuerns und Kräftigung)
- Füße (Fußgelenksmobilität und -stabilität)

Das Programm beinhaltet keine großen Laufumfänge, sondern legt den Fokus auf Workouts und Übungen zur Kräftigung und Mobilisierung der oben genannten Körperpartien. Du wirst in lockeren Trainingseinheiten die wichtigsten Übungen für die Läufergesundheit kennenlernen. Es eignet sich besonders

SCHWACHSTELLEN TRAINIEREN UND VERLETZUNGEN VORBEUGEN

Laufen kombiniert mit Übungen und Bewegungsabläufen, die gezielt typische Läuferschwachstellen trainieren für Läufer, die nach einer Laufverletzung wieder ins Training einsteigen möchten, sowie für alle, die es erst gar nicht so weit kommen lassen wollen. Das Programm ist für Laufeinsteiger geeignet, insofern sie etwa 30 Minuten am Stück laufen können.

Egal, ob du bereits eine Laufverletzung hattest oder bislang verschont geblieben bist und lediglich präventiv an deiner Körpergesundheit arbeiten möchtest – mit diesem Programm hast du die richtige Wahl getroffen. Freue dich auf drei Wochen, die den typischen Läuferschwachstellen gewidmet sind – damit für dich Lauflust nie (wieder) zu Lauffrust wird! Auch bei diesem Programm gilt: In drei Wochen sind keine Wunder zu erwarten. Eine langfristige Wirkung kannst du nur erzielen, wenn du die vorgestellten Übungen regelmäßig in deine Trainingsroutine einfließen lässt. Ich empfehle dir zusätzlich, zweimal wöchentlich den Mobility-Tag einzuplanen. Und nun: Viel Spaß beim Training!

WOCHE 1

Tag 1: Fußgesundheit

Du startest mit dem Körperteil, das die Basis des Laufens und des Trainings bildet: deinen Füßen. Wähle für den heutigen Tag einen schönen Waldweg – er darf ruhig ein wenig uneben sein. Für den Barfußteil solltest du dir eine in Laufnähe gelegene Wiese suchen, die eine Möglichkeit zur Befestigung deines Superbands bietet (zum Beispiel eine Bank oder einen dünnen, aber stabilen Baumstamm). Die Stärke deines Superbands solltest du im Vorfeld bestimmen, indem du die Übungen zu Hause testest. Nimm bei Bedarf ein Handtuch mit – und schon kann es losgehen!

Deine Übungen für heute

- **Mobility/Aktivierung:** Fußkreisen (Seite 163)
- **Kräftigung:** Fußaußendrehen (Seite 114), Fußinnendrehen (Seite 115)
- **Stretching:** Waden-Stretch (Seite 184), Vorbeuge (Seite 183), Fersensitz (Seite 175)

Dein heutiges Training

Laufe dich fünf bis zehn Minuten lang ein. Bevor du mit dem Slow Run startest, kreise und bewege deine Füße in alle Richtungen. Stimme dich so auf das Training ein und wecke deine Füße auf. Nach 15 Minuten im Wohlfühltempo solltest du an deiner Trainingswiese ankommen.

Dort suchst du dir eine Befestigung für das Band, legst das Superband einmal darum und ziehst das eine Ende durch das andere. Ziehe nun deine Schuhe aus und führe im Wechsel das Fußaußendrehen, den Barfußlauf und das Fußinnendrehen aus. Nach insgesamt drei Runden hast du dein Workout beendet und kannst dich auf den Rückweg machen.

Fühlen sich deine Füße und das Laufen insgesamt anders an? Hast du das Gefühl, dass dein Fußabdruck kraftvoller ist? Prima! Dann belohne deine Füße zum Schluss noch einmal mit kreisenden Bewegungen in alle Richtungen und führe den Stretching-Teil aus. Für den Waden-Stretch benötigst du eine kleine Erhöhung wie eine Treppenstufe, für den Fersensitz solltest du deine Schuhe ausziehen. Wenn du möchtest, kannst du deine Füße und deine Waden am Ende des Trainings mit der Faszienrolle ausrollen und sie mit den Händen durchkneten – sie werden es dir danken!

Tag 2: Hüftstabilität

Am heutigen Tag soll es um deine seitliche Hüftstabilität und -mobilität gehen. Du benötigst dein Miniband sowie zum Ende deines Trainings eine Treppenstufe oder eine leichte Erhöhung wie einen Bordstein. Teste die Übungen vorher zu Hause aus, damit du die richtige Stärke für dein Miniband wählst und deine seitliche Gesäßmuskulatur optimal vom heutigen Training profitieren kann!

Deine Übungen für heute

- **Mobility/Aktivierung:** Hüftrotation (Seite 165), seitliches Beckenheben (Seite 126)
- **Kräftigung:** Knieöffner (Seite 124), Side Walk (Seite 127)
- **Stretching:** Seitbeuge (Seite 182), Runner's Lunge (Seite 181), Couch-Stretch (Seite 174)

Dein heutiges Training

Laufe dich fünf bis zehn Minuten locker ein und bereite dich mit der Hüftrotation auf dein Training vor. Starte danach deinen 30-Minuten-Lauf im angenehmen Lauftempo. Alle fünf Minuten führst du mit dem Miniband jeweils eine Minute lang die beiden Kräftigungsübungen durch. Am besten behältst du dein Miniband griffbereit, damit du ohne lange Pause mit den Übungen starten kannst und der Trainingsfluss nicht unterbrochen wird. Gehe nach der letzten Runde ins Cool-down über.

Wieder zu Hause angekommen, führst du an einer kleinen Erhöhung das seitliche Beckenheben durch, bevor du dich beim Stretching-Teil entspannen kannst.

Tag 3: Stabiler Core und starker Rücken

Heute soll es um deine Körpermitte gehen. Stelle also deine Bauch- und Rumpfmuskulatur in den Fokus des Trainings und stärke deine Rückenmuskulatur. Du brauchst für das heutige Training dein Superband und eine Bank als Unterlage für den Dead Bug sowie als Befestigung

GESUNDHEIT – WOCHE 1			
	Tag 1: Fußgesundheit	**Tag 2: Hüftstabilität**	**Tag 3: Stabiler Core und starker Rücken**
Terrain	Wald und Wiese	Variabel	Variabel
Equipment	Superband, Handtuch bei Bedarf	Miniband	Superband, Handtuch und Handschuhe bei Bedarf
Hilfsmittel	Befestigung, Erhöhung	Erhöhung	Bank, vertikale Fläche
Warm-up	■ Einlaufen (5–10 Min.) ■ Fußkreisen	■ Einlaufen (5–10 Min.) ■ Hüftrotation	■ Einlaufen (5–10 Min.) ■ Knee-up ohne Erhöhung (1 Min./Seite)
Workout	■ Slow Run (15 Min.) ■ Workout (Wiese/barfuß): 3 Runden, Zirkel, 1 Min./Übung: 1. Fußaußendrehen (30 Sek./Seite) 2. Barfußlauf 3. Fußinnendrehen (30 Sek./Seite) 4. Barfußlauf ■ Slow Run (15 Min.)	■ Slow Run (30 Min.) ■ Alle 5 Min. 1 Min./Übung: 1. Knieöffner 2. Side Walk	■ Slow Run (15 Min.) ■ Workout (Bank): 3 Runden, Zirkel, 1 Min./Übung: 1. Stehendes Rumpfdrehen (30 Sek./Seite) 2. Crab Twist Toe Touch 3. Dead Bug 4. Latziehen ■ Slow Run (15 Min.)
Workout-Dauer	**39 Minuten**	**42 Minuten**	**42 Minuten**
Cool-down	■ Auslaufen (5–10 Min.) ■ Fußkreisen	■ Auslaufen (5–10 Min.) ■ Seitliches Beckenheben (20 ×/Seite)	■ Auslaufen (5–10 Min.) ■ Cat-Cow
Stretch and Relax	■ Waden-Stretch ■ Vorbeuge ■ Fersensitz	■ Seitbeuge ■ Runner's Lunge ■ Couch-Stretch	■ Brustöffner ■ Rückbeuge ■ Quadrizeps-Stretch
	Final Rest		

fürs stehende Rumpfdrehen. Alternativ kannst du den Dead Bug auch auf einem Handtuch auf dem Boden durchführen und dein Superband an einer Laterne oder einem Baum befestigen. Je nach Wetterbedingungen und Vorliebe kannst du ein Handtuch sowie Trainingshandschuhe einpacken. Eine Wand oder Ähnliches für die Brustöffnerdehnung benötigst du zum Ende des Trainings. Bist du bereit für ein kräftigendes Workout? Dann lege los!

Deine Übungen für heute

- **Mobility/Aktivierung:** Knee-up ohne Erhöhung (Seite 81), Cat-Cow (Seite 161)
- **Kräftigung:** Stehendes Rumpfdrehen (Seite 150), Crab Twist Toe Touch (Seite 146), Dead Bug (Seite 142), Latziehen (Seite 136)
- **Stretching:** Brustöffner (Seite 172), Rückbeuge (Seite 180), Quadrizeps-Stretch (Seite 179)

Dein heutiges Training

Laufe dich fünf bis zehn Minuten lang ein und aktiviere am Ende des Warm-ups mit dem Knee-up deine Core-Muskulatur, um dich auf das anschließende Training vorzubereiten. Starte danach deinen Slow Run, den du nach etwa 15 Minuten an einer Bank oder deiner alternativen Trainingsstätte abschließt. Führe das Workout als Zirkeltraining ohne nennenswerte Pause zwischen den Sätzen durch. Achte bei den Übungen auf eine gute Körperspannung und eine saubere Ausführung.

Nach dem Workout kannst du 15 Minuten lang beim Slow Run in dich hineinspüren, ob sich die aktivierte Core-Muskulatur auf deinen Laufstil auswirkt, bevor du dich beim Auslaufen, der Mobility-Übung und dem Stretching-Teil entspannen darfst. Damit hast du deine erste Trainingswoche geschafft!

WOCHE 2

Tag 1: Fußgesundheit

Hast du schon einmal versucht, wie eine Ente zu laufen? Heute wirst du die Gelegenheit dazu bekommen und vermutlich merken, dass das gar nicht so einfach ist. Oft fehlt dazu die Mobilität in Fußgelenken und Hüfte. Daran wirst du heute arbeiten, also: runter mit dem Po und voller Watschelgang voraus! Aber keine Angst: Die restlichen Kilometer darfst du laufend absolvieren. Solltest du Trails in deiner Nähe haben, ist heute der richtige Zeitpunkt, dort einen Lauf zu wagen. Der wechselnde Untergrund wird deine Fußmuskulatur herausfordern und dir ganz neue Trainingsreize schenken.

Deine Übungen für heute

- **Mobility/Aktivierung:** Duck Walk (Seite 162)
- **Kräftigung:** Single Leg Deadlift (Seite 118)
- **Stretching:** Waden-Stretch (Seite 184), Vorbeuge überkreuzt (Seite 183), Zehensitz (Seite 185)

GESUNDHEIT – WOCHE 2			
	Tag 1: Fußgesundheit	**Tag 2: Hüftstabilität**	**Tag 3: Stabiler Core und starker Rücken**
Terrain	Trail	Variabel	Variabel
Equipment	Keins	Miniband, Handtuch bei Bedarf	Miniband, Handschuhe bei Bedarf
Hilfsmittel	Erhöhung	Bank, Erhöhung	Vertikale Fläche
Warm-up	■ Einlaufen (5–10 Min.) ■ Duck Walk (2 × 30 Sek.)	■ Einlaufen (5–10 Min.) ■ Lunge Walk (2 × 30 Sek.)	■ Einlaufen (5–10 Min.) ■ Inchworm (2 × 10 Wdh.)
Workout	■ Slow Run (35 Min.) ■ Alle 5 Min.: Single Leg Deadlift (30 Sek./Seite)	■ Slow Run (18 Min.) ■ Workout (Bank): 3 Runden, Zirkel, 1 Min./Übung: 1. Lunge 2. Beinheben nach hinten (30 Sek./Seite) 3. Beinheben zur Seite (30 Sek./Seite) 4. Single Leg Hip Thrust (30 Sek./Seite) ■ Slow Run (18 Min.)	■ Slow Run (30 Min.) ■ Alle 5 Min. 1 Min./Übung: 1. Plank 2. Armöffner
Workout-Dauer	**42 Minuten**	**48 Minuten**	**42 Minuten**
Cool-down	■ Auslaufen (5–10 Min.) ■ Duck Walk (2 × 30 Sek.)	■ Auslaufen (5–10 Min.) ■ Seitliches Beckenheben (25 ×/Seite)	■ Auslaufen (5–10 Min.) ■ Oberkörperrotation (1 Min.)
Stretch and Relax	■ Waden-Stretch ■ Vorbeuge (überkreuzt) ■ Zehensitz	■ Seitbeuge (überkreuzt) ■ Runner's Lunge ■ Couch-Stretch	■ Brust-Schulter-Bizeps-Stretch ■ Rückbeuge ■ Hintere Linie
	Final Rest		

Dein heutiges Training

Laufe dich fünf bis zehn Minuten lang ein und absolviere während dieser Zeit zweimal jeweils 30 Sekunden lang den Duck Walk. Danach kannst du deinen 35-Minuten-Lauf starten.

Alle fünf Minuten führst du 30 Sekunden pro Seite den Single Leg Deadlift durch. Achte auf eine gute Körperstabilität und spüre, wie deine Fuß- und Wadenmuskulatur arbeiten, um die Balance zu halten. Nach dem letzten Übungsset gehst du ins fünf- bis zehnminütige Auslaufen über, währenddessen du noch einmal beim Duck Walk deine Mobilität und Koordination unter Beweis stellen kannst. Klappt der Entengang jetzt schon besser? Falls nicht, solltest du diese Übung künftig öfter in dein Training einfließen lassen. Beim anschließenden Stretching-Teil kannst du die letzte Anspannung aus deinen Unterschenkeln und Füßen dehnen und bei Bedarf anschließend deine Füße und Waden mit der Faszienrolle massieren.

Tag 2: Hüftstabilität

»Volle Hüftkraft voraus!«, heißt es am heutigen Trainingstag. Mache dich auf brennende Beine und Gesäßmuskeln gefasst, schnappe dir dein Miniband, bei Bedarf ein Handtuch als Unterlage – und schon kann es losgehen! Eine Bank sowie eine kleine Erhöhung solltest du für dein heutiges Training einplanen.

Deine Übungen für heute

- **Mobility/Aktivierung:** Lunge Walk (Seite 113), seitliches Beckenheben (Seite 126)
- **Kräftigung:** Lunge (Seite 108), Beinheben nach hinten (Seite 122), Beinheben zur Seite (Seite 123), Single Leg Hip Thrust (Seite 121)
- **Stretching:** Seitbeuge überkreuzt (Seite 182), Runner's Lunge (Seite 181), Couch-Stretch (Seite 174)

Dein heutiges Training

Führe während des Warm-ups zweimal den Lunge Walk durch, wobei du weite Schritte machst und dich auf die Öffnung deiner Hüfte konzentrierst. Starte danach deinen 18-Minuten-Lauf, bevor du an der Bank für dein Workout anhältst. Führe drei Runden lang die vier Übungen als Zirkeltraining durch, wobei deine Pausen zwischen den Übungen lediglich aus dem Positionswechsel bestehen. Trainiere bewusst und aktiviere deine Muskulatur von innen heraus, aber bewahre dir noch etwas Energie für den abschließenden 18-Minuten-Lauf auf.

Nach dem fünf- bis zehnminütigen Auslaufen aktivierst du deine Hüftmuskulatur beim seitlichen Beckenheben, bevor du sie beim Stretching-Teil sanft in die Länge ziehst.

Tag 3: Stabiler Core und starker Rücken

Freue dich heute auf einen angenehmen Lauf mit Übungen, die deiner Rumpfstabilität dienen und die deine Rücken- und Schultermuskulatur stärken. Du benötigst dafür ein Miniband sowie bei Bedarf deine Trainingshandschuhe, um dich mit den Händen auf dem Boden abzustützen. Führe den Armöffner einmal zu Hause aus, damit du die richtige Stärke für dein Miniband wählst.

Deine Übungen für heute

- **Mobility/Aktivierung:** Inchworm (Seite 168), Oberkörperrotation (Seite 170)
- **Kräftigung:** Plank (Seite 144), Armöffner (Seite 129)
- **Stretching:** Brust-Schulter-Bizeps-Stretch (Seite 173), Rückbeuge (Seite 180), Hintere Linie (Seite 177)

Dein heutiges Training

Während des Einlaufens führst du zweimal den Inchworm durch – damit sorgst du für Mobilität in deiner hinteren Kette (Wadenmuskulatur, Beinrückseite und Rücken) sowie für ausreichend Körperstabilität, die dir beim anschließenden Training zugutekommen wird.

Während deines 30-Minuten-Laufs gilt es, alle fünf Minuten jeweils eine Minute die Plank-Position durchzuhalten und anschließend beim Armöffner deine Schulter- und Rückenmuskulatur zu stärken. Beim anschließenden Cool-down und Stretching darfst du die Anspannung sukzessive aus deinem Körper lösen, damit du dein Training mit einem angenehmen und energiegeladenen Körpergefühl abschließen kannst. Damit hast du deine zweite Trainingswoche abgeschlossen.

WOCHE 3

Tag 1: Fußgesundheit

Auch am heutigen Fußgesundheitstag wird der Duck Walk als Einstieg ins Training dienen. Beim anschließenden Workout sind Fußkraft und Koordination sowie eine gehörige Portion Ausdauer gefragt, denn heute darfst du dich beim Stair Run so richtig austoben! Neben einer Treppe sollte es eine Möglichkeit zum Befestigen deines Superbands geben. Bereit für eine kleine Challenge? Let's go!

Deine Übungen für heute

- **Mobility/Aktivierung:** Duck Walk (Seite 162), Fußkreisen (Seite 163)
- **Kardio:** Stair Run (Seite 87)
- **Kräftigung:** Wadenheber (Seite 119), Fußheber (Seite 116)
- **Stretching:** Waden-Stretch (Seite 184), Hintere Linie (Seite 177), Vorbeuge überkreuzt (Seite 183)

Dein heutiges Training

Führe während des Warm-ups dreimal für 30 Sekunden den Duck Walk durch und gehe danach in den Slow-Run über, den du nach etwa 20 Minuten an deiner Trainingstreppe beendest.

Bevor du mit dem Workout startest, befestige dein Superband an einem Baum, einem Pfahl oder dem Treppengeländer und platziere bei Bedarf ein Handtuch für die Fußheber-Übung davor, damit du während des Trainings bequem und ohne Zeitverlust die Stationen wechseln kannst.

Starte danach dein Zirkeltraining, wobei du ohne große Pausen von einer Übung zur anderen übergehst. Führe jede Übung konzentriert eine Minute lang aus. Nach drei Runden hast du es geschafft und kannst zum anschließenden 20-Minuten-Lauf übergehen. Danach darfst du dein Training mit Cool-down und Stretching abschließen.

Tag 2: Hüftstabilität

An Tag 2 der dritten Woche darf es beim Thema Hüftstabilität etwas anstrengender werden. Während deines 30-Minuten-Laufs erwarten dich drei Übungen, die du hintereinander ausführst und die deine Bein- und Gesäßmuskulatur zum Brennen bringen werden. Aber keine Sorge: Du schaffst das! Einpacken solltest du ein starkes Superband mit genügend Widerstand, damit du von der Übung »Deadlift« voll profitierst.

Deine Übungen für heute

- **Mobility/Aktivierung:** Beinschwingen (Seite 158), Beinschwingen zur Seite (Seite 160), seitliches Beckenheben (Seite 126)
- **Kräftigung:** Cross Lunge (Seite 110), Deadlift (Seite 120), Squat Side Leg Lift (Seite 106)
- **Stretching:** Rückbeuge (Seite 180), Seitbeuge überkreuzt (Seite 182), Piriformis-Stretch (Seite 178)

Dein heutiges Training

Laufe dich locker warm und führe gegen Ende des Einlaufens das gerade und seitliche Beinschwingen durch. Du kannst dir hierfür einen Gegenstand zum Festhalten suchen oder dein Gleichgewicht herausfordern und die Übung ohne Festhalten probieren. Danach startest du deinen 30-Minuten-Lauf im Wohlfühltempo.

Alle fünf Minuten warten drei kraftvolle Übungen auf dich, die du nacheinander ohne Pause jeweils eine Minute lang durchführst. Halte dein Superband am besten griffbereit, damit du keine Zeit verlierst.

Nach dem letzten Übungsteil gehst du ins lockere Auslaufen über, an dessen Ende du

GESUNDHEIT – WOCHE 3			
	Tag 1: Fußgesundheit	**Tag 2: Hüftstabilität**	**Tag 3: Stabiler Core und starker Rücken**
Terrain	Variabel	Variabel	Variabel
Equipment	Superband, Handtuch bei Bedarf	Superband	Handtuch und Handschuhe bei Bedarf
Hilfsmittel	Treppe, Befestigung	Erhöhung	Vertikale Fläche, Bank
Warm-up	▪ Einlaufen (5–10 Min.) ▪ Duck Walk (3 × 30Sek.)	▪ Einlaufen (5–10 Min.) ▪ Beinschwingen ▪ Beinschwingen zur Seite	▪ Einlaufen (5–10 Min.) ▪ Inchworm (3 × 10 Wdh.)
Workout	▪ Slow Run (20 Min.) ▪ Workout (Treppe): 3 Runden, Zirkel, 1 Min./Übung: 1. Stair Run 2. Wadenheber 3. Fußheber ▪ Slow Run (20 Min.)	▪ Slow Run (30 Min.) ▪ Alle 5 Min. 1 Min./Übung: 1. Cross Lunge 2. Deadlift 3. Squat Side Leg Lift	▪ Slow Run (15 Min.) ▪ Workout (Bank): 3 Runden, Zirkel, 1 Min./Übung: 1. Side Plank Dip (30 Sek./Seite) 2. Schwimmer 3. Plank 4. Table Top to Reverse Pike ▪ Fast Run (15 Min.)
Workout-Dauer	**49 Minuten**	**48 Minuten**	**42 Minuten**
Cool-down	▪ Auslaufen (5–10 Min.) ▪ Fußkreisen	▪ Auslaufen (5–10 Min.) ▪ Seitliches Beckenheben (30 ×/Seite)	▪ Auslaufen (5–10 Min.) ▪ Cat-Cow
Stretch and Relax	▪ Waden-Stretch ▪ Hintere Linie ▪ Vorbeuge (überkreuzt)	▪ Rückbeuge ▪ Seitbeuge (überkreuzt) ▪ Piriformis-Stretch	▪ Brustöffner ▪ Rückbeuge ▪ Runner's Lunge
	Final Rest		

deine Hüftmuskulatur noch einmal beim seitlichen Beckenheben aktivierst. Hierfür benötigst du eine kleine Erhöhung wie eine Treppenstufe oder einen Bordstein.

Den anschließenden Stretching-Teil hast du dir heute wirklich verdient! Vielleicht findest du noch ein wenig Zeit, um deine Oberschenkel und deine Gesäßmuskulatur mit der Faszienrolle zu massieren – dein Körper wird es dir danken!

Tag 3: Stabiler Core und starker Rücken

Heute steht die letzte Trainingseinheit deines Gesundheitsprogramms an. Es wartet noch einmal ein schöner Kräftigungsteil für deine Core-Muskulatur auf dich. Du benötigst dafür eine Bank für den Workout-Teil, eine vertikale Fläche fürs Stretching und gegebenenfalls ein Handtuch zum Unterlegen sowie Trainingshandschuhe fürs Abstützen am Boden. Zum Abschluss deines Trainingsprogramms darfst du bei einem schnellen Lauf zeigen, ob sich das Training der letzten Wochen ausgezahlt hat.

Deine Übungen für heute

- **Mobility/Aktivierung:** Inchworm (Seite 168), Cat-Cow (Seite 161)
- **Kräftigung:** Side Plank Dip (Seite 149), Schwimmer (Seite 128), Plank (Seite 144), Table Top to Reverse Pike (Seite 152)
- **Stretching:** Brustöffner (Seite 172), Rückbeuge (Seite 180), Runner's Lunge (Seite 181)

Dein heutiges Training

Führe während des Einlaufens drei Runden jeweils zehnmal den Inchworm durch. Danach startest du mit deinem Slow Run, den du nach etwa 15 Minuten an einer Bank beendest. An der Bank erwartet dich ein Zirkelworkout bestehend aus vier Übungen, die du jeweils eine Minute lang hintereinander und ohne Pause zwischen den Sätzen absolvierst. Achte bei den Übungen auf eine gute Körperspannung und eine gleichmäßige Atmung.

Nach dem Workout-Teil gehst du zum Laufen im schnellen Tempo über. Spürst du den Unterschied, den deine aktivierte Core-Muskulatur auf deinen Laufstil hat? Zeige 15 Minuten lang, dass sich das Training der letzten Wochen gelohnt hat! Fahre deinen Körper beim anschließenden Cool-down- und Stretching-Teil wieder sukzessive herunter, sodass du dich am Ende des Trainings vielleicht leicht erschöpft, aber dennoch energiegeladen fühlst.

Herzlichen Glückwunsch – du hast Programm 2 abgeschlossen! Möchtest du noch mehr für deine Gesundheit tun? Dann starte nach einer Woche Pause mit Programm 3, das sich speziell deinem Rücken widmet.

PROGRAMM 3: GESUNDER RÜCKEN

Ziel:	Rückenschmerzen vorbeugen und die Haltung verbessern
Level:	2–3
Wochen:	2
Tage/Woche:	3
Voraussetzung:	30 Minuten am Stück laufen, erste Fitnesserfahrung

Vermutlich denken die wenigsten Läufer daran, dass der Rücken beim Laufen zum »Casus knacksus« werden kann. Leider sind Rückenprobleme unter Läufern jedoch häufiger anzutreffen, als man glaubt. Ein nicht optimaler Laufstil in Kombination mit den Stoßbelastungen des Laufens sowie einem Alltag, der Rückenprobleme fördert, sorgen dafür, dass der Rücken für viele Läufer zum echten Problem wird. Gerade der untere Rücken kann das Laufen zur wahren Tortur machen. Aber auch im oberen Rücken und in den Schultern können Schmerzen auftreten, die einem unbeschwerten Lauferlebnis entgegenstehen.

Rückenprobleme entstehen in den seltensten Fällen durchs Laufen allein und sind so vielfältig wie ihre Ursachen. Dennoch gibt es ein paar Stellschrauben, an denen man drehen kann, um sie in den Griff zu bekommen. Diese wirst du nun kennenlernen. Im Fokus stehen Übungen zur Stabilisierung der Lendenwirbelsäule, solche, die die Beweglichkeit der Brustwirbelsäule trainieren, Kräftigungsübungen zur Stärkung des Schultergürtels und Mobilitätsübungen für bewegliche Schultern. Da Schmerzen im unteren Rücken oft auch von einer verkürzten Hüftbeugermuskulatur herrühren, wird auch die Hüftmobilität eine Rolle spielen.

RÜCKENSCHMERZEN VORBEUGEN UND DIE HALTUNG VERBESSERN

Mobility-, Stability- und Kräftigungsübungen für Rückenmuskulatur und Schultern

Rückentraining wird von vielen Läufern vernachlässigt, obwohl es entscheidend ist, um langfristig mit Spaß laufen zu können. Dieses Programm hilft dir, etwas für deine Rückengesundheit zu tun und dabei ein angenehmes Lauftraining zu genießen. Damit Rückenprobleme für dich nie ein Thema werden, solltest du die vorgestellten Übungen auch nach den zwei Wochen möglichst regelmäßig in dein Training einbauen.

Das Gute ist, dass viele Rückenschmerzen auf Verspannungen der Muskulatur und verklebte Faszien zurückzuführen sind, die durch Fehlhaltungen und einen häufig sitzenden Lebensstil hervorgerufen werden. Mit der Entscheidung für dieses Programm machst du einen ersten Schritt in Richtung deiner Rückengesundheit. Damit du bestmöglich von dem Programm profitierst, empfehle ich dir, den Mobility-Tag zwei- bis dreimal pro Woche in deinen Trainingsplan zu integrieren. Bist du bereit für ein entspanntes und dennoch kraftspendendes Training? Dann lege los!

WOCHE 1

Tag 1: Körperstabilität

Herzlich willkommen zu deiner »Gesunder-Rücken«-Reise! Du darfst dich am heutigen Tag auf einen angenehmen 30-Minuten-Lauf freuen, bei dem du deine Körperstabilität mit zwei unterschiedlichen Plank-Varianten trainieren wirst. Vergiss bei Bedarf deine Trainingshandschuhe nicht, denn du wirst dich mit deinen Händen auf dem Boden abstützen. Für die gesamten zwei Wochen empfehle ich eine Strecke mit weichem Waldboden, um harte Schläge, die deinen Rücken belasten könnten, zu minimieren. Außerdem wird dir die gute Waldluft und das Naturerlebnis helfen zu entspannen, was sicherlich auch deinem Rücken zugutekommen wird.

Deine Übungen für heute

- **Mobility/Aktivierung:** Inchworm (Seite 168), Handkreisen (Seite 164)
- **Kräftigung:** Plank (Seite 144), Reverse Plank mit Beinheben (Seite 125)
- **Stretching:** Brustöffner (Seite 172), Rückbeuge (Seite 180), Vorbeuge (Seite 183)

Dein heutiges Training

Laufe dich in einem moderaten Tempo ein und führe währenddessen zehnmal den Inchworm durch, bevor du mit deinem langsamen Lauf startest. Alle fünf Minuten kommst du in die Plank-Position, die du eine Minute lang durchführst und an die du die Reverse Plank mit Beinheben anschließt.

Nach dem Auslaufen kannst du deinen Körper beim Mobility- und Stretching-Teil wieder sanft in die Länge ziehen. Den Brustöffner solltest du an einer vertikalen Fläche, beispielsweise einer Wand, durchführen.

GESUNDER RÜCKEN – WOCHE 1			
	Tag 1: Körperstabilität	**Tag 2: Starker Rücken**	**Tag 3: Starker Core**
Terrain	Wald	Wald	Wald
Equipment	Handschuhe bei Bedarf	Superband	Handtuch und Handschuhe bei Bedarf
Hilfsmittel	Vertikale Fläche	Vertikale Fläche	Bank, vertikale Fläche
Warm-up	▪ Einlaufen (5–10 Min.) ▪ Inchworm (10 ×)	▪ Einlaufen (5–10 Min.) ▪ Oberkörperrotation	▪ Einlaufen (5–10 Min.) ▪ Lunge Walk (2 × 1 Min.)
Workout	▪ Slow Run (30 Min.) ▪ Alle 5 Min. 1 Min./Übung: 1. Plank 2. Reverse Plank mit Beinheben	▪ Workout: 5 Runden, Zirkel: 1. Slow Run (3 Min.) 2. Latziehen (1 Min.) 3. Reverse Fly (1 Min.) 4. Fast Run (2 Min.)	▪ Slow Run (15 Min.) ▪ Workout (Bank): 4 Runden, Zirkel, 1 Min./Übung: 1. Schwimmer 2. Upward Dog Knee-to-Chest 3. Crab Twist Toe Touch ▪ Slow Run (15 Min.)
Workout-Dauer	**42 Minuten**	**35 Minuten**	**42 Minuten**
Cool-down	▪ Auslaufen (5–10 Min.) ▪ Handkreisen	▪ Auslaufen (5–10 Min.) ▪ Armkreisen	▪ Auslaufen (5–10 Min.) ▪ Hüftkreisen
Stretch and Relax	▪ Brustöffner ▪ Rückbeuge ▪ Vorbeuge	▪ Brust-Schulter-Bizeps-Stretch ▪ Runner's Lunge ▪ Hamstring-Stretch	▪ Brustöffner ▪ Hintere Linie ▪ Couch-Stretch
	Final Rest		

Tag 2: Starker Rücken

Heute wird das rückenfokussierte Training mit ein paar schnelleren Einheiten gewürzt. Vergiss dein Superband nicht und packe deine Motivation ein, damit du beim heutigen Zirkeltraining ein bisschen Gas geben kannst! Teste im Vorfeld die Übungen mit dem Superband, um die für dich passende Bandstärke herauszufinden.

Deine Übungen für heute

- **Mobility/Aktivierung:** Oberkörperrotation (Seite 170), Armkreisen (Seite 156)
- **Kräftigung:** Latziehen (Seite 136), Reverse Fly (Seite 137)
- **Stretching:** Brust-Schulter-Bizeps-Stretch (Seite 173), Runner's Lunge (Seite 181), Hamstring-Stretch (Seite 176)

Dein heutiges Training

Starte mit dem lockeren Einlaufen und führe die Oberkörperrotation aus. Danach startest du mit deinem Zirkeltraining, das aus zwei Laufeinheiten – einmal langsam, einmal schnell – sowie zwei Rückenübungen mit dem Superband besteht. Gehe fließend und ohne Pause von einer Übung zur anderen über und führe vier Runden hintereinander durch – so kommst du auf ein insgesamt 35-minütiges Workout. Danach darfst du dich beim Cool-down und Stretching entspannen. Für den Brust-Schulter-Bizeps-Stretch benötigst du eine Wand oder Ähnliches.

Tag 3: Starker Core

Der Fokus des heutigen Trainings liegt auf deiner Core-Muskulatur. Hierfür benötigst du eine Bank in Laufnähe sowie gegebenenfalls ein Handtuch zum Unterlegen und Trainingshandschuhe für den Bodenteil.

Deine Übungen für heute

- **Mobility/Aktivierung:** Lunge Walk (Seite 113), Hüftkreisen (Seite 166)
- **Kräftigung:** Schwimmer (Seite 128), Upward Dog Knee-to-Chest (Seite 153), Crab Twist Toe Touch (Seite 146)
- **Stretching:** Bruströffner (Seite 172), Hintere Linie (Seite 177), Couch-Stretch (Seite 174)

Dein heutiges Training

Laufe dich locker ein und führe dabei zweimal für eine Minute den Lunge Walk durch. Dieser aktiviert deine Beinmuskulatur, soll aber vor allem der Mobilität in der Hüfte dienen, also führe ihn mit großen Schritten und mit Fokus auf die Hüftöffnung durch. Starte danach deinen Lauf im Wohlfühltempo, den du nach etwa 15 Minuten an einer Bank beendest.

Bei Bedarf lege dein Handtuch auf die Bank, ziehe deine Trainingshandschuhe an und starte dann mit den Übungen. Diese führst du jeweils eine Minute lang und ohne Pause hintereinander durch. Achte auf die Aktivierung deiner Core-Muskulatur und auf eine gleichmäßige Atmung. Danach folgt der abschließende 15-Minuten-Lauf im angenehmen Tempo. Spüre in dich hinein, ob du durch die Aktivierung deiner Core-Muskeln einen Unterschied bei deinem Laufstil erkennen kannst. Verringere dann dein Tempo und komme ins Auslaufen, das du mit Mobility- und Stretching-Teil sowie dem Final Rest beendest.

WOCHE 2

Tag 1: Körperstabilität

Die zweite Trainingswoche startest du mit einem Workout, das sich wieder voll auf deine Körperstabilität fokussiert – dieses Mal mit zwei neuen Übungen. Du benötigst hierfür kein Equipment, lediglich bei Bedarf deine Trainingshandschuhe für den Bodenteil. Im Vergleich zur letzten Woche verlängert sich das Training um sieben auf insgesamt 49 Minuten.

Deine Übungen für heute

- **Mobility/Aktivierung:** Inchworm (Seite 168), Windmühle (Seite 171)
- **Kräftigung:** Side Plank Dip (Seite 149), Table Top to Reverse Pike (Seite 152)
- **Stretching:** Piriformis-Stretch (Seite 178), Seitbeuge (Seite 182), Vorbeuge überkreuzt (Seite 183)

Dein heutiges Training

Während des heutigen Einlaufens führst du zwei Runden jeweils zehnmal den Inchworm durch, bevor du mit deinem 35-Minuten-Lauf startest. Diesen unterbrichst du alle fünf Minuten für zwei Übungen – Side Plank Dip und Table Top to Reverse Pike –, die du jeweils eine Minute lang absolvierst. Beim Side Plank Dip wechselst du nach der Hälfte der Zeit die Seite.

Nach der letzten Runde startest du dein Cool-down mit Auslaufen, Mobility-Übung und den drei Dehnübungen. Lockere bei der überkreuzten Vorbeuge deine Schultermuskulatur bewusst aus und rolle dich langsam und Wirbel für Wirbel nach oben. Der Final Rest wird sich danach großartig anfühlen!

Tag 2: Gesäß und unterer Rücken

Auch in der zweiten Woche steht ein Zirkeltraining an, bei dem dich ein Mix aus Kräftigung, Mobilisierung und Laufen in unterschiedlichen Tempi erwartet. Im Vergleich zu letzter Woche besteht der Zirkel aus einer Runde mehr, also insgesamt sechs Runden. Die Workout-Dauer erhöht sich damit auf 42 Minuten. Für den Deadlift solltest du ein möglichst starkes Superband wählen – am besten testest du die Übung vorher aus. Weiter benötigst du eine Bank in Laufnähe sowie bei Bedarf ein Handtuch zum Unterlegen. Und dann kann es auch schon losgehen. Bist du bereit für eine kleine Herausforderung?

Deine Übungen für heute

- **Mobility/Aktivierung:** Cat-Cow (Seite 161), Lunge Walk (Seite 113)
- **Kräftigung:** Deadlift (Seite 120), Single Leg Hip Thrust (Seite 121)
- **Stretching:** Brustöffner (Seite 172), Hintere Linie (Seite 177), Couch-Stretch (Seite 174)

Dein heutiges Training

Wärme dich fünf bis zehn Minuten lang auf und führe währenddessen die Übung »Cat-Cow« aus, um deinen unteren Rücken zu mobilisieren. Danach startest du mit dem Zirkeltraining. Führe die vier Übungsteile des Zirkels ohne Pause hintereinander durch. Nach Möglichkeit lässt du dein Handtuch und das Superband auf der Bank liegen und führst die Läufe so durch, dass du sie jeweils an der Bank startest und beendest. Du solltest einen deutlichen Unterschied zwischen langsamem und schnellem Laufen spüren und deine Atmung kontrollieren, indem du sowohl während des Laufens als auch bei den Übungen bewusst tief ein- und ausatmest, also eine flache Atmung in den Brustraum vermeidest.

Schließe dein Training mit Auslaufen, Lunge Walk, Stretching und Final Rest ab.

Tag 3: Rücken und Core

Du schließt das Trainingsprogramm mit einem kraftbetonten Zirkel ab, der deinen Rücken stärken sowie deine seitliche Bauchmuskulatur aktivieren wird. Es kann sein, dass du für die drei Übungen unterschiedliche Bandstärken benötigst, also gegebenenfalls mehrere Bänder beim Laufen mitführen solltest. Teste die Übungen zu Hause aus, um die jeweilige Bandstärke zu ermitteln. Weiter benötigst du für das stehende Rumpfdrehen eine Möglichkeit, das Band zu befestigen. Für den Brust-Schulter-Bizeps-Stretch brauchst du eine Wand oder Ähnliches – und schon kann das Training losgehen! Mit 52 Minuten Workout-Dauer ist dies das bisher längste Training.

Deine Übungen für heute

- **Mobility/Aktivierung:** Armkreisen (Seite 156), Oberkörperrotation (Seite 170)
- **Kräftigung:** Reverse Fly (Seite 137), stehendes Rumpfdrehen (Seite 150), Rudern (Seite 138)
- **Stretching:** Brust-Schulter-Bizeps-Stretch (Seite 173), Runner's Lunge (Seite 181), Hamstring-Stretch (Seite 176)

Dein heutiges Training

Laufe dich locker ein und mobilisiere währenddessen deine Schulter- und Brustmuskulatur mit der Übung »Armkreisen«. Erhöhe dann das Tempo und gehe in den 20-Minuten-Lauf über, den du an einem Ort beendest, der dir eine Befestigungsmöglichkeit für dein Band auf Schulterhöhe bietet – das kann zum Beispiel ein Baumstamm oder ein Laternenpfahl sein. Führe die drei Kräftigungsübungen viermal hintereinander für jeweils eine Minute durch. Spüre in dich hinein und aktiviere bewusst deine Rücken- und Core-Muskulatur. Beim anschließenden »Home Run« kannst du noch einmal 20 Minuten lang deiner Laufleidenschaft frönen. Danach gehst du ins Auslaufen über und mobilisierst mit der Oberkörperrotation deine Brustwirbelsäule, bevor du dich beim Stretching-Teil und beim Final Rest vollkommen entspannen kannst – du hast es dir verdient!

Ich hoffe, dir hat das Training der letzten beiden Wochen gefallen. Vielleicht hast du schon kleine Veränderungen deiner Haltung bemerkt. Für langfristige Verbesserungen solltest du die Übungen regelmäßig in dein Training integrieren. Oder hast du Lust, die Gesundheitskombination zu komplettieren? Dann mache – nach einer Mobility-Woche – direkt mit dem »Kopf frei«-Programm weiter!

GESUNDER RÜCKEN – WOCHE 2

	Tag 1: Körperstabilität	Tag 2: Gesäß und unterer Rücken	Tag 3: Rücken und Core
Terrain	Wald	Wald	Wald
Equipment	Handschuhe bei Bedarf	Superband, Handtuch bei Bedarf	Superband
Hilfsmittel	Keins	Bank, vertikale Fläche	Befestigung, vertikale Fläche
Warm-up	▪ Einlaufen (5–10 Min.) ▪ Inchworm (2 × 10 Wdh.)	▪ Einlaufen (5–10 Min.) ▪ Cat-Cow	▪ Einlaufen (5–10 Min.) ▪ Armkreisen
Workout	▪ Slow Run (35 Min.) ▪ Alle 5 Min. 1 Min./Übung: 1. Side Plank Dip (30 Sek./Seite) 2. Table Top to Reverse Pike	▪ Workout: 6 Runden, Zirkel: 1. Slow Run (3 Min.) 2. Deadlift (1 Min.) 3. Single Leg Hip Thrust (30 Sek./Seite) 4. Fast Run (2 Min.)	▪ Slow Run (20 Min.) ▪ Workout: 4 Runden, Zirkel, 1 Min./Übung: 1. Reverse Fly 2. Stehendes Rumpfdrehen (30 Sek./Seite) 3. Rudern ▪ Slow Run (20 Min.)
Workout-Dauer	**49 Minuten**	**42 Minuten**	**52 Minuten**
Cool-down	▪ Auslaufen (5–10 Min.) ▪ Windmühle	▪ Auslaufen (5–10 Min.) ▪ Lunge Walk (1 Min.)	▪ Auslaufen (5–10 Min.) ▪ Oberkörperrotation
Stretch and Relax	▪ Piriformis-Stretch ▪ Seitbeuge ▪ Vorbeuge (überkreuzt)	▪ Brustöffner ▪ Hintere Linie ▪ Couch-Stretch	▪ Brust-Schulter-Bizeps-Stretch ▪ Runner's Lunge ▪ Hamstring-Stretch
	Final Rest		

PROGRAMM 4: KOPF FREI

Ziel:	Spaß haben und den Alltag vergessen
Level:	3–4
Wochen:	2
Tage/Woche:	3
Voraussetzung:	40 Minuten am Stück laufen, erste Fitnesserfahrung

Dies ist mein Lieblingsprogramm, da es am meisten für die Leichtigkeit des Laufens und die »Faszination Natur« steht. Es stellt den Leistungsgedanken in den Hintergrund und den Spaßfaktor in den Mittelpunkt. Training im Allgemeinen und Laufen im Besonderen bieten großartige Möglichkeiten, um sich selbst herauszufordern, Grenzen auszutesten und durch das Erreichen gesteckter Ziele Selbstbewusstsein zu entwickeln. Bei vielen Läufern nimmt der Leistungsgedanke jedoch einen viel zu hohen Stellenwert ein. Laufen bringt dann irgendwann keinen Spaß mehr, sondern verkommt zur Leistungserbringung. Mit diesem Programm möchte ich dir die Möglichkeit geben, fernab von Zeiten, Pace und Kilometerzahlen deine Lauflust zu entdecken. Denn Laufen soll doch in erster Linie Freude bereiten, Freiheit vermitteln und eine kleine Auszeit vom Alltag sein. Und um genau das geht es in diesem Programm. »Natur genießen«, »Neues ausprobieren« und »Hochgefühl erleben« – jeder Tag steht unter einem anderen Motto, das dich beflügeln und dazu einladen wird, den Fokus auf dich selbst zu richten. Genieße dieses beschwingte Programm und mache es zu deiner persönlichen Me-Time. Sperre den Alltag aus und lass Lebenslust ein. Spüre die pure Lauffreude. Ich verspreche dir: Das Training wird sich gar nicht wie Training anfühlen. Die Workouts und Laufkilometer werden wie im Flug vergehen und am Ende der zwei Wochen wirst du traurig sein, dass es bereits

FUN-PROGRAMM FÜR EINEN BESCHWINGTEN ALLTAG

Purer Laufspaß mit Fun-Runs, Fartlek-Training sowie Koordinations- und Ausdauerübungen, die den Alltag vergessen lassen

vorbei ist. Versuche, dir diese Leichtigkeit mit in deinen Laufalltag zu nehmen, denn vergiss nicht: Laufen soll kein Stress sein, sondern dich beflügeln.

Ich hoffe, du wirst dieses Programm genauso lieben wie ich. Du kannst damit in eine Laufwelt ohne Stress, Geschwindigkeits- oder Leistungsdruck eintreten, den Ballast des Alltags abschütteln, während du deine Laufliebe auslebst, Neues entdecken und die Natur genießen. Der Spaß am Laufen steht in den nächsten zwei Wochen an oberster Stelle, ganz nach dem Motto »Laufschuhe an – Alltag aus!«. Und auch wenn es bei dem Programm ein paar kleine, sportliche Herausforderungen geben wird, wirst du diese mit Leichtigkeit meistern. Denn: Auch Anstrengung kann Spaß machen – und das Gefühl danach ist einfach unbezahlbar!

WOCHE 1

Tag 1: Natur genießen

»Natur pur!«, soll heute die Devise sein. Also suche dir eine besonders schöne Strecke aus und freue dich auf das Rauschen der Blätter, den Duft des Waldes und vielleicht ein paar wärmende Sonnenstrahlen auf deiner Haut. Du wirst sehen: In dieser wunderschönen Umgebung läuft das Training von ganz allein. Aber vergiss bei der ganzen Vorfreude dein Miniband nicht!

Deine Übungen für heute

- **Mobility/Aktivierung:** Beinschwingen zur Seite (Seite 160), Lunge Walk (Seite 113)
- **Kräftigung:** Squat Side Leg Lift (Seite 106), Armöffner (Seite 129), Knee-up ohne Erhöhung (Seite 81), Side Walk (Seite 127)
- **Stretching:** Brustöffner (Seite 172), Piriformis-Stretch (Seite 178), Runner's Lunge (Seite 181)

Dein heutiges Training

Starte dein Training mit einem fünf- bis zehnminütigen Warm-up-Run. Mit dem anschließenden seitlichen Beinschwingen bringst du die nötige Lockerheit in deine Hüfte, um später beim Workout die Übungen ohne Einschränkungen durchführen zu können. Danach gehst du in ein entspanntes Lauftempo über, das du 20 Minuten beibehältst, bevor du mit dem Zirkeltraining startest. Führe die Übungen jeweils eine Minute lang ohne Pause durch. Atme bei den Übungen bewusst ein und aus und genieße das Training an der frischen Luft und in der Natur, die dir zusätzliche Energie schenkt.

Gehe danach für zehn Minuten ins lockere Laufen über. Beim anschließenden Fartlek-Run darfst du selbst entscheiden, welches Tempo du für welche Distanz wählst. Gehe spielerisch an die Sache heran und wähle spontan einen Punkt vor dir, bis zu dem du die Geschwindigkeit erhöhen möchtest, um dann wieder in ein lockeres Tempo zu verfallen.

»Was, schon vorbei?«, wirst du vielleicht denken. Nein, nicht ganz: Du hast noch fünf bis zehn Minuten zum Auslaufen, darfst beim Lunge Walk noch einmal deine Beinmuskeln aktivieren und dich danach beim Stretching entspannt in die Dehnpositionen gleiten lassen.

Tag 2: Neues ausprobieren

Springen und Hüpfen – das hast du als Kind oft gemacht. Aber wie oft bist du in letzter Zeit wild drauflosgehüpft? Vermutlich eher selten. Aber das wird sich heute ändern! Schlüpfe in deine Schuhe, lass deiner kindlichen Neugier freien Lauf und tobe dich bei federnden und hüpfenden Sprungbewegungen so richtig aus! Vielleicht möchtest du, passend zum heutigen Tagesthema, eine neue Strecke ausprobieren?

Deine Übungen für heute

- **Mobility/Aktivierung:** Lunge to Knee-up (Seite 111), wechselseitiges Armschwingen (Seite 157)
- **Koordination/Sprungkraft:** Hopserlauf (Seite 99), seitlicher Hopserlauf (Seite 101), Einbeinhüpfen (Seite 89)
- **Stretching:** Seitbeuge (Seite 182), Rückbeuge (Seite 180), Vorbeuge (Seite 183)

Dein heutiges Training

Wärme dich fünf bis zehn Minuten auf und führe zum Schluss den Lunge to Knee-up durch, um deine Bein- und Core-Muskulatur zu aktivieren. Danach gehst du in einen 40-Minuten-Lauf im Wohlfühltempo über.

Alle fünf Minuten darfst du Sprungkraft und Koordination bei drei Sprungübungen unter Beweis stellen, die du mit fließendem Übergang jeweils 30 Sekunden lang meisterst. Nach 52 beschwingten Minuten hast du das heutige Workout gemeistert. Danach ist schon das Cool-down mit anschließendem Stretching und Entspannung an der Reihe. Vielleicht beendest du dein heutiges Training mit einer kleinen Meditationsübung?

Tag 3: Hochgefühl erleben

Heute erwartet dich beim Treppenlauf eine kleine Herausforderung – aber mit Sicherheit im Anschluss ein großartiges Hochgefühl! Du benötigst für das HIIT-Workout eine passende Treppe, an der du etwa 45 Sekunden lang nach oben sprinten kannst, bei Bedarf deine Trainingshandschuhe für den Mountain Climber und natürlich viel gute Laune und Lust, deinen Kopf beim Training freizupusten.

Deine Übungen für heute

- **Mobility/Aktivierung:** Handkreisen (Seite 164), Beinschwingen (Seite 158)

KOPF FREI – WOCHE 1			
	Tag 1: Natur genießen	**Tag 2: Neues ausprobieren**	**Tag 3: Hochgefühl erleben**
Terrain	Wald	Variabel	Variabel
Equipment	Miniband	Keins	Handschuhe bei Bedarf
Hilfsmittel	Vertikale Fläche	Keins	Treppe, vertikale Fläche
Warm-up	■ Einlaufen (5–10 Min.) ■ Beinschwingen zur Seite	■ Einlaufen (5–10 Min.) ■ Lunge to Knee-up (10 ×/Seite)	■ Einlaufen (5–10 Min.) ■ Handkreisen
Workout	■ Slow Run (20 Min.) ■ Workout: 3 Runden, Zirkel, 1 Min./Übung: 1. Squat Side Leg Lift 2. Armöffner 3. Knee-up ohne Erhöhung (30 Sek./Seite) 4. Side-Walks (30 Sek./Seite) ■ Slow Run (10 Min.) ■ Fartlek (10 Min.)	■ Slow Run (40 Min.) ■ Alle 5 Min. 30 Sek./Übung: 1. Hopserlauf 2. Seitlicher Hopserlauf (15 Sek./Seite) 3. Einbeinhüpfen (15 Sek./Seite)	■ Slow Run (15 Min.) ■ Workout: 4 Runden, HIIT, 45/15 Sek.: 1. Stair Run 2. Schattenboxen 3. Mountain Climber ■ Slow Run (15 Min.)
Workout-Dauer	**52 Minuten**	**52 Minuten**	**42 Minuten**
Cool-down	■ Auslaufen (5–10 Min.) ■ Lunge Walk (1 Min.)	■ Auslaufen (5–10 Min.) ■ Wechselseitiges Armschwingen	■ Auslaufen (5–10 Min.) ■ Beinschwingen
Stretch and Relax	■ Brustöffner ■ Piriformis-Stretch ■ Runner's Lunge	■ Seitbeuge ■ Rückbeuge ■ Vorbeuge	■ Brust-Schulter-Bizeps-Stretch ■ Waden-Stretch ■ Hamstring-Stretch
	Final Rest		

- **Kardio:** Stair Run (Seite 87), Schattenboxen (Seite 88), Mountain Climber (Seite 84)
- **Stretching:** Brust-Schulter-Bizeps-Stretch (Seite 173), Waden-Stretch (Seite 184), Hamstring-Stretch (Seite 176)

Dein heutiges Training

Laufe dich locker ein und mobilisiere deine Hände, bevor du das Tempo erhöhst und zum Workout-Teil übergehst. Nach etwa 15 Minuten erreichst du die Treppe, die deine heutige Trainingslocation darstellt.

Gestalte das Workout als High-Intensity-Training – sprich: Gib 45 Sekunden lang alles und treibe deinen Puls nach oben, aber teile deine Kraft so ein, dass du die volle Zeit durchhältst. Nutze die 15 Sekunden Pause zwischen den Übungen möglichst effektiv, indem du kraftvoll ein- und ausatmest, damit du bei der nächsten Runde wieder durchstarten kannst. Versuche, die vier Runden am Stück in diesem Wechselspiel durchzuführen. Du kannst zwischen den Runden eine längere Pause einplanen, wenn du merkst, dass du diese benötigst.

So anstrengend das heutige Workout sein mag – so schnell ist es auch wieder vorbei. Nach nur zwölf Minuten hast du die Treppen-Challenge gemeistert und kannst 15 Minuten lang entspannt zurücklaufen, bevor du das Tempo drosselst und mit Mobility- sowie Dehnübungen dein heutiges Training abschließt. Es ist ein großartiges Gefühl, wenn man eine etwas härtere Einheit gemeistert hat, oder nicht? Ich hoffe, deine Alltagssorgen sind weggepustet!

WOCHE 2

Tag 1: Natur genießen

Was gibt es Schöneres, als barfuß über eine Wiese zu laufen? Nicht viel. Deshalb mache es einfach! Beim heutigen Training darfst du deinen Füßen freien Lauf lassen und ein Workout absolvieren, bei dem du deine volle Fuß- und Beinkraft entfaltest. Ein Handtuch solltest du für den Übungsteil mitnehmen.

Deine Übungen für heute

- **Mobility/Aktivierung:** Fußkreisen (Seite 163), Beinschwingen (Seite 158)
- **Kräftigung:** Handtuchgreifen (Seite 117), Duck Walk (Seite 162), Lunge Walk (Seite 113)
- **Stretching:** Fersensitz (Seite 175), Zehensitz (Seite 185), Couch-Stretch (Seite 174)

Dein heutiges Training

Laufe dich locker ein und bereite mit dem Fußkreisen deine Fußgelenke auf dein heutiges Training vor, bevor du deinen Slow Run startest. Nach 20 Minuten solltest du deine

KOPF FREI – WOCHE 2			
	Tag 1: Natur genießen	**Tag 2: Neues ausprobieren**	**Tag 3: Hochgefühl erleben**
Terrain	Wald und Wiese	Wald	Steigung
Equipment	Handtuch	Handschuhe bei Bedarf	Handschuhe bei Bedarf
Hilfsmittel	Keins	Keins	Keins
Warm-up	■ Einlaufen (5–10 Min.) ■ Fußkreisen	■ Einlaufen (5–10 Min.) ■ Inchworm (2 × 10 Wdh.)	■ Einlaufen (5–10 Min.) ■ Hüftrotation
Workout	■ Slow Run (20 Min.) ■ Workout (Wiese, barfuß): 4 Runden, Zirkel, 1 Min./Übung: 1. Handtuchgreifen (30 Sek./Seite) 2. Duck Walk 3. Barfußlauf 4. Lunge Walk ■ Fartlek (20 Min.)	■ Slow Run (40 Min.) ■ Alle 5 Min. 30 Sek./ Übung: 1. Überkreuzlaufen (15 Sek./Seite) 2. Rückwärtslaufen 3. Side-to-Side Hop	■ Slow Run (15 Min.) ■ Workout (Hügel/ Berg): 4 Runden, HIIT, 60/30 Sek.: 1. Berglauf 2. Plank 3. Berglauf 4. Side Plank Dip ■ Slow Run (10 Min.) ■ Fast Run (5 Min.)
Workout-Dauer	**52 Minuten**	**52 Minuten**	**54 Minuten**
Cool-down	■ Auslaufen (5–10 Min.) ■ Beinschwingen	■ Auslaufen (5-10 Min.) ■ Wechselseitiges Armschwingen	■ Auslaufen (5–10 Min.) ■ Oberkörperrotation
Stretch and Relax	■ Fersensitz ■ Zehensitz ■ Couch-Stretch	■ Hintere Linie ■ Vorbeuge (überkreuzt) ■ Runner's Lunge	■ Seitbeuge (überkreuzt) ■ Hamstring-Stretch ■ Quadrizeps-Stretch
	Final Rest		

Trainingswiese erreichen. Suche dir eine Stelle, die frei ist von Scherben, Hundekot oder sonstigen Gegenständen, schlüpfe aus deinen Schuhen und starte dein Zirkeltraining. Achte bei den Übungen auf eine bewusste Aktivierung deiner Fußmuskulatur. Beim Lunge Walk solltest du den Fokus auf die Beinkraft setzen und die Schritte nicht zu groß machen.

Solltest du kein geübter Barfußläufer sein, geht es danach wieder zurück in die Schuhe. Ich bin mir sicher, dass du beim heutigen Fartlek-Run schon ein wenig schneller flitzen wirst als letzte Woche. Und wenn nicht? Auch nicht schlimm. Den anschließenden Cool-down- und Stretching-Teil hast du dir trotzdem mehr als verdient. Für die Dehnübungen darfst du deine Schuhe wieder ausziehen. Ist es nicht schön, Füße und Zehen zu befreien? Vielleicht belohnst du dich mit einer anschließenden Fußmassage für dein heutiges Training.

Tag 2: Neues ausprobieren

Öfter einmal die Perspektive oder vielleicht sogar die Bewegungsrichtung zu wechseln, Routinen aufzubrechen und etwas zu tun, das man sonst nie macht, kann Wunder in Sachen Motivation und Energie bewirken. Heute bekommst du die Gelegenheit dazu!

Deine Übungen für heute

- **Mobility/Aktivierung:** Inchworm (Seite 168), wechselseitiges Armschwingen (Seite 157)
- **Koordination/Sprungkraft:** Überkreuzlaufen (Seite 102), Rückwärtslaufen (Seite 100), Side-to-Side Hop (Seite 92)
- **Stretching:** Hintere Linie (Seite 177), Vorbeuge überkreuzt (Seite 183), Runner's Lunge (Seite 181)

Dein heutiges Training

Laufe dich locker ein und führe währenddessen zwei Runden jeweils zehnmal den Inchworm durch. So mobilisierst du deine hintere Kette und aktivierst deine Core-Muskeln. Starte danach deinen langsamen 40-Minuten-Lauf.

Alle fünf Minuten darfst du bei den drei hintereinander ausgeführten Übungen deine Koordinationsfähigkeit sowie deine Sprungkraft unter Beweis stellen, bevor du dein Tempo drosselst und zum Auslaufen übergehst. Mobility- und Dehnübungen werden dir dabei helfen, noch mehr Lockerheit in deinen Körper zu bringen.

Tag 3: Hochgefühl erleben

Heute geht es beim Hügeltraining hoch hinaus und du kannst beim Berglauf alle Alltagssorgen vergessen. Du solltest dir dafür einen kleinen Anstieg suchen, an dem du etwa eine Minute lang bergauf laufen kannst. Die Steigung darfst du selbst wählen. Wenn es anstrengend wird, denke immer an das wundervolle Gefühl, das du danach haben wirst. Bist du bereit für den finalen Höhenflug?

Deine Übungen für heute

- **Mobility/Aktivierung:** Hüftrotation (Seite 165), Oberkörperrotation (Seite 170)
- **Kräftigung:** Plank (Seite 144), Side Plank Dip (Seite 149)
- **Stretching:** Seitbeuge überkreuzt (Seite 182), Hamstring-Stretch (Seite 176), Quadrizeps-Stretch (Seite 179)

Dein heutiges Training

Laufe dich fünf bis zehn Minuten ein und mobilisiere deine Hüfte, bevor du dein heutiges Workout beginnst. Nach einem lockeren 15-Minuten-Lauf hast du deinen Hügel und damit deine heutige Herausforderung erreicht. Laufe die Bergeinheit in einem Tempo, mit dem du eine Minute lang durchhältst, und nutze das Bergablaufen als 30-Sekunden-Pause. Achte bei der Plank beziehungsweise Side Plank auf Spannung im ganzen Körper und eine gleichmäßige Atmung, die deinen Puls nach unten bringt, damit du beim nächsten Berglauf wieder kraftvoll durchstarten kannst.

Nach vier Runden hast du die Berg-Challenge gemeistert und kannst wieder zum Laufen in der Ebene übergehen. Versuche, zunächst zehn Minuten in einem angenehmen Lauftempo zu laufen und auf den letzten fünf Minuten das Tempo zu erhöhen. Dies ist die letzte Herausforderung des heutigen Tages – danach darfst du das gute Gefühl beim Auslaufen, Mobilisieren und Stretching in vollen Zügen genießen.

Haben dir die letzten beiden Wochen geholfen, deinen Kopf frei zu pusten, deine Alltagssorgen zu vergessen und neue Kraft zu tanken? In jedem Fall darf ich dich beglückwünschen zum Abschluss dieses spaßgeladenen Programms sowie der Intention, mehr Leichtigkeit in dein Training und dein Leben zu integrieren.

Wenn du die ganze Gesundheitskombination absolviert hast, liegen nun neun Trainingswochen und drei Mobility-Wochen hinter dir, die dir hoffentlich auf deinem Weg zu mehr Körper- (und Kopf-)Gesundheit geholfen haben. Ich würde mich freuen, wenn sie für dich der Einstieg zu weiteren Programmen sind – und vielleicht sogar zum Erleben einer ganz neuen Lebens- und Trainingsqualität.

PROGRAMM 5: CORE AND STABILITY

Ziel:	Core-Muskeln stärken und Rumpf stabilisieren
Level:	3–4
Wochen:	3
Tage/Woche:	3
Voraussetzung:	40 Minuten am Stück laufen, mittlere Fitness

Nein, es soll hier nicht um das berühmt-berüchtigte Sixpack gehen. Auch wenn dies für manche ein Schönheitsideal ist, braucht man es weder fürs Laufen noch für die Körpergesundheit. Zudem hängt eine freigelegte Bauchmuskulatur von viel mehr ab als vom Training. Genetik, Körperfettanteil und Ernährung spielen eine entscheidende Rolle. Für die meisten Menschen wird es ein unerreichbares Ziel bleiben – eine starke Core-Muskulatur hingegen nicht. Und diese ist viel entscheidender.

Dieses Programm enthält keine klassischen Crunches oder Sit-ups. Ich habe mich stattdessen bemüht, möglichst funktionale Übungen auszuwählen, die während des Laufens und mit den dir zur Verfügung stehenden Möglichkeiten gut durchführbar sind. Die Bauchmuskulatur soll in erster Linie als das verstanden werden, was sie ist: eine Haltemuskulatur, die den Rumpf stabilisieren und einer Überstreckung der Wirbelsäule nach hinten entgegenwirken soll. Dabei zählen zum Core übrigens nicht nur die Bauchmuskeln, sondern auch der untere Rücken, das Gesäß und die Hüfte. All diese Muskeln festigen den Körper von der Mitte aus und tragen zu einem Körpergerüst bei, das dich bei deinen Sport- und Alltagsaktivitäten stabilisiert und schützt.

FÜR EINE STARKE KÖRPERMITTE UND MEHR STABILITÄT IM RUMPFBEREICH

Funktionales Bauchmuskeltraining
und Stabilitätsübungen für die Körpermitte

Du solltest für dieses Programm ein wenig Körpergespür und ein mittleres Fitnesslevel mitbringen. Zudem solltest du 40 Minuten am Stück laufen können.

Und nun darfst du dich auf drei aufeinander aufbauende Trainingswochen freuen, die deine Bauch- und Rumpfmuskulatur zum Brennen bringen und deine Körperstabilität verbessern werden.

WOCHE 1

Tag 1: Sweat and Burn

Heute steht ein Lauf im Fettstoffwechselbereich kombiniert mit den Core aktivierenden Kardioübungen an. Du benötigst dafür, bis auf Handschuhe, kein weiteres Equipment, lediglich die Lust, dich ein wenig zu verausgaben – und zwar mit vollem Fokus auf deine Körpermitte. Ready to sweat and burn? Dann lege los!

Deine Übungen für heute

- **Mobility/Aktivierung:** Lunge to Knee-up (Seite 111), Lunge Walk (Seite 113)
- **Kardio:** Knee-up ohne Erhöhung (Seite 81), Mountain Climber (Seite 84)
- **Stretching:** Piriformis-Stretch (Seite 178), Runner's Lunge (Seite 181), Couch-Stretch (Seite 174)

Dein heutiges Training

Laufe dich locker fünf bis zehn Minuten lang ein und führe zum Abschluss zehnmal pro Seite den Lunge to Knee-up durch. Achte dabei besonders auf deine Bauchspannung. Starte danach deinen 40-Minuten-Lauf, den du alle fünf Minuten für das HIIT-Workout, bestehend aus Knee-up ohne Erhöhung und Mountain Climber, unterbrichst. Gib 45 Sekunden lang alles und nutze die 15 Sekunden bestmöglich zur effektiven Erholung. Gehe nach den Übungen direkt wieder ins Laufen über, damit der Trainingsfluss nicht unterbrochen wird.

Schließe dein Training ab, indem du das Tempo beim Auslaufen deutlich zurückfährst. Bereite dich dann mit großen Ausfallschritten auf die anschließende, intensive Hüftöffnung vor, die dich beim Stretching-Teil erwartet.

Tag 2: Sore to the Core

Beim heutigen Training wirst du dich auf kräftigende Übungen für deine Bauchmuskulatur konzentrieren. Diese werden nacheinander an einer Bank ausgeführt. Da du dich bei einer Übung, dem Scissor Kick, auf der Bank ablegen wirst, achte auf eine möglichst plane Fläche und nimm bei Bedarf ein Handtuch zum Unterlegen sowie Trainingshandschuhe mit. Falls du keine Bank in Laufnähe findest, kannst du den Scissor Kick auch auf dem Boden durchführen.

Deine Übungen für heute

- **Mobility/Aktivierung:** Hüftrotation (Seite 165), Oberkörperrotation (Seite 170)
- **Kräftigung:** Russian Twist (Seite 147), Upward Dog Knee-to-Chest (Seite 153), Scissor Kick (Seite 148)
- **Stretching:** Seitbeuge (Seite 182), Rückbeuge (Seite 180), Vorbeuge (Seite 183)

Dein heutiges Training

Wärme dich auf, indem du dich langsam einläufst und mit der abschließenden Mobilisation deine Hüfte öffnest. Gehe danach in ein lockeres Lauftempo im Fettverbrennungsbereich über. Nach etwa 15 Minuten erreichst du die Bank beziehungsweise deinen Trainingsplatz.

Führe die Übungen im Zirkelstil hintereinander ohne Pause jeweils eine Minute lang durch. Aktiviere bewusst deine Bauchmuskulatur und achte auf eine gleichmäßige Atmung während der Übungen.

Nach dem Workout-Teil darfst du Gas geben: 15 Minuten im schnellen Lauftempo werden dich wieder in Richtung Heimat tragen. Spürst du die Veränderung, die die aktivierte Core-Muskulatur auf deinen Laufstil hat?

Cool-down, Stretching und Final Rest bringen dir die nötige Lockerheit, um beim nächsten Training wieder deine volle Leistung abrufen zu können.

Tag 3: Plank and Play

Tag 3 des Trainingsplans steht voll im Fokus der Ganzkörperspannung. Der Wechsel zwischen lockerem Laufen und aktivierenden Plank-Positionen wird dich nicht nur zum Schwitzen bringen, sondern dir auch ein ganz neues Körpergefühl geben. Beim Fartlek-Training darfst du dich spielend austoben. Bei Bedarf kannst du deine Trainingshandschuhe einpacken, damit die Plank-Position etwas angenehmer ist. Für die Stretching-Übung »Brustöffner« benötigst du eine Wand oder eine ähnliche Möglichkeit zum Abstützen.

Deine Übungen für heute

- **Mobility/Aktivierung:** Inchworm (Seite 168), Cat-Cow (Seite 161), Handkreisen (Seite 164)
- **Kräftigung:** Plank (Seite 144), Reverse Plank mit Beinheben (Seite 125)
- **Stretching:** Brustöffner (Seite 172), Quadrizeps-Stretch (Seite 179), Hamstring-Stretch (Seite 176)

Dein heutiges Training

Laufe dich warm und bringe mit dem Inchworm nicht nur mehr Mobilität in deine hintere Muskelkette, sondern bereite dich auch auf die bei den Planks benötigte Körperspannung vor. Komm dann für 30 Minuten in einen lockeren Lauf, den du alle fünf Minuten für die beiden Plank-Positio-

CORE AND STABILITY – WOCHE 1			
	Tag 1: Sweat and Burn	**Tag 2: Sore to the Core**	**Tag 3: Plank and Play**
Terrain	Variabel	Variabel	Variabel
Equipment	Handschuhe bei Bedarf	Handtuch, Handschuhe bei Bedarf	Handschuhe bei Bedarf
Hilfsmittel	Keins	Bank	Vertikale Fläche
Warm-up	▪ Einlaufen (5–10 Min.) ▪ Lunge to Knee-up (10 ×/Seite)	▪ Einlaufen (5–10 Min.) ▪ Hüftrotation	▪ Einlaufen (5–10 Min.) ▪ Inchworm (10 ×)
Workout	▪ Slow Run (40 Min.) ▪ Alle 5 Min. HIIT 45/15 Sek.: 1. Knee-up (ohne Erhöhung) 2. Mountain Climber	▪ Slow Run (15 Min.) ▪ Workout (Bank): 5 Runden, Zirkel, 1 Min./Übung: 1. Russian Twist 2. Upward Dog Knee-to-Chest 3. Scissor Kick ▪ Fast Run (15 Min.)	▪ Slow Run (30 Min.) ▪ Alle 5 Min. 30 Sek./Übung: 1. Plank 2. Reverse Plank mit Beinheben ▪ Fartlek (10 Min.)
Workout-Dauer	**56 Minuten**	**45 Minuten**	**46 Minuten**
Cool-down	▪ Auslaufen (5–10 Min.) ▪ Lunge Walk (1 Min.)	▪ Auslaufen (5–10 Min.) ▪ Oberkörperrotation	▪ Auslaufen (5–10 Min.) ▪ Cat-Cow ▪ Handkreisen
Stretch and Relax	▪ Piriformis-Stretch ▪ Runner's Lunge ▪ Couch-Stretch	▪ Seitbeuge ▪ Rückbeuge ▪ Vorbeuge	▪ Brustöffner ▪ Quadrizeps-Stretch ▪ Hamstring-Stretch
	Final Rest		

nen unterbrichst. Durch den Wechsel zwischen Laufen und Halteübungen wirst du bei den Laufpausen vermutlich einen etwas härteren Puls spüren. Wähle dein Lauftempo so, dass du die Übungen kontrolliert und ohne Pressatmung durchführen kannst. Beim anschließenden Fartlek-Run darfst du ganz nach Belieben mit dem Tempo spielen, bevor du ins lockere Auslaufen übergehst. Die Mobilisierungen sollen dir helfen, wieder die nötige Lockerheit in deinen Rumpfbereich zu bekommen und vor allem deine beim Training stark beanspruchten Handgelenke zu entlasten. Danach kannst du deine Trainingswoche mit den drei Stretching-Übungen sowie dem Final Rest ausklingen lassen.

WOCHE 2

Tag 1: Sweat and Burn

Heute erweiterst du das Training von letzter Woche um eine anspruchsvolle Kardioübung – die High Knees – und hebst dadurch das HIIT-Training auf ein neues Level. Der Rest des Trainings bleibt genauso wie vor einer Woche – ein perfektes Workout, um deine Fettverbrennung anzukurbeln und deine Ausdauerfähigkeit zu erhöhen.

Deine Übungen für heute

- **Mobility/Aktivierung:** Lunge to Knee-up (Seite 111), Lunge Walk (Seite 113)
- **Kardio:** Knee-up (Seite 81), Mountain Climber (Seite 84), High Knees (Seite 80)
- **Stretching:** Piriformis-Stretch (Seite 178), Runner's Lunge (Seite 181), Couch-Stretch (Seite 174)

Dein heutiges Training

Laufe dich ein und führe den Lunge to Knee-up zweimal durch, bevor du mit deinem 40-Minuten-Lauf startest. Die beiden Kardioübungen von letzter Woche werden um die anspruchsvollen High Knees erweitert, die deinen Puls deutlich nach oben bringen werden. Umso wichtiger also, dass du die Übungen so ausführst, dass du sie 45 Sekunden lang durchhältst und sie auch noch in der letzten Runde sauber und kontrolliert absolvieren kannst. Solltest du merken, dass dir dies zu anspruchsvoll wird, kannst du jederzeit auf die Low-Impact-Variante ausweichen. Auch über das Lauftempo kannst du den Anstrengungsgrad deiner heutigen Tagesform anpassen.

Hast du beim heutigen Workout ordentlich geschwitzt? Dann freue dich auf den entspannenden Cool-down- und Stretching-Teil.

Tag 2: Sore to the Core

Heute erhöht sich der Laufumfang im Vergleich zu letzter Woche um insgesamt sechs Minuten. Zudem wirst du drei neue Übungen kennenlernen, die deine Core-Muskeln aktivieren. Ich empfehle eine passende Bank als Auflagefläche für den Dead Bug – die Bank kann dir gleichzeitig als Befestigung für das Superband dienen. Du kannst die Übung aber auch mit einem Handtuch auf dem Boden durchführen und einen Baum oder einen Laternenpfahl als Befestigung für dein Band wählen. Falls du möchtest, kannst du deine Trainingshandschuhe einpacken – und schon kann es losgehen!

CORE AND STABILITY – WOCHE 2			
	Tag 1: Sweat and Burn	**Tag 2: Sore to the Core**	**Tag 3: Plank and Play**
Terrain	Variabel	Variabel	Variabel
Equipment	Handschuhe bei Bedarf	Superband, Handtuch, Handschuhe bei Bedarf	Handschuhe bei Bedarf
Hilfsmittel	Keins	Bank	Vertikale Fläche
Warm-up	■ Einlaufen (5–10 Min.) ■ Lunge to Knee-up (2 × 10/Seite)	■ Einlaufen (5–10 Min.) ■ Hüftrotation	■ Einlaufen (5–10 Min.) ■ Inchworm (2 × 10 Wdh.)
Workout	■ Slow Run (40 Min.) ■ Alle 5 Min. HIIT 45/15 Sek.: 1. Knee-up 2. Mountain Climber 3. High Knees	■ Slow Run (18 Min.) ■ Workout (Bank): 5 Runden, Zirkel, 1 Min./Übung: 1. Stehendes Rumpfdrehen (30 Sek./Seite) 2. Dead Bug 3. Crab Twist Toe Touch ■ Fast Run (18 Min.)	■ Slow Run (30 Min.) ■ Alle 5 Min. 45 Sek./Übung: 1. Plank 2. Reverse Plank mit Beinheben ■ Fartlek (12 Min.)
Workout-Dauer	**54 Minuten**	**51 Minuten**	**51 Minuten**
Cool-down	■ Auslaufen (5–10 Min.) ■ Lunge Walk (2 × 1 Min.)	■ Auslaufen (5–10 Min.) ■ Oberkörperrotation	■ Auslaufen (5–10 Min.) ■ Cat-Cow ■ Handkreisen
Stretch and Relax	■ Piriformis-Stretch ■ Runner's Lunge ■ Couch-Stretch	■ Seitbeuge (überkreuzt) ■ Rückbeuge ■ Vorbeuge	■ Brustöffner ■ Quadrizeps-Stretch ■ Hamstring-Stretch
	Final Rest		

Deine Übungen für heute

- **Mobility/Aktivierung:** Hüftrotation (Seite 165), Oberkörperrotation (Seite 170)
- **Kräftigung:** Stehendes Rumpfdrehen (Seite 150), Dead Bug (Seite 142), Crab Twist Toe Touch (Seite 146)
- **Stretching:** Seitbeuge überkreuzt (Seite 182), Rückbeuge (Seite 180), Vorbeuge (Seite 183)

Dein heutiges Training

Nach dem Warm-up gehst du für 18 Minuten in ein lockeres Lauftempo über, nach denen du an deiner Trainingslocation ankommst. Dort erwarten dich fünf Runden voller aktivierender Bauchmuskelübungen, die du jeweils eine Minute lang hintereinander durchführst – dabei dient dir lediglich der Positionswechsel als kleine Pause zwischen den Übungen. Nach dem Workout kannst du bei 18 schnellen Laufminuten zeigen, was in dir steckt. Ich bin mir sicher, dass sie in Windeseile vergehen werden. Spürst du das gute Gefühl nach dieser Kombination aus Ausdauer- und Kräftigungseinheit? Dann belohne dich mit einem erholsamen Cool-down und den sanft ausgeführten Dehnübungen.

Vielleicht hast du heute Zeit für und Lust auf eine kleine Atemübung am Ende des Stretchings, bei der du bewusst in deinen Bauchraum atmest und deinen Core-Bereich lockerst. Denke daran: Keinen Bauch zu haben, ist gut, keinen machen zu können, dagegen nicht.

Tag 3: Plank and Play

Im Vergleich zu letzter Woche erwarten dich beim heutigen Training kleine Anpassungen, die das Training etwas anspruchsvoller werden lassen: Es gilt, die Plank-Positionen nicht nur 30, sondern 45 Sekunden lang zu halten! Auch das Fartlek-Training wird um zwei Minuten verlängert. Aber du wirst sehen: Das bisherige Training hat sich bereits ausgezahlt und du wirst die heutigen Vorgaben mit Leichtigkeit meistern!

Deine Übungen für heute

- **Mobility/Aktivierung:** Inchworm (Seite 168), Cat-Cow (Seite 161), Handkreisen (Seite 164)
- **Kräftigung:** Plank (Seite 144), Reverse Plank mit Beinheben (Seite 125)
- **Stretching:** Brustöffner (Seite 172), Quadrizeps-Stretch (Seite 179), Hamstring-Stretch (Seite 176)

Dein heutiges Training

Nach Einlaufen und Inchworm, den du heute zwei Runden lang durchführst, bist du bereit für den Wechsel zwischen Laufen und Ganzkörperspannung. Wähle das Lauftempo so, dass du die Plank-Positionen 45 Sekunden lang kontrolliert und mit gleichmäßiger Atmung halten kannst.

Nach der letzten Anspannung darfst du beim Fartlek-Training selbst entscheiden, wie oft und wie lange du beim Laufen das Tempo erhöhen möchtest. Motiviere dich mit folgendem Gedanken: je größer die Anstrengung, desto schöner die Entspannung.

Es war bestimmt etwas mehr möglich als gedacht, oder nicht? Den heutigen Mobility- und Stretching-Teil hast du dir verdient! Genieße die Entspannung nach einem anstrengenden Workout – und vor allem das einmalige Körpergefühl beim Final Rest.

WOCHE 3

Tag 1: Sweat and Burn

In Woche 3 wird die Intensität noch einmal erhöht: Heute geht es darum, gleich zweimal pro Runde 45 Sekunden lang die schweißtreibende High-Intensity-Übung »High Knees« durchzuhalten und dabei trotzdem nicht aus dem Laufrhythmus zu kommen. Bist du bereit für die finale Challenge? Dann lege los!

Deine Übungen für heute

- **Mobility/Aktivierung:** Lunge to Knee-up (Seite 111), Lunge Walk (Seite 113)
- **Kardio:** Mountain Climber (Seite 84), High Knees (Seite 80)
- **Stretching:** Piriformis-Stretch (Seite 178), Runner's Lunge (Seite 181), Couch-Stretch (Seite 174)

Dein Training für heute

Level 3 des High-Intensity-Trainings startest du wie die letzten beiden Wochen, führst lediglich den Lunge to Knee-up eine Runde mehr durch und kommst dann in ein Lauftempo, mit dem du das Training souverän absolvieren kannst. Die Erfahrung der letzten beiden Wochen wird dir helfen, deine Energie richtig einzuteilen und die zwei Runden High Knees pro Durchgang erfolgreich zu meistern.

Das gute Körpergefühl nach der letzten HIIT-Runde wird dich beflügelt durch das Cool-down tragen und die anschließenden Dehnübungen werden sich wie ein Kurzurlaub anfühlen.

Tag 2: Sore to the Core

Heute lernst du drei weitere Bauchmuskelübungen kennen und die Laufdauer verlängert sich um vier Minuten. Wie die letzten beiden Wochen auch, kannst du selbst entscheiden, ob du Bank oder Boden als Unterlage bevorzugst und ob Handtuch und Handschuhe beim Training nicht fehlen dürfen.

Deine Übungen für heute

- **Mobility/Aktivierung:** Hüftrotation (Seite 165), Oberkörperrotation (Seite 170)
- **Kräftigung:** Side Plank Dip (Seite 149), V-Crunch (Seite 154), Table Top to Reverse Pike (Seite 152)

- **Stretching:** Seitbeuge (Seite 182), Rückbeuge (Seite 180), Vorbeuge überkreuzt (Seite 183)

Dein heutiges Training

Nach Einlaufen und Mobility-Übung erhöhst du deine Geschwindigkeit auf ein angenehmes Lauftempo und erreichst nach etwa 20 Minuten den Platz, an dem du das Zirkeltraining durchführst. 15 Minuten lang wirst du in fünf Runden deine Bauchmuskeln zum Brennen bringen. Ziehe bei allen Übungen bewusst den Bauchnabel nach innen oben und lege deine ganze Konzentration auf die Körpermitte, um bestmöglich von deinem Workout zu profitieren.

Nutze die zusätzliche Körperspannung, die dir das Core-Training gegeben hat, um bei den abschließenden 20 schnellen Laufminuten Tempo zu machen. Drossele danach deine Laufgeschwindigkeit und gehe ins lockere Auslaufen über. Mit den Rotations- und Beugeübungen lockerst du deinen Körper in alle Richtungen, bevor du mit einem Lächeln dein heutiges Training abschließt.

Tag 3: Plank and Play

Willkommen zu deinem letzten Trainingstag in diesem Programm. Heute darfst du noch einmal – bei erhöhter Intensität – den Wechsel zwischen Lauf- und Kräftigungseinheiten genießen. Versuche dabei, die geforderten 60 Sekunden lang die volle Körperspannung zu halten. Dein Atem wird dir dabei helfen, diese Challenge zu meistern!

Deine Übungen für heute

- **Mobility/Aktivierung:** Inchworm (Seite 168), Cat-Cow (Seite 161), Handkreisen (Seite 164)
- **Kräftigung:** Plank (Seite 144), Reverse Plank mit Beinheben (Seite 125)
- **Stretching:** Brustöffner (Seite 172), Quadrizeps-Stretch (Seite 179), Hamstring-Stretch (Seite 176)

Dein heutiges Training

Heute darfst du dich gleich dreimal während des Warm-ups wie eine Raupe fortbewegen. Wenn du dich dabei immer noch ein wenig ungelenk fühlst, denke daran: Aus jeder Raupe wird irgendwann ein Schmetterling!

Gehe danach mit Leichtigkeit ins lockere Lauftempo über und spüre bei den Plank-Übungen intensiv in dich und deinen Körper hinein. Versuche, den Spagat zu schaffen zwischen voller Körperspannung und gleichmäßiger Atmung. Danach kannst du beim Fartlek-Training 15 Minuten lang deinem Spieltrieb freien Lauf lassen.

Cool-down, Stretching, Final Rest – und schon ist auch dein letzter Trainingstag gemeistert. Herzlichen Glückwunsch! Ich hoffe, du konntest während der letzten drei Wo-

CORE AND STABILITY – WOCHE 3			
	Tag 1: Sweat and Burn	**Tag 2: Sore to the Core**	**Tag 3: Plank and Play**
Terrain	Variabel	Variabel	Variabel
Equipment	Handschuhe bei Bedarf	Handtuch und Handschuhe bei Bedarf	Handschuhe bei Bedarf
Hilfsmittel	Keins	Bank	Vertikale Fläche
Warm-up	■ Einlaufen (5–10 Min.) ■ Lunge to Knee-up (3 × 10/Seite)	■ Einlaufen (5–10 Min.) ■ Hüftrotation	■ Einlaufen (5–10 Min.) ■ Inchworm (3 × 10 Wdh.)
Workout	■ Slow Run (40 Min.) ■ Alle 5 Min. HIIT 45/15 Sek.: 1. High Knees 2. Mountain Climber 3. High Knees	■ Slow Run (20 Min.) ■ Workout (Bank): 5 Runden, Zirkel, 1 Min./Übung: 1. Side Plank Dip 2. V-Crunch 3. Table Top to Reverse Pike ■ Fast Run (20 Min.)	■ Slow Run (30 Min.) ■ Alle 5 Min. 1 Min./Übung: 1. Plank 2. Reverse Plank mit Beinheben ■ Fartlek (15 Min.)
Workout-Dauer	**56 Minuten**	**55 Minuten**	**57 Minuten**
Cool-down	■ Auslaufen (5–10 Min.) ■ Lunge Walk (3 × 1 Min.)	■ Auslaufen (5–10 Min.) ■ Oberkörperrotation	■ Auslaufen (5–10 Min.) ■ Cat-Cow ■ Handkreisen
Stretch and Relax	■ Piriformis-Stretch ■ Runner's Lunge ■ Couch-Stretch	■ Seitbeuge ■ Rückbeuge ■ Vorbeuge (überkreuzt)	■ Brustöffner ■ Quadrizeps-Stretch ■ Hamstring-Stretch
	Final Rest		

chen spüren, welche Vorteile eine stabile Körpermitte mit sich bringt, und hast nun genügend Übungen kennengelernt, mit denen du deine künftigen Workouts aufpeppen kannst. Wenn du dich für die Body-Kombination entschieden hast, darfst du dich freuen: Nach einer Woche Mobility-Pause kann es mit dem Abnehmprogramm weitergehen!

PROGRAMM 6: ABNEHMEN

Ziel:	Fett verbrennen und abnehmen
Level:	4–5
Wochen:	4
Tage/Woche:	3
Voraussetzung:	40 Minuten am Stück laufen, mittlere bis gute Fitness

Dieses Programm bewegt sich etwas weg vom Gesundheitsfokus hin zu einem klassischen Körperziel: dem Wunsch, ein wenig abzunehmen. Selbstverständlich steht das Thema Gesundheit im Fokus jedes Trainingsprogramms – schließlich ist Gesundheit die Voraussetzung, um sportlich aktiv zu sein. Dennoch soll es bei Programm 6 vor allem darum gehen, dich beim Abnehmen zu unterstützen.

Mit den Workouts soll dein Kalorienverbrauch erhöht und deine Fettverbrennung angekurbelt werden. Im Fokus stehen drei Übungsformen:

- Ausdauertraining im Fettverbrennungsbereich
- Kraft-Ausdauertraining mit effektiven Kräftigungsübungen
- High-Intensity-Intervalltraining

Wie bereits in Kapitel 1 erläutert, ist der entscheidende Faktor beim Abnehmen eine negative Kalorienbilanz. Sprich: Du musst mehr Energie verbrennen, als du aufnimmst. Deine Ernährung spielt also eine bedeutende Rolle und wird über deinen Abnehmerfolg entscheiden. Ich empfehle dir ein moderates Kaloriendefizit von 200 bis 300 Kilokalorien pro Tag bei einer ausgewogenen und abwechslungsreichen Ernährung. Versuche nicht, gewaltsam mittels Crashdiät in kurzer Zeit Ergebnisse zu erzielen. Diese Strategie hat langfristig gesehen meist keinen Erfolg und

FETTVERBRENNUNG ANKURBELN UND GEWICHT VERLIEREN

Fokus auf Ausdauertraining im Fettverbrennungsbereich, HIIT-Elemente zur Erhöhung des Kalorienverbrauchs und leichte Kräftigungsübungen

wird eher zum bekannten Jo-Jo-Effekt führen. Außerdem brauchst du für das Training entsprechend Energie. Erwarte innerhalb von vier Wochen auch keine Wunder, sondern verstehe die Workouts als Anregung sowie als Startschuss für deinen weiteren Abnehmweg. Da es bei diesem Programm etwas anstrengender wird, solltest du bereits eine gewisse Grundfitness sowie Lauferfahrung besitzen. Ich darf dich nun zu deiner vierwöchigen Trainingsreise begrüßen, bei der du dich auf abwechslungsreiche Workouts mit Fokus auf Ausdauertraining, Kräftigung und High-Intensity-Training freuen darfst. Viel Erfolg und vor allem Spaß dabei!

WOCHE 1

Tag 1: Kardio

Am ersten Tag steigst du mit einem laufbasierten Kardiotraining in das Abnehmprogramm ein. Du benötigst keine Hilfsmittel, lediglich eine Strecke, die dich zum Durchhalten motiviert. Vielleicht suchst du dir einen schönen Waldweg, damit du besonders gute Luft einatmen kannst?

Deine Übungen für heute

- **Mobility/Aktivierung:** Inchworm (Seite 168), Hüftkreisen (Seite 166)
- **Kardio:** Knee-up ohne Erhöhung (Seite 81), Schattenboxen (Seite 88), Jumping Jack (Seite 79)
- **Stretching:** Quadrizeps-Stretch (Seite 179), Rückbeuge (Seite 180), Vorbeuge (Seite 183)

Dein heutiges Training

Wärme dich zehn Minuten lang auf und führe währenddessen zehnmal den Inchworm durch. Erhöhe danach deine Geschwindigkeit auf ein angenehmes Wohlfühltempo im Fettverbrennungs- bis unteren Ausdauerbereich und führe alle fünf Minuten die vorgegebene Übung eine Minute lang durch: Nach Minute 5 und Minute 20 den Knee-up ohne Erhöhung, nach Minute 10 und Minute 25 das Schattenboxen und nach Minute 15 und Minute 30 den Jumping Jack. Achte darauf, dass dein Puls konstant in einem mittleren Pulsbereich bleibt, der dir ermöglicht, das ganze Workout bis zum Schluss souverän und mit voller Körperspannung durchzuführen. Nach der letzten Runde gehst du ins Auslaufen mit Mobility-Übung über und bringst deinen Körper beim anschließenden »Stretch and Relax«-Teil wieder in den Ausgangszustand zurück.

Tag 2: Kräftigung

Heute steht die Kräftigung deiner Muskulatur im Fokus, was einerseits der Körperstraffung dient, andererseits für einen höheren Kalorienverbrauch auch im Ruhezustand führt. Denn: Muskeln erhöhen deinen Grundumsatz! Die Kombination aus Laufen und

Kräftigung eignet sich also perfekt, um besonders gute Trainingserfolge zu erzielen. Du benötigst kein Equipment, kannst jedoch bei Bedarf für den Bodenteil deine Trainingshandschuhe mitnehmen. Den Brustöffner solltest du an einer vertikalen Fläche, wie zum Beispiel einer Wand, durchführen.

Deine Übungen für heute

- **Mobility/Aktivierung:** Beinschwingen (Seite 158), Handkreisen (Seite 164)
- **Kräftigung:** Squat (Seite 104), Plank (Seite 144), Lunge (Seite 108), Table Top to Reverse Pike (Seite 152)
- **Stretching:** Brustöffner (Seite 172), Hintere Linie (Seite 177), Couch-Stretch (Seite 174)

Dein heutiges Training

Starte dein Training, indem du dich locker einläufst und gegen Ende das Beinschwingen durchführst. Erhöhe das Tempo und komme in den Slow Run, dessen Geschwindigkeit du 20 Minuten lang beibehältst und der dich zu deiner Trainingslocation führt. Da du für die Übungen keine Hilfsmittel benötigst, kann dies überall sein, wo du Platz und einen planen Untergrund vorfindest.

Führe die vier Übungen jeweils eine Minute und insgesamt drei Runden lang konzentriert und mit bewusster Anspannung deiner Muskulatur durch – wähle die Übungsgeschwindigkeit entsprechend.

Gehe am Ende der Übungen wieder in einen lockeren Lauf über. Vielleicht kannst du jetzt deutlicher spüren, wie deine Muskulatur beim Laufen arbeitet? Belohne dich für dein Training mit dem Auslaufen, kreise und knete deine Hände ausgiebig und genieße dann beim Stretching das angenehme Gefühl, deine Muskulatur nach getaner Arbeit wieder sanft in die Länge zu ziehen.

Tag 3: HIIT

High-Intensity-Intervalltraining – insbesondere Tabata – ist eine sehr effektive Möglichkeit, um in kurzer Zeit viele Kalorien zu verbrennen. Das Gute an dieser Art des Trainings ist, dass der Grundumsatz auch danach noch einige Zeit deutlich erhöht bleibt. Mache dir diese Vorteile bewusst, solltest du heute an deine Grenzen kommen. Und denke immer an das großartige Gefühl, wenn du es geschafft hast. Für die Bodenteile kannst du deine Trainingshandschuhe einpacken, und da es etwas anstrengender wird, führe auch gern etwas zu trinken mit!

Deine Übungen für heute

- **Mobility/Aktivierung:** Lunge Walk (Seite 113), Fußkreisen (Seite 163)
- **Kardio:** High Knees (Seite 80), Mountain Climber (Seite 84)
- **Stretching:** Hamstring-Stretch (Seite 176), Piriformis-Stretch (Seite 178), Runner's Lunge (Seite 181)

ABNEHMEN – WOCHE 1			
	Tag 1: Kardio	**Tag 2: Kräftigung**	**Tag 3: HIIT**
Terrain	Variabel	Variabel	Variabel
Equipment	Handschuhe bei Bedarf	Handschuhe bei Bedarf	Handschuhe bei Bedarf
Hilfsmittel	Keins	Vertikale Fläche	Keins
Warm-up	■ Einlaufen (10 Min.) ■ Inchworm (10 ×)	■ Einlaufen (5–10 Min.) ■ Beinschwingen	■ Einlaufen (5–10 Min.) ■ Lunge Walk (1 Min.)
Workout	■ Slow Run (30 Min.) ■ Alle 5 Min. 1 Min./Übung: **1. und 4. Runde:** Knee-up ohne Erhöhung (30 Sek./Seite) **2. und 5. Runde:** Schattenboxen **3. und 6. Runde:** Jumping Jack	■ Slow Run (20 Min.) ■ Workout: 3 Runden, Zirkel, 1 Min./Übung: 1. Squat 2. Plank 3. Lunge 4. Table Top to Reverse Pike ■ Slow Run (20 Min.)	■ Slow Run (40 Min.) ■ Alle 10 Min. Tabata 20/10 Sek., 4 Runden/Übung: 1. High Knees 2. Mountain Climber
Workout-Dauer	**36 Minuten**	**52 Minuten**	**56 Minuten**
Cool-down	■ Auslaufen (10 Min.) ■ Hüftkreisen	■ Auslaufen (5–10 Min.) ■ Handkreisen	■ Auslaufen (5–10 Min.) ■ Fußkreisen
Stretch and Relax	■ Quadrizeps-Stretch ■ Rückbeuge ■ Vorbeuge	■ Brustöffner ■ Hintere Linie ■ Couch-Stretch	■ Hamstring-Stretch ■ Piriformis-Stretch ■ Runner's Lunge
	Final Rest		

Dein heutiges Training

Laufe dich fünf bis zehn Minuten warm und führe zum Schluss den Lunge Walk durch, um deine Muskulatur zu aktivieren und deine Hüfte zu öffnen. Starte danach deinen 40-Minuten-Lauf im Wohlfühltempo.

Alle zehn Minuten wartet ein knackiges Tabata-Workout auf dich, bei dem du jede Übung viermal für 20 Sekunden durchführst und dazwischen zehn Sekunden Pause einhältst. Du benötigst also insgesamt zwei Minuten für jede Übung – dann wechselst du zur nächsten. Nach vier Minuten hast du die erste Tabata-Runde geschafft und gehst zurück in dein lockeres Lauftempo. Insgesamt stehen vier Tabata-Sessions an – nach der letzten Einheit kannst du ins Auslaufen übergehen. Das Stretching und den Final Rest wirst du nach dieser Einheit besonders genießen.

WOCHE 2

Tag 1: Kardio

Das Training bleibt analog zu letzter Woche, allerdings führst du nun alle fünf Minuten zwei Übungen hintereinander durch, unterbrichst also deinen Lauf für jeweils zwei Minuten. Wieder gilt es, während des gesamten Trainings einen möglichst konstanten Puls im oberen Fettverbrennungs- bis unteren Ausdauerbereich beizubehalten.

Deine Übungen für heute

- **Mobility/Aktivierung:** Inchworm (Seite 168), Hüftkreisen (Seite 166)
- **Kardio:** Knee-up ohne Erhöhung (Seite 81), Schattenboxen (Seite 88)
- **Stretching:** Quadrizeps-Stretch (Seite 179), Rückbeuge (Seite 180), Vorbeuge (Seite 183)

Dein heutiges Training

Laufe dich locker ein und führe währenddessen den Inchworm durch – dieses Mal für zwei Runden je zehn Wiederholungen. Starte danach deinen lockeren Lauf, den du alle fünf Minuten für die Kardioübungen unterbrichst. Achte neben deiner Körperspannung auf deine Atmung sowie einen gleichmäßigen Übungsfluss. Gehe nach der letzten Übungsabfolge ins Auslaufen über und leite Cool-down und Stretching ein.

Tag 2: Kräftigung

Die Grundstruktur des heutigen Trainings bleibt wie in der vorigen Woche, jedoch erwarten dich vier neue Kräftigungsübungen, die mit Fokus auf Bein-, Gesäß- und Bauchmuskulatur deinen ganzen Körper trainieren werden. Zudem kannst du dich auf einen schnellen Lauf am Ende des Trainings freuen. Auch heute benötigst du kein Equipment und keine Hilfsmittel für das Workout, lediglich eine vertikale Fläche für den Stretching-Teil und bei Bedarf Trainingshandschuhe.

ABNEHMEN – WOCHE 2			
	Tag 1: Kardio	**Tag 2: Kräftigung**	**Tag 3: HIIT**
Terrain	Variabel	Variabel	Variabel
Equipment	Handschuhe bei Bedarf	Handschuhe bei Bedarf	Handschuhe bei Bedarf
Hilfsmittel	Keins	Vertikale Fläche	Treppe
Warm-up	■ Einlaufen (10 Min.) ■ Inchworm (2 × 10 Wdh.)	■ Einlaufen (5–10 Min.) ■ Beinschwingen zur Seite	■ Einlaufen (5–10 Min.) ■ Lunge Walk (2 × 1 Min.)
Workout	■ Slow Run (30 Min.) ■ Alle 5 Min. 1 Min./Übung: 1. Knee-up ohne Erhöhung (30 Sek./Seite) 2. Schattenboxen	■ Slow Run (20 Min.) ■ Workout: 3 Runden, Zirkel, 1 Min./Übung: 1. Squat Side Leg Lift 2. Upward Dog Knee-to-Chest 3. Cross Lunge 4. Reverse Plank mit Beinheben ■ Slow Run (15 Min.) ■ Fast Run (5 Min.)	■ Slow Run (20 Min.) ■ Workout: 4 Runden, HIIT, 30/30 Sek.: 1. Stair Run 2. Knee-up rechts 3. Knee-up links 4. Mountain Climber ■ Slow Run (20 Min.)
Workout-Dauer	**42 Minuten**	**52 Minuten**	**56 Minuten**
Cool-down	■ Auslaufen (10 Min.) ■ Hüftkreisen	■ Auslaufen (5–10 Min.) ■ Handkreisen	■ Auslaufen (5–10 Min.) ■ Fußkreisen
Stretch and Relax	■ Quadrizeps-Stretch ■ Rückbeuge ■ Vorbeuge	■ Brustöffner ■ Hintere Linie ■ Couch-Stretch	■ Waden-Stretch ■ Piriformis-Stretch ■ Runner's Lunge
	Final Rest		

Deine Übungen für heute

- **Mobility/Aktivierung:** Beinschwingen zur Seite (Seite 160), Handkreisen (Seite 164)
- **Kräftigung:** Squat Side Leg Lift (Seite 106), Upward Dog Knee-to-Chest (Seite 153), Cross Lunge (Seite 110), Reverse Plank mit Beinheben (Seite 125)
- **Stretching:** Brustöffner (Seite 172), Hintere Linie (Seite 177), Couch-Stretch (Seite 174)

Dein heutiges Training

Wärme dich auf und komme danach in den Slow Run, den du nach 20 Minuten beendest. Führe nun die vier Übungen jeweils eine Minute lang ohne Pause hintereinander durch. Nach insgesamt zwölf Minuten hast du den Kräftigungsteil beendet und kannst dich wieder auf den Rückweg machen. Laufe 15 Minuten im langsamen Tempo und erhöhe dann deine Pace für fünf Minuten auf ein schnelles Lauftempo. Danach kannst du zum Auslaufen übergehen. Genieße den Stretching-Teil und verwöhne heute deine Muskeln nach Möglichkeit mit einer kleinen Faszienmassage oder indem du sie nach dem Training mit den Fingern gut durchknetest.

Tag 3: HIIT

Beim heutigen High-Intensity-Intervalltraining darfst du dich bei verschiedenen Übungen an einer Treppe austoben. Diese sollte sich in Laufnähe befinden und so viele Treppenstufen besitzen, dass du etwa 30 Sekunden lang nach oben sprinten kannst.

Deine Übungen für heute

- **Mobility/Aktivierung:** Lunge Walk (Seite 113), Fußkreisen (Seite 163)
- **Kardio:** Stair Run (Seite 87), Knee-up (Seite 81), Mountain Climber (Seite 84)
- **Stretching:** Waden-Stretch (Seite 184), Piriformis-Stretch (Seite 178), Runner's Lunge (Seite 181)

Dein heutiges Training

Nach dem Einlaufen und dem 20-minütigen Slow Run erreichst du deine Trainingstreppe. Dort erwartet dich das High-Intensity-Intervalltraining mit jeweils 30 Sekunden Anstrengung und 30 Sekunden Erholung. Nutze beim Stair Run das Hinablaufen als Pause und führe anschließend die Knee-ups mit Erhöhung, zum Beispiel durch das Nutzen zweier Treppenstufen, durch. Beim Mountain Climber kannst du die Hände auf einer Treppenstufe ablegen. Führe die Übungen in einer hohen Intensität durch, aber so, dass du das Training bis zum Ende kontrollieren kannst.

Gehe nach der letzten Runde wieder ins lockere Laufen über. Nach dieser intensiven Einheit darfst du deine Füße kreisend mobilisieren und die abschließenden Dehnübungen in vollen Zügen genießen. Herzlichen Glückwunsch – du hast bereits die zweite Trainingswoche geschafft!

WOCHE 3

Tag 1: Kardio

Am heutigen Kardiotag wird die Laufstrecke erweitert und die Intensität der Kardioübungen erhöht, indem das Schattenboxen durch den Jumping Jack ersetzt wird. Umso wichtiger ist, dass du dir deine Energie einteilst und dich während des Workouts auf deiner Gefühlsskala (siehe ab Seite 52) zwischen den Gefühlswerten 4 bis 7 bewegst.

Deine Übungen für heute

- **Mobility/Aktivierung:** Hüftrotation (Seite 165), Cat-Cow (Seite 161)
- **Kardio:** Knee-up ohne Erhöhung (Seite 81), Jumping Jack (Seite 79)
- **Stretching:** Quadrizeps-Stretch (Seite 179), Rückbeuge (Seite 180), Vorbeuge (Seite 183)

Dein heutiges Training

Laufe dich gut ein und rotiere deine Hüfte ausgiebig, bevor du in ein moderates Lauftempo übergehst, das du 40 Minuten lang beibehältst. Führe alle fünf Minuten jeweils eine Minute lang die beiden Kardioübungen durch und achte dabei auf fließende Übergänge sowie eine bewusste Atmung.

Nach der letzten Runde drosselst du das Tempo und fährst deinen Körper langsam wieder herunter, bevor du mit der Cat-Cow-Übung deine Lendenwirbelsäule lockerst und mit dem Stretching-Teil deine Körperstrukturen sanft in die Länge ziehst.

Tag 2: Kräftigung

Heute erwarten dich vier Kräftigungsübungen, die insbesondere deine Beine und deine Bauch- und Rumpfmuskulatur zum Brennen bringen werden. Aber Achtung: Am Ende des Workouts hast du zehn schnelle Laufminuten vor dir – also teile deine Kraft gut ein! Für den Bodenteil kannst du deine Trainingshandschuhe einpacken, ansonsten benötigst du kein Equipment, außer zum Ende eine vertikale Fläche, an der du den Brustöffner durchführen kannst.

Deine Übungen für heute

- **Mobility/Aktivierung:** Oberkörperrotation (Seite 170), wechselseitiges Armschwingen (Seite 157)
- **Kräftigung:** Squat Walk (Seite 107), Plank (Seite 144), Lunge Walk (Seite 113), Side Plank Dip (Seite 149)
- **Stretching:** Brustöffner (Seite 172), Hintere Linie (Seite 177), Couch-Stretch (Seite 174)

Dein heutiges Training

Wärme dich fünf bis zehn Minuten auf und gehe dann in ein lockeres Lauftempo über. Nach 20 Minuten startest du mit deinem heutigen Workout, bei dem du die vier Übungen drei Runden lang hintereinander ohne Pause durchführst. Achte auf eine gute Körperspannung sowie eine korrekte Ausführung. Nach der letzten Runde gehst du ins lockere Laufen über. Nach zehn Minuten erhöhst du die Geschwindigkeit und führst die letzten zehn Minuten in einem schnellen Tempo durch, bevor du deinen Körper mit Cool-down und Stretching wieder zur Ruhe bringst. Eventuell führst du die Stretching-Übungen in Ruhe zu Hause durch und beschließt dein Training mit einer Faszienmassage für deine Beinmuskulatur.

Tag 3: HIIT

Heute wirst du dich beim High-Intensity-Intervalltraining in Tabata-Form noch einmal kurz und knackig belasten. Die beiden Übungen von Woche 1 werden um eine weitere ergänzt: den Burpee. Dies ist eine sehr intensive Übung, daher denke daran, dass du ihn jederzeit ohne Springen oder in einem langsamen Tempo durchführen kannst. Teste deine Grenzen aus – aber so, dass es Spaß macht und du das Training bis zum Schluss kontrolliert durchführen kannst. Bist du bereit für die Herausforderung? Dann lege los!

Deine Übungen für heute

- **Mobility/Aktivierung:** Squat Walk (Seite 107), Duck Walk (Seite 162)
- **Kardio:** High Knees (Seite 80), Mountain Climber (Seite 84), Burpee (Seite 82)
- **Stretching:** Hamstring-Stretch (Seite 176), Piriformis-Stretch (Seite 178), Runner's Lunge (Seite 181)

Dein heutiges Training

Wärme dich vor dem heutigen Training ausgiebig auf und führe einmal den Squat Walk durch, bevor du ins lockere Lauftempo übergehst. Wähle dieses so, dass du genügend »Luft« für den Tabata-Teil hast, den du alle zehn Minuten durchführst. Gib 20 Sekunden lang alles, aber denke daran, dass die Ausführung Vorrang vor der Geschwindigkeit hat. Führe jede Übung viermal durch, bevor du zur nächsten übergehst, und teile deine Kraft gut ein, damit du das Workout bis zum Ende souverän meistern kannst.

Nach der letzten Runde gehst du ins Auslaufen über. Wie fühlt sich dieses nach der vorherigen Anstrengung an? Kommst du noch problemlos in den Duck Walk? Belohne dich mit einer ausgiebigen Stretching-Einheit und sage deinem Körper einmal Danke für all das, was er für dich leistet.

WOCHE 4

Tag 1: Kardio

Heute startest du bereits in deine vierte Trainingswoche. Vielleicht hast du schon ein paar körperliche Veränderungen an dir bemerkt? Fühlt sich dein Körper kräf-

ABNEHMEN – WOCHE 3			
	Tag 1: Kardio	Tag 2: Kräftigung	Tag 3: HIIT
Terrain	Variabel	Variabel	Variabel
Equipment	Keins	Handschuhe bei Bedarf	Handschuhe bei Bedarf
Hilfsmittel	Keins	Vertikale Fläche	Keins
Warm-up	▪ Einlaufen (5–10 Min.) ▪ Hüftrotation	▪ Einlaufen (5–10 Min.) ▪ Oberkörperrotation	▪ Einlaufen (5–10 Min.) ▪ Squat Walk (1 Min.)
Workout	▪ Slow Run (40 Min.) ▪ Alle 5 Min. 1 Min./Übung: 1. Knee-up ohne Erhöhung (30 Sek./Seite) 2. Jumping Jack	▪ Slow Run (20 Min.) ▪ Workout: 3 Runden, Zirkel, 1 Min./Übung: 1. Squat Walk 2. Plank 3. Lunge Walk 4. Side Plank Dip (30 Sek./Seite) ▪ Slow Run (10 Min.) ▪ Fast Run (10 Min.)	▪ Slow Run (40 Min.) ▪ Alle 10 Min. Tabata, 20/10 Sek., 4 Runden/Übung: 1. High Knees 2. Mountain Climber 3. Burpee
Workout-Dauer	**56 Minuten**	**52 Minuten**	**64 Minuten**
Cool-down	▪ Auslaufen (5–10 Min.) ▪ Cat-Cow	▪ Auslaufen (5–10 Min.) ▪ Wechselseitiges Armschwingen	▪ Auslaufen (5–10 Min.) ▪ Duck Walk (1 Min.)
Stretch and Relax	▪ Quadrizeps-Stretch ▪ Rückbeuge ▪ Vorbeuge	▪ Brustöffner ▪ Hintere Linie ▪ Couch-Stretch	▪ Hamstring-Stretch ▪ Piriformis-Stretch ▪ Runner's Lunge
	Final Rest		

tiger und vielleicht ein wenig straffer an? Hat sich deine Körperspannung verändert? Falls nicht: keine Sorge – du hast noch eine Woche. Diese startest du heute mit dem finalen Kardiotag, an dem alle drei Übungen der vorherigen Wochen zusammengeführt und während des 40-Minuten-Laufs hintereinander durchgeführt werden. Freue dich auf diese kurzweilige Einheit, in der du bei einem konstanten, mittleren Puls etwas über eine Stunde lang deine Ausdauer trainieren und deine Fettverbrennung ankurbeln wirst.

Deine Übungen für heute

- **Mobility/Aktivierung:** Hüftrotation (Seite 165), Cat-Cow (Seite 161)
- **Kardio:** Knee-up ohne Erhöhung (Seite 81), Jumping Jack (Seite 79), Schattenboxen (Seite 88)
- **Stretching:** Quadrizeps-Stretch (Seite 179), Rückbeuge (Seite 180), Vorbeuge (Seite 183)

Dein heutiges Training

Wärme dich fünf bis zehn Minuten lang auf und führe die Hüftrotation durch, bevor du mit deinem langsamen Lauf startest. Unterbrich diesen alle fünf Minuten für jeweils drei Minuten, in denen du die drei Kardioübungen nacheinander ohne Pause durchführst und anschließend zurück in deinen Laufrhythmus findest. Achte auf ein gleichmäßiges Training und auf einen mittleren Pulsbereich über die gesamte Trainingsdauer. Nach Auslaufen, Mobility-Übung und Stretching-Teil hast du den heutigen Trainingstag abgeschlossen. Du kannst stolz auf dich sein!

Tag 2: Kräftigung

Bist du bereit, heute noch einmal an deiner Körperkraft zu arbeiten? Prima! Beim heutigen Workout erwarten dich zwei neue und zwei bekannte Übungen, wobei du beim Squat Jump nicht nur deine Bein-, sondern auch deine Sprungkraft unter Beweis stellen darfst. Aber Achtung: Teile dir deine Kraft gut ein, damit du beim abschließenden Lauf 15 Minuten lang Gas geben kannst!

Deine Übungen für heute

- **Mobility/Aktivierung:** Oberkörperrotation (Seite 170), wechselseitiges Armschwingen (Seite 157)
- **Kräftigung:** Squat Jump (Seite 94), Upward Dog Knee-to-Chest (Seite 153), Lunge to Knee-up (Seite 111), Reverse Plank mit Beinheben (Seite 125)
- **Stretching:** Brustöffner (Seite 172), Hintere Linie (Seite 177), Couch-Stretch (Seite 174)

Dein heutiges Training

Wärme dich fünf bis zehn Minuten lang auf und führe die Oberkörperrotation durch. Erhöhe danach auf ein lockeres Lauftempo, das du 20 Minuten lang beibehältst.

Führe danach die vorgegebenen vier Übungen jeweils eine Minute lang durch – beim Lunge to Knee-up wechselst du nach 30 Sekunden das Bein. Achte auf eine saubere Ausführung, ausreichend Körperspannung und insbesondere beim Squat Jump darauf, dass du dir deine Energie gut einteilst. Nach insgesamt drei Runden ist der Workout-Teil beendet und du gehst ins Laufen über, das

ABNEHMEN – WOCHE 4			
	Tag 1: Kardio	**Tag 2: Kräftigung**	**Tag 3: HIIT**
Terrain	Variabel	Variabel	Variabel
Equipment	Keins	Handschuhe bei Bedarf	Handschuhe bei Bedarf
Hilfsmittel	Keins	Vertikale Fläche	Treppe
Warm-up	■ Einlaufen (5–10 Min.) ■ Hüftrotation	■ Einlaufen (5–10 Min.) ■ Oberkörperrotation	■ Einlaufen (5–10 Min.) ■ Squat Walk (2 × 1 Min.)
Workout	■ Slow Run (40 Min.) ■ Alle 5 Min. 1 Min./Übung: 1. Knee-up ohne Erhöhung (30 Sek./Seite) 2. Jumping Jack 3. Schattenboxen	■ Slow Run (20 Min.) ■ Workout: 3 Runden, Zirkel, 1 Min./Übung: 1. Squat Jump 2. Upward Dog Knee-to-Chest 3. Lunge to Knee-up (30 Sek./Seite) 4. Reverse Plank mit Beinheben ■ Slow Run (5 Min.) ■ Fast Run (15 Min.)	■ Slow Run (20 Min.) ■ Workout: 4 Runden HIIT, 40/20 Sek.: 1. Stair Run 2. Knee-up rechts 3. Knee-up links 4. Mountain Climber ■ Fartlek (20 Min.)
Workout-Dauer	**64 Minuten**	**52 Minuten**	**56 Minuten**
Cool-down	■ Auslaufen (5–10 Min.) ■ Cat-Cow	■ Auslaufen (5–10 Min.) ■ Wechselseitiges Armschwingen	■ Auslaufen (5–10 Min.) ■ Duck Walk (1 Min.)
Stretch and Relax	■ Quadrizeps-Stretch ■ Rückbeuge ■ Vorbeuge	■ Brustöffner ■ Hintere Linie ■ Couch-Stretch	■ Waden-Stretch ■ Piriformis-Stretch ■ Runner's Lunge
	Final Rest		

du fünf Minuten in einem lockeren Tempo absolvierst, um danach die Geschwindigkeit für 15 Minuten zu erhöhen. Bedenke, dass das kein Sprint sein soll, sondern ein zügiges, kontrolliertes Laufen! Drossle danach das Tempo deutlich und bringe dich mit Cool-down, Stretching und Final Rest wieder zurück in den Ruhezustand. Diesen Teil des Trainings wirst du nach der heutigen anstrengenderen Einheit besonders genießen.

Tag 3: HIIT

Ich hoffe, du hast dich während deiner Pausentage mit aktiver oder passiver Regeneration gut erholt, um deine letzte Trainingseinheit voller Energie starten zu können. Heute wiederholst du das Treppentraining von vor zwei Wochen, erhöhst jedoch die Intensität. Du benötigst dieses Mal genügend Treppenstufen für etwa 40 Sekunden Treppensprint. Falls sich keine so lange Treppe in deiner Laufnähe befindet, kannst du während des Belastungsteils auch nach oben und unten laufen. Beim abschließenden Fartlek-Run kannst du testen, wie viel Kraft noch in deinen Beinen steckt.

Deine Übungen für heute

- **Mobility/Aktivierung:** Squat Walk (Seite 107), Duck Walk (Seite 162)
- **Kardio:** Stair Run (Seite 87), Knee-up (Seite 81), Mountain Climber (Seite 84)
- **Stretching:** Waden-Stretch (Seite 184), Piriformis-Stretch (Seite 178), Runner's Lunge (Seite 181)

Dein heutiges Training

Wärme dich in einem langsamen Lauf- beziehungsweise Trabtempo auf und führe währenddessen zweimal für eine Minute den Squat Walk durch, um deine Muskulatur zu aktivieren. Gehe danach ins lockere Lauftempo über, das du nach 20 Minuten an deiner Trainingstreppe beendest. Führe dort die vier Übungen 40 Sekunden lang durch und nutze die 20 Sekunden Pause, um dich bestmöglich zwischen den Belastungen zu erholen. Nach vier Runden hast du dein Treppentraining geschafft und kannst beim abschließenden Fartlek-Lauf spielerisch und spontan entscheiden, wie intensiv und wie lange du dich belasten möchtest.

Drossle nach 20 Minuten deutlich das Tempo und starte dein Cool-down. Beim Duck Walk ist noch einmal deine Koordination und Mobilität gefragt. Danach kannst du dich beim Dehnen und Final Rest komplett entspannen.

Lass die letzten vier Wochen Revue passieren: Hast du Veränderungen an deinem Körper bemerkt? Hat sich dein Training auch auf deinen sonstigen Lebensstil ausgewirkt? Konntest du schon kleine Veränderungen auf der Waage – oder besser noch im Spiegel – verzeichnen? Ich hoffe von Herzen, dass dir das Training Spaß gemacht hat und dich auf deinem Weg zu deinem Körperziel unterstützen konnte. Um deinem Ziel noch etwas näher zu kommen, mache am besten – nach einer Woche Regeneration – direkt mit dem Körperstraffungsprogramm weiter.

PROGRAMM 7: KÖRPERSTRAFFUNG

Ziel:	Körper festigen und straffen
Level:	4–5
Wochen:	4
Tage/Woche:	3
Voraussetzung:	40 Minuten am Stück laufen, mittlere bis gute Fitness

Vielleicht hast du bereits das Abnehmprogramm absolviert und möchtest nun an deiner Körperdefinition arbeiten – oder du hast dich direkt für dieses Programm entschieden. In beiden Fällen kannst du dich auf vier Wochen voller Laufeinheiten mit körperstraffenden Übungen freuen. Dieses Programm lässt den klassischen Bauch-Beine-Po-Kurs wiederaufleben – und hebt ihn als Outdoorworkout auf ein neues Level. Trainiert werden die klassischen »Problemzonen« an Bauch, Beinen und Po. Aber auch für Trizeps, Schultern und Rücken ist etwas dabei. Kombiniert wird das Ganze mit Lauf- und Kardioeinheiten, sodass du nicht nur deine Muskeln spüren, sondern auch ordentlich ins Schwitzen kommen wirst. Es erwarten dich abwechslungsreiche Workouts für den ganzen Körper, wobei sich das Intensitätslevel im Laufe der Wochen steigern wird. Einen Grundstock an Sportlichkeit solltest du für dieses Programm mitbringen und mindestens 40 Minuten am Stück laufen können. Und nun schnappe dir dein Fitnessband und verabrede dich vier Wochen lang dreimal die Woche zu einem Kurs mit dir selbst. Freue dich darauf, Muskeln zu spüren, die du bislang vielleicht noch nicht kanntest, und sei gespannt auf ein abwechslungsreiches Training im schönsten Fitnessstudio der Welt: der Natur.

FÜR ALLE, DIE FÜR EINEN STRAFFEN UND FESTEN KÖRPER TRAINIEREN

Kräftigungs- und Kraftausdauerübungen für den ganzen Körper, mit Fokus auf den »Klassikern« Bauch, Beine und Po

WOCHE 1

Tag 1: Beine und Körperspannung

An deinem ersten Trainingstag erwartet dich ein Mix aus Beintraining und Ganzkörperspannungsübungen, eingebettet in einen 30-Minuten-Lauf. Packe bei Bedarf deine Trainingshandschuhe für die Bodenübungen ein – ansonsten benötigst du kein Equipment.

Deine Übungen für heute

- **Mobility/Aktivierung:** Inchworm (Seite 168), Handkreisen (Seite 164)
- **Kräftigung:** Squat (Seite 104), Plank (Seite 144), Lunge (Seite 108), Reverse Plank mit Beinheben (Seite 125)
- **Stretching:** Hamstring-Stretch (Seite 176), Runner's Lunge (Seite 181), Vorbeuge (Seite 183)

Dein heutiges Training

Starte deinen ersten Trainingstag mit fünf bis zehn Minuten Einlaufen und führe währenddessen zehnmal den Inchworm durch, um deine hintere Kette zu mobilisieren und deine Core-Muskulatur zu aktivieren. Erhöhe dann langsam deine Geschwindigkeit, bis du in ein angenehmes Wohlfühltempo kommst, das du 30 Minuten beibehältst. Führe alle fünf Minuten die beiden angegebenen Übungen aus: Squat und Plank nach Minute 5, 15 und 25, Lunge und Reverse Plank nach Minute 10, 20 und 30. Führe die Übungen mit voller Konzentration und Körperspannung durch.

Nach der letzten Runde drosselst du dein Lauftempo und gehst zum Auslaufen über. Mobilisiere deine Hände durch Kreisen in alle Richtungen – ziehe gern deine Finger einzeln zu dir her und knete deine Hände und Handgelenke einmal kräftig durch, bevor du beim Stretching-Teil deine Körperstrukturen sanft in die Länge ziehst und dich beim Final Rest komplett entspannst.

Tag 2: Bauch und Po

Heute steht ein solides Workout für deine Bauch- und Gesäßmuskulatur auf dem Plan, das an einer Bank ausgeführt wird. Diese sollte sich in Laufnähe befinden, möglichst eben sein und eine gute Auflagefläche bieten. Packe ein Handtuch zum Unterlegen ein sowie bei Bedarf Handschuhe. Je nach Temperatur könnte es auch sinnvoll sein, etwas zu trinken mitzunehmen.

Deine Übungen für heute

- **Mobility/Aktivierung:** Hüftrotation (Seite 165), Cat-Cow (Seite 161)
- **Kräftigung:** Schwimmer (Seite 128), V-Crunch (Seite 154), Single Leg Hip Thrust (Seite 121), Side Plank Dip (Seite 149)
- **Stretching:** Rückbeuge (Seite 180), Piriformis-Stretch (Seite 178), Quadrizeps-Stretch (Seite 179)

KÖRPERSTRAFFUNG – WOCHE 1			
	Tag 1: Beine und Körperspannung	**Tag 2: Bauch und Po**	**Tag 3: Beine und Rücken**
Terrain	Variabel	Variabel	Variabel
Equipment	Handschuhe bei Bedarf	Handschuhe und Handtuch bei Bedarf	Superband
Hilfsmittel	keins	Bank	keins
Warm-up	■ Einlaufen (5–10 Min.) ■ Inchworm (10 ×)	■ Einlaufen (5–10 Min.) ■ Hüftrotation	■ Einlaufen (5–10 Min.) ■ Armkreisen
Workout	■ Slow Run (30 Min.) ■ Alle 5 Min. 1 Min./Übung **1., 3. und 5. Runde:** Squat und Plank **2., 4. und 6. Runde:** Lunge und Reverse Plank mit Beinheben	■ Slow Run (20 Min.) ■ Workout (Bank): 3 Runden, Zirkel, 1 Min./Übung: **1.** Schwimmer **2.** V-Crunch **3.** Single Leg Hip Thrust **4.** Side Plank Dip (30 Sek./Seite) ■ Slow Run (20 Min.)	■ Slow Run (30 Min.) ■ Alle 5 Min. 1 Min./Übung: **1., 3. und 5. Runde:** Squat Walk und Reverse Fly **2., 4. und 6. Runde:** Side Lunge to Knee-up (30 Sek./Seite) und Rudern
Workout-Dauer	**42 Minuten**	**52 Minuten**	**42 Minuten**
Cool-down	■ Auslaufen (5–10 Min.) ■ Handkreisen	■ Auslaufen (5–10 Min.) ■ Cat-Cow	■ Auslaufen (5–10 Min.) ■ Wechselseitiges Armschwingen
Stretch and Relax	■ Hamstring-Stretch ■ Runner's Lunge ■ Vorbeuge	■ Rückbeuge ■ Piriformis-Stretch ■ Quadrizeps-Stretch	■ Seitbeuge ■ Hintere Linie ■ Couch-Stretch
	Final Rest		

Dein heutiges Training

Starte mit dem Einlaufen und der Hüftrotation, um dich auf dein Training vorzubereiten. Komme dann in ein angenehmes Lauftempo, das du 20 Minuten lang beibehältst, bis du an deiner Trainingsbank angekommen bist. Führe dort die vier Übungen jeweils eine Minute lang ohne nennenswerte Pause hintereinander durch. Nach drei Runden hast du das Workout geschafft und kannst dich laufend auf den Heimweg machen.

Mobilisiere nach dem Auslaufen mit einer fließenden Cat-Cow-Bewegung deine Lendenwirbelsäule, bevor du dich beim Stretching und Final Rest entspannst.

Tag 3: Beine und Rücken

Ein gesunder Rücken ist extrem wichtig für deine Körpergesundheit. Daher darfst du heute dein Superband einpacken und dich auf einen schönen Mix aus Laufen, Ober- und Unterkörpertraining freuen. Probiere die Übungen mit dem Superband vorher aus, damit du die richtige Bandstärke wählst. Du solltest die Übungen jeweils eine Minute lang durchhalten. Es kann sein, dass du für die Übungen unterschiedliche Bandstärken benötigst.

Deine Übungen für heute

- **Mobility/Aktivierung:** Armkreisen (Seite 156), wechselseitiges Armschwingen (Seite 157)
- **Kräftigung:** Squat Walk (Seite 107), Reverse Fly (Seite 137), Side Lunge to Knee-up (Seite 112), Rudern (Seite 138)
- **Stretching:** Seitbeuge (Seite 182), Hintere Linie (Seite 177), Couch-Stretch (Seite 174)

Dein heutiges Training

Laufe dich fünf bis zehn Minuten lang warm und mobilisiere deine Brust- und Schultermuskulatur, indem du das Armkreisen mit dem Superband durchführst. Starte danach deinen 30-Minuten-Lauf im angenehmen Lauftempo, den du alle fünf Minuten für die Übungen unterbrichst: Nach Minute 5, 15 und 25 führst du den Squat Walk und den Reverse Fly hintereinander für jeweils eine Minute durch. Nach Minute 10, 20 und 30 sind der Side Lunge to Knee-up und das Rudern dran. Konzentriere dich voll auf deine Muskulatur und spüre bewusst in dich hinein, um die Körperspannung zu verstärken. Nach der letzten Runde darfst du zum Cool-down und Stretching übergehen. Damit ist deine erste Trainingswoche geschafft – vielleicht möchtest du dich mit einer kleinen Faszienmassage, dem Mobility-Flow oder einer entspannenden Meditation belohnen?

WOCHE 2

Tag 1: Po und Hüfte

Nach dem heutigen Training darfst du dich auf brennende Pomuskeln einstellen, denn heute liegt der Fokus voll auf der Gesäß- beziehungsweise Hüftmuskulatur. Das Miniband ist dafür das perfekte Trainingsgerät. Teste die Übungen zu Hause aus, damit du die richtige Bandstärke wählst und somit voll von deinem Workout profitieren kannst. Für die Beinhebeübungen solltest du dir auf der Strecke eine Möglichkeit zum Festhalten suchen.

Deine Übungen für heute

- **Mobility/Aktivierung:** Beinschwingen (Seite 158), Beinschwingen zur Seite (Seite 160), Hüftkreisen (Seite 166)
- **Kräftigung:** Side Walk (Seite 127), Knieöffner (Seite 124), Beinheben nach hinten (Seite 122), Beinheben zur Seite (Seite 123)
- **Stretching:** Piriformis-Stretch (Seite 178), Seitbeuge überkreuzt (Seite 182), Vorbeuge überkreuzt (Seite 183)

Dein heutiges Training

Nutze die fünf bis zehn Minuten des Warmups, um deinen Körper langsam auf Betriebstemperatur zu bringen. Beim Beinschwingen nach vorn und zur Seite kannst du deine Hüft- und Beinmuskeln lockern sowie den für die nachfolgenden Übungen nötigen Bewegungsradius sicherstellen. Starte danach dein Training, das aus 40 Minuten im lockeren Lauftempo sowie vier Übungen besteht, die du alle zehn Minuten jeweils eine Minute lang hintereinander durchführst. Du benötigst für alle Übungen das Miniband. Um nicht viel Zeit zu verlieren, kannst du dieses während der Laufeinheiten in der Hand mitführen oder zumindest griffbereit halten. Nach der letzten Runde gehst du ins Auslaufen über und kannst die in deiner Gesäß- und Hüftregion aufgebaute Spannung beim Hüftkreisen und bei den Dehnübungen allmählich wieder lösen.

Tag 2: Core-Muskulatur

Der heutige Tag ist ganz deiner Core-Muskulatur gewidmet, sprich: deinen Bauch-, Rumpf-, Gesäß- und unteren Rückenmuskeln. Du wirst heute zwei Superbänder, vermutlich mit unterschiedlichen Stärken, benötigen: ein etwas leichteres für das stehende Rumpfdrehen und ein stärkeres für den Deadlift – aber am besten probierst du die Übungen selbst aus und bestimmst den für dich richtigen Widerstand. Falls du nur ein einziges Superband zur Verfügung hast, kannst du das Workout auch damit durchführen. In diesem Fall musst du allerdings während des Zirkeltrainings die Bandbefestigung lösen. Den Widerstand kannst du mittels Bandlänge entsprechend variieren. Für die Befestigung deines Bands sowie als Auflage eignet sich am besten eine Bank – sie sollte eine Befestigungsmöglichkeit sowie eine plane Auflagefläche bieten. Bei Bedarf kannst du Trainingshandschuhe sowie ein Handtuch mitnehmen.

Deine Übungen für heute

- **Mobility/Aktivierung:** Duck Walk (Seite 162), Oberkörperrotation (Seite 170)

- **Kräftigung:** Stehendes Rumpfdrehen (Seite 150), Deadlift (Seite 120), Scissor Kick (Seite 148), Upward Dog Knee-to-Chest (Seite 153)
- **Stretching:** Rückbeuge (Seite 180), Quadrizeps-Stretch (Seite 179), Runner's Lunge (Seite 181)

Dein heutiges Training

Wärme dich fünf bis zehn Minuten lang auf und führe während dieser Zeit eine Minute lang den Duck Walk durch. Danach gehst du ins angenehme Lauftempo über und genießt dieses 20 Minuten lang.

An deiner Trainingsbank angekommen, befestigst du dein Superband am oberen Teil der Bank oder an einem Laternenpfahl, einem Baum oder Ähnlichem in der Nähe. Wählst du die Bank als Befestigung, wird sich das Band vermutlich etwas unterhalb deiner Schulterhöhe befinden – du ziehst dann beim Rumpfdrehen von leicht schräg unten nach leicht schräg oben. Wenn du eine Befestigung auf Schulterhöhe findest, ziehst du das Band seitlich auf Höhe deiner Schulter. Starte das Zirkeltraining und führe jede Übung bewusst und mit voller Körperspannung eine Minute lang durch, bevor du ohne Pause zur nächsten wechselst. Nach der dritten Runde machst du dich laufend wieder auf den Rückweg: zehn Minuten im langsamen und zehn Minuten im schnellen Lauftempo. Spürst du den Unterschied deiner aktivierten Core-Muskulatur beim Laufen? Nach insgesamt 20 Minuten kannst du mit dem Auslaufen beginnen und bei der Oberkörperrotation deine Brustwirbelsäule mobilisieren, bevor du mit den abschließenden Stretching-Übungen sanft deine Hüfte öffnest.

Tag 3: Beine und Arme

Am dritten Tag der zweiten Trainingswoche wird deine Beinmuskulatur mit zwei koordinativ etwas anspruchsvolleren Übungen gestärkt. Diese wechseln mit zwei Übungen für deine Arm- und Schultermuskulatur ab. Teste vorher aus, ob dir für die Übungen ein Band ausreicht oder ob du unterschiedliche Bandstärken benötigst. Insbesondere die Grundposition der Trizeps-Extension solltest du vorher üben, damit du sie während des Trainings ohne Zeitverlust einnehmen kannst. Für die Brustöffnerdehnung benötigst du eine vertikale Fläche, zum Beispiel eine Wand. Couch-Stretch und Fersensitz führst du am besten barfuß durch. So, das waren genügend Tipps – lege los!

Deine Übungen für heute

- **Mobility/Aktivierung:** Lunge Walk (Seite 113), Windmühle (Seite 171)
- **Kräftigung:** Squat Side Leg Lift (Seite 106), Trizeps-Extension (Seite 141), Lunge to Knee-up (Seite 111), Schulterheben (Seite 139)
- **Stretching:** Brustöffner (Seite 172), Couch-Stretch (Seite 174), Fersensitz (Seite 175)

KÖRPERSTRAFFUNG – WOCHE 2			
	Tag 1: Po und Hüfte	**Tag 2: Core-Muskulatur**	**Tag 3: Beine und Arme**
Terrain	Variabel	Variabel	Variabel
Equipment	Miniband	Superband, Handtuch, Handschuhe bei Bedarf	Superband
Hilfsmittel	Möglichkeit zum Festhalten	Bank	Vertikale Fläche
Warm-up	■ Einlaufen (5–10 Min.) ■ Beinschwingen ■ Beinschwingen zur Seite	■ Einlaufen (5–10 Min.) ■ Duck Walk (1 Min.)	■ Einlaufen (5–10 Min.) ■ Lunge Walk (1 Min.)
Workout	■ Slow Run (40 Min.) ■ Alle 10 Min. 1 Min./Übung: 1. Side Walk 2. Knieöffner 3. Beinheben nach hinten 4. Beinheben zur Seite	■ Slow Run (20 Min.) ■ Workout (Bank): 3 Runden, Zirkel, 1 Min./Übung: 1. Stehendes Rumpfdrehen 2. Deadlift 3. Scissor Kick 4. Upward Dog Knee-to-Chest ■ Slow Run (10 Min.) ■ Fast Run (10 Min.)	■ Slow Run (15 Min.) ■ Fast Run (15 Min.) ■ Alle 5 Min. 1 Min./Übung: 1. Squat Side Leg Lift (30 Sek./Seite) 2. Trizeps-Extension 3. Lunge to Knee-up (30 Sek./Seite) 4. Schulterheben
Workout-Dauer	**56 Minuten**	**52 Minuten**	**54 Minuten**
Cool-down	■ Auslaufen (5–10 Min.) ■ Hüftkreisen	■ Auslaufen (5–10 Min.) ■ Oberkörperrotation	■ Auslaufen (5–10 Min.) ■ Windmühle
Stretch and Relax	■ Piriformis-Stretch ■ Seitbeuge überkreuzt ■ Vorbeuge überkreuzt	■ Rückbeuge ■ Quadrizeps-Stretch ■ Runner's Lunge	■ Brustöffner ■ Couch-Stretch ■ Fersensitz
	Final Rest		

Dein heutiges Training

Laufe dich langsam ein und führe eine Minute lang den Lunge Walk durch, um deine Beinmuskulatur zu aktivieren und deine Hüfte zu öffnen. Starte danach deinen 30-Minuten-Lauf, den du 15 Minuten lang im langsamen und 15 Minuten im schnellen Tempo absolvierst.

Alle fünf Minuten führst du jeweils eine Minute lang die vier Übungen durch, wobei du bei den Beinübungen nach 30 Sekunden die Seite wechselst. Achte bei den Beinübungen auf eine gute Körperkoordination und Ganzkörperspannung – aktiviere auch deine Hüft- und Bauchmuskulatur. Bei den Oberkörperübungen kannst du dich voll auf den Trizeps beziehungsweise deine seitliche Schultermuskulatur konzentrieren. Achte darauf, bei der Anspannung aus- und bei der Entspannung einzuatmen. Nach sechs Runden hast du das heutige Training geschafft und darfst deine zweite Trainingswoche mit Cool-down und Stretching-Teil abschließen.

WOCHE 3

Tag 1: Beine und Körperspannung

Heute wird das Training aus der ersten Woche aufgegriffen und die Intensität erhöht: Die Übungen bleiben gleich, aber das Lauftempo wird schneller. Dich erwarten also wieder die vier aus der ersten Woche bekannten Bein- und Plank-Übungen. Von den insgesamt 30 Minuten wirst du jedoch 15 Minuten im schnellen Tempo absolvieren. Bereit, das Tempo anzuziehen?

Deine Übungen für heute

- **Mobility/Aktivierung:** Inchworm (Seite 168), Handkreisen (Seite 164)
- **Kräftigung:** Squat (Seite 104), Plank (Seite 144), Lunge (Seite 108), Reverse Plank mit Beinheben (Seite 125)
- **Stretching:** Hamstring-Stretch (Seite 176), Runner's Lunge (Seite 181), Vorbeuge (Seite 183)

Dein heutiges Training

Während des Einlaufens führst du zwei Runden jeweils zehnmal den Inchworm durch und kommst dann in ein lockeres Lauftempo, das du 15 Minuten lang beibehältst. Danach erhöhst du auf ein schnelles Lauftempo. Wähle dieses so, dass du die Übungen problemlos ausführen und das Training bis zum Ende kontrolliert absolvieren kannst.

Die Intensität der Übungen bleibt gleich, also kannst du dich voll auf das schnellere Laufen konzentrieren. Nach der letzten Runde gehst du ins Auslaufen über und führst Cool-down und Stretching durch. Achte auf eine ausreichend lange Auslaufphase, um deinen Körper wieder komplett in den Ausgangszustand zu bringen.

KÖRPERSTRAFFUNG – WOCHE 3			
	Tag 1: Beine und Körperspannung	Tag 2: Bauch und Po	Tag 3: Beine und Rücken
Terrain	Keins	Variabel	Variabel
Equipment	Handschuhe bei Bedarf	Handschuhe und Handtuch bei Bedarf	Superband
Hilfsmittel	Keins	Bank	Keins
Warm-up	■ Einlaufen (5–10 Min.) ■ Inchworm (2 × 10 Wdh.)	■ Einlaufen (5–10 Min.) ■ Hüftrotation	■ Einlaufen (5–10 Min.) ■ Armkreisen
Workout	■ Slow Run (15 Min.) ■ Fast Run (15 Min.) ■ Alle 5 Min. 1 Min./Übung: **1., 3. und 5. Runde:** Squat und Plank **2., 4. und 6. Runde:** Lunge und Reverse Plank mit Beinheben	■ Slow Run (20 Min.) ■ Workout (Bank): 4 Runden, Zirkel, 1 Min./Übung: 1. Schwimmer 2. V-Crunch 3. Single Leg Hip Thrust 4. Side Plank Dip (30 Sek./Seite) ■ Slow Run (5 Min.) ■ Fast Run (15 Min.)	■ Fast Run (30 Min.) ■ Alle 5 Min. 1 Min./Übung: **1., 3. und 5. Runde:** Squat Walk und Reverse Fly **2., 4. und 6. Runde:** Side Lunge to Knee-up (30 Sek./Seite) und Rudern
Workout-Dauer	**42 Minuten**	**56 Minuten**	**42 Minuten**
Cool-down	■ Auslaufen (5–10 Min.) ■ Handkreisen	■ Auslaufen (5–10 Min.) ■ Cat-Cow	■ Auslaufen (5–10 Min.) ■ Wechselseitiges Armschwingen
Stretch and Relax	■ Hamstring-Stretch ■ Runner's Lunge ■ Vorbeuge	■ Rückbeuge ■ Piriformis-Stretch ■ Quadrizeps-Stretch	■ Seitbeuge ■ Hintere Linie ■ Couch-Stretch
	Final Rest		

Tag 2: Bauch und Po

Der heutige »Bauch und Po«-Tag besteht wieder aus einem Workout-Teil an der Bank sowie zwei Laufeinheiten mit insgesamt 40 Minuten Länge. Das Workout ist analog der ersten Woche aufgebaut – du kennst die Übungen also bereits und kannst dich voll auf eine perfekte Ausführung konzentrieren. Allerdings erwarten dich statt drei insgesamt vier Übungsrunden. Nach dem Workout an der Bank wartet zudem eine kleine Herausforderung in Form eines schnellen 15-Minuten-Laufs auf dich – also teile dir deine Kraft gut ein, um dein Training souverän abschließen zu können. Handschuhe und ein Handtuch können bei Bedarf mitgeführt werden.

Deine Übungen für heute

- **Mobility/Aktivierung:** Hüftrotation (Seite 165), Cat-Cow (Seite 161)
- **Kräftigung:** Schwimmer (Seite 128), V-Crunch (Seite 154), Single Leg Hip Thrust (Seite 121), Side Plank Dip (Seite 149)
- **Stretching:** Rückbeuge (Seite 180), Piriformis-Stretch (Seite 178), Quadrizeps-Stretch (Seite 179)

Dein heutiges Training

Starte mit dem lockeren Einlaufen und der Hüftmobilisation, um dich optimal auf dein Training vorzubereiten. Schließe 20 Minuten Laufen im Wohlfühltempo an, nach denen du an deiner Trainingsbank ankommst. Führe dort die vier Bauch- und Poübungen bewusst und ohne Hektik nacheinander durch. Aktiviere deine Muskulatur von innen heraus und atme gleichmäßig. Nach vier Runden hast du es geschafft. Für den »Homerun« erhöhst du nach fünf Minuten dein Lauftempo und behältst dieses 15 Minuten lang bei, bevor du ins Auslaufen übergehst. Fühlt sich das Auslaufen nicht sehr viel lockerer an als das Einlaufen? Dann genieße nun in vollen Zügen deine Dehnübungen sowie das gute Gefühl nach dem Training.

Tag 3: Beine und Rücken

Beintraining, Rückentraining und schnelles Laufen – so lässt sich das heutige Training zusammenfassen. Vor zwei Wochen konntest du das Training bereits im lockeren Lauftempo testen – heute wird die Geschwindigkeit erhöht. Auch wenn du eine Steigerung spüren solltest: Wähle das Tempo mit Bedacht und bedenke, dass du es 30 Minuten lang aufrechterhalten solltest. Schaue dir dazu gern noch einmal die Gefühlsskala auf Seite 53 an. Die Bandstärke hast du bereits ausgetestet. Entscheide, ob du sie diese Woche beibehältst oder eine leichtere beziehungsweise stärkere wählst.

Deine Übungen für heute

- **Mobility/Aktivierung:** Armkreisen (Seite 156), Wechselseitiges Armschwingen (Seite 157)

- **Kräftigung:** Squat Walk (Seite 107), Reverse Fly (Seite 137), Side Lunge to Knee-up (Seite 112), Rudern (Seite 138)
- **Stretching:** Seitbeuge (Seite 182), Hintere Linie (Seite 177), Couch-Stretch (Seite 174)

Dein heutiges Training

Starte mit dem fünf- bis zehnminütigen Einlaufen und mobilisiere deine Schultern beim Armkreisen mit dem Superband, bevor du mit dem schnellen Lauf startest. Unterbrich das Laufen alle fünf Minuten für zwei Minuten, um die beiden Übungen hintereinander durchzuführen. Nutze diese Zeit als Kardiopause, versuche also, während der Übungen deinen Puls nach unten zu bekommen – achte dazu auf eine gleichmäßige, möglichst ruhige Atmung.

Nach insgesamt 42 Trainingsminuten hast du dein heutiges Workout geschafft! Belohne dich mit dem entspannten Auslaufen, lockere deine Arme und Schultern beim Armschwingen und lass beim Stretching-Teil und dem anschließenden Final Rest das Training der Woche Revue passieren.

WOCHE 4

Tag 1: Po und Hüfte

Bist du bereit, deine Gesäßmuskeln noch einmal so richtig zum Brennen zu bringen? Heute hast du die Gelegenheit dazu! Je nachdem, wie dein Muskelkater vor zwei Wochen ausgefallen ist, kannst du deine Bandstärke für diese Woche bestimmen. Bedenke dabei, dass die Hälfte der 40 Laufminuten in einem schnellen Tempo absolviert werden.

Deine Übungen für heute

- **Mobility/Aktivierung:** Beinschwingen (Seite 158), Beinschwingen zur Seite (Seite 160), Hüftkreisen (Seite 166)
- **Kräftigung:** Side Walk (Seite 127), Knieöffner (Seite 124), Beinheben nach hinten (Seite 122), Beinheben zur Seite (Seite 123)
- **Stretching:** Piriformis-Stretch (Seite 178), Seitbeuge überkreuzt (Seite 182), Vorbeuge überkreuzt (Seite 183)

Dein heutiges Training

Wärme dich fünf bis zehn Minuten gut auf und mobilisiere deine Hüfte, bevor du dein Training startest. Wie vor zwei Wochen erwarten dich auch heute 40 Laufminuten, die du alle zehn Minuten für die vier Übungen unterbrichst. Allerdings erhöhst du nach der Hälfte der Zeit dein Lauftempo. Versuche, die durch die Übungen aufgebaute Körperspannung in einen besseren Vortrieb beim Laufen umzusetzen und deine Lauftechnik durch die aktivierte Gesäß- und Hüftmuskulatur zu verbessern. Drossele dein Tempo nach der letzten Trainingseinheit deutlich. Nimm dir genügend Zeit für Cool-down und Stretching, um deinen Körper sukzessive wieder in den Ausgangszustand zurückzubringen. Vielleicht möchtest du ihm heute einmal Danke sagen für das, was er täglich leistet?

Tag 2: Core-Muskulatur

Du weißt ja: Eine gut trainierte Körpermitte ist nicht nur aus ästhetischen Gründen erstrebenswert, sondern hat auch einen wichtigen gesundheitlichen Aspekt. Daher konzentrierst du dich heute noch einmal voll auf deinen Core, wozu neben der Bauch- auch die Hüft-, Gesäß- und untere Rückenmuskulatur zählt. Die beiden für die Übungen benötigten Bandstärken hast du bereits vor zwei Wochen ermittelt. Behalte sie bei oder passe sie an, sodass du auch heute voll von deinem Training profitieren kannst.

Deine Übungen für heute

- **Mobility/Aktivierung:** Duck Walk (Seite 162), Oberkörperrotation (Seite 170)
- **Kräftigung:** Stehendes Rumpfdrehen (Seite 150), Deadlift (Seite 120), Scissor Kick (Seite 148), Upward Dog Knee-to-Chest (Seite 153)
- **Stretching:** Rückbeuge (Seite 180), Quadrizeps-Stretch (Seite 179), Runner's Lunge (Seite 181)

Dein heutiges Training

Führe während des fünf- bis zehnminütigen Einlaufens zweimal für eine Minute den Duck Walk durch. Konzentriere dich dabei auf das saubere Abrollen deiner Füße und die Hüftöffnung. Erhöhe danach dein Lauftempo und starte dein Training.

Nach 20 Minuten im angenehmen Lauftempo erreichst du deine Trainingsbank. Befestige dein Superband auf Schulterhöhe oder darunter, lege dein Handtuch auf die Bank und ziehe bei Bedarf deine Trainingshandschuhe an – dann kann das Zirkeltraining beginnen! Vier Durchgänge mit jeweils einer Minute pro Übung erwarten dich. Sprich: 16 Minuten volle Core-Power! Versuche, die Übungen möglichst eine Minute lang durchzuhalten, aber denke daran: Eine kleine Pause zwischendurch ist kein Beinbruch.

Nach der letzten Runde packst du dein Equipment zusammen und startest den schnellen 20-Minuten-Lauf. Deine aktivierte Core-Muskulatur sollte dir dabei helfen, deine Lauftechnik zu verbessern und das Tempo souverän bis zum Ende durchzuhalten.

Mit Auslaufen, Oberkörperrotation, Dehnen und Final Rest kannst du dich fürs heutige Training belohnen – und bist hoffentlich auch ein bisschen stolz auf dich.

Tag 3: Beine und Arme

Heute steht bereits der letzte Trainingstag des Körperstraffungsprogramms an. Es wird dich lauftechnisch noch einmal herausfordern, die

KÖRPERSTRAFFUNG – WOCHE 4			
	Tag 1: Po und Hüfte	**Tag 2: Core-Muskulatur**	**Tag 3: Beine und Arme**
Terrain	Variabel	Variabel	Variabel
Equipment	Miniband	Superband, Handtuch und Handschuhe bei Bedarf	Superband
Hilfsmittel	Möglichkeit zum Festhalten	Bank	Vertikale Fläche
Warm-up	▪ Einlaufen (5–10 Min.) ▪ Beinschwingen ▪ Beinschwingen zur Seite	▪ Einlaufen (5–10 Min.) ▪ Duck Walk (2 × 1 Min.)	▪ Einlaufen (5–10 Min.) ▪ Lunge Walk (2 × 1 Min.)
Workout	▪ Slow Run (20 Min.) ▪ Fast Run (20 Min.) ▪ Alle 10 Min. 1 Min./Übung: 1. Side Walk 2. Knieöffner 3. Beinheben nach hinten 4. Beinheben zur Seite	▪ Slow Run (20 Min.) ▪ Workout (Bank): 4 Runden, Zirkel, 1 Min./Übung: 1. Stehendes Rumpfdrehen 2. Deadlift 3. Scissor Kick 4. Upward Dog Knee-to-Chest ▪ Fast Run (20 Min.)	▪ Fast Run (30 Min.) ▪ Alle 5 Min. 1 Min./Übung: 1. Squat Side Leg Lift (30 Sek./Seite) 2. Trizeps-Extension 3. Lunge to Knee-up (30 Sek./Seite) 4. Schulterheben
Workout-Dauer	**56 Minuten**	**56 Minuten**	**54 Minuten**
Cool-down	▪ Auslaufen (5–10 Min.) ▪ Hüftkreisen	▪ Auslaufen (5–10 Min.) ▪ Oberkörperrotation	▪ Auslaufen (5–10 Min.) ▪ Windmühle
Stretch and Relax	▪ Piriformis-Stretch ▪ Seitbeuge überkreuzt ▪ Vorbeuge überkreuzt	▪ Rückbeuge ▪ Quadrizeps-Stretch ▪ Runner's Lunge	▪ Brustöffner ▪ Couch-Stretch ▪ Zehensitz
	Final Rest		

Übungen sind jedoch bereits bekannt. Zudem kannst du die Laufunterbrechungen, die dir die Übungsteile alle fünf Minuten bieten, als Kardiopause nutzen. Du wirst sehen: So vergehen die insgesamt 54 Trainingsminuten wie im Flug!

Deine Übungen für heute

- **Mobility/Aktivierung:** Lunge Walk (Seite 113), Windmühle (Seite 171)
- **Kräftigung:** Squat Side Leg Lift (Seite 106), Trizeps-Extension (Seite 141), Lunge to Knee-up (Seite 111), Schulterheben (Seite 139)
- **Stretching:** Brustöffner (Seite 172), Couch-Stretch (Seite 174), Zehensitz (Seite 185)

Dein heutiges Training

Führe während des Warm-ups zweimal den Lunge Walk für jeweils eine Minute durch, um deine Hüfte zu öffnen sowie deine Bein- und Gesäßmuskulatur zu aktivieren. Starte danach mit dem schnellen 30-Minuten-Lauf.

Absolviere alle fünf Minuten die vier Übungen hintereinander für jeweils eine Minute – bei den beiden Beinübungen wechselst du nach 30 Sekunden die Seite. Halte dein Superband beim Laufen griffbereit, um einen möglichst gleichmäßigen Trainingsfluss zu gewährleisten. Behalte Lauftempo und Übungsintensität bis zum Schluss bei und gehe dann ins Auslaufen über.

Genieße die angenehme Öffnung des Schulterbereichs, die dir die Mobilisationsübung »Windmühle« bietet. Den Stretching-Teil empfehle ich dir, barfuß durchzuführen. Vielleicht machst du ihn zu Hause und schließt eine ausgedehnte Ruhepause an das Training an, in der du dir die letzten vier Wochen noch einmal vor Augen führst.

Hat sich dein Körpergefühl während dieser Zeit verändert? Konntest du mehr Körperspannung aufbauen? Bist du manchmal an deine Grenzen gestoßen? Hat dir das Training Spaß gemacht? Ich hoffe, du kannst diese Fragen positiv beantworten und eine insgesamt gute Bilanz der letzten Wochen ziehen. In jedem Fall kannst du sehr stolz auf dich sein – mit Disziplin und Spaß bei einer Sache zu bleiben, ist eine großartige Leistung!

PROGRAMM 8: STARKE ARME

Ziel:	Kraft im Oberkörper aufbauen
Level:	5–6
Wochen:	4
Tage/Woche:	3
Voraussetzung:	45 Minuten am Stück laufen, gute Fitness

Fürs Laufen braucht man keine starken Arme, für einen ganzheitlich trainierten Körper schon. Da das Oberkörpertraining beim Laufen deutlich zu kurz kommt, ist die Kombination von Lauftraining und Kräftigungsübungen für Arme, Brust und Rücken die perfekte Wahl für alle, die nicht »unten hui und oben pfui« sein wollen.

Wie eingangs erwähnt, geht es hierbei nicht um den Aufbau von Muskelbergen, sondern um eine ausreichende Kraftentwicklung im Oberkörper, um einen Ausgleich zum starken Unterkörperfokus des Laufens herzustellen. Dabei helfen einerseits Bodyweight-Übungen wie die Liegestütze oder der Klimmzug, andererseits werden mittels Super- und Miniband gezielt Muskeln in Schultern, Bizeps und Trizeps angesprochen. Vermutlich kannst du aus der Beschreibung bereits herauslesen, dass du für dieses Programm eine gute Fitness haben solltest. Aber keine Angst: Auch wenn du noch keinen Klimmzug oder Push-up schaffst, kannst du das Programm mit leichteren Varianten – sogenannten Regressionen – und alternativen Übungen bestreiten. 45 Minuten Laufen sollten für dich jedoch kein Problem darstellen.

Egal ob Mann oder Frau: Starke Arme und eine gute Oberkörpermuskulatur sind in jedem Fall erstrebenswert. Du hast dich also

KRAFTAUFBAU FÜR DEN OBERKÖRPER

Körpergewichtsübungen und Übungen mit den Bändern für mehr Kraft in Oberkörper und Armen

für das richtige Trainingsprogramm entschieden und darfst auf eine vierwöchige Laufreise gespannt sein, die dich Stellen deines Oberkörpers spüren lässt, die du vorher vielleicht noch nicht gekannt hast.

WOCHE 1

Tag 1: Push and Pull

Du startest gemütlich laufend, aber kraftvoll in den ersten Tag deiner vierwöchigen Trainingsreise – mit zwei Klassikern aus dem funktionellen Training: dem Push-up (»Push« – Druckbewegung) und dem Rudern (»Pull« – Zugbewegung). Da der Fokus auf dem Kraftteil liegen soll, wirst du den 50-Minuten-Lauf im angenehmen Lauftempo absolvieren. Du benötigst ein mittelstarkes bis starkes Superband fürs Rudern – teste die Übung im Vorfeld am besten einmal aus, damit du die richtige Bandstärke wählst. Für die Liegestütze kannst du bei Bedarf deine Trainingshandschuhe mitnehmen. Und dann kann es auch schon losgehen!

Deine Übungen für heute

- **Mobility/Aktivierung:** Armkreisen (Seite 156), Cat-Cow (Seite 161)
- **Kräftigung:** Push-up (Seite 134), Rudern (Seite 138)
- **Stretching:** Seitbeuge (Seite 182), Rückbeuge (Seite 180), Vorbeuge (Seite 183)

Dein heutiges Training

Wärme dich fünf bis zehn Minuten lang auf und führe das Armkreisen mit dem Superband durch, um deine Schultern zu mobilisieren und sie optimal für das heutige Training vorzubereiten.

Starte dann deinen 50-minütigen Lauf im Wohlfühltempo, den du alle fünf Minuten für eine Minute unterbrichst. In dieser führst du nach Minute 5, 15, 25, 35 und 45 den Push-up durch. Nach Minute 10, 20, 30 und 50 ist das Rudern mit dem Superband dran. Denke daran, dass der heutige Fokus des Trainings auf der Kraftentwicklung in deinem Oberkörper liegt. Führe die Übungen also langsam und gleichmäßig sowie unter voller Muskelspannung aus.

Nach der letzten Runde darfst du ins Auslaufen übergehen, deine Lendenwirbelsäule bei der Cat-Cow-Bewegung mobilisieren sowie dich bei den Körperbeugen in alle Richtungen strecken.

Tag 2: Bizeps und Trizeps

Heute steht ein weiterer Klassiker unter den Armübungen auf dem Plan: Mit drei Übungen für deine Bizeps- und Trizepsmuskulatur wirst du deine Arme zum Brennen bringen. Teste den Bizeps-Curl und die Trizeps-Extension vorher einmal aus. Einmal, um deine

STARKE ARME – WOCHE 1			
	Tag 1: Push and Pull	**Tag 2: Bizeps und Trizeps**	**Tag 3: Schnellkraft**
Terrain	Variabel	Variabel	Variabel
Equipment	Superband, Handschuhe bei Bedarf	Superband	Handtuch, Handschuhe bei Bedarf
Hilfsmittel	Keins	Erhöhung, vertikale Fläche	Vertikale Fläche
Warm-up	■ Einlaufen (5–10 Min.) ■ Armkreisen	■ Einlaufen (5–10 Min.) ■ Windmühle	■ Einlaufen (5–10 Min.) ■ Wechselseitiges Armschwingen
Workout	■ Slow Run (50 Min.) ■ Alle 5 Min. 1 Min./Übung: **1., 3., 5., 7. und 9. Runde:** Push-up **2., 4., 6., 8. und 10. Runde:** Rudern	■ Slow Run (20 Min.) ■ Workout: 4 Runden, Zirkel, 1 Min./Übung: 1. Dip 2. Bizeps-Curl 3. Trizeps-Extension ■ Fast Run (20 Min.)	■ Workout: 20 Min., AMRAP: 1. Hand-Release-Push-up (10 ×) 2. Schattenboxen (10 ×/Seite) 3. Burpee (10 ×) 4. Run (400 m)
Workout-Dauer	**60 Minuten**	**52 Minuten**	**20 Minuten**
Cool-down	■ Auslaufen (5–10 Min.) ■ Cat-Cow	■ Auslaufen (5–10 Min.) ■ Oberkörperrotation	■ Auslaufen (5–10 Min.) ■ Handkreisen
Stretch and Relax	■ Seitbeuge ■ Rückbeuge ■ Vorbeuge	■ Brust-Schulter-Bizeps-Stretch ■ Quadrizeps-Stretch ■ Hamstring-Stretch	■ Brustöffner ■ Hintere Linie ■ Couch-Stretch
	Final Rest		

Bandstärke zu bestimmen, aber auch, um problemlos in die Ausgangsposition der Trizeps-Extension-Übung zu kommen – dies erfordert am Anfang nämlich ein wenig Geschick. Für das Training heute benötigst du neben dem Superband eine Erhöhung für die Dips, beispielsweise eine Bank oder eine Mauer, sowie eine vertikale Fläche wie eine Wand für das Stretching zum Schluss.

Deine Übungen für heute

- **Mobility/Aktivierung:** Windmühle (Seite 171), Oberkörperrotation (Seite 170)
- **Kräftigung:** Dip (Seite 131), Bizeps-Curl (Seite 130), Trizeps-Extension (Seite 141)
- **Stretching:** Brust-Schulter-Bizeps-Stretch (Seite 173), Quadrizeps-Stretch (Seite 179), Hamstring-Stretch (Seite 176)

Dein heutiges Training

Laufe dich locker ein und stelle mit der Windmühle die Beweglichkeit in deinem Schulterbereich sicher. Erhöhe danach auf ein angenehmes Lauftempo, das du für 20 Minuten beibehältst.

An der Trainingslocation angekommen, startest du das heutige Workout: Drei Übungen von jeweils einer Minute Dauer, die du vier Runden lang hintereinander durchführst. Da Bizeps und Trizeps sehr kleine Muskelgruppen sind, die schnell erschöpft sind, kannst du bis zu 30 Sekunden Pause zwischen den Runden einhalten.

Vermutlich werden deine Arme nach dem Zirkeltraining einigermaßen schwer sein. Aber deine Beine sollten noch ordentlich Energie für die folgenden 20 schnellen Laufminuten haben. Danach kannst du ins Auslaufen übergehen und sowohl Ober- als auch Unterkörper beim Cool-down und Stretching entspannen.

Tag 3: Schnellkraft

Am dritten Trainingstag soll es um deine Schnellkraft gehen. Mit Übungen aus dem Kraftausdauerbereich kräftigst du deine Oberkörpermuskulatur. Gleichzeitig wird dein Herz-Kreislauf-System herausgefordert. Dabei führst du eine Liegestützvariante durch: den Hand-Release-Push-up, bei dem du dich ganz auf dem Boden ablegst und deine Hände kurz vom Boden löst. Du findest die Übungsbeschreibung auf Seite 134 unter den Liegestützvarianten. Das Workout ist im AMRAP-Stil gestaltet – es geht also darum, so viele Runden wie möglich zu schaffen. Bedenke trotz des Schnelligkeitsfokus, dass die Übungsausführung an erster Stelle steht. Zum Set-up empfehle ich, dass du dir einen stationären Trainingsplatz suchst, an dem du dein Handtuch oder vielleicht sogar eine Trainingsmatte auslegst. Dort führst du die Übungen durch. Den 400-Meter-Lauf beginnst und beendest du an dieser Stelle. Vielleicht hast du ja eine Tartanbahn in der Nähe? Das Ein- und Auslaufen kannst du nutzen, um zu diesem

Trainingsplatz zu gelangen, oder vor Ort Runden laufen, bis du aufgewärmt bist.

Deine Übungen für heute

- **Mobility/Aktivierung:** Wechselseitiges Armschwingen (Seite 157), Handkreisen (Seite 164)
- **Kräftigung:** Hand-Release-Push-up (Seite 134), Schattenboxen (Seite 88), Burpee (Seite 82)
- **Stretching:** Brustöffner (Seite 172), Hintere Linie (Seite 177), Couch-Stretch (Seite 174)

Dein heutiges Training

Wärme dich fünf bis zehn Minuten lang auf, lockere mit dem Armschwingen deine Schulter- und Armmuskulatur und starte danach das AMRAP-Workout. Wie beschrieben führst du dieses am besten stationär durch. Jede der Übungen absolvierst du zehnmal – darauf folgt der 400-Meter-Lauf. Ziel ist, innerhalb der 20 Minuten so viele Runden wie möglich zu schaffen. Wann – und ob – du dabei eine Pause machst, bleibt dir überlassen. Teile dein Training so ein, dass du innerhalb der 20 Minuten das an diesem Tag Mögliche aus dir herausholst. Dieses hocheffektive Training wird dich herausfordern, aber du wirst sehen: Am Ende wirst du durch ein fantastisches Gefühl belohnt!

Mit dieser einzigartigen After-Workout-Stimmung gehst du ins Auslaufen über. Fühlt sich das nach all der Anstrengung nicht wunderbar leicht an? Verwöhne deine Hände und Handgelenke mit ausgiebigem Kreisen und einer kleinen Massage sowie deinen Körper mit den drei Dehnübungen und dem Final Rest. Damit hast du die erste Trainingswoche geschafft!

WOCHE 2

Tag 1: Rücken und Schultern

Heute wirst du die Möglichkeiten der Trainingsbänder voll ausnutzen und mit ihnen ein abwechslungsreiches Workout aus Laufen und Rücken- sowie Schulterkräftigung absolvieren. Auch beim heutigen Training soll der Fokus auf der Kräftigung liegen – den 40-Minuten-Lauf solltest du also im langsamen Tempo ausführen. Damit du voll vom Training profitieren kannst, solltest du die vier Übungen vorab zu Hause ausprobieren, um die richtigen Bandstärken für dich auszuwählen.

Deine Übungen für heute

- **Mobility/Aktivierung:** Armkreisen (Seite 156), Cat-Cow (Seite 161)
- **Kräftigung:** Reverse Fly (Seite 137), Latziehen (Seite 136), Armöffner (Seite 129), Schulterheben (Seite 139)
- **Stretching:** Seitbeuge (Seite 182), Rückbeuge (Seite 180), Vorbeuge (Seite 183)

Dein heutiges Training

Wärme dich fünf bis zehn Minuten lang auf und nutze das Armkreisen mit dem Superband, um dich auf das anstehende Training vorzubereiten.

Gehe danach ins lockere Laufen über. Alle fünf Minuten führst du für eine Minute eine der Übungen durch: Nach Minute 5 und 25 den Reverse Fly, nach Minute 10 und 30 das Latziehen, nach Minute 15 und 35 den Armöffner und nach Minute 20 und 40 das Schulterheben. Deine Bänder hältst du dabei am besten griffbereit, damit du ohne viel Zeitverlust vom Laufen zur jeweiligen Übung übergehen kannst.

Nach 40 Minuten und acht Trainingsstopps hast du das heutige Workout geschafft und darfst dich bei Cool-down und Stretching entspannen. Übrigens: Warm-up, Cool-down und Stretching bleiben während der vier Wochen am jeweiligen Trainingstag gleich – somit kannst du dich voll auf die Übungen des Workout-Teils konzentrieren.

Tag 2: Pull and Push

Am »Pull and Push«-Tag dieser Woche erwarten dich zwei weitere Klassiker des funktionellen Trainings – dieses Mal in der Vertikalen: der Klimmzug (»Pull« – Zugbewegung) und die Shoulder Press (»Push« – Druckbewegung). Für die Shoulder Press benötigst du das Superband – teste die Übung aus, bevor du dich auf den Weg machst. Für den Klimmzug benötigst du eine horizontale Stange in Laufnähe, zum Beispiel ein Fußballtor, einen starken Ast oder bestenfalls eine Trainingsstange in einem Sportpark. Falls du keinen Klimmzug schaffst, kannst du eine Regression aus dem Übungskatalog wählen – du kannst zum Beispiel ein starkes Superband als Zughilfe mitführen, negative Klimmzüge machen oder, falls die Übung für dich gar nicht möglich ist, noch einmal das Latziehen vom ersten Trainingstag durchführen.

Deine Übungen für heute

- **Mobility/Aktivierung:** Windmühle (Seite 171), Oberkörperrotation (Seite 170)
- **Kräftigung:** Klimmzug (Seite 132), Shoulder Press (Seite 140)
- **Stretching:** Brust-Schulter-Bizeps-Stretch (Seite 173), Quadrizeps-Stretch (Seite 179), Hamstring-Stretch (Seite 176)

Dein heutiges Training

Laufe dich ein, führe die Windmühle durch und komme dann ins lockere Lauftempo. Nach etwa 25 Minuten solltest du deinen Trainingsplatz erreichen. Dort erwarten dich lediglich zwei Übungen – davon jedoch fünf Runden. Für beide Übungen hast du eine Minute Zeit. Falls du nicht fünf Runden jeweils eine Minute lang Klimmzüge durchführen kannst, absolviere einfach so viele, wie du in dieser Zeit schaffst.

STARKE ARME – WOCHE 2			
	Tag 1: Rücken und Schultern	**Tag 2: Pull and Push**	**Tag 3: Schnellkraft**
Terrain	Variabel	Variabel	Variabel
Equipment	Superband, Miniband	Superband	Handtuch, Handschuhe bei Bedarf
Hilfsmittel	Keins	Stange (horizontal), vertikale Fläche	Vertikale Fläche
Warm-up	▪ Einlaufen (5–10 Min.) ▪ Armkreisen	▪ Einlaufen (5–10 Min.) ▪ Windmühle	▪ Einlaufen (5–10 Min.) ▪ Wechselseitiges Armschwingen
Workout	▪ Slow Run (40 Min.) ▪ Alle 5 Min. 1 Min./Übung **1. und 5. Runde**: Reverse Fly **2. und 6. Runde:** Latziehen **3. und 7. Runde:** Armöffner **4. und 8. Runde:** Schulterheben	▪ Slow Run (25 Min.) ▪ Workout (Stange): 5 Runden, 1 Min./Übung: 1. Klimmzug 2. Shoulder Press ▪ Fast Run (25 Min.)	▪ Workout: 25 Min., AMRAP: 1. Hand-Release-Push-up (15 ×) 2. Schattenboxen (15 ×/Seite) 3. Burpee (15 ×) 4. Run (400 m)
Workout-Dauer	**48 Minuten**	**60 Minuten**	**25 Minuten**
Cool-down	▪ Auslaufen (5–10 Min.) ▪ Cat-Cow	▪ Auslaufen (5–10 Min.) ▪ Oberkörperrotation	▪ Auslaufen (5–10 Min.) ▪ Handkreisen
Stretch and Relax	▪ Seitbeuge ▪ Rückbeuge ▪ Vorbeuge	▪ Brust-Schulter-Bizeps-Stretch ▪ Quadrizeps-Stretch ▪ Hamstring-Stretch	▪ Brustöffner ▪ Hintere Linie ▪ Couch-Stretch
	Final Rest		

Nach den fünf Runden sollten deine Arme dankbar sein, dass endlich wieder die Beine übernehmen. Diese tragen dich 25 Minuten in einem schnellen Tempo in Richtung Heimat, bevor du dich beim Cool-down, Stretching und Final Rest – wohlverdient – entspannen darfst.

Tag 3: Schnellkraft

Der Schnellkraft-Tag wird dich während der vier Wochen begleiten und in seiner Struktur gleich bleiben – lediglich die Trainingsintensität in Form der Wiederholungszahl sowie die Gesamtübungszeit erhöhen sich. Diese Woche erwartet dich eine Wiederholungszahl von 15 sowie eine Gesamtdauer von 25 Minuten, in denen es gilt, »as many reps as possible« zu schaffen. Bist du bereit für die Herausforderung?

Deine Übungen für heute

- **Mobility/Aktivierung:** Wechselseitiges Armschwingen (Seite 157), Handkreisen (Seite 164)
- **Kräftigung:** Hand-Release-Push-up (Seite 134), Schattenboxen (Seite 88), Burpee (Seite 82)
- **Stretching:** Brustöffner (Seite 172), Hintere Linie (Seite 177), Couch-Stretch (Seite 174)

Dein heutiges Training

Wärme dich am Trainingsplatz oder auf dem Weg dorthin auf und starte dann das AMRAP-Training. Versuche, deine Kraft während der 25 Minuten so einzuteilen, dass du möglichst viele Runden schaffst. Daneben besteht die Herausforderung darin, 15 Wiederholungen der jeweiligen Übung am Stück zu meistern. Cool-down, Stretching und Final Rest sind die Belohnung für das heutige Training und der Abschluss deiner zweiten Trainingswoche.

WOCHE 3

Tag 1: Push and Pull

Heute wird das Workout aus Woche 1 aufgegriffen und die Intensität erhöht, indem du die beiden Übungen nicht mehr einzeln, sondern hintereinander durchführst. Dadurch erhöht sich die Gesamtdauer des Workouts um zehn Minuten. Zudem wirst du die Hälfte des Laufs in einem schnellen Tempo durchführen. Hattest du die Bandstärke beim letzten Mal richtig gewählt? Heute kannst du dich gegebenenfalls für ein anderes Band entscheiden.

Deine Übungen für heute

- **Mobility/Aktivierung:** Armkreisen (Seite 156), Cat-Cow (Seite 161)
- **Kräftigung:** Push-up (Seite 134), Rudern (Seite 138)
- **Stretching:** Seitbeuge (Seite 182), Rückbeuge (Seite 180), Vorbeuge (Seite 183)

STARKE ARME – WOCHE 3			
	Tag 1: Push and Pull	Tag 2: Bizeps und Trizeps	Tag 3: Schnellkraft
Terrain	Variabel	Variabel	Variabel
Equipment	Superband, Handschuhe bei Bedarf	Superband	Handtuch, Handschuhe bei Bedarf
Hilfsmittel	Keins	Erhöhung, vertikale Fläche	Vertikale Fläche
Warm-up	■ Einlaufen (5–10 Min.) ■ Armkreisen	■ Einlaufen (5–10 Min.) ■ Windmühle	■ Einlaufen (5–10 Min.) ■ Wechselseitiges Armschwingen
Workout	■ Slow Run (25 Min.) ■ Fast Run (25 Min.) ■ Alle 5 Min. 1 Min./ Übung: 1. Push-up 2. Rudern	■ Slow Run (30 Min.) ■ Workout: 4 Runden, Zirkel, 1 Min./Übung: 1. Dip 2. Bizeps-Curl 3. Trizeps-Extension ■ Fast Run (30 Min.)	■ Workout: 30 Min., AMRAP: 1. Hand-Release-Push-up (20 ×/ Seite) 2. Schattenboxen (20 ×/Seite) 3. Burpee (20 ×) 4. Run (400 m)
Workout-Dauer	**70 Minuten**	**72 Minuten**	**30 Minuten**
Cool-down	■ Auslaufen (5–10 Min.) ■ Cat-Cow	■ Auslaufen (5–10 Min.) ■ Oberkörperrotation	■ Auslaufen (5–10 Min.) ■ Handkreisen
Stretch and Relax	■ Seitbeuge ■ Rückbeuge ■ Vorbeuge	■ Brust-Schulter-Bizeps-Stretch ■ Quadrizeps-Stretch ■ Hamstring-Stretch	■ Brustöffner ■ Hintere Linie ■ Couch-Stretch
	Final Rest		

Dein heutiges Training

Wärme dich auf und komme dann in ein lockeres Lauftempo, das du 25 Minuten lang beibehältst. Führe alle fünf Minuten Push-up und Rudern jeweils eine Minute lang hintereinander durch. Achte auf eine saubere Bewegungsausführung und eine gute Körperspannung. Nach 25 Minuten gehst du in ein schnelles Lauftempo über. Danach darfst du dich auf Cool-down, Stretching und Final Rest freuen.

Tag 2: Bizeps und Trizeps

Analog zum Training vor zwei Wochen führst du zwei Übungen für den Trizeps und eine für den Bizeps durch. Das Laufpensum während des Workouts erhöht sich von 40 auf insgesamt 60 Minuten, von denen du 30 Minuten im langsamen Tempo und 30 Minuten im schnellen Tempo absolvierst. Suche dir eine passende Bank oder Mauer, an der du die Übungen durchführen kannst.

Deine Übungen für heute

- **Mobility/Aktivierung:** Windmühle (Seite 171), Oberkörperrotation (Seite 170)
- **Kräftigung:** Dip (Seite 131), Bizeps-Curl (Seite 130), Trizeps-Extension (Seite 141)
- **Stretching:** Brust-Schulter-Bizeps-Stretch (Seite 173), Quadrizeps-Stretch (Seite 179), Hamstring-Stretch (Seite 176)

Dein heutiges Training

Gehe vom Warm-up ins lockere Laufen über, das du nach 30 Minuten an deiner Trainingsstätte beendest. Achte bei den Übungen vor allem auf eine langsame, kontrollierte Ausführung – es kommt heute nicht in erster Linie auf die Geschwindigkeit, sondern auf eine gut aktivierte Muskulatur an. Falls du möchtest, kannst du wieder 30 Sekunden Pause zwischen den Runden einbauen, um deine Arme zu lockern. Nach der letzten Runde forderst du deine Beine bei 30 Minuten schnellem Laufen heraus, bevor du dich bei Cool-down, Stretching und Final Rest entspannst.

Tag 3: Schnellkraft

Das Trainingsprinzip des heutigen Tages kennst du bereits. Daher gibt es nicht viel zu sagen, außer dass heute 20 Wiederholungen der dir bekannten Übungen in insgesamt 30 Minuten AMRAP-Training anstehen. Also hebe dein Training aufs nächste Level und starte direkt durch!

Deine Übungen für heute

- **Mobility/Aktivierung:** Wechselseitiges Armschwingen (Seite 157), Handkreisen (Seite 164)
- **Kräftigung:** Hand-Release-Push-up (Seite 134), Schattenboxen (Seite 88), Burpee (Seite 82)
- **Stretching:** Brustöffner (Seite 172), Hintere Linie (Seite 177), Couch-Stretch (Seite 174)

Dein heutiges Training

Wärme dich am oder auf dem Weg zum Trainingsplatz auf und starte dann das 30-minütige AMRAP-Training. Versuche, die 20 Wiederholungen möglichst am Stück durchzuführen. Falls dir das zu viel ist, baue entsprechende Pausen ein. Wieder gilt: Die Uhr läuft gegen dich und am Ende zählt, wie viele Runden du geschafft hast – natürlich mit sauberer Ausführung! Lasse bei Cool-down, Stretching und Final Rest dein Training Revue passieren und sei dir bewusst, dass du – egal, wie es gelaufen ist – eine großartige Leistung abgeliefert hast.

WOCHE 4

Tag 1: Rücken und Schultern

Du befindest dich bereits in der finalen Trainingswoche. Zeit, noch einmal alles zu geben! Daher erhöhst du heute die Intensität, indem du die 40 Laufminuten in einem schnellen Tempo absolvierst. Ansonsten bleibt es beim Übungsaufbau von Woche 2. Falls nötig, kannst du die Bandstärke anpassen.

Deine Übungen für heute

- **Mobility/Aktivierung:** Armkreisen (Seite 156), Cat-Cow (Seite 161)
- **Kräftigung:** Reverse Fly (Seite 137), Latziehen (Seite 136), Armöffner (Seite 129), Schulterheben (Seite 139)
- **Stretching:** Seitbeuge (Seite 182), Rückbeuge (Seite 180), Vorbeuge (Seite 183)

Dein heutiges Training

Nach dem Warm-up läufst du 40 schnelle Minuten, die du alle fünf Minuten durch eine der Übungen unterbrichst. Achte trotz des intensiveren Lauftempos auf eine kontrollierte Atmung und nutze die Übungen als Kardiopause, um deinen Puls etwas nach unten zu bekommen. Nach acht Runden hast du das heutige Training geschafft. Lockere deine Muskulatur bei Cool-down und Stretching, damit du schnell wieder bereit für dein nächstes Training bist.

Tag 2: Pull and Push

Heute ist der Kräftigungsteil in insgesamt 60 schnelle Laufminuten eingebettet. Du kannst dich also sowohl an der Klimmzugstange, mit dem Superband als auch beim Laufen voll verausgaben! Teile dir dein Training gut ein, damit du die Herausforderung meisterst. Und lass dich nicht demotivieren, wenn du noch keinen Klimmzug schaffst, sondern wähle eine an dich und dein Trainingslevel angepasste Variante – so wirst du die besseren Trainingserfolge erzielen. Falls du wieder die gleiche Trainingsstätte wie vor zwei Wochen nutzen möchtest, kannst du eine Extrarunde drehen, damit du sie nach 30 Minuten erreichst. Du solltest hierbei nicht zu verbissen sein – ein paar Meter mehr oder weniger werden deinem Trainingserfolg keinen Abbruch tun.

Deine Übungen für heute

- **Mobility:** Windmühle (Seite 171), Oberkörperrotation (Seite 170)
- **Kräftigung:** Klimmzug (Seite 132), Shoulder Press (Seite 140)

- **Stretching:** Brust-Schulter-Bizeps-Stretch (Seite 173), Quadrizeps-Stretch (Seite 179), Hamstring-Stretch (Seite 176)

Dein heutiges Training

Laufe dich ein, führe die Mobility-Übung aus und erhöhe dann auf ein schnelles Lauftempo. Nach 30 Minuten erreichst du deine Trainingsstätte und gibst fünf Runden lang alles, was deine Armmuskeln heute hergeben. Nachdem du deinen Oberkörper so richtig ausgepowert hast, sind wieder deine Beine dran und du darfst 30 Minuten lang in Richtung Heimat »fliegen«, bevor du bei Cool-down, Stretching und Final Rest entspannen kannst.

Tag 3: Schnellkraft

Bist du bereit für die finale Herausforderung? Hier ist sie: 25 Wiederholungen am Stück bei insgesamt 35 Trainingsminuten gilt es heute zu meistern und dir deine Energie dabei so einzuteilen, dass du das für dich bestmögliche Ergebnis erzielst. Falls du heute zwischendurch aufgeben möchtest, denke daran: Du befindest dich auf der Zielgeraden! Also Pobacken zusammenkneifen und das Training souverän bis zum Ende durchziehen!

Deine Übungen für heute

- **Mobility/Aktivierung:** Wechselseitiges Armschwingen (Seite 157), Handkreisen (Seite 164)
- **Kräftigung:** Hand-Release-Push-up (Seite 134), Schattenboxen (Seite 88), Burpee (Seite 82)
- **Stretching:** Brustöffner (Seite 172), Hintere Linie (Seite 177), Couch-Stretch (Seite 174)

Dein heutiges Training

Wärme dich ausreichend auf, bevor du dein finales AMRAP-Training startest. Falls du dich länger einlaufen oder mehr Mobility-Übungen machen möchtest, kannst du dein Warm-up entsprechend umfangreicher gestalten. Starte danach die Uhr und los geht's mit den letzten 35 Minuten Training am Limit. Vielleicht wirst du mich, das Workout oder dich selbst während des Trainings an einigen Stellen verfluchen – mache das ruhig, wenn es dir hilft! Ich verspreche dir: Wenn du dich bei Cool-down und Stretching wieder entspannst, wirst du merken, dass sich das Durchhalten gelohnt hat!

Herzlichen Glückwunsch – du hast es geschafft! Vier intensive Trainingswochen liegen hinter dir. Hoffentlich konntest du davon profitieren und einen Unterschied in deinem Oberkörper spüren. Du kannst deine Fitnessreise an dieser Stelle beenden – aber vielleicht hast du ja Lust, mit dem nächsten Programm weiterzumachen. Zu starken Armen gehören schließlich starke Beine – oder etwa nicht?

STARKE ARME – WOCHE 4			
	Tag 1: Rücken und Schultern	**Tag 2: Pull and Push**	**Tag 3: Schnellkraft**
Terrain	Variabel	Variabel	Variabel
Equipment	Superband, Miniband	Superband	Handtuch, Handschuhe bei Bedarf
Hilfsmittel	Keins	Stange (horizontal), vertikale Fläche	Vertikale Fläche
Warm-up	▪ Einlaufen (5–10 Min.) ▪ Armkreisen	▪ Einlaufen (5–10 Min.) ▪ Windmühle	▪ Einlaufen (5–10 Min.) ▪ Wechselseitiges Armschwingen
Workout	▪ Fast Run (40 Min.) ▪ Alle 5 Min. 1 Min./Übung **1. und 5. Runde:** Reverse Fly **2. und 6. Runde:** Latziehen **3. und 7. Runde:** Armöffner **4. und 8. Runde:** Schulterheben	▪ Fast Run (30 Min.) ▪ Workout (Stange): 5 Runden, 1 Min./Übung: 1. Klimmzug 2. Shoulder Press ▪ Fast Run (30 Min.)	▪ Workout: 35 Min., AMRAP: 1. Hand-Release-Push-up (25 ×/Seite) 2. Schattenboxen (25 ×/Seite) 3. Burpee (25 ×) 4. Run (400 m)
Workout-Dauer	**48 Minuten**	**70 Minuten**	**35 Minuten**
Cool-down	▪ Auslaufen (5–10 Min.) ▪ Cat-Cow	▪ Auslaufen (5–10 Min.) ▪ Oberkörperrotation	▪ Auslaufen (5–10 Min.) ▪ Handkreisen
Stretch and Relax	▪ Seitbeuge ▪ Rückbeuge ▪ Vorbeuge	▪ Brust-Schulter-Bizeps-Stretch ▪ Quadrizeps-Stretch ▪ Hamstring-Stretch	▪ Brustöffner ▪ Hintere Linie ▪ Couch-Stretch
	Final Rest		

PROGRAMM 9: STARKE BEINE

Ziel:	Kraft im Unterkörper aufbauen
Level:	5–6
Wochen:	4
Tage pro Woche:	3
Voraussetzung:	45 Minuten am Stück laufen, gute Fitness

Bei diesem Programm steht die Bein- und Gesäßmuskulatur im Fokus. Viele Läufer sind der Meinung, sie würden durch das Laufen ihre Muskeln im Unterkörper bereits ausreichend trainieren. Übungen für Beine und Gesäß werden daher meist nicht ins Training integriert. Dies ist jedoch eine falsche Schlussfolgerung. Erstens kann Beinkraft beim ausdauerbasierten Training nicht sonderlich gut entwickelt werden und zweitens werden beim Laufen nicht alle Muskeln des Unterkörpers gleichermaßen beansprucht. Gerade die seitliche Gesäß- beziehungsweise Hüftmuskulatur, die sogenannten Abduktoren, werden beim Laufen nicht gekräftigt, sind jedoch für eine stabile Hüfte essenziell. Genau an diesen Stellen setzt dieses Programm an.

Beim folgenden Trainingsprogramm stehen Basisübungen wie der Squat und der Lunge, kräftigende Übungen mit dem eigenen Körpergewicht oder dem Superband sowie plyometrische Übungen zur Verbesserung der Beinschnellkraft auf dem Plan. Dabei soll der Trainingsfokus weniger auf der Straffung, wie in Programm 7, sondern auf der Kraftentwicklung liegen. Das Leistungsniveau wird bei diesem Programm etwas angezogen, sodass auch die Laufeinheiten straffer gestaltet sind und an Umfang zunehmen. Ein paar schnellere Läufe und kleine Intervalleinheiten erwarten dich, der Fokus liegt jedoch auf dem Kräftigungsteil. Mit einer gleichmäßig trainierten Bein- und Gesäßmuskulatur kann Verletzungen vor-

KRAFTAUFBAU IM UNTERKÖRPER

Körpergewichtsübungen und Übungen mit den Bändern für mehr Kraft in der Bein- und Gesäßmuskulatur

gebeugt werden, gezielte Übungen können Laufstil und Laufkraft erhöhen und auch der ästhetische Aspekt kraftvoll trainierter Beine ist nicht zu verachten. Genügend gute Gründe also, die für dieses Programm sprechen!

WOCHE 1

Tag 1: Die Basics

Am ersten Trainingstag beschäftigst du dich mit den grundlegenden Bewegungsmustern der Beine: dem Squat und dem Lunge. Du hast 50 Minuten Zeit, um diese beiden Übungen zu verinnerlichen. Damit du dich zunächst voll auf die Kräftigungsübungen konzentrieren kannst, findet der Lauf im langsamen Tempo statt. Du benötigst kein Equipment, kannst dich also direkt auf die Strecke machen. Los geht's!

Deine Übungen für heute

- **Mobility/Aktivierung:** Hüftrotation (Seite 165), Cat-Cow (Seite 161)
- **Kräftigung:** Squat (Seite 104), Lunge (Seite 108)
- **Stretching:** Hintere Linie (Seite 177), Runner's Lunge (Seite 181), Vorbeuge (Seite 183)

Dein heutiges Training

Laufe dich fünf bis zehn Minuten lang warm und führe die Hüftrotation durch, bevor du mit dem langsamen 50-Minuten-Lauf startest. Alle fünf Minuten führst du hintereinander für jeweils eine Minute den Squat und dann den Lunge durch. Achte auf eine gute Körperspannung und konzentriere dich bewusst auf die Kraft in deiner Bein- und Gesäßmuskulatur. Versuche, insbesondere die Gesäßmuskulatur auch beim Laufen bewusst anzusteuern. Nach insgesamt zehn Runden gehst du ins Auslaufen über und leitest mit der Cat-Cow-Bewegung den Stretching-Teil ein, bei dem du deine Beinmuskulatur wieder sanft in die Länge ziehst.

Tag 2: Kraftbank

Heute führst du ein intensives Beintraining bestehend aus vier Übungen durch. Hierfür benötigst du eine Bank in Laufnähe, dein Superband, ein Miniband und bei Bedarf ein Handtuch. Teste die Übungen vorher aus, damit du die richtige Bandstärke wählst. Am Ende des Workouts wartet eine kleine Herausforderung in Form eines schnellen 20-Minuten-Laufs auf dich.

Deine Übungen für heute

- **Mobility/Aktivierung:** Beinschwingen (Seite 158), Beinschwingen zur Seite (Seite 160)
- **Kräftigung:** Single Leg Hip Thrust (Seite 121), Knee-up (Seite 81), Deadlift (Seite 120), Knieöffner (Seite 124)

- **Stretching:** Piriformis-Stretch (Seite 178), Couch-Stretch (Seite 174), Fersensitz (Seite 175)

Dein heutiges Training

Bereite deine Beinmuskulatur während des Warm-ups mit Einlaufen und Beinschwingen auf die kommende Belastung vor. Gehe danach in einen Lauf im Wohlfühltempo über. Nach 20 Minuten erreichst du die Bank, an der dein heutiges Training stattfindet. Platziere gegebenenfalls dein Handtuch auf der Bank, lege dir deine Bänder zurecht und starte dann das Zirkeltraining. Führe alle Übungen eine Minute lang durch – der Beinwechsel erfolgt nach 30 Sekunden. Konzentriere dich auf eine kraftvolle und saubere Bewegungsausführung – die Übungsgeschwindigkeit ist dabei zweitrangig. Nach insgesamt drei Runden hast du dein Beintraining geschafft.

Nun wartet die letzte Herausforderung des Tages auf dich: 20 Minuten im schnellen Lauftempo! Vielleicht hilft dir die aktivierte Beinmuskulatur dabei, in einen schnellen Tritt zu finden und mehr Vortrieb zu generieren, vielleicht fühlen sich die Beine auch bereits angestrengt und etwas müde an. Egal, wie: Beiße dich durch und behalte das schnelle Tempo bis zum Schluss bei. Danach darfst du locker auslaufen, bei der Mobility-Übung die Anstrengung aus deinen Beinen schwingen und beim abschließenden Stretching-Teil das angenehme Langziehen deiner Muskulatur genießen. Führe das Stretching am besten barfuß durch. Klopfe und knete deine Beine zum Schluss kräftig durch, um deine Regeneration zu beschleunigen. Der Final Rest bringt dich schließlich ganz zur Ruhe.

Tag 3: Schnellkraft

Heute arbeitest du mit plyometrischen Übungen an der Schnellkraft deiner Beine – und zwar in Form eines AMRAP-Trainings. Du kannst dich also auf ein herausforderndes Workout einstellen, das deine Beine zum Brennen und deinen Puls nach oben treiben wird. Das Gute: Es ist bereits nach 20 Minuten vorbei und wie immer kannst du die Intensität selbst bestimmen. Aber denke daran: Von nichts kommt nichts!

Deine Übungen für heute

- **Mobility/Aktivierung:** Duck Walk (Seite 162), Fußkreisen (Seite 163)
- **Sprungkraft:** Squat Jump (Seite 94), Lunge Jump (Seite 91), Strecksprung (Seite 95)
- **Stretching:** Hamstring-Stretch (Seite 176), Quadrizeps-Stretch (Seite 179), Waden-Stretch (Seite 184)

Dein heutiges Training

Wärme dich locker auf und mobilisiere deine Fußgelenke sowie dein Hüftgelenk beim Duck Walk, bevor du mit dem AMRAP-Training beginnst. Sobald du dich ausreichend aufgewärmt fühlst, starte deinen Timer und be-

STARKE BEINE – WOCHE 1			
	Tag 1: Die Basics	**Tag 2: Kraftbank**	**Tag 3: Schnellkraft**
Terrain	Variabel	Variabel	Variabel
Equipment	Keins	Superband, Miniband, Handtuch bei Bedarf	Keins
Hilfsmittel	Keins	Bank	Erhöhung
Warm-up	■ Einlaufen (5–10 Min.) ■ Hüftrotation	■ Einlaufen (5–10 Min.) ■ Beinschwingen	■ Einlaufen (5–10 Min.) ■ Duck Walk (1 Min.)
Workout	■ Slow Run (50 Min.) ■ Alle 5 Min. 1 Min./Übung: 1. Squat 2. Lunge	■ Slow Run (20 Min.) ■ Workout (Bank): 3 Runden, Zirkel, 1 Min./Übung: 1. Single Leg Hip Thrust (30 Sek./Seite) 2. Knee-up (30 Sek./Seite) 3. Deadlift 4. Knieöffner ■ Fast Run (20 Min.)	■ Workout: 20 Min., AMRAP: 1. Squat Jump (10 ×) 2. Lunge Jump (10 ×/Seite) 3. Strecksprung (15 ×) 4. Run (400 m)
Workout-Dauer	**70 Minuten**	**52 Minuten**	**20 Minuten**
Cool-down	■ Auslaufen (5–10 Min.) ■ Cat-Cow	■ Auslaufen (5–10 Min.) ■ Beinschwingen zur Seite	■ Auslaufen (5–10 Min.) ■ Fußkreisen
Stretch and Relax	■ Hintere Linie ■ Runner's Lunge ■ Vorbeuge	■ Piriformis-Stretch ■ Couch-Stretch ■ Fersensitz	■ Hamstring-Stretch ■ Quadrizeps-Stretch ■ Waden-Stretch
	Final Rest		

ginne mit dem 20-minütigen Training. Führe die Übungen in der angegebenen Wiederholungszahl durch und schließe den 400-Meter-Lauf an. Teile dir dein Training so ein, dass du die 20 Minuten durchhältst und so viele Runden wie möglich schaffst.

Zum Abschluss kannst du dich und deine Beine mit lockerem Auslaufen, Mobilisieren und Stretching belohnen. Fühlt es sich nicht wunderbar an, wenn der Schmerz nachlässt? Falls du diese Woche den Mobility-Tag noch nicht eingeplant hast – jetzt ist spätestens die Zeit dazu!

WOCHE 2

Tag 1: Die Basics

Du greifst heute das Training der letzten Woche auf und veränderst es nur marginal. Statt dem Lunge führst du den Cross Lunge durch, wodurch der Fokus auf die seitliche Gesäßmuskulatur gelegt wird. Bei der Laufeinheit erhöhst du die Intensität, indem du 20 der insgesamt 50 Laufminuten im schnellen Tempo absolvierst. Ansonsten bleibt alles wie gehabt – du kannst dich also voll auf die Übungsausführung und die Kräftigung deiner Beinmuskulatur konzentrieren.

Deine Übungen für heute

- **Mobility/Aktivierung:** Hüftrotation (Seite 165), Cat-Cow (Seite 161)
- **Kräftigung:** Squat (Seite 94), Cross Lunge (Seite 110)
- **Stretching:** Hintere Linie (Seite 177), Runner's Lunge (Seite 181), Vorbeuge überkreuzt (Seite 183)

Dein heutiges Training

Starte mit dem Einlaufen und der Hüftrotation, um dich optimal auf dein heutiges Training vorzubereiten. Gehe danach in ein angenehmes Lauftempo über, das du alle fünf Minuten für zwei Minuten unterbrichst, um den Squat und den Cross Lunge durchzuführen. Die letzten 20 Minuten beschleunigst du auf ein schnelles Lauftempo.

Gehe nach der letzten Kräftigungsrunde zum Cool-down, Stretching und Final Rest über und freue dich, dass du einen weiteren Trainingstag absolviert hast!

Tag 2: Kraftbank

Die Übungen des Krafttages bleiben während der vier Wochen dieselben. Die Intensität wird über die Kilometerzahl sowie die Geschwindigkeit der Laufeinheiten erhöht, die du vor und nach dem Bankworkout durchführst. Teile dir dein Training heute gut ein, damit du bei deinem abschließenden 25-minütigen Tempolauf nicht an Geschwindigkeit verlierst. Falls du auch die Intensität der Übungen erhöhen möchtest, wähle ein stärkeres Trainingsband.

STARKE BEINE – WOCHE 2			
	Tag 1: Die Basics	Tag 2: Kraftbank	Tag 3: Schnellkraft
Terrain	Variabel	Variabel	Variabel
Equipment	Keins	Superband, Miniband, Handtuch bei Bedarf	Keins
Hilfsmittel	Keins	Bank	Erhöhung
Warm-up	■ Einlaufen (5–10 Min.) ■ Hüftrotation	■ Einlaufen (5–10 Min.) ■ Beinschwingen	■ Einlaufen (5–10 Min.) ■ Duck Walk (1 Min.)
Workout	■ Slow Run (30 Min.) ■ Fast Run (20 Min.) ■ Alle 5 Min. 1 Min./ Übung: 1. Squat 2. Cross Lunge	■ Slow Run (25 Min.) ■ Workout (Bank): 3 Runden, Zirkel, 1 Min./Übung: 1. Single Leg Hip Thrust (30 Sek./ Seite) 2. Knee-up (30 Sek./ Seite) 3. Deadlift 4. Knieöffner ■ Fast Run (25 Min.)	■ Workout: 25 Min., AMRAP: 1. Box Jump (15 ×) 2. Single Leg Squat Jump (10 ×/Seite) 3. Strecksprung (15 ×) 4. Run (400 m)
Workout-Dauer	**70 Minuten**	**62 Minuten**	**25 Minuten**
Cool-down	■ Auslaufen (5–10 Min.) ■ Cat-Cow	■ Auslaufen (5–10 Min.) ■ Beinschwingen zur Seite	■ Auslaufen (5–10 Min.) ■ Fußkreisen
Stretch and Relax	■ Hintere Linie ■ Runner's Lunge ■ Vorbeuge (überkreuzt)	■ Piriformis-Stretch ■ Couch-Stretch ■ Zehensitz	■ Hamstring-Stretch ■ Quadrizeps-Stretch ■ Waden-Stretch
	Final Rest		

Deine Übungen für heute

- **Mobility/Aktivierung:** Beinschwingen (Seite 158), Beinschwingen zur Seite (Seite 160)
- **Kräftigung:** Single Leg Hip Thrust (Seite 121), Knee-up (Seite 81), Deadlift (Seite 120), Knieöffner (Seite 124)
- **Stretching:** Piriformis-Stretch (Seite 178), Couch-Stretch (Seite 174), Zehensitz (Seite 185)

Dein heutiges Training

Bereite dich mit Einlaufen und Beinschwingen auf dein heutiges Training vor und gehe dann in ein lockeres Lauftempo über. Nach 25 Minuten erreichst du die Bank, an der du die vier Übungen hintereinander jeweils eine Minute lang durchführst. Nach drei Runden hast du den Kraftzirkel geschafft und machst dich wieder auf in Richtung Heimat – dieses Mal in einem schnellen Lauftempo. Achte darauf, dieses konstant von Anfang bis Ende durchzuhalten.

Mit dem Auslaufen, dem seitlichen Beinschwingen und den drei Stretching-Übungen leitest du den ersten Teil deiner Regeneration ein. Führe die Dehnübungen am besten zu Hause durch, da du hierfür barfuß sein solltest.

Beim Final Rest kannst du das heutige Training Revue passieren lassen und, wenn du möchtest, eine Meditation anschließen.

Tag 3: Schnellkraft

Beim heutigen Schnellkrafttraining wirst du zwei neue plyometrische Übungen kennenlernen, mit denen du deine Beine zum Brennen und dich selbst zum Schwitzen bringen wirst. Zur Ausführung des Box Jumps benötigst du eine Mauer, eine Bank oder eine andere Erhöhung, die so hoch sein sollte, dass sie deiner Sprunghöhe entspricht. Auch für den Waden-Stretch ist eine Erhöhung notwendig – hier reicht jedoch ein Bordstein oder eine Treppenstufe. Zudem wird die Workout-Dauer auf insgesamt 25 Minuten verlängert. Bist du bereit für die Herausforderung?

Deine Übungen für heute

- **Mobility/Aktivierung:** Duck Walk (Seite 162), Fußkreisen (Seite 163)
- **Sprungkraft:** Box Jump (Seite 90), Single Leg Squat Jump (Seite 93), Strecksprung (Seite 95)
- **Stretching:** Hamstring-Stretch (Seite 176), Quadrizeps-Stretch (Seite 179), Waden-Stretch (Seite 184)

Dein heutiges Training

Laufe dich fünf bis zehn Minuten lang ein und führe den Duck Walk durch. Danach solltest du bei deiner heutigen Trainingslocation angekommen sein und kannst deinen Timer starten. Nachdem der Startschuss gefallen ist, gilt: all in! Du hast 25 Minuten Zeit, um so viele Runden wie möglich zu schaffen. Achte trotz aller Geschwindigkeit auf eine korrekte Ausführung und möglichst hohe Sprünge – so profitierst du mehr vom Training als von schnell, aber unsauber ausgeführten Wiederholungen. Den Lauf startest und beendest du am besten bei der Bank beziehungsweise Mauer, an der du den Box Jump durchführst.

Nachdem die 25 Minuten abgelaufen sind, kannst du entweder eine kurze Verschnaufpause einlegen oder vom letzten 400-Meter-Lauf direkt ins Auslaufen und damit zu Cooldown, Stretching und Final Rest übergehen. Damit ist Woche 2 deines Trainingsplans geschafft!

WOCHE 3

Tag 1: Die Basics

Auch in Woche 3 startest du mit den Grundübungen – dieses Mal variierst du den Lunge zum Lunge Walk. Die 50 Laufminuten teilst du in 20 langsame und 30 schnelle Minuten auf.

Deine Übungen für heute

- **Mobility/Aktivierung:** Hüftrotation (Seite 165), Cat-Cow (Seite 161)
- **Kräftigung:** Squat (Seite 104), Lunge Walk (Seite 113)
- **Stretching:** Hintere Linie (Seite 177), Runner's Lunge (Seite 181), Vorbeuge (Seite 183)

Dein heutiges Training

Wärme dich fünf bis zehn Minuten lang auf und mobilisiere deine Hüfte, bevor du mit dem langsamen Lauf dein Training startest. Führe Squat und Lunge Walk hintereinander durch und achte dabei auf die Anspannung deiner Bein- und Gesäßmuskulatur.

Nach 20 Minuten erhöhst du deine Laufgeschwindigkeit. Gewöhne dich an den Wechsel zwischen schnellem Tempo und konzentrierter Übungsausführung. Nach zehn Runden kannst du ins Auslaufen übergehen. Mobilisierung, Stretching und Final Rest werden sich wundervoll anfühlen!

Tag 2: Kraftbank

Am heutigen Krafttag erhöhst du die Laufminuten auf insgesamt 60, wovon du die erste Hälfte langsam und die zweite Hälfte schnell läufst. Deine Beine tragen dich also im gemütlichen Tempo zu deiner Trainingsstätte und in schnellem Tempo wieder in Richtung Heimat. Die vier Kräftigungsübungen sollten kaum noch ein Problem für dich darstellen – sie bleiben auch in dieser Woche gleich. Falls gewünscht, kannst du die Intensität durch eine entsprechende Bandstärke erhöhen.

Deine Übungen für heute

- **Mobility/Aktivierung:** Beinschwingen (Seite 158), Beinschwingen zur Seite (Seite 160)

- **Kräftigung:** Single Leg Hip Thrust (Seite 121), Knee-up (Seite 81), Deadlift (Seite 120), Knieöffner (Seite 124)
- **Stretching:** Piriformis-Stretch (Seite 178), Couch-Stretch (Seite 174), Fersensitz (Seite 175)

Dein heutiges Training

Laufe dich warm und führe gegen Ende des Warm-ups das Beinschwingen durch. Erhöhe dann dein Tempo, bis du dich im angenehmen Wohlfühltempo befindest, das du für 30 Minuten beibehältst. An deiner Bank angekommen, führst du insgesamt zwölf Minuten lang konzentriert das Beintraining durch. Halte die Körperspannung bis zum Schluss aufrecht und führe die Übungen im Einklang mit deiner Atmung durch. Komm danach in ein schnelles Lauftempo. Nutze deine aktivierte Beinmuskulatur für einen kraftvollen Abdruck, der dich nach vorn katapultiert.

Nach 30 Minuten darfst du das Tempo wieder drosseln – und schon ist das heutige Workout vorbei! Belohne dich mit einem ausgiebigen Cool-down- und Stretching-Teil. Vielleicht gönnst du deiner Fuß-, Bein- und Gesäßmuskulatur eine kleine Faszienmassage?

Tag 3: Schnellkraft

Beim heutigen Schnellkrafttraining greifst du die Übungen aus Woche 1 auf und erhöhst sowohl die Wiederholungszahl als auch die gesamte Trainingszeit. Wenn du die Wiederholungen nicht am Stück schaffst, kannst du kleine Pausen dazwischen einbauen. Wie viele Durchgänge schaffst du innerhalb der 30 Minuten?

Deine Übungen für heute

- **Mobility/Aktivierung:** Duck Walk (Seite 162), Fußkreisen (Seite 163)
- **Sprungkraft:** Squat Jump (Seite 94), Lunge Jump (Seite 91), Strecksprung (Seite 95)
- **Stretching:** Hamstring-Stretch (Seite 176), Quadrizeps-Stretch (Seite 179), Waden-Stretch (Seite 184)

Dein heutiges Training

Wärme dich gut auf, bevor du deinen Timer startest und mit dem Training beginnst. Versuche, während der Übungen gleichmäßig zu atmen und einen Rhythmus zu finden, der dir ermöglicht, die Übungen möglichst ohne Pause am Stück durchzuführen. Verausgabe dich nicht gleich in den ersten fünf Minuten, sodass dir am Ende des Trainings die Luft ausgeht – aber das solltest du in den letzten beiden Wochen bereits gelernt haben.

Nach 30 Minuten hast du es geschafft und kannst mit Cool-down, Stretching und Final Rest deine dritte Trainingswoche abschließen. Spürst du schon einen Unterschied in deinen Beinen?

STARKE BEINE – WOCHE 3			
	Tag 1: Die Basics	**Tag 2: Kraftbank**	**Tag 3: Schnellkraft**
Terrain	Variabel	Variabel	Variabel
Equipment	Keins	Superband, Miniband, Handtuch bei Bedarf	Keins
Hilfsmittel	Keins	Bank	Erhöhung
Warm-up	■ Einlaufen (5–10 Min.) ■ Hüftrotation	■ Einlaufen (5–10 Min.) ■ Beinschwingen	■ Einlaufen (5–10 Min.) ■ Duck Walk (1 Min.)
Workout	■ Slow Run (20 Min.) ■ Fast Run (30 Min.) ■ Alle 5 Min. 1 Min./ Übung: 1. Squat 2. Lunge Walk	■ Slow Run (30 Min.) ■ Workout (Bank): 3 Runden, Zirkel, 1 Min./Übung: 1. Single Leg Hip Thrust (30 Sek./ Seite) 2. Knee-up (30 Sek./ Seite) 3. Deadlift 4. Knieöffner ■ Fast Run (30 Min.)	■ Workout: 30 Min. AMRAP: 1. Squat Jump (20 ×) 2. Lunge Jump (15 ×/ Seite) 3. Strecksprung (20 ×) 4. Run (400 m)
Workout-Dauer	**70 Minuten**	**72 Minuten**	**30 Minuten**
Cool-down	■ Auslaufen (5–10 Min.) ■ Cat-Cow	■ Auslaufen (5–10 Min.) ■ Beinschwingen zur Seite	■ Auslaufen (5–10 Min.) ■ Fußkreisen
Stretch and Relax	■ Hintere Linie ■ Runner's Lunge ■ Vorbeuge	■ Piriformis-Stretch ■ Couch-Stretch ■ Fersensitz	■ Hamstring-Stretch ■ Quadrizeps-Stretch ■ Waden-Stretch
	Final Rest		

WOCHE 4

Tag 1: Die Basics

Du befindest dich nun bereits in Woche 4 und damit auf der Zielgeraden deines Trainingsplans. Heute baust du noch einmal mit den Grundübungen deine Beinkraft auf. Auf dem Plan stehen Squat Walk und Cross Lunge. Die Übungen sind dir inzwischen geläufig, sodass die 40 Minuten im schnellen Lauftempo für dich kein Problem darstellen sollten. Falls doch, denke daran: Was heute brennt, bringt morgen Kraft!

Deine Übungen für heute

- **Mobility/Aktivierung:** Hüftrotation (Seite 165), Cat-Cow (Seite 161)
- **Kräftigung:** Squat Walk (Seite 107), Cross Lunge (Seite 110)
- **Stretching:** Hintere Linie (Seite 177), Runner's Lunge (Seite 181), Vorbeuge überkreuzt (Seite 183)

Dein heutiges Training

Nutze die fünf bis zehn Minuten Aufwärmen dazu, um Körper und Kopf auf das heutige Training vorzubereiten. Mit dem anschließenden Slow Run kannst du in das Workout einsteigen, bevor du nach zehn Minuten auf ein schnelles Lauftempo erhöhst.

Nach insgesamt 70 Trainingsminuten kannst du ins Auslaufen übergehen. Mit Cool-down, Mobilisation und Stretching beschleunigst du deine Regeneration, also lass dir genügend Zeit dafür und verstehe diesen Teil als Belohnung für dein Durchhaltevermögen und als Dankeschön an deinen Körper.

Tag 2: Kraftbank

Schnelles Laufen und Kräftigungstraining für die Beine – so lässt sich der heutige Tag zusammenfassen. Da du den Übungsablauf bereits kennst, nur noch eins vorab: Statt drei warten heute insgesamt vier Runden beim Kraftzirkel und damit eine Workout-Dauer von insgesamt 76 Minuten auf dich.

Deine Übungen für heute

- **Mobility/Aktivierung:** Beinschwingen (Seite 158), Beinschwingen zur Seite (Seite 160)
- **Kräftigung:** Single Leg Hip Thrust (Seite 121), Knee-up (Seite 81), Deadlift (Seite 120), Knieöffner (Seite 124)
- **Stretching:** Piriformis-Stretch (Seite 178), Couch-Stretch (Seite 174), Zehensitz (Seite 185)

Dein heutiges Training

Da du nach dem heutigen Warm-up direkt ins schnelle Laufen übergehst, führe es lieber ein paar Minuten länger durch. Das Beinschwingen baust du am besten in der Mitte des Warm-ups ein, um vom Einlaufen direkt ins schnelle Lauftempo übergehen zu können.

STARKE BEINE – WOCHE 4			
	Tag 1: Die Basics	Tag 2: Kraftbank	Tag 3: Schnellkraft
Terrain	Variabel	Variabel	Variabel
Equipment	Keins	Superband, Miniband, Handtuch bei Bedarf	Keins
Hilfsmittel	Keins	Bank	Erhöhung
Warm-up	■ Einlaufen (5–10 Min.) ■ Hüftrotation	■ Einlaufen (5–10 Min.) ■ Beinschwingen	■ Einlaufen (5–10 Min.) ■ Duck Walk (1 Min.)
Workout	■ Slow Run (10 Min.) ■ Fast Run (40 Min.) ■ Alle 5 Min. 1 Min./Übung: 1. Squat Walk 2. Cross Lunge	■ Fast Run (30 Min.) ■ Workout (Bank): 4 Runden, Zirkel, 1 Min./Übung: 1. Single Leg Hip Thrust (30 Sek./Seite) 2. Knee-up (30 Sek./Seite) 3. Deadlift 4. Knieöffner ■ Fast Run (30 Min.)	■ Workout: 35 Min., AMRAP: 1. Box Jump (20 ×) 2. Single Leg Squat Jump (15 ×/Seite) 3. Strecksprung (20 ×) 4. Run (400 m)
Workout-Dauer	**70 Minuten**	**76 Minuten**	**35 Minuten**
Cool-down	■ Auslaufen (5–10 Min.) ■ Cat-Cow	■ Auslaufen (5–10 Min.) ■ Beinschwingen zur Seite	■ Auslaufen (5–10 Min.) ■ Fußkreisen
Stretch and Relax	■ Hintere Linie ■ Runner's Lunge ■ Vorbeuge (überkreuzt)	■ Piriformis-Stretch ■ Couch-Stretch ■ Zehensitz	■ Hamstring-Stretch ■ Quadrizeps-Stretch ■ Waden-Stretch
	Final Rest		

Nach 30 schnellen Minuten hat dein Herz-Kreislauf-System eine kurze Pause verdient und der Fokus wird voll auf deine Beinkraft gelegt. Konzentriere dich auf das bewusste Anspannen deiner Muskulatur und die gleichmäßige Atmung. Heute solltest du die Übungsabfolge insgesamt viermal durchführen – also vergiss die letzte Runde nicht!

Beim abschließenden schnellen 30-Minuten-Lauf kannst du unter Beweis stellen, ob sich das Training der letzten Wochen ausgezahlt hat. Wähle das Tempo so, dass du es gleichbleibend bis zum Ende durchhältst.

Gehe danach zum Cool-down über. Widme diesem Teil des Trainings die gleiche Aufmerksamkeit wie den Teilen davor. Vielleicht ist heute zum Schluss noch Zeit für eine kleine Meditation, um in deinen Körper hineinzuspüren und die Anspannung bewusst aus ihm herauszuatmen.

Tag 3: Schnellkraft

Das heutige Training ist der finale Endspurt. Stelle dir den letzten Kilometer eines Laufes vor, auf dem Weg zum Zielbogen. Visualisiere das Klatschen und Johlen der Zuschauer, die Stimmung an der Strecke und halte dir immer das unglaubliche Gefühl vor Augen, das dich erfüllen wird, wenn du dein Ziel erreicht hast. Diese Gedanken werden dich durchs heutige anspruchsvolle Schnellkrafttraining tragen.

Deine Übungen für heute

- **Mobility/Aktivierung:** Duck Walk (Seite 162), Fußkreisen (Seite 163)
- **Sprungkraft:** Box Jump (Seite 90), Single Leg Squat Jump (Seite 93), Strecksprung (Seite 95)
- **Stretching:** Hamstring-Stretch (Seite 176), Quadrizeps-Stretch (Seite 179), Waden-Stretch (Seite 184)

Dein heutiges Training

Laufe dich ausgiebig ein und führe währenddessen den Duck Walk durch. Dann gilt es: Der Timer wird ein letztes Mal gestartet und damit dein finales Training dieses Programms eingeleitet. Es kann gut sein, dass du die vorgegebenen Wiederholungszahlen nicht komplett am Stück durchführen kannst – vor allem gegen Ende des Trainings. Mache dir darüber keinen Kopf, sondern setze die Pausen dann ein, wenn sie dir helfen. Am Ende zählt, dass du 35 Minuten lang durchhältst und nicht kurz vor dem Ziel aufgibst.

Drei, zwei, eins und finish – du hast es geschafft! Lege dir gedanklich die Siegermedaille um den Hals und belohne dich mit Cool-down, Stretching und Final Rest für deine Leistung. Ist das Gefühl nach einem harten Endspurt nicht fantastisch? Vermutlich brauchst du erst einmal eine kurze Pause. Aber vielleicht denkst du ja schon morgen an eine neue Challenge. In diesem Fall kann ich dir die Programme 10, 11 und 12 ans Herz legen.

PROGRAMM 10: QUICK AND DIRTY

Ziel:	Schnell und effektiv trainieren
Level:	6–7
Wochen:	3
Tage/Woche:	3
Voraussetzung:	20 Minuten am Stück laufen, gute bis sehr gute Fitness

Wer kennt das Gefühl nicht? Ein vollgepackter Alltag, Stress, Druck, unzählige To-dos – oft bleibt da der Sport auf der Strecke. Schade eigentlich, denn Training ist deine Me-Time und sollte ganz oben auf der Prioritätenliste stehen. Damit du künftig Zeit für eine Trainingsroutine findest, habe ich dir ein Trainingsprogramm zusammengestellt, mit dem es keine Ausreden mehr gibt – denn eine halbe Stunde Training am Tag sollte in jeden noch so stressigen Alltag passen.

Also schnappe dir deinen Terminkalender und trage dreimal pro Woche ein Meeting mit dir selbst ein. Mache dich und deinen Körper zur Priorität und halte diesen Termin genauso zuverlässig ein wie einen Geschäftstermin. Du wirst sehen: Danach wird dir das Abarbeiten deiner To-do-Liste viel leichter fallen.

Die Workouts sind so gestaltet, dass 30 Minuten ausreichen werden, um dich ordentlich ins Schwitzen zu bringen, dich auszupowern und deinen Kopf frei zu pusten. Sie werden dich herausfordern, dir aber genügend Kraft für deinen Alltag lassen, dir sogar mehr Power schenken, um deine Aufgaben mit Leichtigkeit zu meistern.

KEINE ZEIT – KEIN PROBLEM

Kurze Trainingseinheiten von maximal 30 Minuten, die sich perfekt in jeden noch so stressigen Alltag einbauen lassen

Freue dich nun auf drei Wochen voller Tabata-, HIIT- und AMRAP-Workouts, für die du kein Equipment benötigst – lediglich den Willen, für 20 bis 30 Minuten alles zu geben. Und falls du bei den Übungen ans Limit kommst, denke daran: Es ist ganz schnell wieder vorbei!

WOCHE 1

Tag 1: Tabata

»20 zu 10« – das sind die Zahlen, die du dir merken solltest. 20 Sekunden Belastung wechseln mit 10 Sekunden Entspannung ab. Diese Form des High-Intensity-Intervalltrainings ist sehr schnell getaktet und hocheffektiv. In der klassischen Version wird Tabata acht Runden lang durchgeführt. Für dich sind es heute vier Runden pro Übung und damit ein Workout von insgesamt sechs Minuten – das Ganze eingerahmt in 20 schnelle Laufminuten. »Quick and dirty« eben! Aber bedenke: Bei allem Zeitdruck solltest du dir auch bei diesem Programm genügend Zeit für Warm-up, Cool-down und Stretching lassen.

Deine Übungen für heute

- **Mobility/Aktivierung:** Inchworm (Seite 168), wechselseitiges Armschwingen (Seite 157)
- **Kardio/Kräftigung:** Squat Jump (Seite 94), Push-up (Seite 134), Lunge Jump (Seite 91)
- **Stretching:** Brust-Schulter-Bizeps-Stretch (Seite 173), Hintere Linie (Seite 177), Couch-Stretch (Seite 174)

Dein heutiges Training

Starte mit etwa fünf Minuten Einlaufen. Falls du etwas mehr Zeit hast, gern auch länger. Führe währenddessen eine Minute lang den Inchworm sowie einen Steigerungslauf durch und erhöhe dann dein Lauftempo, bis du ins schnelle Laufen kommst. Halte das Tempo über zehn Minuten konstant.

Starte dann deinen Timer fürs Tabata-Training. Führe jede Übung viermal hintereinander im Rhythmus von 20 Sekunden Belastung zu 10 Sekunden Pause durch. Wechsle nach vier Runden zur nächsten Übung. Nach insgesamt sechs Minuten hast du das Tabata-Workout beendet und gehst direkt ins Laufen über: Zehn Minuten läufst du im schnellen Tempo, bevor du die Geschwindigkeit drosselst und ins Auslaufen übergehst.

Nutze Cool-down, Stretching und Final Rest, um deinen Körper nach der intensiven Belastung wieder herunterzufahren, und gönne dir bewusst diese Zeit der Ruhe und Entspannung, bevor du wieder in deinen Alltag zurückkehrst.

Tag 2: AMRAP

20 Minuten lang so viele Runden, wie du schaffst – das ist die heutige Challenge!

QUICK AND DIRTY – WOCHE 1			
	Tag 1: Tabata	**Tag 2: AMRAP**	**Tag 3: HIIT and Run**
Terrain	Variabel	Variabel	Variabel
Equipment	Handschuhe bei Bedarf	Handschuhe bei Bedarf	Keins
Hilfsmittel	Vertikale Fläche	Erhöhung, vertikale Fläche	Erhöhung
Warm-up	▪ Einlaufen (5 Min.) ▪ Inchworm (1 Min.) ▪ Steigerungslauf	▪ Einlaufen (5 Min.) ▪ Lunge Walk (1 Min.) ▪ Steigerungslauf	▪ Einlaufen (5 Min.) ▪ Duck Walk (1 Min.) ▪ Steigerungslauf
Workout	▪ Fast Run (10 Min.) ▪ Workout: Tabata, 4 Runden/Übung, 20/10 Sek.: 1. Squat Jump 2. Push-up 3. Lunge Jump ▪ Fast Run (10 Min.)	▪ Workout: 20 Min., AMRAP: 1. Run (400 m) 2. Box Jump (15 ×) 3. Mountain Climber (15 ×/Seite) 4. Burpee (15 ×)	▪ Fast Run (20 Min.) ▪ Alle 5 Min. 30 Sek./Übung **1. Runde:** High Knees **2. Runde:** Jumping Jack **3. Runde:** Strecksprung **4. Runde:** Schattenboxen
Workout-Dauer	**26 Minuten**	**20 Minuten**	**22 Minuten**
Cool-down	▪ Auslaufen (5 Min.) ▪ Wechselseitiges Armschwingen	▪ Auslaufen (5 Min.) ▪ Hüftrotation	▪ Auslaufen (5 Min.) ▪ Beinschwingen
Stretch and Relax	▪ Brust-Schulter-Bizeps-Stretch ▪ Hintere Linie ▪ Couch-Stretch	▪ Brustöffner ▪ Hamstring-Stretch ▪ Runner's Lunge	▪ Quadrizeps-Stretch ▪ Piriformis-Stretch ▪ Waden-Stretch
	Final Rest		

Jede Runde besteht aus 400 Metern Laufen, 15 Box Jumps, 15 Mountain Climbers und 15 Burpees. Du benötigst hierfür eine Bank, eine Mauer oder eine ähnliche Erhöhung, auf die du im Stand springen kannst und die du nach etwa fünf Minuten Einlaufen erreichst. Für den Brustöffner im Stretching-Teil ist eine vertikale Fläche wie eine Wand notwendig. Bei Bedarf kannst du deine Handschuhe für die Bodenübungen einpacken – und dann kann es schon losgehen!

Deine Übungen für heute:

- **Mobility/Aktivierung:** Lunge Walk (Seite 113), Hüftrotation (Seite 165)
- **Kardio:** Box Jump (Seite 90), Mountain Climber (Seite 84), Burpee (Seite 82)
- **Stretching:** Brustöffner (Seite 172), Hamstring-Stretch (Seite 176), Runner's Lunge (Seite 181)

Dein heutiges Training

Laufe dich fünf Minuten lang ein und führe dann eine Minute lang den Lunge Walk und den Steigerungslauf durch. Wenn du an deiner Trainingsstätte angekommen bist, starte den Timer. Führe die Laufeinheit sowie die Übungen so durch, dass du möglichst viele Runden schaffst. Wann und ob du dabei Pausen einbaust, bleibt ganz dir überlassen.

Nach 20 Minuten hast du es geschafft und kannst direkt ins Auslaufen übergehen. Hüftrotation und die drei Dehnübungen sollen dir dabei helfen, möglichst schnell zu regenerieren, um für die nächste Einheit wieder topfit zu sein!

Tag 3: HIIT and Run

Eine knackige Kombination aus schnellem Laufen und HIIT-Übungen erwarten dich am heutigen Trainingstag: 20 Minuten Laufen und vier Übungen, für die du nichts benötigst, außer dein eigenes Körpergewicht und jede Menge Ausdauer. Für den Waden-Stretch am Ende des Trainings brauchst du einen Bordstein oder eine Treppenstufe.

Deine Übungen für heute

- **Mobility/Aktivierung:** Duck Walk (Seite 162), Beinschwingen (Seite 158)
- **Kardio:** High Knees (Seite 80), Jumping Jack (Seite 79), Strecksprung (Seite 95), Schattenboxen (Seite 88)
- **Stretching:** Quadrizeps-Stretch (Seite 179), Piriformis-Stretch (Seite 178), Waden-Stretch (Seite 184)

Dein heutiges Training

Wärme dich mit Einlaufen, Duck Walk sowie Steigerungslauf auf und starte danach deinen schnellen 20-Minuten-Lauf. Absolviere alle fünf Minuten 30 Sekunden lang die angegebene Übung: in der ersten Runde die High Knees, dann den Jumping Jack, in Runde 3 den Strecksprung und als Letztes das Schattenboxen. Laufen und Übungen solltest du im fließenden Wechsel und ohne Unterbrechung durchführen, um einen gleichmäßigen Trainingsfluss zu bewahren.

Nach der letzten Runde kannst du ins Auslaufen übergehen. Beinschwingen und Stretching-Übungen werden dir bei der Regeneration helfen. Beim Final Rest kannst du die erste Trainingswoche Revue passieren lassen. Ist sie nicht wie im Flug vergangen?

WOCHE 2

Tag 1: Tabata

In den nächsten beiden Wochen behältst du den Übungsaufbau sowie die Übungen an den jeweiligen Tagen bei und erhöhst lediglich die Intensität. Für heute bedeutet das, dass du dein Training im Tabata-Stil mit sechs Wiederholungen pro Übung bestreitest. Es erwarten dich also neun Minuten Tabata-Training.

Deine Übungen für heute

- **Mobility/Aktivierung:** Inchworm (Seite 168), wechselseitiges Armschwingen (Seite 157)
- **Kardio/Kräftigung:** Squat Jump (Seite 94), Push-up (Seite 134), Lunge Jump (Seite 91)
- **Stretching:** Brust-Schulter-Bizeps-Stretch (Seite 173), Hintere Linie (Seite 177), Couch-Stretch (Seite 174)

Dein heutiges Training

Wärme dich mit fünf Minuten Einlaufen bestmöglich auf und führe den Inchworm sowie einen Steigerungslauf durch, bevor du zum schnellen Laufen übergehst. Nach zehn Minuten startest du das Tabata-Training. Führe jede Übung sechsmal hintereinander im Wechsel von 20 Sekunden Belastung zu 10 Sekunden Pause durch. Somit benötigst du für jede Übung drei Minuten und hast das Tabata-Workout nach insgesamt neun Minuten geschafft. Noch ist das Training aber nicht ganz vorbei, denn dich erwarten noch zehn schnelle Laufminuten, die dich wieder zurück nach Hause tragen. Nach Cool-down, Stretching und Final Rest hast du ein kurzes, aber effektives Workout hinter dir. Du kannst stolz auf dich sein!

Tag 2: AMRAP

20 Minuten, 20 Wiederholungen – das ist deine heutige Challenge. Die Workout-Dauer bleibt also gleich. Die Herausforderung wird sein, mehr Wiederholungen am Stück zu schaffen. Natürlich kannst du eine Pause machen, falls es nicht anders geht. Besser ist jedoch, du wählst ein Tempo, das dir das Durchführen der Übungen am Stück ermöglicht.

Deine Übungen für heute

- **Mobility/Aktivierung:** Lunge Walk (Seite 113), Hüftrotation (Seite 165)
- **Kardio:** Box Jump (Seite 90), Mountain Climber (Seite 84), Burpee (Seite 82)

- **Stretching:** Brustöffner (Seite 172), Hamstring-Stretch (Seite 176), Runner's Lunge (Seite 181)

Dein heutiges Training

Mit Einlaufen, Lunge Walk und Steigerungslauf bereitest du dich bestmöglich auf das heutige AMRAP-Training vor. Solltest du weitere Aufwärmübungen benötigen oder dich länger aufwärmen wollen, bist du herzlich dazu eingeladen! Sobald du dich bereit fühlst, starte den 20-Minuten-Timer.

Führe Laufen und Übungen in einem möglichst gleichmäßigen Bewegungsfluss durch. Verausgabe dich nicht gleich so, dass du in den ersten Minuten am Limit bist, sondern lerne, dir das Training einzuteilen. Falls du eine zusätzliche Herausforderung möchtest, kannst du Mountain Climber und Burpee in der schwierigeren Version (siehe Seite 84 und Seite 82) durchführen. Natürlich sind auch Regressionen möglich. Mache das Training zu deinem Training und halte es 20 Minuten lang durch. Danach darfst du dich mit Cool-down, Stretching und Final Rest für deine Leistung belohnen.

Tag 3: HIIT and Run

Heute gilt es, die Übungen, mit denen du deinen 20-Minuten-Lauf alle fünf Minuten unterbrichst, 45 Sekunden lang durchzuhalten. Die Gesamttrainingsdauer erhöht sich also etwas – mit 23 Minuten bleibt das Workout dennoch »quick and dirty«.

Deine Übungen für heute

- **Mobility/Aktivierung:** Duck Walk (Seite 162), Beinschwingen (Seite 158)
- **Kardio:** High Knees (Seite 80), Jumping Jack (Seite 79), Strecksprung (Seite 95), Schattenboxen (Seite 88)
- **Stretching:** Quadrizeps-Stretch (Seite 179), Piriformis-Stretch (Seite 178), Waden-Stretch (Seite 184)

Dein heutiges Training

Laufe dich ein, teste beim Duck Walk deine Fußgelenk- und Hüftmobilität und mit dem Steigerungslauf deine Maximalgeschwindigkeit. Danach solltest du bereit für den Startschuss sein. Laufe 20 Minuten im schnellen Tempo und führe alle fünf Minuten 45 Sekunden lang die angegebene Übung durch. Über die Übungs- und Laufgeschwindigkeit kannst du deine Trainingsintensität steuern. Mit Cool-down, Stretching und Final Rest darfst du dich bei deinem Körper fürs Durchhalten und das Beenden deiner zweiten Trainingswoche bedanken. Führe zum Schluss einen Bodyscan durch: Wie fühlst du dich? Wie fühlt sich dein Körper an? Spürst du nach zwei Wochen bereits einen Unterschied? Ich hoffe, du kannst diese Fragen positiv für dich beantworten und merkst, dass du auch mit kurzen Einheiten sehr viel für dich und deinen Körper tun kannst.

QUICK AND DIRTY – WOCHE 2			
	Tag 1: Tabata	**Tag 2: AMRAP**	**Tag 3: HIIT and Run**
Terrain	Variabel	Variabel	Variabel
Equipment	Handschuhe bei Bedarf	Handschuhe bei Bedarf	Keins
Hilfsmittel	Vertikale Fläche	Erhöhung, vertikale Fläche	Erhöhung
Warm-up	■ Einlaufen (5 Min.) ■ Inchworm (1 Min.) ■ Steigerungslauf	■ Einlaufen (5 Min.) ■ Lunge Walk (1 Min.) ■ Steigerungslauf	■ Einlaufen (5 Min.) ■ Duck Walk (1 Min.) ■ Steigerungslauf
Workout	■ Fast Run (10 Min.) ■ Workout: Tabata, 6 Runden/Übung, 20/10 Sek.: 1. Squat Jump 2. Push-up 3. Lunge Jump ■ Fast Run (10 Min.)	■ Workout: 20 Min., AMRAP: 1. Run (400 m) 2. Box Jump (20 ×) 3. Mountain Climber (20 ×/Seite) 4. Burpee (20 ×)	■ Fast Run (20 Min.) ■ Alle 5 Min. 45 Sek./ Übung: **1. Runde:** High Knees **2. Runde:** Jumping Jack **3. Runde:** Strecksprung **4. Runde:** Schatten-boxen
Workout-Dauer	**29 Minuten**	**20 Minuten**	**23 Minuten**
Cool-down	■ Auslaufen (5 Min.) ■ Wechselseitiges Armschwingen	■ Auslaufen (5 Min.) ■ Hüftrotation	■ Auslaufen (5 Min.) ■ Beinschwingen
Stretch and Relax	■ Brust-Schulter-Bizeps-Stretch ■ Hintere Linie ■ Couch-Stretch	■ Brustöffner ■ Hamstring-Stretch ■ Runner's Lunge	■ Quadrizeps-Stretch ■ Piriformis-Stretch ■ Waden-Stretch
	Final Rest		

WOCHE 3

Tag 1: Tabata

In der dritten Trainingswoche führst du das Tabata-Workout in der klassischen Variante mit acht Wiederholungen pro Übung durch. Zusätzlich kannst du beim abschließenden Fartlek-Run mit selbst bestimmten Tempowechseln zusätzliche Trainingsreize setzen.

Deine Übungen für heute

- **Mobility/Aktivierung:** Inchworm (Seite 168), wechselseitiges Armschwingen (Seite 157)
- **Kardio/Kräftigung:** Squat Jump (Seite 94), Push-up (Seite 134), Lunge Jump (Seite 91)
- **Stretching:** Brust-Schulter-Bizeps-Stretch (Seite 173), Hintere Linie (Seite 177), Couch-Stretch (Seite 174)

Dein heutiges Training

Starte nach Einlaufen, Inchworm und Steigerungslauf deinen schnellen 10-Minuten-Lauf. Gehe danach direkt ins Tabata-Training über. Heute liegen acht Runden pro Übung vor dir. Nach insgesamt zwölf Minuten hast du diese Challenge gemeistert und kannst beim Fartlek-Training selbst entscheiden, wie viel Herausforderung du an diesem Tag noch brauchst. Starte mit Cool-down, Stretching und Final Rest die Regenerationsphase und freue dich über einen weiteren absolvierten Trainingstag sowie einen (hoffentlich) frei gepusteten Kopf.

Tag 2: AMRAP

Heute wird die Wiederholungszahl noch einmal erhöht: Insgesamt 25-mal solltest du Box Jump, Mountain Climber und Burpee am Stück durchführen. Das wird eine Herausforderung werden – aber ich bin mir sicher, dass du sie meistern wirst. Falls du an dein Limit kommst, führe dir vor Augen: Auch heute ist das Workout bereits nach 20 Minuten vorbei.

Deine Übungen für heute

- **Mobility:** Lunge Walk (Seite 113), Hüftrotation (Seite 165)
- **Kardio:** Box Jump (Seite 90), Mountain Climber (Seite 84), Burpee (Seite 82)
- **Stretching:** Brustöffner (Seite 172), Hamstring-Stretch (Seite 176), Runner's Lunge (Seite 181)

Dein heutiges Training

Laufe dich locker ein, öffne beim Lunge Walk deine Hüfte und aktiviere beim Steigerungslauf dein Geschwindigkeitspotenzial, bevor du mit dem AMRAP-Training startest. Schnelligkeit, Sprungkraft, Körperspannung, Koordination – du kennst bereits die Übungsanforderungen aus den letzten beiden Wochen. Heute gilt es, das Gelernte

QUICK AND DIRTY – WOCHE 3			
	Tag 1: Tabata	**Tag 2: AMRAP**	**Tag 3: HIIT and Run**
Terrain	Variabel	Variabel	Variabel
Equipment	Handschuhe bei Bedarf	Handschuhe bei Bedarf	Keins
Hilfsmittel	Vertikale Fläche	Erhöhung, vertikale Fläche	Erhöhung
Warm-up	■ Einlaufen (5 Min.) ■ Inchworm (1 Min.) ■ Steigerungslauf	■ Einlaufen (5 Min.) ■ Lunge Walk (1 Min.) ■ Steigerungslauf	■ Einlaufen (5 Min.) ■ Duck Walk (1 Min.) ■ Steigerungslauf
Workout	■ Fast Run (10 Min.) ■ Workout: Tabata, 8 Runden/Übung, 20/10 Sek.: 1. Squat Jump 2. Push-up 3. Lunge Jump ■ Fartlek (10 Min.)	■ Workout: 20 Min., AMRAP: 1. Run (400 m) 2. Box Jump (25 ×) 3. Mountain Climber (25 ×/Seite) 4. Burpee (25 ×)	■ Fast Run (20 Min.) ■ Alle 5 Min. 60 Sek./Übung **1. Runde:** High Knees **2. Runde:** Jumping Jack **3. Runde:** Strecksprung **4. Runde:** Schattenboxen
Workout-Dauer	**32 Minuten**	**20 Minuten**	**24 Minuten**
Cool-down	■ Auslaufen (5 Min.) ■ Wechselseitiges Armschwingen	■ Auslaufen (5 Min.) ■ Hüftrotation	■ Auslaufen (5 Min.) ■ Beinschwingen
Stretch and Relax	■ Brust-Schulter-Bizeps-Stretch ■ Hintere Linie ■ Couch-Stretch	■ Brustöffner ■ Hamstring-Stretch ■ Runner's Lunge	■ Quadrizeps-Stretch ■ Piriformis-Stretch ■ Waden-Stretch
	Final Rest		

umzusetzen und dein Training so einzuteilen, dass du 25 Wiederholungen am Stück schaffst. Falls du zwischendurch eine kleine Pause machen musst, sollte dich das nicht aus dem Konzept bringen – am Ende gilt es, möglichst viele Runden in den 20 Minuten zu schaffen. Wie du das machst, bleibt ganz dir überlassen.

Wenn die Zeit abgelaufen ist, kannst du dich locker auslaufen. Ist es nicht ein fantastisches Gefühl, nach einem harten Training im lockeren Trabtempo dahinzuschweben? Ich bin mir sicher, dass du ein zufriedenes Grinsen im Gesicht hast – spätestens dann, wenn beim Stretching und Final Rest langsam die Regeneration einsetzt. Bewahre dir dieses gute Gefühl auch im Alltag. Es wird dir helfen, alle Herausforderungen, die dich dort erwarten, mit Ruhe und Leichtigkeit zu meistern.

Tag 3: HIIT and Run

Kaum zu glauben – das letzte Workout des Trainingsplans steht an. Zum Abschluss wird die Übungsdauer auf 60 Sekunden erhöht. Bist du bereit für den Endspurt? Dann lege los!

Deine Übungen für heute

- **Mobility/Aktivierung:** Duck Walk (Seite 162), Beinschwingen (Seite 158)
- **Kardio:** High Knees (Seite 80), Jumping Jack (Seite 79), Strecksprung (Seite 95), Schattenboxen (Seite 88)
- **Stretching:** Quadrizeps-Stretch (Seite 179), Piriformis-Stretch (Seite 178), Waden-Stretch (Seite 184)

Dein heutiges Training

Nutze Warmlaufen, Duck Walk und Steigerungslauf dazu, nicht nur deinen Körper, sondern auch deinen Kopf auf dein finales Training vorzubereiten. Starte danach deinen schnellen 20-Minuten-Lauf, den du alle fünf Minuten für eine Minute unterbrichst. Teile dein Training so ein, dass du Laufen und Kardioübungen möglichst ohne Unterbrechung durchführen kannst, sodass du in einen konstanten Fluss kommst. Denke an eine gute Körperspannung und eine gleichmäßige Atmung.

Nach der letzten Runde kannst du ins Auslaufen übergehen und dich zum Abschluss des Trainingsprogramms nach Möglichkeit etwas ausgiebiger dehnen – dein Körper hat es verdient!

Herzlichen Glückwunsch – du hast drei Wochen voller kurzer, aber hochintensiver Trainingseinheiten hinter dir. Vielleicht bist du an einigen Stellen an deine Grenzen gekommen – umso stolzer kannst du auf dich und deine Leistung sein.

Ich hoffe, du konntest auch in einer Phase, in der du nicht viel Zeit für dich und dein Training hattest, eine positive Trainingserfahrung und ein gutes Körpergefühl für dich mitnehmen. Wenn du diesen Trainingsplan als Vorbereitung für die Programme 11 und 12 genutzt hast, dann wünsche ich dir nun viel Spaß bei der nächsten Herausforderung!

PROGRAMM 11: SCHNELLIGKEIT

Ziel:	Pace erhöhen und Leistung steigern
Level:	7–8
Wochen:	4
Tage/Woche:	4
Voraussetzung:	50 Minuten am Stück laufen, sehr gute Fitness

Du bist ehrgeizig und möchtest dein Training auf ein neues Level heben? Dann erhältst du mit diesem Programm die Möglichkeit dazu! Wie bereits erwähnt: Wenn du ein konkretes Laufziel verfolgst, solltest du einen passenden Lauftrainingsplan umsetzen. Dieses Programm wird dich nicht zum Finishen eines Marathons befähigen. Aber es kann die Voraussetzung dafür schaffen, dass du schneller wirst, ohne Hunderte Kilometer zu schrubben. Es wird dir Möglichkeiten aufzeigen, wie du mittels der richtigen Übungen deine Lauffitness verbessern kannst, auch wenn du kein Kilometerfresser bist.

Mit Schnellkrafttraining, Koordinationsübungen, Intervalleinheiten und Krafttraining wirst du dich an vier Tagen pro Woche herausfordern und dich vielleicht manchmal ans Limit bringen. Umso stolzer kannst du nach dem Training sein, wenn du es geschafft hast. Nach den vier Wochen wirst du merken, dass sich die Anstrengung gelohnt hat. Das Programm ist progressiv aufgebaut, hebt also den Anstrengungsgrad Woche für Woche an – die vierte wird demnach die härteste Trainingswoche sein.

Da es hierbei ordentlich zur Sache geht, solltest du ohne Probleme 50 Minuten am Stück

PACE ERHÖHEN, LEISTUNG STEIGERN

Mit Schnellkraft-, Koordinations-, Intervall- und Krafttraining zur neuen Bestzeit

laufen können und eine sehr gute Fitness besitzen. Alternativ solltest du mindestens drei Trainingsprogramme aus der Body- beziehungsweise Kraftkombination durchgeführt haben. Da das Programm vier Trainingstage pro Woche enthält und deinen Körper herausfordern wird, sind die Mobility-Tage besonders wichtig. Für einen vollen Trainingserfolg solltest du die Trainingstage daher um zwei bis drei Mobility-Einheiten pro Woche ergänzen.

Erwarte keine Wunder. Freue dich stattdessen auf abwechslungsreiche Workouts, die dich in deinem Lauferlebnis nach vorn bringen und dir Alternativen zum klassischen Tempotraining aufzeigen werden. Nun lege los – mit vier intensiven, aber auch effektiven und hoffentlich spaßigen Wochen!

WOCHE 1

Tag 1: Schnellkraft

Das Schnelligkeitsprogramm startet mit einem Workout voller Übungen, die die Schnellkraft in deinen Beinen erhöhen und dir einen besseren Abdruck und damit Vortrieb beim Laufen bescheren sollen. Heute erwarten dich drei Schnelligkeitsübungen, die sich in Woche 3 wiederholen werden. Eingerahmt werden diese von einem insgesamt 40-minütigen langsamen Lauf – hier werden sich über die kommenden Wochen Dauer und Geschwindigkeit erhöhen. Für die Sprints benötigst du ein starkes Superband, das deinem Körpergewicht standhält – teste die Übung zu Hause aus, bevor du startest. Auch eine entsprechende Befestigung solltest du im Auge haben, bevor du losläufst. Ich empfehle eine Bank, denn dort kannst du auch die Box Jumps durchführen. Möglich sind aber auch eine Mauer und ein Laternenpfahl. Bei Bedarf kannst du für den Inchworm Handschuhe einpacken. Nun bist du perfekt vorbereitet und kannst deine Geschwindigkeitsreise beginnen!

Deine Übungen für heute

- **Mobility/Aktivierung:** Inchworm (Seite 168), Fußkreisen (Seite 163)
- **Sprungkraft/Kardio:** Box Jump (Seite 90), Side-to-Side Hop (Seite 92), Sprints (Seite 86)
- **Stretching:** Waden-Stretch (Seite 184), Piriformis-Stretch (Seite 178), Runner's Lunge (Seite 181)

Dein heutiges Training

Laufe dich fünf bis zehn Minuten lang warm und führe währenddessen den Inchworm eine Minute lang durch, um deine hintere Muskelkette zu mobilisieren sowie Körperspannung aufzubauen. Starte dann mit deinem langsamen Lauf.

Diesen beendest du nach 20 Minuten an deiner Trainingsstätte. Befestige das Superband auf Hüfthöhe und starte dann dein Training. Führe die drei Übungen jeweils eine Minute lang mit dem Ziel durch, so viele Wiederholungen wie möglich zu schaffen. Ich habe das Workout bewusst als AMRAP-Training gekennzeichnet, damit du weißt, dass der Fokus auf der Wiederholungszahl und damit deiner Schnelligkeit liegt. Du hast inzwischen etliche Programme hinter dir oder bist bereits so gut trainiert, dass dir die Kombination aus sauberer Übungsausführung und Geschwindigkeit keine Probleme bereiten sollte. Zähle die Wiederholungen, die du pro Übungen schaffst (Achtung: Kopfschmalz gefragt), und versuche, sie bei der nächsten Runde zu übertreffen. Bei den Sprints zählen jeweils zwei Kniehübe als eine Wiederholung. Bei allem Ehrgeiz solltest du beachten, dass dich nur eine saubere Übungsausführung weiterbringt.

Nach der letzten Runde gehst du ins lockere Laufen über. Drossle deine Geschwindigkeit nach 20 Minuten und laufe dich gemütlich aus. Kreise deine Füße bewusst und ausgiebig, bevor du den Stretching-Teil beginnst. Mit dem Final Rest hast du deinen ersten Trainingstag abgeschlossen.

Tag 2: Koordination

Wer schnell laufen möchte, braucht eine saubere Technik. Zu versuchen, allein über Kraft und Willen Geschwindigkeit aufzubauen, bringt dich auf Dauer nicht weiter. Daher nutzt du den heutigen Tag für klassische Koordinationsübungen, die du vermutlich bereits aus dem Lauf-ABC kennst. Das Training findet sich im mittleren bis unteren Intensitätsbereich. Konzentriere dich also voll auf Ausführung und Technik, damit du bestmöglich von diesem Tag profitieren kannst!

Deine Übungen für heute

- **Mobility/Aktivierung:** Hüftrotation (Seite 165), Hüftkreisen (Seite 166)
- **Koordination:** Hopserlauf (Seite 99), Anfersen (Seite 98), Rückwärtslaufen (Seite 100)
- **Stretching:** Seitbeuge (Seite 182), Rückbeuge (Seite 180), Vorbeuge (Seite 183)

Dein heutiges Training

Laufe dich locker ein, sorge mit der Hüftrotation für eine freie Hüfte und bereite dich mit dem Steigerungslauf auf das heutige Training vor. Danach erhöhst du auf ein angenehmes Lauftempo, das du 60 Minuten lang beibehältst. Führe alle fünf Minuten jeweils eine Minute lang eine der Koordinationsübungen durch: nach Runde 1, 4, 7 und 10 den Hopserlauf, nach Runde 2, 5, 8 und 11 das Anfersen sowie nach Runde 3, 6, 9 und 12 das Rückwärtslaufen.

Nach der letzten Runde kannst du ins Auslaufen übergehen. Mobilisiere deine Hüfte beim Hüftkreisen, bevor du sie beim Dehnen in alle Richtungen streckst und beugst.

Tag 3: Intervall

Nach dem etwas entspannteren Koordinationstraining von Tag 2 ist heute Zeit für Intervalle! Drei Lauftempi (Slow Run, Fast Run und Sprint) werden abgewechselt mit zwei Sprungkraft- beziehungsweise Kardioübungen – das Ganze für jeweils eine Minute pro Übung, sodass insgesamt 20 Workout-Minuten auf dich warten. Dieses wird eingerahmt von 30 Minuten Fartlek-Training, bei dem du selbst entscheiden darfst, wie viel Tempo du noch geben möchtest. Um bestmöglich Tempo aufbauen zu können, solltest du für dein heutiges Training eine Asphaltstrecke oder eine Tartanbahn wählen.

Deine Übungen für heute

- **Mobility/Aktivierung:** Lunge to Knee-up (Seite 111), Beinschwingen (Seite 158)
- **Sprungkraft/Kardio:** Squat Jump (Seite 94), Lunge Jump (Seite 91)
- **Stretching:** Hintere Linie (Seite 177), Couch-Stretch (Seite 174), Zehensitz (Seite 185)

Dein heutiges Training

Laufe dich ausgiebig warm und bereite dich mit dem Lunge to Knee-up sowie dem Steigerungslauf auf dein heutiges Training vor. Starte dann dein Fartlek-Training, bei dem du 15 Minuten lang spielerisch und intuitiv zwischen unterschiedlichen Lauftempi wechselst. Danach werden die Intervalle vorgegeben: Jeweils eine Minute lang führst du das angegebene Lauftempo beziehungsweise die Übung durch. Teile dein Training dabei so ein, dass du die gesamten 20 Minuten bis zum Schluss durchhältst und weder deine Übungsausführung noch dein Laufstil leiden.

Danach kannst du beim Fartlek wieder 15 Minuten lang entscheiden, ob du es langsam angehen lässt oder ob du noch mal Gas geben möchtest.

Gehe danach ins Auslaufen über und belohne dich mit Cool-down, Stretching und Final Rest fürs Durchhalten des heutigen, anspruchsvollen Trainings. Führe den Stretching-Teil am besten barfuß und zu Hause durch, sodass du noch eine kleine Entspannungsübung oder Meditation anschließen kannst.

Tag 4: Kraft

Ich hoffe, du konntest dich von deinem letzten Trainingstag gut erholen und bist bereit, heute an deiner Beinkraft zu arbeiten. Lauftechnisch kannst du es heute etwas ruhiger angehen, damit du dich voll auf die Kräftigungsübungen konzentrieren kannst. Für diese benötigst du lediglich eine Bank in Laufnähe und gegebenenfalls ein Handtuch zum Unterlegen.

SCHNELLIGKEIT – WOCHE 1				
	Tag 1: Schnellkraft	**Tag 2: Koordination**	**Tag 3: Intervall**	**Tag 4: Kraft**
Terrain	Variabel	Variabel	Asphalt	Variabel
Equipment	Superband, Handschuhe bei Bedarf	Keins	Keins	Handtuch bei Bedarf
Hilfsmittel	Bank, Erhöhung	Keins	Keins	Bank
Warm-up	■ Einlaufen (5–10 Min.) ■ Inchworm (1 Min.)	■ Einlaufen (5–10 Min.) ■ Hüftrotation ■ Steigerungslauf	■ Einlaufen (5–10 Min.) ■ Lunge to Knee-up (20 ×/Seite) ■ Steigerungslauf	■ Einlaufen (5–10 Min.) ■ Squat Walk (1 Min.)
Workout	■ Slow Run (20 Min.) ■ Workout (Bank): 4 Runden, AMRAP, 1 Min./Übung: **1.** Box Jump **2.** Side-to-Side Hop **3.** Sprints ■ Slow Run (20 Min.)	■ Slow Run (60 Min.) ■ Alle 5 Min. 1 Min./Übung: **1., 4., 7. und 10. Runde:** Hopserlauf **2., 5., 8. und 11. Runde:** Anfersen **3., 6., 9. und 12. Runde:** Rückwärtslaufen	■ Fartlek (15 Min.) ■ Workout: 4 Runden, 1 Min./Übung: **1.** Slow Run **2.** Squat Jump **3.** Fast Run **4.** Lunge Jump **5.** Sprints ■ Fartlek (15 Min.)	■ Slow Run (20 Min.) ■ Workout (Bank): 4 Runden, Zirkel, 1 Min./Übung: **1.** Squat **2.** Single Leg Hip Thrust (30 Sek./Seite) **3.** Single Leg Deadlift (30 Sek./Seite) ■ Slow Run (20 Min.)
Workout-Dauer	**52 Minuten**	**72 Minuten**	**50 Minuten**	**52 Minuten**
Cool-down	■ Auslaufen (5–10 Min.) ■ Fußkreisen	■ Auslaufen (5–10 Min.) ■ Hüftkreisen	■ Auslaufen (5–10 Min.) ■ Beinschwingen	■ Auslaufen (5–10 Min.) ■ Beinschwingen zur Seite
Stretch and Relax	■ Waden-Stretch ■ Piriformis-Stretch ■ Runner's Lunge	■ Seitbeuge ■ Rückbeuge ■ Vorbeuge	■ Hintere Linie ■ Couch-Stretch ■ Zehensitz	■ Piriformis-Stretch ■ Hamstring-Stretch ■ Quadrizeps-Stretch
	Final Rest			

Deine Übungen für heute

- **Mobility/Aktivierung:** Squat Walk (Seite 107), Beinschwingen zur Seite (Seite 160)
- **Kräftigung:** Squat (Seite 104), Single Leg Hip Thrust (Seite 121), Single Leg Deadlift (Seite 118)
- **Stretching:** Piriformis-Stretch (Seite 178), Hamstring-Stretch (Seite 176), Quadrizeps-Stretch (Seite 179)

Dein heutiges Training

Laufe dich fünf bis zehn Minuten lang warm und aktiviere deine Beinmuskulatur beim Squat Walk. Gehe danach in einen ruhigen 20-Minuten-Lauf über. An der Bank angekommen, beginnst du das heutige Zirkeltraining, das aus drei jeweils eine Minute lang durchgeführten Übungen sowie insgesamt vier Runden besteht. Denke daran, dass es heute um die Kräftigung deiner Muskulatur gehen soll. Führe die Übungen also langsam, konzentriert und im Einklang mit deiner Atmung durch.

Nach der letzten Runde kannst du in den Slow Run übergehen, dessen Tempo du nach 20 Minuten weiter drosselst. Mit Auslaufen, seitlichem Beinschwingen und den drei Stretching-Übungen leitest du deine Regenerationsphase ein. Beim Final Rest kannst du deine erste Trainingswoche Revue passieren lassen.

WOCHE 2

Tag 1: Schnellkraft

Willkommen zur zweiten Woche deines Schnelligkeitsprogramms! Heute führst du das Schnellkrafttraining an einer Treppe aus – diese sollte sich in Laufnähe befinden und so lang sein, dass du eine Minute am Stück nach oben sprinten kannst. Falls du keine entsprechende Treppe in deiner Gegend hast, kannst du den einminütigen Stair Run mit Hoch- und Runterlaufen füllen, wodurch die Intensität allerdings geringer wird. Die Laufminuten erhöhen sich außerdem auf insgesamt 50 Minuten und bei der zweiten Laufeinheit wird die Geschwindigkeit gesteigert.

Deine Übungen für heute

- **Mobility/Aktivierung:** Inchworm (Seite 168), Fußkreisen (Seite 163)
- **Sprungkraft/Kardio:** Stair Run (Seite 87), Toe Tap (Seite 96), Single Leg Squat Jump (Seite 93)
- **Stretching:** Waden-Stretch (Seite 184), Piriformis-Stretch (Seite 178), Runner's Lunge (Seite 181)

Dein heutiges Training

Starte mit dem lockeren Einlaufen und dem Inchworm, bevor du zum Slow Run übergehst. Mit diesem erreichst du nach 25 Minuten deine Trainingstreppe. Dort erwarten dich vier Runden Schnellkrafttraining im AMRAP-Stil in Form folgender Übungen: Stair Run, Toe Tap und Single Leg Squat Jump.

Alle Übungen führst du jeweils eine Minute lang durch (beim Single Leg Squat Jump wechselst du nach 30 Sekunden die Seite) und versuchst, so viele sauber ausgeführte Wiederholungen wie möglich zu absolvieren. Nach vier Runden hast du das Workout geschafft, aber hoffentlich noch so viel Kraft in den Beinen, dass du 25 Minuten lang beim schnellen Laufen Tempo machen kannst, bevor du ins verdiente Cool-down und Stretching übergehst.

Tag 2: Koordination

Am heutigen Koordinationstag erhöhst du bei 20 der insgesamt 60 Laufminuten das Tempo und lernst drei neue Koordinationsübungen kennen. Trotz Erhöhung der Laufgeschwindigkeit liegt der Fokus weiterhin auf den Koordinationsübungen, die du so konzentriert und sauber wie möglich durchführen solltest.

Deine Übungen für heute

- **Mobility/Aktivierung:** Hüftrotation (Seite 165), Hüftkreisen (Seite 166)
- **Koordination:** Seitlicher Hopserlauf (Seite 101), Überkreuzlaufen (Seite 102), Einbeinhüpfen (Seite 89)
- **Stretching:** Seitbeuge überkreuzt (Seite 182), Rückbeuge (Seite 180), Vorbeuge überkreuzt (Seite 183)

Dein heutiges Training

Starte mit dem lockeren Einlaufen, der Hüftrotation und dem Steigerungslauf in dein heutiges Training und gehe dann ins langsame Laufen über, das du alle fünf Minuten für eine der Koordinationsübungen unterbrichst. Diese führst du jeweils eine Minute lang durch, wobei du nach 30 Sekunden die Seite beziehungsweise Richtung wechselst. Nach 40 Minuten erhöhst du dein Lauftempo und hältst dieses für 20 Minuten konstant bei.

Nach 60 Laufminuten und insgesamt 72 Workout-Minuten hast du deine heutige Trainingseinheit geschafft und kannst ins Auslaufen übergehen. Mit Hüftkreisen und den drei Stretching-Übungen stellst du sanft deine Mobilität wieder her, wobei du die Seit- und Vorbeuge heute mit überkreuzten Beinen durchführst.

Tag 3: Intervall

Für das heutige Intervalltraining bedarf es einer Steigung – du solltest es also an einem Hügel oder Berg durchführen, an dem du eine Minute lang nach oben sprinten kannst. Die Steigung bleibt dabei dir überlassen. Das Bergworkout wird von insgesamt

30 Laufminuten eingerahmt, die du dir als Fartlek-Training so gestalten kannst, dass sie deiner heutigen Tagesform entsprechen.

Deine Übungen für heute

- **Mobility/Aktivierung:** Side Lunge to Knee-up (Seite 112), Beinschwingen zur Seite (Seite 160)
- **Kardio:** Mountain Climber (Seite 84), High Knees (Seite 80)
- **Stretching:** Hintere Linie (Seite 177), Couch-Stretch (Seite 174), Fersensitz (Seite 175)

Dein heutiges Training

Wärme dich fünf bis zehn Minuten lang gut auf, aktiviere mit dem Side Lunge to Knee-up deine Muskulatur und führe einen Steigerungslauf durch, bevor du mit dem Fartlek-Training startest. Entscheide intuitiv über Laufgeschwindigkeit und -distanz, über die du das Tempo erhöhst. Ich empfehle dir, dich nicht zu stark zu belasten, denn der Hauptteil des Trainings liegt noch vor dir.

Nach 20 Laufminuten erreichst du den Hügel oder Berg und startest mit dem ersten Bergsprint, den du eine Minute lang durchhältst. Das Bergablaufen kannst du als anschließenden Slow Run nutzen und dabei deinen Puls möglichst weit nach unten bringen, denn im Anschluss warten mit Mountain Climber und High Knees zwei anstrengende Minuten auf dich. Aber keine Sorge: Danach darfst du dich mit einem einminütigen Slow Run, den du in der Ebene ausführst, wieder erholen, um möglichst entspannt mit dem nächsten Bergsprint und damit der zweiten Runde starten zu können. Nach insgesamt vier Runden hast du das Bergworkout absolviert und darfst beim abschließenden Fartlek-Lauf selbst über Laufgeschwindigkeit und damit Intensität entscheiden. Gehe danach ins Auslaufen über und schließe mit seitlichem Beinschwingen, Stretching und Final Rest das heutige Training ab.

Tag 4: Kraft

Du beendest die zweite Woche mit einem Kräftigungsworkout. Lunge, Cross Lunge und Side Lunge to Knee-up werden deine Bein-, Gesäß- und seitliche Hüftmuskulatur kräftigen. Die Intensität wird durch die Laufgeschwindigkeit im Vergleich zu letzter Woche etwas erhöht.

Deine Übungen für heute

- **Mobility/Aktivierung:** Lunge Walk (Seite 113), Beinschwingen (Seite 158)
- **Kräftigung:** Lunge (Seite 108), Cross Lunge (Seite 110), Side Lunge to Knee-up (Seite 112)
- **Stretching:** Piriformis-Stretch (Seite 178), Hamstring-Stretch (Seite 176), Quadrizeps-Stretch (Seite 179)

SCHNELLIGKEIT – WOCHE 2				
	Tag 1: Schnellkraft	**Tag 2: Koordination**	**Tag 3: Intervall**	**Tag 4: Kraft**
Terrain	Variabel	Variabel	Steigung	Variabel
Equipment	Handschuhe bei Bedarf	Keins	Handschuhe bei Bedarf	Keins
Hilfsmittel	Treppe	Keins	Keins	Keins
Warm-up	■ Einlaufen (5–10 Min.) ■ Inchworm (1 Min.)	■ Einlaufen (5–10 Min.) ■ Hüftrotation ■ Steigerungslauf	■ Einlaufen (5–10 Min.) ■ Side Lunge to Knee-up (20 ×/ Seite) ■ Steigerungslauf	■ Einlaufen (5–10 Min.) ■ Lunge Walk (1 Min.)
Workout	■ Slow Run (25 Min.) ■ Workout (Treppe): 4 Runden, AMRAP, 1 Min./ Übung 1. Stair Run 2. Toe Tap 3. Single Leg Squat Jump (30 Sek./ Seite) ■ Fast Run (25 Min.)	■ Slow Run (40 Min.) ■ Fast Run (20 Min.) ■ Alle 5 Min. 30 Sek./Seite: **1., 4., 7. und 10. Runde:** Seitlicher Hopserlauf **2., 5., 8. und 11. Runde:** Überkreuzlaufen **3., 6., 9. und 12. Runde:** Einbeinhüpfen	■ Fartlek (15 Min.) ■ Workout: 4 Runden, 1 Min./Übung: 1. Bergsprints 2. Slow Run 3. Mountain Climber 4. High Knees 5. Slow Run ■ Fartlek (15 Min.)	■ Slow Run (20 Min.) ■ Workout: 4 Runden, Zirkel, 1 Min./Übung: 1. Lunge 2. Cross Lunge 3. Side Lunge to Knee-up (30 Sek./ Seite) ■ Fast Run (20 Min.)
Workout-Dauer	**62 Minuten**	**72 Minuten**	**50 Minuten**	**52 Minuten**
Cool-down	■ Auslaufen (5–10 Min.) ■ Fußkreisen	■ Auslaufen (5–10 Min.) ■ Hüftkreisen	■ Auslaufen (5–10 Min.) ■ Beinschwingen zur Seite	■ Auslaufen (5–10 Min.) ■ Beinschwingen
Stretch and Relax	■ Waden-Stretch ■ Piriformis-Stretch ■ Runner's Lunge	■ Seitbeuge (überkreuzt) ■ Rückbeuge ■ Vorbeuge (überkreuzt)	■ Hintere Linie ■ Couch-Stretch ■ Fersensitz	■ Piriformis-Stretch ■ Hamstring-Stretch ■ Quadrizeps-Stretch
	Final Rest			

Dein heutiges Training

Laufe dich fünf bis zehn Minuten lang ein und führe den Lunge Walk durch, um deine Beinmuskulatur zu aktivieren. Starte danach mit deinem langsamen Lauf, den du für 20 Minuten beibehältst.

Führe anschließend den Kräftigungszirkel, bestehend aus drei Übungen und insgesamt vier Runden, möglichst konzentriert und unter bewusster Anspannung deiner Muskulatur durch. Nach insgesamt zwölf Minuten hast du den Workout-Teil absolviert und gehst ins schnelle Laufen über. Hilft dir die aktivierte Muskulatur bei Abdruck und Vortrieb oder fühlen sich die Beine heute eher schwer an? In beiden Fällen versuchst du, 20 Minuten das schnelle Lauftempo beizubehalten. Danach kannst du die zweite Trainingswoche mit einem ausgiebigen Cool-down und Stretching-Teil abschließen.

WOCHE 3

Tag 1: Schnellkraft

In Woche 3 wird das Training aus der ersten Woche mit leicht erhöhter Intensität aufgegriffen: Mit insgesamt 60 Minuten erwartet dich ein etwas höheres Laufpensum. Der Rest des Workouts bleibt gleich, du benötigst also eine Erhöhung für den Box Jump sowie eine Befestigung für die Sprints mit dem Superband – zum Beispiel eine geeignete Bank, die dir beide Möglichkeiten bietet.

Deine Übungen für heute

- **Mobility/Aktivierung:** Inchworm (Seite 168), Fußkreisen (Seite 163)
- **Sprungkraft/Kardio:** Box Jump (Seite 90), Side-to-Side Hop (Seite 92), Sprints (Seite 86)
- **Stretching:** Waden-Stretch (Seite 184), Piriformis-Stretch (Seite 178), Runner's Lunge (Seite 181)

Dein heutiges Training

Starte mit dem Einlaufen und dem Inchworm, um dich bestmöglich auf dein heutiges Training vorzubereiten. Gehe danach in ein angenehmes Lauftempo über, das du für 30 Minuten beibehältst. An deiner Trainingsstätte angekommen, befestigst du dein Superband und startest mit dem Schnellkrafttraining. Versuche, so viele Wiederholungen wie möglich innerhalb einer Minute zu schaffen. Teile dir das Training so ein, dass du die Intensität bis zum Ende durchhalten und dich bestenfalls bei der Wiederholungszahl im Vergleich zu Woche 1 steigern kannst.

Nach der letzten Runde kannst du dein heutiges Training mit einem lockeren 30-Minuten-Lauf sowie Cool-down, Stretching und Final Rest abschließen.

Tag 2: Koordination

Mit den Koordinationsübungen kennst du dich bereits aus, daher wird heute die Laufgeschwindigkeit erhöht: 40 der insgesamt 60 Minuten werden im schnellen Lauftempo absolviert. Das sollte dich nicht davon abhalten, die Koordinationsübungen mit voller Konzentration und in bestmöglicher Ausführung zu absolvieren.

Deine Übungen für heute

- **Mobility/Aktivierung:** Hüftrotation (Seite 165), Hüftkreisen (Seite 166)
- **Koordination:** Hopserlauf (Seite 99), Anfersen (Seite 98), Rückwärtslaufen (Seite 100)
- **Stretching:** Seitbeuge (Seite 182), Rückbeuge (Seite 180), Vorbeuge (Seite 183)

Dein heutiges Training

Bereite dich mit Einlaufen, Hüftrotation und dem Steigerungslauf auf dein heutiges Training vor und starte dann im langsamen Lauftempo.

Führe alle fünf Minuten die angegebene Koordinationsübung für jeweils eine Minute durch. Nach 20 Minuten erhöhst du deine Geschwindigkeit, die du für die nächsten 40 Minuten beibehältst. Nach der letzten Runde kannst du zu Cool-down, Stretching und Final Rest übergehen – und schon hast du das heutige Training geschafft!

Tag 3: Intervall

Das heutige Intervalltraining gleicht dem von Woche 1. Lediglich die Laufminuten, die das Workout einrahmen, werden auf insgesamt 40 Minuten erhöht. Die Herausforderung ist, dir dein Training so einzuteilen, dass du es souverän und mit bis zum Schluss gleichbleibender Intensität durchführen kannst.

Deine Übungen für heute

- **Mobility/Aktivierung:** Lunge to Knee-up (Seite 111), Beinschwingen (Seite 158)
- **Sprungkraft/Kardio:** Squat Jump (Seite 94), Lunge Jump (Seite 91)
- **Stretching:** Hintere Linie (Seite 177), Couch-Stretch (Seite 174), Zehensitz (Seite 185)

Dein heutiges Training

Laufe dich locker ein und führe den Lunge to Knee-up sowie einen Steigerungslauf durch, bevor du ins Fartlek-Training übergehst. Sprints, Slow Run, Fast Run, Traben – spiele 20 Minuten lang mit unterschiedlichen Lauftempi, bevor du mit dem Workout startest. Hier ist die Belastungszeit exakt vorgegeben: Eine Minute lang dauert jede Übung, wobei sich drei Laufgeschwindigkeiten sowie zwei Ausdauerübungen abwechseln.

Nach insgesamt 20 Minuten hast du diesen Teil des Trainings geschafft und kannst beim abschließenden Fartlek-Run nach Lust und Laune noch einmal Gas geben oder es eher ruhiger angehen lassen – zwischen unterschiedlichen Lauftempi solltest du in beiden Fällen wechseln. Auslaufen, Beinschwingen, Dehnen, Final Rest – und schon hast du das heutige Training abgeschlossen! Falls du Zeit hast, führe die Dehnübungen barfuß zu Hause durch und schließe eine kleine Faszienmassage für deine Füße und Beine an – diese hast du dir definitiv verdient!

Tag 4: Kraft

Mit den heutigen Kräftigungsübungen wirst du deine seitliche Hüftmuskulatur zum Brennen bringen. Du benötigst hierfür ein Miniband in entsprechender Stärke sowie eine Möglichkeit zum Festhalten für den Beinheber zur Seite. Teste die Übungen am besten vorher aus, damit du die richtige Bandstärke wählst und somit optimal von deinem Training profitieren kannst. Die Laufzeit wird auf insgesamt 50 Minuten erhöht. Ready to feel the burn? Dann lege los!

Deine Übungen für heute

- **Mobility/Aktivierung:** Squat Side Leg Lift (Seite 106), Beinschwingen zur Seite (Seite 160)
- **Kräftigung:** Beinheben zur Seite (Seite 123), Knieöffner (Seite 124), Side Walk (Seite 127)
- **Stretching:** Piriformis-Stretch (Seite 178), Hamstring-Stretch (Seite 176), Quadrizeps-Stretch (Seite 179)

Dein heutiges Training

Laufe dich für fünf bis zehn Minuten ein und bereite deine Bein- und Hüftmuskulatur mit dem Squat Side Leg Lift auf das anschließende Training vor. Gehe dann in einen 25-minütigen Lauf im Wohlfühltempo über. Mache dich fürs Workout bereit, indem du dein Miniband um deine Beine legst, und starte dein heutiges Zirkeltraining. Drei Übungen, vier Runden – spürst du das Brennen in der seitlichen Gesäßmuskulatur? Keine Sorge, nach zwölf Minuten ist es schon vorbei. Nun kannst du beim schnellen Laufen testen, ob sich deine Hüfte stabiler anfühlt und sich dein Laufstil dadurch verändert.

Nutze Cool-down, Stretching und Final Rest für einen Body-Check: Kannst du eine Veränderung durch das Training der letzten drei Wochen spüren? Fällt es dir etwas leichter, in ein schnelles Lauftempo zu kommen? Ich hoffe, du kannst diese Fragen positiv für dich beantworten. Falls nicht, sollte dich das nicht demotivieren: Es liegt noch eine weitere Trainingswoche vor dir. Gib deinem Körper die Zeit, die er braucht. Und halte unbedingt die Regenerationstage sowie die Mobility-Tage ein. Du weißt ja: Ohne Regeneration kein Trainingsfortschritt!

SCHNELLIGKEIT – WOCHE 3				
	Tag 1: Schnellkraft	**Tag 2: Koordination**	**Tag 3: Intervall**	**Tag 4: Kraft**
Terrain	Variabel	Variabel	Asphalt	Variabel
Equipment	Superband	Keins	Keins	Miniband
Hilfsmittel	Bank, Erhöhung	Keins	Keins	Möglichkeit zum Festhalten
Warm-up	■ Einlaufen (5–10 Min.) ■ Inchworm (1 Min.)	■ Einlaufen (5–10 Min.) ■ Hüftrotation ■ Steigerungslauf	■ Einlaufen (5–10 Min.) ■ Lunge to Knee-up (20 ×/Seite) ■ Steigerungslauf	■ Einlaufen (5–10 Min.) ■ Squat Side Leg Lift (1 Min.)
Workout	■ Slow Run (30 Min.) ■ Workout (Bank): 4 Runden, AMRAP, 1 Min./Übung: 1. Box Jump 2. Side-to-Side Hop 3. Sprints ■ Slow Run (30 Min.)	■ Slow Run (20 Min.) ■ Fast Run (40 Min.) ■ Alle 5 Min. 1 Min./Übung: **1., 4., 7. und 10. Runde:** Hopserlauf **2., 5., 8. und 11. Runde:** Anfersen **3., 6., 9. und 12. Runde:** Rückwärtslaufen	■ Fartlek (20 Min.) ■ Workout: 4 Runden, 1 Min./Übung: 1. Slow Run 2. Squat Jump 3. Fast Run 4. Lunge Jump 5. Sprints ■ Fartlek (20 Min.)	■ Slow Run (25 Min.) ■ Workout: 4 Runden, Zirkel, 1 Min./Übung: 1. Beinheben zur Seite (30 Sek./Seite) 2. Knieöffner 3. Side Walk (30 Sek./Seite) ■ Fast Run (25 Min.)
Workout-Dauer	**72 Minuten**	**72 Minuten**	**60 Minuten**	**62 Minuten**
Cool-down	■ Auslaufen (5–10 Min.) ■ Fußkreisen	■ Auslaufen (5–10 Min.) ■ Hüftkreisen	■ Auslaufen (5–10 Min.) ■ Beinschwingen	■ Auslaufen (5–10 Min.) ■ Beinschwingen zur Seite
Stretch and Relax	■ Waden-Stretch ■ Piriformis-Stretch ■ Runner's Lunge	■ Seitbeuge ■ Rückbeuge ■ Vorbeuge	■ Hintere Linie ■ Couch-Stretch ■ Zehensitz	■ Piriformis-Stretch ■ Hamstring-Stretch ■ Quadrizeps-Stretch
	Final Rest			

WOCHE 4

Tag 1: Schnellkraft

Deine letzte Trainingswoche ist angebrochen. Erst einmal Glückwunsch zum bisherigen Durchhalten und deiner Leistung – jetzt geht es in den Endspurt! Am heutigen Schnelligkeitstag führst du analog zu Woche 2 das Treppenworkout durch. Die Trainingsintensität wird erhöht, indem die Laufdauer verlängert und die zweite Laufeinheit in einem schnellen Tempo durchgeführt wird.

Deine Übungen für heute

- **Mobility/Aktivierung:** Inchworm (Seite 168), Fußkreisen (Seite 163)
- **Sprungkraft/Kardio:** Stair Run (Seite 87), Toe Tap (Seite 96), Single Leg Squat Jump (Seite 93)
- **Stretching:** Waden-Stretch (Seite 184), Piriformis-Stretch (Seite 178), Runner's Lunge (Seite 181)

Dein heutiges Training

Laufe dich warm und führe während des Warm-ups eine Minute lang den Inchworm durch. Erhöhe danach das Tempo auf eine angenehme Laufgeschwindigkeit, die du 35 Minuten lang beibehältst. Starte danach das Treppenworkout. Versuche, innerhalb der Trainingsminute so viele Wiederholungen wie möglich zu schaffen beziehungsweise beim Stair Run so weit wie möglich zu kommen. Verausgabe dich dabei nur so, dass du im Anschluss noch Energie für den schnellen 35-Minuten-Lauf hast. Das anschließende Auslaufen, Fußkreisen und Dehnen wirst du in vollen Zügen genießen!

Tag 2: Koordination

Heute arbeitest du noch einmal an deiner Koordination. Da du dich mittlerweile in Woche 4 befindest, steigt die Intensität weiter an und du wirst die 60 Laufminuten im schnellen Tempo durchführen. Die Koordinationsübungen werden dir vermutlich als willkommene Abwechslung und kleine Verschnaufpause beim schnellen Tempolauf dienen.

Deine Übungen für heute

- **Mobility/Aktivierung:** Hüftrotation (Seite 165), Hüftkreisen (Seite 166)
- **Koordination:** Seitlicher Hopserlauf (Seite 101), Überkreuzlaufen (Seite 102), Einbeinhüpfen (Seite 89)
- **Stretching:** Seitbeuge überkreuzt (Seite 182), Rückbeuge (Seite 180), Vorbeuge überkreuzt (Seite 183)

Dein heutiges Training

Laufe dich fünf bis zehn Minuten lang warm, mobilisiere deine Hüfte und führe einen Steigerungslauf durch, bevor du mit dem schnellen 60-Minuten-Lauf startest. Unterbrich diesen alle fünf Minuten für die je-

SCHNELLIGKEIT – WOCHE 4				
	Tag 1: Schnellkraft	**Tag 2: Koordination**	**Tag 3: Intervall**	**Tag 4: Kraft**
Terrain	Variabel	Variabel	Steigung	Variabel
Equipment	Keins	Keins	Handschuhe bei Bedarf	Superband, Handtuch und Handschuhe bei Bedarf
Hilfsmittel	Treppe	Keins	Keins	Bank
Warm-up	■ Einlaufen (5–10 Min.) ■ Inchworm (1 Min.)	■ Einlaufen (5–10 Min.) ■ Hüftrotation ■ Steigerungslauf	■ Einlaufen (5–10 Min.) ■ Side Lunge to Knee-up (20 ×/ Seite) ■ Steigerungslauf	■ Einlaufen (5–10 Min.) ■ Duck Walk (1 Min.)
Workout	■ Slow Run (35 Min.) ■ Workout (Treppe): 4 Runden, AMRAP, 1 Min./ Übung: **1.** Stair Run **2.** Toe Tap **3.** Single Leg Squat Jump (30 Sek./Seite) ■ Fast Run (35 Min.)	■ Fast Run (60 Min.) ■ Alle 5 Min. 30 Sek./Seite: **1., 4., 7. und 10. Runde:** Seitlicher Hopserlauf **2., 5., 8. und 11. Runde:** Überkreuzlaufen **3., 6., 9. und 12. Runde:** Einbeinhüpfen	■ Fartlek (20 Min.) ■ Workout: 4 Runden, 1 Min./Übung: **1.** Bergsprints **2.** Slow Run **3.** Mountain Climber **4.** High Knees **5.** Slow Run ■ Fartlek (20 Min.)	■ Fast Run (25 Min.) ■ Workout (Bank): 4 Runden, Zirkel, 1 Min./Übung: **1.** Deadlift **2.** Schwimmer **3.** Reverse Plank mit Beinheben ■ Fast Run (25 Min.)
Workout-Dauer	**82 Minuten**	**72 Minuten**	**60 Minuten**	**62 Minuten**
Cool-down	■ Auslaufen (5–10 Min.) ■ Fußkreisen	■ Auslaufen (5–10 Min.) ■ Hüftkreisen	■ Auslaufen (5–10 Min.) ■ Beinschwingen zur Seite	■ Auslaufen (5–10 Min.) ■ Beinschwingen
Stretch and Relax	■ Waden-Stretch ■ Piriformis-Stretch ■ Runner's Lunge	■ Seitbeuge (überkreuzt) ■ Rückbeuge ■ Vorbeuge (überkreuzt)	■ Hintere Linie ■ Couch-Stretch ■ Fersensitz	■ Piriformis-Stretch ■ Hamstring-Stretch ■ Quadrizeps-Stretch
	Final Rest			

weilige Koordinationsübung, die du 30 Sekunden lang pro Seite beziehungsweise Richtung durchführst. Nach der letzten Runde gehst du ins Auslaufen über und beschleunigst mit Mobilisation, Dehnung und Final Rest deine Regeneration.

Tag 3: Intervall

Bist du bereit, bei den Bergsprints alles zu geben und neue Trainingshöhenflüge zu erleben? Dann freue dich auf das heutige Intervalltraining am Berg, das noch einmal einiges von dir abverlangen, dich aber definitiv auf deinem Weg zu mehr Schnelligkeit unterstützen wird. Das Bergtraining hast du bereits in Woche 2 absolviert – hier solltest du dich also bestens auskennen und wissen, wie du dein Training einteilen musst. Die heutige Herausforderung besteht darin, auch bei den 20 Minuten Fartlek-Training vor und nach dem Workout genügend Kraft in den Beinen zu haben, um ein paar schnelle Tempowechsel einbauen zu können.

Deine Übungen für heute

- **Mobility:** Side Lunge to Knee-up (Seite 112), Beinschwingen zur Seite (Seite 160)
- **Kardio:** Mountain Climber (Seite 84), High Knees (Seite 80)
- **Stretching:** Hintere Linie (Seite 177), Couch-Stretch (Seite 174), Fersensitz (Seite 175)

Dein heutiges Training:

Starte mit Einlaufen und Side Lunge to Knee-up entspannt in deinen heutigen Trainingstag, bevor du beim Fartlek zwischen langsamen und schnellen Abschnitten wechselst. Nach 20 Minuten kommst du bei einem kleinen Berg oder Hügel an und beginnst mit dem Intervalltraining. Versuche, dich während der langsamen Läufe so gut wie möglich zu erholen, um Bergsprint und Übungen bestmöglich durchführen zu können.

Lass noch etwas Energie übrig, damit du beim abschließenden Fartlek ein paar Sprints einbauen kannst und den heutigen Intervalltag gut zu Ende bringst. Belohne dich mit einem ausgiebigen Cool-down und Stretching und mache dir bewusst, dass du dich auf der Zielgeraden deines Trainingsprogramms befindest: Nur noch ein Trainingstag trennt dich vom lang ersehnten »Zieleinlauf«.

Tag 4: Kraft

Die letzte Trainingseinheit deines Schnelligkeitsprogramms steht an. Du wirst noch einmal drei Kräftigungsübungen kennenlernen, die deine Körperrückseite, mit Fokus auf Gesäß, unteren Rücken und hintere Oberschenkelmuskulatur, trainieren. Die Aktivierung dieser Körperregion soll dir dabei helfen, deinen finalen, schnellen Run mit Bravour zu meistern und deinen Zieleinlauf zu genießen. Du benötigst eine Trainingsbank für den Schwimmer sowie ein starkes Superband für den Deadlift. Bei Bedarf kannst du Trainingshandschuhe und ein Handtuch zum Unterlegen mitnehmen. Bist du bereit für die letzte Challenge?

Deine Übungen für heute

- **Mobility/Aktivierung:** Duck Walk (Seite 162), Beinschwingen (Seite 158)
- **Kräftigung:** Deadlift (Seite 120), Schwimmer (Seite 128), Reverse Plank mit Beinheben (Seite 125)
- **Stretching:** Piriformis-Stretch (Seite 178), Hamstring-Stretch (Seite 176), Quadrizeps-Stretch (Seite 179)

Dein heutiges Training

Laufe dich fünf bis zehn Minuten lang warm und mobilisiere dich beim Duck Walk, bevor du ins schnelle Laufen übergehst. Behalte das Tempo 25 Minuten lang bei. An der Bank angekommen, kannst du bei Bedarf ein Handtuch unterlegen und dann mit dem Kräftigungsworkout beginnen.

Führe alle drei Übungen mit voller Konzentration und maximaler Körperspannung direkt hintereinander durch. Nach insgesamt zwölf Minuten hast du das Zirkeltraining geschafft und darfst deinen Lauf so schnell durchführen, wie dich deine Beine tragen. Stelle dir dabei applaudierende Zuschauer an der Strecke vor, deren Anfeuerrufe dich wie auf Wolken ins Ziel tragen. Ist das Laufen auf den letzten Metern ein wenig wie Fliegen? Aber auch, wenn es sich eher wie »Sterben mit Anlauf« anfühlt – nach 25 Minuten hast du dein Ziel erreicht. Und du weißt ja: Im Ziel ist alle Anstrengung vergessen. Genieße den Gefühlsmix aus Glück, Stolz und Zufriedenheit, der dich überflutet, aber vergiss dabei Cool-down, Stretching und Final Rest nicht – diese sind die Belohnung für dein gutes Durchhalten und deine Disziplin der letzten vier Wochen.

Herzlichen Glückwunsch – ich darf dir gedanklich die verdiente Siegermedaille umhängen. Du hast die letzten Wochen alles gegeben, vielleicht einen kleinen Trainingsfortschritt erzielen können und hoffentlich ein wenig Spaß gehabt. Falls du eine letzte Herausforderung suchst, darf ich dich herzlich dazu einladen, Programm 12 zu absolvieren. Wenn du bislang noch nicht an dein Limit gekommen bist, wirst du ihm dort zumindest ein wenig näherkommen und dich aufs nächste Trainingslevel katapultieren.

PROGRAMM 12: NEXT LEVEL

Ziel:	Ans Limit gehen
Level:	8–10
Wochen:	4
Tage/Woche:	4
Voraussetzung:	60 Minuten am Stück laufen, sehr gute bis extrem gute Fitness

Du möchtest dein Training aufs nächste Level heben? Dann bist du bei diesem Programm genau richtig! Es ist das letzte und anspruchsvollste der zwölf Trainingsprogramme und wird dich vier Wochen lang an dein Limit bringen – sowie darüber hinaus. HIIT, Sprungkraft- und Krafttraining sowie Burpee-Challenge wechseln sich an vier Tagen pro Woche ab und du kannst bei anspruchsvollen, aber kurzweiligen Workouts deine Grenzen austesten.

Da es in diesem Programm um Geschwindigkeit und Körperkontrolle geht, solltest du eine sehr gute Fitness besitzen, alle Übungen korrekt und routiniert ausüben können sowie Vorerfahrung in Sachen High-Intensity-Intervalltraining besitzen. Falls du diese noch nicht hast, absolviere zunächst Programm 10. Weiter lege ich dir nahe, den Mobility-Tag zwei- bis dreimal pro Woche durchzuführen. Du wirst merken, wie gut sich die Kombination aus harten Trainingstagen und sanften Mobility-Einheiten anfühlt.

Bist du bereit für die ultimative Challenge? Dann lege los! Und denke daran: Meist kann dein Körper mehr, als dein Kopf dich glauben lässt.

FÜR ALLE, DIE HERAUSFORDERUNGEN SUCHEN

Anspruchsvolle Trainingseinheiten, die dich ans Limit bringen werden – und darüber hinaus

WOCHE 1

Tag 1: Sprungkraft

Programm 12 startet mit einem Training, bei dem du während eines 60-Minuten-Laufs deine Sprungkraft unter Beweis stellen darfst. Alle fünf Minuten steht eine anspruchsvolle Sprungkraftübung an, die du eine Minute lang durchführst. Als kleine Erleichterung wird der Lauf heute im langsamen Tempo durchgeführt, was sich jedoch in den nächsten Wochen ändern wird. Also genieße den sanften Einstieg!

Deine Übungen für heute

- **Mobility/Aktivierung:** Lunge Walk (Seite 113), Beinschwingen (Seite 158)
- **Sprungkraft:** Squat Jump (Seite 94), Lunge Jump (Seite 91), Single Leg Squat Jump (Seite 93)
- **Stretching:** Runner's Lunge (Seite 181), Hintere Linie (Seite 177), Couch-Stretch (Seite 174)

Dein heutiges Training

Laufe dich locker ein, mobilisiere und aktiviere deine Muskulatur beim Lunge Walk und führe einen Steigerungslauf durch, bevor du mit dem 60-Minuten-Lauf im angenehmen Tempo startest.

Absolviere alle fünf Minuten die angegebene Übung. Achte auf eine saubere Ausführung und einen möglichst hohen Sprung – die Geschwindigkeit ist in diesem Fall weniger entscheidend. Es geht darum, einen guten Abdruck zu üben und an Sprunghöhe zu gewinnen. Nach der letzten Runde und insgesamt 72 Trainingsminuten kannst du ins Auslaufen übergehen. Lockere beim Beinschwingen deine Muskulatur und ziehe sie bei den Dehnübungen sanft in die Länge. Damit hast du den ersten Tag des Trainingsprogramms geschafft!

Tag 2: HIIT

Für das heutige High-Intensity-Intervalltraining benötigst du eine Bank und ein kräftiges Superband. Die Bank sollte eine plane Fläche besitzen sowie die Befestigung deines Bands ermöglichen. Alternativ kannst du eine andere Erhöhung für den Box Jump wählen, zum Beispiel eine Mauer in entsprechender Höhe, und dein Superband an einem Laternenpfahl oder einem stabilen, aber nicht zu dicken Baum befestigen. Teste die Sprints vor dem Training einmal aus, damit du die richtige Bandstärke wählst. Für die Mountain Climber kannst du bei Bedarf Trainingshandschuhe mitnehmen. Eingerahmt in insgesamt 60 langsame Laufminuten erwarten dich vier Übungen, die deinen Puls nach oben treiben werden. Aber keine Sorge: Heute ist die Entspannungsphase noch genauso lang wie die Belastungsphase – dies wird sich in den nächsten Wochen ändern.

Deine Übungen für heute

- **Mobility/Aktivierung:** Hüftrotation (Seite 165), Hüftkreisen (Seite 166)
- **Kardio:** Sprints (Seite 86), Mountain Climber (Seite 84), Box Jump (Seite 90), High Knees (Seite 80)
- **Stretching:** Quadrizeps-Stretch (Seite 179), Hamstring-Stretch (Seite 176), Piriformis-Stretch (Seite 178)

Dein heutiges Training

Laufe dich fünf bis zehn Minuten lang ein und führe die Hüftrotation durch. Starte dann mit dem langsamen Dauerlauf, der dich 30 Minuten lang im angenehmen Lauftempo zu deiner Trainingsbank trägt. Dort angekommen, befestigst du dein Superband auf Hüfthöhe und startest mit dem High-Intensity-Intervalltraining. Absolviere jede Übung bei sauberer Ausführung so oft wie möglich für 30 Sekunden. Genieße die ebenso lange Pause zwischen den Belastungsphasen, um danach voller Energie in die nächste Runde zu starten. Nach vier Runden und insgesamt 16 Minuten hast du das HIIT-Workout abgeschlossen und kannst den halbstündigen Slow Run sowie das anschließende Cool-down und Stretching genießen.

Tag 3: Kraft

Heute werden drei Kraftübungen mit einer Laufeinheit im AMRAP-Stil verbunden. Es geht also darum, dass du während des 25-minütigen Workouts so viele Runden wie möglich schaffst. Für die Klimmzüge benötigst du eine vertikale Stange. Du kannst auch ein Fußballtor oder einen stabilen Ast nutzen – und gleichzeitig deine Griffkraft herausfordern. Solltest du keine fünf Klimmzüge am Stück schaffen, kannst du mit einer Regression arbeiten oder dein Superband als Zughilfe verwenden. Für die Liegestütze kannst du Trainingshandschuhe mitnehmen. Für den Brust-Schulter-Bizeps-Stretch benötigst du eine vertikale Fläche, zum Beispiel eine Wand. Und dann kann es auch schon losgehen!

Deine Übungen für heute

- **Mobility/Aktivierung:** Wechselseitiges Armschwingen (Seite 157), Windmühle (Seite 171)
- **Kräftigung:** Push-up (Seite 134), Squat (Seite 104), Klimmzug (Seite 132)
- **Stretching:** Brust-Schulter-Bizeps-Stretch (Seite 173), Seitbeuge (Seite 182), Vorbeuge (Seite 183)

Dein heutiges Training

Laufe dich heute etwas länger ein, damit du ausgiebig aufgewärmt bist und ein paar Laufminuten sammeln kannst, bevor du mit dem AMRAP-Workout startest. Mit Armschwingen und zwei bis drei Steigerungsläufen bereitest du dich bestmöglich auf die Herausforderung des heutigen Trainings vor. Achte auf ausreichend lange Pausen von mindestens 30 Sekunden zwischen den Stei-

NEXT LEVEL – WOCHE 1				
	Tag 1: Sprungkraft	**Tag 2: HIIT**	**Tag 3: Kraft**	**Tag 4: Burpee-Challenge**
Terrain	Variabel	Variabel	Variabel	Variabel
Equipment	Keins	Superband, Handschuhe bei Bedarf	Superband, Handschuhe bei Bedarf	Handschuhe bei Bedarf
Hilfsmittel	Keins	Bank	Stange (horizontal), vertikale Fläche	Vertikale Fläche
Warm-up	■ Einlaufen (5–10 Min.) ■ Lunge Walk (1 Min.) ■ Steigerungslauf	■ Einlaufen (5–10 Min.) ■ Hüftrotation	■ Einlaufen (10–20 Min.) ■ Wechselseitiges Armschwingen ■ Steigerungslauf (2–3 ×)	■ Einlaufen (5–10 Min.) ■ Oberkörper-rotation
Workout	■ Slow Run (60 Min.) ■ Alle 5 Min. 1 Min./Übung: **1., 4., 7. und 10. Runde:** Squat Jump **2., 5., 8. und 11. Runde:** Lunge Jump **3., 6., 9. und 12. Runde:** Single Leg Squat Jump (30 Sek./Seite)	■ Slow Run (30 Min.) ■ Workout (Bank): 4 Runden, HIIT, 30/30 Sek.: 1. Sprints 2. Mountain Climber 3. Box Jump 4. High Knees ■ Slow Run (30 Min.)	■ Workout (Stange): 25 Min., AMRAP: 1. Push-up (10 ×) 2. Squat (20 ×) 3. Klimmzug (5 ×) 4. Run (500 m)	■ Slow Run (50 Min.) ■ Alle 2,5 Min.: Burpee (10 ×)
Workout-Dauer	**72 Minuten**	**76 Minuten**	**25 Minuten**	**50 + x Minuten**
Cool-down	■ Auslaufen (5–10 Min.) ■ Beinschwingen	■ Auslaufen (5–10 Min.) ■ Hüftkreisen	■ Auslaufen (10–20 Min.) ■ Windmühle	■ Auslaufen (5–10 Min.) ■ Fuß- und Handkreisen
Stretch and Relax	■ Runner's Lunge ■ Hintere Linie ■ Couch-Stretch	■ Quadrizeps-Stretch ■ Hamstring-Stretch ■ Piriformis-Stretch	■ Brust-Schulter-Bizeps-Stretch ■ Seitbeuge ■ Vorbeuge	■ Brustöffner ■ Couch-Stretch ■ Fersensitz
	Final Rest			

gerungsläufen. Starte dann den Timer und versuche, während der 25 Minuten so viele Runden wie möglich zu schaffen. Bedenke dabei, dass du die Übungen zwar schnell durchführen kannst, aber nur sauber ausgeführte Wiederholungen zählen.

Teile dein Training so ein, dass du ein für dich optimales Ergebnis erzielst. Nach Ablauf der 25 Minuten kannst du ins Auslaufen übergehen und bei Mobility- und Stretching-Übungen sowie dem Final Rest entspannen. Solltest du das Gefühl haben, dass du weitere Dehnübungen oder eine längere Ruhephase benötigst, kannst du diese einfach anhängen. Denke auch daran, den Mobility-Tag einzuplanen!

Tag 4: Burpee-Challenge

Der Burpee ist oft gehasst und gefürchtet, aber auch extrem effektiv. Daher wird dieser Kombination aus Kniebeuge, Liegestütze (Plank bei der halben Variante) und Strecksprung ein ganzer Trainingstag gewidmet. Du startest relativ entspannt in die Challenge: Während der 50 langsamen Laufminuten gilt es, alle zweieinhalb Minuten zehn Burpees zu absolvieren (die Zeit, die du für die Burpees benötigst, erhöht die Laufzeit entsprechend, deswegen ist die Workout-Dauer in den Tabellen mit »50 + x Minuten« angegeben). Klingt machbar – aber du wirst merken, dass es auf Dauer ganz schön anstrengend wird. Immerhin wirst du am Ende des Trainings 200 Burpees absolviert haben. Also teile dir deine Kraft gut ein! Wenn du nicht zimperlich bist und dich etwas Schmutz an der Laufkleidung nicht stört, kannst du dich bei den Burpees ganz ablegen. Dies treibt das Intensitätslevel nach oben, aber auch das unbezahlbare Gefühl nach dem Training.

Deine Übungen für heute

- **Mobility/Aktivierung:** Oberkörperrotation (Seite 170), Fußkreisen (Seite 163), Handkreisen (Seite 164)
- **Kardio:** Burpee (Seite 82)
- **Stretching:** Brustöffner (Seite 172), Couch-Stretch (Seite 174), Fersensitz (Seite 175)

Dein heutiges Training

Laufe dich gut warm und lockere deinen Oberkörper bei der Rotation. Starte dann mit dem langsamen Dauerlauf. Diesen unterbrichst du alle zweieinhalb Minuten, um zehn Burpees zu absolvieren. Wähle das Lauftempo so, dass du die Intensität bis zum Schluss aufrechterhalten kannst. Nach insgesamt 50 Laufminuten und 200 Burpees hast du die heutige Challenge gemeistert – und gleichzeitig deine erste Trainingswoche abgeschlossen. Belohne dich mit dem entspannten Auslaufen. Lockere deine Hand- und Fußgelenke, indem du sie ausgiebig kreist, drückst, ziehst und knetest, und nimm dir Zeit fürs Dehnen und den Final Rest – das hast du dir nach der letzten Woche verdient!

WOCHE 2

Tag 1: Sprungkraft

In Woche 2 wird die Trainingsintensität erhöht. Das bedeutet für den heutigen Tag, dass 40 der insgesamt 60 Laufminuten in einem schnellen Tempo absolviert werden. Der Rest des Trainings bleibt gleich, sodass du dich voll auf deine Sprungkraft konzentrieren kannst. Ob du die Sprünge ein wenig höher schaffst als letzte Woche?

Deine Übungen für heute

- **Mobility/Aktivierung:** Lunge Walk (Seite 113), Beinschwingen (Seite 158)
- **Sprungkraft:** Squat Jump (Seite 94), Lunge Jump (Seite 91), Single Leg Squat Jump (Seite 93)
- **Stretching:** Runner's Lunge (Seite 181), Hintere Linie (Seite 177), Couch-Stretch (Seite 174)

Dein heutiges Training

Bereite dich mit Einlaufen, Lunge Walk und dem Steigerungslauf auf dein heutiges Training vor. Starte mit dem langsamen Laufen und erhöhe dein Tempo nach 40 Minuten. Du solltest einen deutlichen Unterschied zwischen den beiden Lauftempi spüren und deine Geschwindigkeit so wählen, dass du sowohl dein Lauftempo bis zum Schluss aufrechterhalten als auch die Sprungkraftübungen sauber durchführen kannst.

Nach 60 Laufminuten und insgesamt zwölf Minuten Sprungkrafttraining darfst du ins Auslaufen übergehen. Lockere deine Beinmuskulatur beim Beinschwingen und gönne deinem Körper die nötige Regeneration, die du mit dem Stretching-Teil einleitest.

Tag 2: HIIT

Beim heutigen Workout wird die Intensität gesteigert, indem die Belastungsphase um 15 Sekunden verlängert und die Entspannungsphase um 15 Sekunden verkürzt wird. Damit heißt die heutige Trainingsformel: 45 zu 15. Mache dich bereit für ein hochintensives Training und vergiss dein Superband nicht!

Deine Übungen für heute

- **Mobility/Aktivierung:** Hüftrotation (Seite 165), Hüftkreisen (Seite 166)
- **Kardio:** Sprints (Seite 86), Mountain Climber (Seite 84), Box Jump (Seite 90), High Knees (Seite 80)
- **Stretching:** Quadrizeps-Stretch (Seite 179), Hamstring-Stretch (Seite 176), Piriformis-Stretch (Seite 178)

Dein heutiges Training

Laufe dich fünf bis zehn Minuten lang ein, führe die Hüftrotation durch und starte dann mit dem langsamen Dauerlauf, der dich nach 30 Minuten zu deiner Trainingslocation bringt. Dort befestigt du dein Superband und führst das HIIT-Training durch. Versuche, die 45 Sekunden Belastungszeit bei gleichbleibender Intensität bis zum Schluss durchzuhalten und die 15-sekündige Pause bestmöglich zur Erholung zu nutzen.

Nach insgesamt 16 Minuten hast du das Workout abgeschlossen und kannst wieder zum langsamen Laufen übergehen, das dich in Richtung Heimat trägt. Drossle nach 30 Minuten das Tempo und laufe dich fünf bis zehn Minuten lang aus. Hüftkreisen, Stretching und Final Rest sollen dir helfen, die Beweglichkeit in Beinen und Hüfte wiederherzustellen sowie dich körperlich und mental herunterzufahren.

Tag 3: Kraft

Hand aufs Herz: Hattest du nach dem letzten Krafttag Muskelkater? Falls nicht, keine Sorge: Heute hast du nicht nur 25, sondern ganze 30 Minuten Zeit, um dich mit Squats, Liegestützen und Klimmzügen kraftvoll zu verausgaben. Nutze das Laufen, um deinen Oberkörper zu lockern, und mache Pausen, wenn du sie benötigst, aber denke daran, dass die Zeit läuft und am Ende zählt: Wie viele Runden schaffst du?

Deine Übungen für heute

- **Mobility/Aktivierung:** Wechselseitiges Armschwingen (Seite 157), Windmühle (Seite 171)
- **Kräftigung:** Push-up (Seite 134), Squat (Seite 104), Klimmzug (Seite 132)
- **Stretching:** Brust-Schulter-Bizeps-Stretch (Seite 173), Seitbeuge überkreuzt (Seite 182), Vorbeuge überkreuzt (Seite 183)

Dein heutiges Training

Nimm dir 10 bis 20 Minuten Zeit, um dich ausgiebig aufzuwärmen. Führe währenddessen das Armschwingen und gegen Ende zwei bis drei Steigerungsläufe durch, wobei du dir genügend Zeit zwischen den Steigerungsläufen lassen solltest (mindestens 30 Sekunden). Starte danach dein 30-minütiges AMRAP-Training. Die Wiederholungszahl der Übungen ist gleich geblieben – es geht also darum, fünf Minuten länger als letzte Woche durchzuhalten. Teile dein Training gut ein und ziehe mit der richtigen Pausenstrategie so viele Runden wie möglich durch.

Beim Auslaufen kannst du das Workout Revue passieren lassen und dir überlegen, wie du nächste Woche weitere fünf Minuten schaffst. Aber jetzt ist erst einmal Entspannung bei Mobilisation, Stretching und Final Rest angesagt. Vielleicht möchtest du dir heute Zeit für eine Meditation nehmen?

Tag 4: Burpee-Challenge

Auch bei der heutigen Challenge stehen 50 Laufminuten und 200 Burpees an, aller-

NEXT LEVEL – WOCHE 2				
	Tag 1: Sprungkraft	**Tag 2: HIIT**	**Tag 3: Kraft**	**Tag 4: Burpee-Challenge**
Terrain	Variabel	Variabel	Variabel	Variabel
Equipment	Keins	Superband, Handschuhe bei Bedarf	Superband, Handschuhe bei Bedarf	Handschuhe bei Bedarf
Hilfsmittel	Keins	Bank	Stange (horizontal), vertikale Fläche	Vertikale Fläche
Warm-up	■ Einlaufen (5–10 Min.) ■ Lunge Walk (1 Min.) ■ Steigerungslauf	■ Einlaufen (5–10 Min.) ■ Hüftrotation	■ Einlaufen (10–20 Min.) ■ Wechselseitiges Armschwingen ■ Steigerungslauf (2–3 ×)	■ Einlaufen (5–10 Min.) ■ Oberkörper-rotation ■ Steigerungslauf
Workout	■ Slow Run (40 Min.) ■ Fast Run (20 Min.) ■ Alle 5 Min. 1 Min./Übung: **1., 4., 7. und 10. Runde:** Squat Jump **2., 5., 8. und 11. Runde:** Lunge Jump **3., 6., 9. und 12. Runde:** Single Leg Squat Jump (30 Sek./Seite)	■ Slow Run (30 Min.) ■ Workout (Bank): 4 Runden, HIIT, 45/15 Sek.: 1. Sprints 2. Mountain Climber 3. Box Jump 4. High Knees ■ Slow Run (30 Min.)	■ Workout (Stange): 30 Min., AMRAP: 1. Push-up (10 ×) 2. Squat (20 ×) 3. Klimmzug (5 ×) 4. Run (500 m)	■ Slow Run (50 Min.) ■ Alle 5 Min.: Burpee (20 ×)
Workout-Dauer	**72 Minuten**	**76 Minuten**	**30 Minuten**	**50 + x Minuten**
Cool-down	■ Auslaufen (5–10 Min.) ■ Beinschwingen	■ Auslaufen (5–10 Min.) ■ Hüftkreisen	■ Auslaufen (10–20 Min.) ■ Windmühle	■ Auslaufen (5–10 Min.) ■ Fuß- und Handkreisen
Stretch and Relax	■ Runner's Lunge ■ Hintere Linie ■ Couch-Stretch	■ Quadrizeps-Stretch ■ Hamstring-Stretch ■ Piriformis-Stretch	■ Brust-Schulter-Bizeps-Stretch ■ Seitbeuge (überkreuzt) ■ Vorbeuge (überkreuzt)	■ Brustöffner ■ Couch-Stretch ■ Zehensitz
	Final Rest			

dings sind die Burpees anders verteilt: Dieses Mal gilt es, alle fünf Minuten 20 Burpees am Stück zu schaffen. Damit du den Fokus voll auf die Burpee-Challenge legen kannst, bleibt das Lauftempo in einem angenehmen Geschwindigkeitsbereich.

Deine Übungen für heute

- **Mobility/Aktivierung:** Oberkörperrotation (Seite 170), Fußkreisen (Seite 163), Handkreisen (Seite 164)
- **Kardio:** Burpee (Seite 82)
- **Stretching:** Brustöffner (Seite 172), Couch-Stretch (Seite 174), Zehensitz (Seite 185)

Dein heutiges Training

Starte mit Einlaufen und Oberkörperrotation, bevor du ins lockere Laufen übergehst. Führe alle fünf Minuten 20 Burpees durch. Wähle dabei eine Übungsgeschwindigkeit, mit der du die Wiederholungszahl möglichst ohne Pause am Stück schaffst. Nutze das langsame Laufen zwischen den Burpees, um deinen Puls unter Kontrolle zu bringen und dich bestmöglich auf die nächste Runde vorzubereiten.

Nach insgesamt zehn Runden hast du es geschafft und darfst mit Auslaufen, Hand- und Fußmobilisation sowie einer ausgiebigen Stretching-Session deine zweite Trainingswoche abschließen.

WOCHE 3

Tag 1: Sprungkraft

60 Minuten Laufen und alle fünf Minuten eine Sprungkraftübung – dieses Trainingskonzept ist dir bereits bekannt. Die heutige Herausforderung besteht darin, die Hälfte der Laufzeit in einem schnellen Tempo durchzuführen und trotzdem genügend Sprungkraft und Atemluft für die Übungen übrig zu haben.

Deine Übungen für heute

- **Mobility/Aktivierung:** Lunge Walk (Seite 113), Beinschwingen (Seite 158)
- **Sprungkraft:** Squat Jump (Seite 94), Lunge Jump (Seite 91), Single Leg Squat Jump (Seite 93)
- **Stretching:** Runner's Lunge (Seite 181), Hintere Linie (Seite 177), Couch-Stretch (Seite 174)

Dein heutiges Training

Einlaufen, Lunge Walk, Steigerungslauf – und schon kann es mit dem 30-minütigen Lauf losgehen, den du im langsamen Tempo ausführst und alle fünf Minuten für die Sprungkraftübung unterbrichst. Diese Aufgabe sollte nach zwei Wochen Üben kein Problem für dich darstellen.

Herausfordernd wird es nach der Hälfte der Trainingszeit, wenn du das Tempo erhöhst.

NEXT LEVEL – WOCHE 3				
	Tag 1: Sprungkraft	Tag 2: HIIT	Tag 3: Kraft	Tag 4: Burpee-Challenge
Terrain	Variabel	Variabel	Variabel	Variabel
Equipment	Keins	Superband, Handschuhe bei Bedarf	Superband, Handschuhe bei Bedarf	Handschuhe bei Bedarf
Hilfsmittel	Keins	Bank	Stange (horizontal), vertikale Fläche	Vertikale Fläche
Warm-up	■ Einlaufen (5–10 Min.) ■ Lunge Walk (1 Min.) ■ Steigerungslauf	■ Einlaufen (5–10 Min.) ■ Hüftrotation	■ Einlaufen (10–20 Min.) ■ Wechselseitiges Armschwingen ■ Steigerungslauf (2–3 ×)	■ Einlaufen (5–10 Min.) ■ Oberkörper-rotation ■ Steigerungslauf
Workout	■ Slow Run (30 Min.) ■ Fast Run (30 Min.) ■ Alle 5 Min. 1 Min./Übung: **1., 4., 7. und 10. Runde:** Squat Jump **2., 5., 8. und 11. Runde:** Lunge Jump **3., 6., 9. und 12. Runde:** Single Leg Squat Jump (30 Sek./Seite)	■ Slow Run (30 Min.) ■ Workout (Bank): 4 Runden, HIIT, 60/30 Sek.: 1. Sprints 2. Mountain Climber 3. Box Jump 4. High Knees ■ Fartlek (30 Min.)	■ Workout (Stange): 35 Min., AMRAP: 1. Push-up (10 ×) 2. Squat (20 ×) 3. Klimmzug (5 ×) 4. Run (500 m)	■ Slow Run (50 Min.) ■ Alle 10 Min.: Burpee (40 ×)
Workout-Dauer	**72 Minuten**	**84 Minuten**	**35 Minuten**	**50 + x Minuten**
Cool-down	■ Auslaufen (5–10 Min.) ■ Beinschwingen	■ Auslaufen (5–10 Min.) ■ Hüftkreisen	■ Auslaufen (10–20 Min.) ■ Windmühle	■ Auslaufen (5–10 Min.) ■ Fuß- und Handkreisen
Stretch and Relax	■ Runner's Lunge ■ Hintere Linie ■ Couch-Stretch	■ Quadrizeps-Stretch ■ Hamstring-Stretch ■ Piriformis-Stretch	■ Brust-Schulter-Bizeps-Stretch ■ Seitbeuge ■ Vorbeuge	■ Brustöffner ■ Couch-Stretch ■ Fersensitz
	Final Rest			

Kontrolliere deinen Puls mit einer gleichmäßigen Atmung und wähle ein Lauftempo, mit dem du die Übungen souverän und mit maximaler Sprunghöhe durchführen kannst.

Laufe dich danach fünf bis zehn Minuten lang aus und führe Mobilisation und Stretching genauso gewissenhaft durch wie dein vorheriges Training.

Tag 2: HIIT

Heute wird die Übungsdauer noch einmal erhöht – dafür gibt es eine längere Erholungspause. Zudem kannst du bei der anschließenden Fartlek-Einheit ein paar Tempowechsel einbauen, je nachdem, zu was deine Beine nach dem HIIT-Workout noch imstande sind. Das Workout wird heute 24 Minuten dauern, stelle dich also insgesamt auf ein knapp anderthalbstündiges Training ein – Warm-up, Cool-down und Stretching kommen natürlich noch dazu.

Deine Übungen für heute

- **Mobility/Aktivierung:** Hüftrotation (Seite 165), Hüftkreisen (Seite 166)
- **Kardio:** Sprints (Seite 86), Mountain Climber (Seite 84), Box Jump (Seite 90), High Knees (Seite 80)
- **Stretching:** Quadrizeps-Stretch (Seite 179), Hamstring-Stretch (Seite 176), Piriformis-Stretch (Seite 178)

Dein heutiges Training

Nach Einlaufen und Hüftrotation kommst du ins Laufen im Wohlfühltempo, das du nach 30 Minuten an deiner Trainingsbank beendest. Du solltest nun gut aufgewärmt und vorbereitet für das heutige HIIT-Workout sein, das du nach Befestigen des Superbands direkt starten kannst. Teile dein Training so ein, dass du 60 Sekunden lang durchhältst, und nutze die 30 Sekunden Pause bestmöglich zur Erholung. Atme bewusst ein und aus, um deinen Puls unter Kontrolle zu halten. Achte auf deine Körperspannung und eine saubere Übungsausführung. Nach 24 Minuten hast du es geschafft! Wie sehr kannst du deine Beine beim Fartlek noch herausfordern? Bestimmt ein bisschen mehr, als du dir zutraust. Schalte einfach mal deinen Kopf aus und lass die Beine fliegen!

Ich hoffe, dass dir beim anschließenden Cool-down, Stretching und Final Rest das unbeschreibliche Nach-dem-Training-Gefühl in Form eines breiten Lächelns nicht mehr aus dem Gesicht weicht.

Tag 3: Kraft

Die Kombination aus Krafttraining und Laufen ist herausfordernd – das hast du vermutlich bereits in den letzten beiden Wochen gemerkt. Heute wird noch eine kleine »Schippe« draufgelegt und das AMRAP-Training um fünf

Minuten verlängert. Wie viele Runden werden es heute? Finde es heraus!

Deine Übungen für heute

- **Mobility/Aktivierung:** Wechselseitiges Armschwingen (Seite 157), Windmühle (Seite 171)
- **Kraft:** Push-up (Seite 134), Squat (Seite 104), Klimmzug (Seite 132)
- **Stretching:** Brust-Schulter-Bizeps-Stretch (Seite 173), Seitbeuge (Seite 182), Vorbeuge (Seite 183)

Dein heutiges Training

Mit dem ausgiebigen Warm-up in Form von 10- bis 20-minütigem Einlaufen, Mobilisation und zwei bis drei Steigerungsläufen bereitest du dich auf deine heutige Trainingseinheit vor. Starte den Timer und versuche, während der 35 Minuten so viele Runden wie möglich zu schaffen. Mit Cool-down, Stretching und Final Rest kannst du dich für deine erbrachte Leistung belohnen. Vielleicht ist heute wieder einmal Zeit, deinem Körper Danke zu sagen für all das, was er dir ermöglicht und leistet.

Tag 4: Burpee-Challenge

Laufminuten und Burpee-Anzahl bleiben auch in der dritten Trainingswoche gleich. Aber die Intensität wird höher: 40 Burpees am Stück – das ist wahrlich kein Zuckerschlecken. Nicht umsonst heißt dieser Tag »Burpee-Challenge«. Am besten nicht lange nachdenken, sondern einfach loslaufen!

Deine Übungen für heute

- **Mobility/Aktivierung:** Oberkörperrotation (Seite 170), Fußkreisen (Seite 163), Handkreisen (Seite 164)
- **Kardio:** Burpee (Seite 82)
- **Stretching:** Brustöffner (Seite 172), Couch-Stretch (Seite 174), Fersensitz (Seite 175)

Dein heutiges Training

Wärme dich gut auf, bevor du deinen 50-Minuten-Lauf startest. Nach zehn Minuten wartet die erste Burpee-Challenge auf dich. Versuche, die Burpees in einem Tempo durchzuführen, das dir ermöglich, 40 Wiederholungen am Stück zu schaffen. Falls du zwischendurch eine kleine Verschnaufpause brauchst – nimm sie dir! Schließlich liegen noch vier Runden und 40 Laufminuten vor dir.

Nutze das Laufen zwischen den Burpees zur Erholung und versuche, deinen Puls durch eine gleichmäßige Atmung nach unten zu bekommen. Nach der letzten Runde darfst du ins verdiente Auslaufen übergehen und mit Mobilitätsübungen, Stretching und Final Rest deine dritte Trainingswoche abschließen. Versuche, dich an deinen trainingsfreien Tagen bestmöglich zu regenerieren und nach Möglichkeit den Mobility-Tag zur aktiven Regeneration zu nutzen. So bist du bestens für die finale Trainingswoche gewappnet!

WOCHE 4

Tag 1: Sprungkraft

Die letzten Wochen waren die Vorausscheidungen – diese Woche ist das Finale! Gib ein letztes Mal Vollgas und hebe dein Training in neue Sphären. Wie die letzten Wochen auch, startest du mit dem Sprungkrafttraining, bei dem du deine Flughöhe ein letztes Mal austesten kannst. Die Erhöhung der Intensität erfolgt durch die 40 schnellen Laufminuten, die es zu bewältigen gilt. »Springe hoch, lande sanft und halte durch!«, heißt das heutige Credo. Ob du das Training meisterst, ohne an Sprungkraft zu verlieren? Teste es aus!

Deine Übungen für heute

- **Mobility/Aktivierung:** Lunge Walk (Seite 113), Beinschwingen (Seite 158)
- **Sprungkraft:** Squat Jump (Seite 94), Lunge Jump (Seite 91), Single Leg Squat Jump (Seite 93)
- **Stretching:** Runner's Lunge (Seite 181), Hintere Linie (Seite 177), Couch-Stretch (Seite 174)

Dein heutiges Training

Wärme dich wie gewohnt auf und genieße dann 20 Minuten das langsame Lauftempo, bevor du die Geschwindigkeit erhöhst und 40 Minuten lang beibehältst. Du hast die letzten drei Wochen gelernt, dir dein Training einzuteilen – profitiere bei der heutigen hohen Laufgeschwindigkeit von deinem Wissen und beende das Workout nach 60 Minuten und zwölf Sprungübungen genauso souverän, wie du es begonnen hast.

Cool-down und Stretching werden dir helfen, dich schnellstmöglich von der heutigen Belastung zu regenerieren. Denke daran: Es sind nur noch drei Tage. Der Zielbogen ist schon in Sicht.

Tag 2: HIIT

Beim finalen High-Intensity-Intervalltraining bleibt die Übungsdauer gleich, jedoch ist die Erholungspause verkürzt: Nur 15 Sekunden bleiben dir, um dich zwischen den Übungssätzen zu erholen. Nutze sie gut! Zudem erwartet dich nach den vier HIIT-Runden noch ein schneller 30-Minuten-Lauf. Klingt anstrengend? Ist es auch! Das Programm heißt nicht umsonst »Next Level« – also gib alles, um die nächste Ebene zu erreichen!

Deine Übungen für heute

- **Mobility/Aktivierung:** Hüftrotation (Seite 165), Hüftkreisen (Seite 166)
- **Kardio:** Sprints (Seite 86), Mountain Climber (Seite 84), Box Jump (Seite 90), High Knees (Seite 80)
- **Stretching:** Quadrizeps-Stretch (Seite 179), Hamstring-Stretch (Seite 176), Piriformis-Stretch (Seite 178)

NEXT LEVEL – WOCHE 4				
	Tag 1: Sprungkraft	**Tag 2: HIIT**	**Tag 3: Kraft**	**Tag 4: Burpee-Challenge**
Terrain	Variabel	Variabel	Variabel	Variabel
Equipment	Keins	Superband, Handschuhe bei Bedarf	Superband, Handschuhe bei Bedarf	Handschuhe bei Bedarf
Hilfsmittel	Keins	Bank	Stange (horizontal), vertikale Fläche	Vertikale Fläche
Warm-up	■ Einlaufen (5–10 Min.) ■ Lunge Walk (1 Min.) ■ Steigerungslauf	■ Einlaufen (5–10 Min.) ■ Hüftrotation	■ Einlaufen (10–20 Min.) ■ Wechselseitiges Armschwingen ■ Steigerungslauf (2–3 ×)	■ Einlaufen (5–10 Min.) ■ Oberkörper-rotation ■ Steigerungslauf
Workout	■ Slow Run (20 Min.) ■ Fast Run (40 Min.) ■ Alle 5 Min. 1 Min./Übung: **1., 4., 7. und 10. Runde:** Squat Jump **2., 5., 8. und 11. Runde:** Lunge Jump **3., 6., 9. und 12. Runde:** Single Leg Squat Jump (30 Sek./Seite)	■ Slow Run (30 Min.) ■ Workout (Bank): 4 Runden, HIIT, 60/15 Sek.: 1. Sprints 2. Mountain Climber 3. Box Jump 4. High Knees ■ Fast Run (30 Min.)	■ Workout (Stange): 40 Min., AMRAP: 1. Push-up (10 ×) 2. Squat (20 ×) 3. Klimmzug (5 ×) 4. Run (500 m)	■ Slow Run (50 Min.) ■ Alle 15 Min.: Burpee (50 ×)
Workout-Dauer	**72 Minuten**	**80 Minuten**	**40 Minuten**	**50 + x Minuten**
Cool-down	■ Auslaufen (5–10 Min.) ■ Beinschwingen	■ Auslaufen (5–10 Min.) ■ Hüftkreisen	■ Auslaufen (10–20 Min.) ■ Windmühle	■ Auslaufen (5–10 Min.) ■ Fuß- und Handkreisen
Stretch and Relax	■ Runner's Lunge ■ Hintere Linie ■ Couch-Stretch	■ Quadrizeps-Stretch ■ Hamstring-Stretch ■ Piriformis-Stretch	■ Brust-Schulter-Bizeps-Stretch ■ Seitbeuge (überkreuzt) ■ Vorbeuge (überkreuzt)	■ Brustöffner ■ Couch-Stretch ■ Zehensitz
	Final Rest			

Dein heutiges Training

Wärme dich auf und genieße den langsamen 30-Minuten-Lauf, bevor es an deiner Trainingsbank 20 Minuten zur Sache geht. Inzwischen weißt du, wie es läuft: Superband befestigen, Timer starten und los geht's! Alle vier Übungen fordern deine Beinkraft heraus. Der Schlüssel zum Durchhalten ist, eine Übungsintenstität zu finden, die es dir ermöglicht, während der 15 Sekunden Pause ausreichend zu regenerieren.

Führe alle Übungen mit voller Körperspannung durch, aber lass dir noch Energie für den anschließenden schnellen 30-Minuten-Lauf übrig. Diesen beginnst du direkt nach der letzten Runde. Versuche, ein gleichmäßiges Lauftempo zu finden und dieses bis zum Schluss durchzuhalten. Drossele danach die Geschwindigkeit deutlich und belohne dich mit Cool-down, Stretching und Final Rest fürs Durchhalten. Denke an deine Pausentage sowie die Mobility-Tage, damit du auf der Zielgeraden nicht schlappmachst!

Tag 3: Kraft

Dich erwarten 40 Minuten AMRAP mit den bekannten drei Kraftübungen plus Laufeinheit. Das hört sich nicht nur herausfordernd an – das ist es auch! Aber du bist bereits so weit gekommen, du wirst auch diese vorletzte Challenge meistern! Denke dran: Schmerz geht – Stolz bleibt!

Deine Übungen für heute

- **Mobility/Aktivierung:** Wechselseitiges Armschwingen (Seite 157), Windmühle (Seite 171)
- **Kraft:** Push-up (Seite 134), Squat (Seite 104), Klimmzug (Seite 132)
- **Stretching:** Brust-Schulter-Bizeps-Stretch (Seite 173), Seitbeuge überkreuzt (Seite 182), Vorbeuge überkreuzt (Seite 183)

Dein heutiges Training

Wärme dich 10 bis 20 Minuten lang auf und nutze das Armschwingen, um deinen Oberkörper locker zu machen, sowie die zwei bis drei Steigerungsläufe, um dich auf das schnelle Lauftempo vorzubereiten, das dich während des AMRAP-Trainings erwartet.

Starte den Timer, sobald du dich bereit fühlst, und stelle dich gedanklich darauf ein, deinen Körper 40 Minuten am Stück zu belasten. Wähle eine Übungsgeschwindigkeit, die dich das Training souverän durchführen lässt, setze Erholungspausen an der richtigen Stelle, aber denke immer dran: Am Ende gilt es, so viele Runden wie möglich zu schaffen. Und da dies heute das finale Krafttraining ist, bin ich mir sicher, dass du noch ein wenig mehr aus dir herausholen wirst, als du für möglich hältst.

Wie viele Runden sind es geworden? In jedem Fall kannst du stolz auf dich sein und dich nach Beenden des Workouts mit vermutlich schweren Armen und Beinen gemütlich auf den Heimweg machen. Bedanke dich bei deinem Körper mit einer ausgiebigen Dehnsession und einem entspannenden Final Rest.

Tag 4: Burpee-Challenge

Ein letzter Trainingstag trennt dich von deinem Zieleinlauf. Aber du wirst dir die »Next Level«-Medaille hart verdienen müssen. Zwar stehen heute wieder »nur« 50 Laufminuten und 200 Burpees an, wie die letzten Wochen auch, aber hast du schon einmal 50 Burpees am Stück gemacht? Aus eigener Erfahrung kann ich sagen: Es ist hart! Aber ich weiß auch, dass es machbar ist. Wenn du mich, dich, dieses Buch oder deine Entscheidung, dieses Programm gewählt zu haben, verfluchen möchtest, darfst du das gern tun. Hauptsache, du stellst dich dieser finalen Herausforderung und ziehst auch den letzten Trainingstag durch. Übrigens: Ein paar Erschöpfungstränen dürfen fließen – du wirst alle Anstrengung vergessen, wenn du den letzten Burpee geschafft hast und dir gedanklich die Siegermedaille umhängst.

Deine Übungen für heute

- **Mobility/Aktivierung:** Oberkörperrotation (Seite 170), Fußkreisen (Seite 163), Handkreisen (Seite 164)
- **Kardio:** Burpee (Seite 82)
- **Stretching:** Brustöffner (Seite 172), Couch-Stretch (Seite 174), Zehensitz (Seite 185)

Dein heutiges Training

Laufe dich fünf bis zehn Minuten lang ein, führe währenddessen die Oberkörperrotation durch und starte danach deinen langsamen 50-Minuten-Lauf. Genieße die ersten Kilometer und bereite dich gedanklich auf die erste Burpee-Challenge vor, die nach 15 Minuten auf dich wartet.

Wähle eine Übungsgeschwindigkeit, mit der du die Burpees möglichst am Stück durchführen kannst. Falls du zwischendurch eine oder mehrere Verschnaufpausen benötigst, ist das aber auch kein Problem. Wichtig ist, dass du am Ende 50 Wiederholungen geschafft hast. Nutze die langsamen Laufpausen zwischen den Burpees, um deinen Puls zu beruhigen und Kraft für die nächste Challenge zu sammeln. Insgesamt vier Runden hast du zu meistern.

Wenn du den letzten der 200 Burpees geschafft hast, halte einen kurzen Moment inne, mache dir bewusst, was du geleistet hast, schüttle bei Bedarf den Mix aus Schweiß, Anstrengung und Tränen von dir ab und setze dein allerschönstes Siegerlächeln auf. Mit diesem läufst du dich die letzten Minuten aus und beendest das Programm mit einem liebevollen Danke an dich selbst – in Form einer finalen Dehnsession mit Entspannungseinheit sowie der wundervollen Gewissheit, dass du mehr schaffen kannst, als du jemals für möglich gehalten hättest.

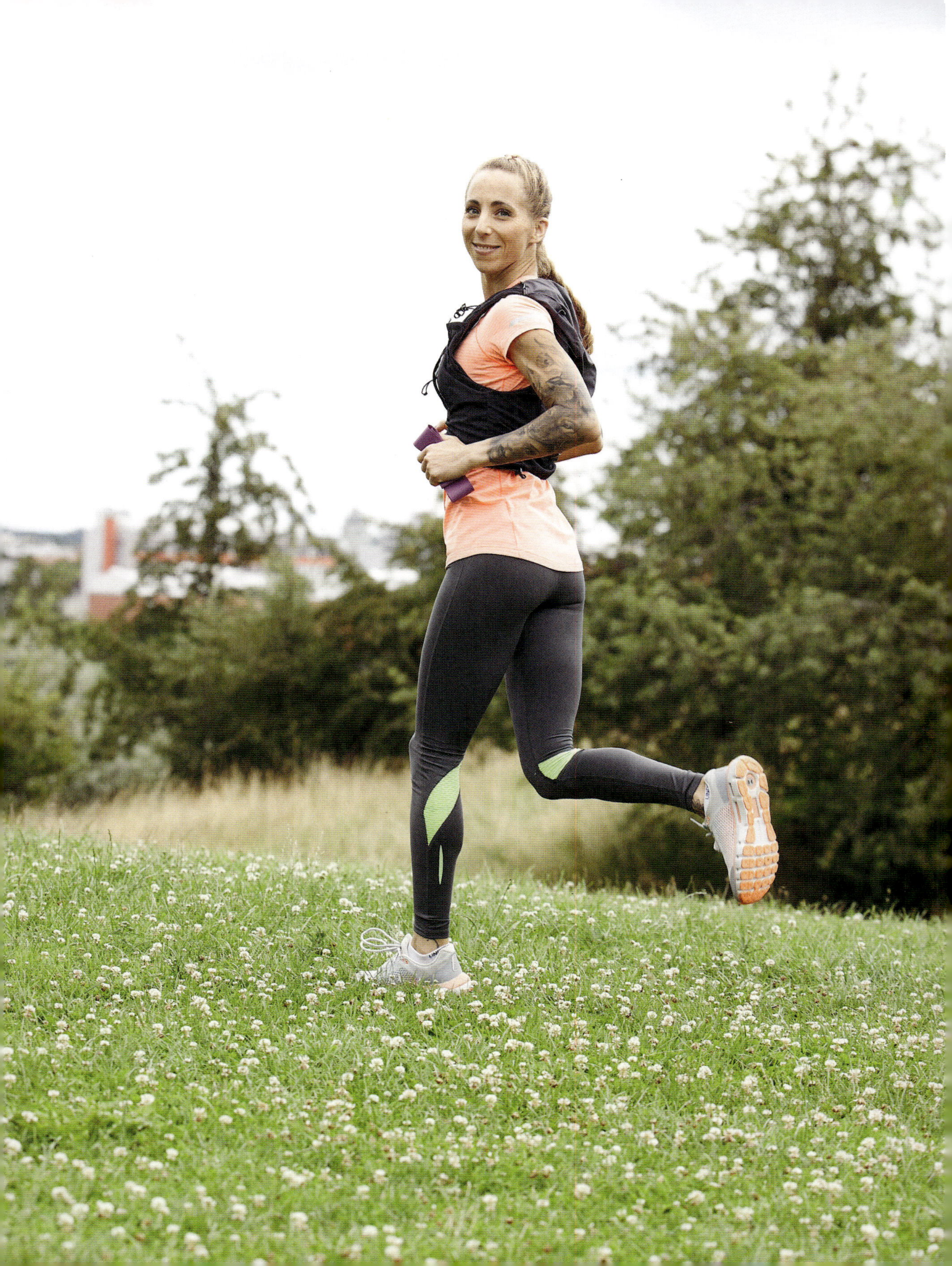

NACHWORT

Deine Fit-for-Running-Reise geht nun zu Ende. Du hast dich angestrengt, geschwitzt, bist an deine Grenzen gegangen und manchmal sogar darüber hinaus. Du hast gelitten, geflucht, dich durchgebissen und es genossen, wenn der Schmerz nachlässt. Du hast dich über deine Erfolge gefreut und das einzigartige Nach-dem-Training-Gefühl aus Müdigkeit, Stolz und grenzenloser Glückseligkeit gespürt. Und auch wenn es manchmal eine Achterbahnfahrt der Empfindungen war, hast du zum Schluss grinsend und mit verwirbelten Haaren gerufen: »War das ein Spitzentraining!«

»Mut steht am Anfang des Handelns, Glück am Ende.«

Demokrit

Ich hoffe, ich konnte diese Gefühle in dir hervorrufen und dir mit diesem Buch ein Konzept an die Hand geben, das dich weitergebracht, dir Freude geschenkt, Abwechslung geboten und dich inspiriert hat – und das dich auch in Zukunft bei deinem Training begleiten wird.

Ich wünsche dir für deinen weiteren Weg, dass du die für dich richtigen Schritte gehst, selbst Ziel und Richtung deiner Reise bestimmst und dass »Der Weg ist das Ziel!« für dich nicht nur eine bloße Floskel bleibt. Denke immer daran: Alles, was du tust, funktioniert sehr viel besser, wenn es mit ganzem Herzen und der nötigen Portion (Selbst-) Liebe geschieht.

In tiefem Dank für dein Vertrauen, deine Zeit, dein Interesse und dein Durchhalten. Bis zum nächsten (Lauf-)Abenteuer!

Deine Manuela

ÜBUNGSVERZEICHNIS

LITERATURVERZEICHNIS

Boyle, Michael: *Functional Training.* München: riva Verlag, 2017

Cook, Gray: *Der perfekte Athlet.* München: riva Verlag, 2018

Kirch, Alexandre: *Das Functional Training: Grundlagen für die erfolgreiche Planung und Umsetzung.* Ausbildungsunterlagen der Deutschen Sportakademie

Lamée, Marcel; Hensel, David: *Faszien- und Mobility Training.* Ausbildungsunterlagen der Deutschen Sportakademie

Lewindon, Daniel; Joyce, David: *Athletiktraining für sportliche Höchstleistung.* München: riva Verlag, 2016

Mackenzie, Brian; Cordoza, Glen: *Kraft, Schnelligkeit, Ausdauer.* München: riva Verlag, 2016

Marquardt, Dr. Matthias: *Die Laufbibel.* Hamburg: Spomedis, 2014

McKeown, Patrick: *Erfolgsfaktor Sauerstoff.* München: riva Verlag, 2019

Schleip, Robert; Bayer, Johanna: *Faszienfitness.* München: riva Verlag, 2019

Starrett, Kelly; Murphy, T. J.: *Ready to Run.* München: riva Verlag, 2015

Starrett, Kelly; Cordoza, Glen; Starrett, Juliet: *Sitzen ist das neue Rauchen.* München: riva Verlag, 2016

Starrett, Kelly; Cordoza, Glen: *Werde ein geschmeidiger Leoprad.* München: riva Verlag, 2016

Stechmann, Klaas: *Faszien selbst behandeln.* Marburg: KVM – Der Medizinverlag, 2016

DANK

Dieses Buch konnte nur entstehen dank der Menschen in meinem Leben, die an mich geglaubt haben – allen voran mein Mann Pat, der mir im letzten Jahr den Rücken freigehalten und ihn mir gleichzeitig in Momenten des Zweifels gestärkt hat. Ihm ist nicht nur dieses Buch gewidmet, sondern meine tiefste Leidenschaft und Liebe.

Ein Dank geht auch an meine Familie, die mich in jeder meiner Entscheidungen unterstützt und bei allen Projekten stolz hinter mir steht. Dabei denke ich ganz besonders an meine im letzten Jahr verstorbene Oma, die mir seit meiner Kindheit vorausgesagt hat, ich würde einmal Schriftstellerin werden, meine Eltern, meine ersten und größten Fans, die mir die Begeisterung für den Sport vorgelebt und meine Schreibleidenschaft gefördert haben, sowie meine Tanten Sybille und Gabi, die mir immer wie große Schwestern waren und bis heute sind, aber auch an alle anderen, die ich hier nicht namentlich nenne und die Teil meiner Familie sind, ob durch Verwandtschaft oder innige Freundschaft verbunden.

Ein großes Dankeschön geht an meine Lauf-Liebe-Community in den sozialen Medien, an all die vielen, eigentlich fremden Menschen, die mir mit ihrem Support und der gemeinsamen Leidenschaft für unseren Sport immer wieder neue Motivation schenken und mir trotz der Anonymität in der digitalen Welt das Gefühl einer Gemeinschaft vermitteln, die zusammenhält und sich gegenseitig unterstützt.

Danke an den riva Verlag, insbesondere Katharina, die mich für befähigt genug gehalten hat, dieses Buchprojekt umzusetzen, und die mir im letzten Jahr wichtige Sparringspartnerin und konstruktive Kritikerin war.

Zuletzt geht das vielleicht größte Dankeschön an unsere ungeborene Tochter, die mir in den Monaten meiner Schwangerschaft, in der dieses Buch entstanden ist, die nötige Energie und Kraft gelassen hat, um meinen Lebenstraum zu erfüllen. Ich hoffe, ich konnte ihr bereits in dieser frühen Zeit ihres Lebens vermitteln, dass man mit Stärke, Durchhaltevermögen und Leidenschaft alles erreichen kann, was man möchte, und dass man nie aufhören sollte, an Wunder zu glauben.

ÜBER DIE AUTORIN

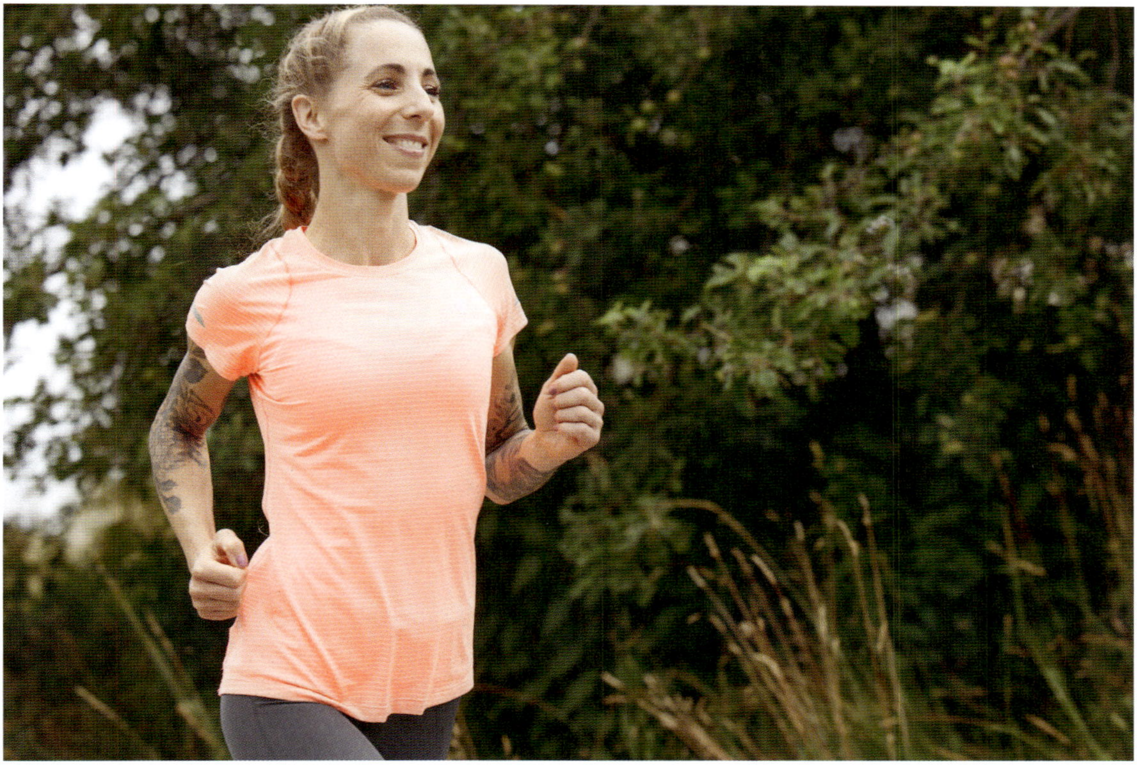

Manuela Dannwolf ist Diplom-Kommunikationswissenschaftlerin, Sporternährungscoach, Functional-Fitness-Trainerin und passionierte Marathonläuferin. Seit 2016 teilt sie ihre Laufliebe mit ihren fast 50 000 Followern auf Facebook und Instagram. Ihr Ziel ist, ihre beiden Leidenschaften Fitness und Laufen sinnvoll miteinander zu verknüpfen, um nicht nur eine Leistungssteigerung zu erzielen, sondern Sport generell langfristig und ohne gesundheitliche Einschränkungen genießen zu können.